LA SOCIEDAD COLONIAL

Proyecto editorial: Federico Polotto
Coordinación general de la obra: Juan Suriano
Asesor general: Enrique Tandeter
Investigación iconográfica: Graciela García Romero
Diseño de colección: Isabel Rodrigué

NUEVA HISTORIA ARGENTINA

TOMO 2

LA SOCIEDAD COLONIAL

Director de tomo: Enrique Tandeter

EDITORIAL SUDAMERICANA
BUENOS AIRES

IMPRESO EN ESPAÑA

*Queda hecho el depósito
que previene la ley 11.723.*
© *2000, Editorial Sudamericana S. A.,
Humberto I° 531, Buenos Aires.*

ISBN 950-07-1756-5
ISBN O.C. 950-07-1385-3

COLABORADORES

Miguel Alberto Guérin
Universidad Nacional de La Pampa.

Ana María Presta
Universidad de Buenos Aires y Consejo Nacional de Investigaciones Científicas y Técnicas (CONICET).

Silvia Palomeque
Universidad Nacional de Córdoba y Consejo Nacional de Investigaciones Científicas y Técnicas (CONICET).

Nidia Areces
Universidad Nacional de Rosario y Consejo de Investigaciones de la UNR.

Vilma Milletich
Universidad de Buenos Aires.

Raúl O. Fradkin
Universidad Nacional de Luján y Universidad de Buenos Aires.

Ana María Lorandi
Universidad de Buenos Aires y Consejo Nacional de Investigaciones Científicas y Técnicas (CONICET).

Ricardo Cicerchia
Universidad de Buenos Aires y Consejo Nacional de Investigaciones Científicas y Técnicas (CONICET).

Zacarías Moutoukias
Universidad de París VII.

Beatriz C. Ruibal
Universidad Nacional de Mar del Plata y Universidad de Buenos Aires.

ÍNDICE

Colaboradores 7

Introducción
por Enrique Tandeter 11

Capítulo I. La organización inicial del espacio rioplatense
por Miguel Alberto Guérin 13

Capítulo II. La sociedad colonial: raza, etnicidad, clase
y género. Siglos XVI y XVII
por Ana María Presta 55

Capítulo III. El mundo indígena. Siglos XVI-XVIII
por Silvia Palomeque 87

Capítulo IV. Las sociedades urbanas coloniales
por Nidia Areces 145

Capítulo V. El Río de la Plata en la economía colonial
por Vilma Milletich 189

Capítulo VI. El mundo rural colonial
por Raúl O. Fradkin 241

Capítulo VII. Las rebeliones indígenas
por Ana María Lorandi 285

Capítulo VIII. Formas y estrategias familiares
en la sociedad colonial
por Ricardo Cicerchia 331

Capítulo IX. Gobierno y sociedad en el Tucumán y
el Río de la Plata, 1550-1800
por Zacarías Moutoukias 355

Capítulo X. Cultura y política en una sociedad
de Antiguo Régimen
por Beatriz C. Ruibal 413

INTRODUCCIÓN

Escribir la historia del largo período de casi tres siglos durante los cuales el actual territorio argentino estuvo integrado en el Imperio español en América implica enfrentar desafíos particulares. El primero es el de la fuerza peculiar de las interpretaciones globales acerca del sentido de la historia colonial. Aun antes de que Colón pisara tierra americana, en la capitulación que había suscripto con los Reyes Católicos en el campamento de Santa Fe frente a los muros de la Granada recién rendida, la expansión de la fe católica se presentaba ya como justificación de la empresa que debía "descubrir y ganar" las "islas e tierra firme en la dicha mar Oçeana". Desde entonces, protagonistas, comentaristas e historiadores no han dejado de reiterar la interpretación de la historia de la América colonial como una gesta en la que el hombre europeo, guiado por la fe, impuso su superioridad cultural. Por otro lado, desde hace ya varias décadas, historiadores y antropólogos han presentado, en nombre de la "visión de los vencidos", una interpretación alternativa que se despliega como una épica de la resistencia continuada. A diferencia de esas interpretaciones, la historia que se escribe en este volumen parte de la "notable especificidad y contingencia histórica" (Stephen Greenblatt) del encuentro entre indígenas americanos e invasores europeos. Nuestro relato se propone recuperar la complejidad de los actores y de las situaciones que enfrentaron a lo largo de los siglos coloniales, así como la originalidad de las sociedades e instituciones que resultaron. En ese esfuerzo contamos con la ayuda e inspiración de una riquísima producción historiográfica que en los ultimos años ha enfocado desde una perspectiva similar la historia del Imperio español en América.

Pero este libro debió superar un desafío adicional. La referencia al "período colonial" de la *Historia Argentina* que da título al tomo no es más que un modo consagrado por el uso para referirse a sociedades, procesos y acontecimientos que tuvieron como marco geográfico al actual territorio nacional en el largo período que se extendió desde la primera llegada de los europeos hasta el movimiento de independencia. Pero muy poco en esa historia prefiguraba la unidad nacional tal como resultó. La historia de estas áreas, doblemente periféricas respecto de la corona de Castilla y del Virreinato del Perú, presentaba una compleja trama de jurisdicciones cambiantes. Más aún, las dependencias político-judiciales y las articulaciones económicas regionales planteaban la referencia constante a centros exteriores a estos territorios, como Lima, Santiago de Chile, Asunción, Chuquisaca o Potosí. Por tanto, si bien hemos enfocado con preferencia las regiones de Tucumán, Cuyo y el Río de la Plata, los procesos históricos fueron analizados en los marcos geográficos mayores que les daban sentido.

ENRIQUE TANDETER

I

La organización inicial del espacio rioplatense

por MIGUEL ALBERTO GUÉRIN

Partida del Puerto de Palos.

LAS COSTAS OCCIDENTALES DEL ATLÁNTICO MERIDIONAL EN LA ORGANIZACIÓN INTELECTUAL DEL NUEVO MUNDO

El "mar Océano" de la ruta a la India

En diciembre de 1488, Bartolomé Dias, al frente de la primera expedición portuguesa destinada a encontrar el paso hacia el océano Índico, regresó a Lisboa después de haber sobrepasado y descubierto el cabo de Buena Esperanza, lo que probó que esa vía hacia el "Oriente" era posible. A la ida, para evitar los alisios contrarios que, ya sobre el sur de África no lo dejaban avanzar, se internó en el "mar Océano", el Atlántico, para aprovechar, cuando estuviese más hacia el oeste y hacia el sur, los vientos de popa que finalmente le permitieron doblar el cabo.

Por entonces el tratado de Alcaçovas, ratificado en Toledo en 1480, ya había confirmado, de derecho, el exclusivo control portugués de hecho de la costa atlántica africana. Por su parte, el castillo de San Jorge de La Mina, en

Guinea, cuya construcción se terminó en 1484, había desplazado definitivamente el comercio del oro africano desde el Mediterráneo hacia el Atlántico portugués.

Cuatro años después, se produjo el sorpresivo viaje de Colón que instaló, durante un tiempo, el mundo del Lejano Oriente en el Atlántico de "las islas", las Antillas, y que, entre sus consecuencias, tuvo el tratado de Tordesillas, de 1494, que reconoció la superioridad atlántica de Portugal al concederle un eventual espacio en el occidente del Océano.

Diez años esperó Portugal para volver a intentar el viaje a la India. En julio de 1498, la pequeña aunque bien equipada expedición de Vasco da Gama partió con ese destino. Para dar vuelta al cabo de Buena Esperanza, aprovechó la experiencia de Bartolomé Dias y se internó en el Atlántico hasta casi tocar las costas de la parte sur del continente, tanto que sus pájaros se vieron llegar a las naves desde el oeste.

Cuando, en julio de 1499, se supo en Portugal la noticia de que Vasco da Gama había logrado llegar a Calcuta, rápidamente la corona organizó una expedición de más naves y gente, para inaugurar un tráfico regular con la India. También Álvarez Cabral, su capitán, se dejó llevar por los alisios hacia el sudoeste; en esta maniobra, el 22 de abril de 1500, miércoles de Pascua, avistó un monte, que bautizó Pascoal, anuncio de una "tierra nueva" que llamó de la Vera Cruz, y que, debido a la información proporcionada por los aborígenes, se creyó una isla.

En menos de diez días de permanencia en la costa ubicada a los diecisiete grados de latitud Sur, la expedición reunió información suficiente para que marinos, cartógrafos y gente allegada a la corona portuguesa organizasen el Atlántico del hemisferio meridional como una entidad distinta del mar Océano de las islas antillanas.

La organización del "mar Océano"

La primera diferencia entre el Atlántico meridional y el Océano antillano resultaba del particular tipo de navegación requerido para alcanzar las nuevas costas, cuya aplicación continuada pronto consolidó la superioridad náutica de Portugal en esa ruta.

Para internarse en el Atlántico meridional, lejos de los puntos de referencia de la costa africana, resultaba insuficiente la navegación de estima, un saber que, adquirido en la práctica reiterada, constituía la capacitación fundamental de los grandes pilotos portugueses; de ella se había valido Colón, formado en esa escuela, para llegar a las Antillas.

Ya no bastaba con establecer, en la carta de navegación, el trayecto de la nave sobre la base del rumbo, proporcionado por la brújula, y el cálculo de la distancia recorrida, obtenido de la velocidad que los vientos permitían. Estos nuevos viajes requerían, además, la navegación de altura, en la que, mediante el uso del astrolabio o del cuadrante, se establecía la latitud por la altura relativa del Sol o de las estrellas del cielo del hemisferio sur; el cual también entonces empezó a observarse y a documentarse.

En este viaje, algunos de los participantes aplicaron de manera sistemática la navegación de altura, con lo que nació la confrontación entre la hasta entonces exitosa tradición de la práctica y el nuevo ejercicio, esencialmente moderno, de la aplicación de la teoría a la navegación, cuyos resultados centrales terminaron de construirse en la segunda mitad del siglo dieciocho.

El imaginario geográfico reflejó de inmediato esta diferencia entre las dos técnicas de navegación. A fines de 1501, Alberto Cantino, enviado del Duque de Ferrara a la corte de Portugal, contrató a un cartógrafo portugués para confeccionar una carta destinada a su señor. En ella, la intersección del "límite entre Castilla y Portugal", establecido por el tratado de Tordesillas, y la línea equinoccial determina cuatro sectores. En el superior izquierdo o noroeste se representan, en el "Océano occidental", las Antillas y las costas septentrionales del sur del continente, como posesiones del "Rey de

Fernando e Isabel la Católica, de Historia general de España, *de V. Gebhardt.*

Castilla". En el sector inferior derecho se ubica el "mar Océano" y se representan como posesiones portuguesas las costas recién descubiertas, que se extienden hasta el "polo antártico".

La nueva tierra de Santa Cruz y sus hombres

En este primer momento de reconocimiento, se consideró que la tierra "hallada" constituía, debido a sus puertos seguros y a su abundancia de buenas aguas, maderas y alimentos, una escala técnica adecuada en la ruta hacia la India determinada por los vientos más favorables.

Pero las noticias de la existencia de oro y plata en la tierra, que se creyeron o quisieron recibir de los indígenas, hicieron pensar en la conveniencia de instalar una factoría, la solución portuguesa para la explotación de las costas africanas, que consistía en un establecimiento costero fortificado, en el que se intercambiaban mercancías con los aborígenes con objeto de lucrar con el diferente valor relativo que cada cultura atribuía a los objetos canjeados. Para ello era necesario conocer la capacidad y voluntad de los aborígenes para aceptar el "resgate", como se denominaba entonces el trueque asimétrico.

Mediante un relevamiento y registro más sistemático, basado tanto en la detenida observación de la constitución física, costumbres y mundo material de los indígenas, cuanto en la experimentación, destinada a indagar sus conocimientos del mundo animal y sus gustos alimentarios, de inmediato se supo que el indígena mostraba interés por los objetos europeos y fácil disposición a entregar todo lo suyo para obtenerlos.

Esta moderna indagación trascendió sus objetivos prácticos y abordó lo antropológico; en ese plano, la total desnudez de los indígenas desembocó en la comparación implícita con el *homo silvestris*, el hombre de los bosques, un animal antropomórfico prolongadamente construido en el imaginario del folclore medieval.

Colón, a su regreso del primer viaje, había publicado, sobre la base de una indagación menos sistemática, que los antillanos, por su cultura, podían ser objeto de un comercio esclavista calcado del que los portugueses hacían con los africanos. Esta indagación portuguesa, en cambio, dio lugar, después de algunas vacilaciones, a una interpretación divergente, destinada a alcanzar éxito inmediato y notable perduración entre intelectuales y artistas europeos: la naturaleza paradisíaca de los aborígenes de las costas recién descubiertas.

Los indígenas, que mediante estas descripciones quedaron incorporados al imaginario antropológico y también a su imaginería, como desnudos seres portadores de arcos y flechas, asumían con total naturalidad su desnudez, no labraban ni criaban, pero se veían más saludables que los portugueses, y se mostraban "más pacíficos y seguros" entre los recién llegados que los portugueses entre ellos. Estas observaciones resultaron pruebas de que su inocencia era "tal que la de Adán no sería mayor".

Retrato de Cristóbal Colón, *por Giovio*.

La tierra, por su parte, que a diferencia de la europea daba "por sí misma" todas las raíces, simientes y frutos con que los indígenas se alimentaban, quedó incorporada a la imaginería mediante el papagayo, ave que la iconografía opuso a las que caracterizaban los enclaves portugueses de las costas africanas ecuatoriales.

La consolidación textual de la nueva organización

Estas primeras construcciones de la tierra "hallada" se circunscribieron al acotado espacio de la corte portuguesa y de sus allegados. Su elaboración y su difusión por Europa se llevaron a cabo en el imperio germánico de Maximiliano I.

En mayo de 1501 partió de Lisboa, al mando de Gonzalo Coelho, la primera expedición específicamente destinada a las tierras que el tratado de Tordesillas reservaba a Portugal. Recorrió las costas desde antes del cabo San Roque hasta el golfo de San Jorge. A partir del cabo San Vicente, se hizo cargo de ella Américo Vespucio, un veneciano residente en Sevilla que a su regreso, en setiembre de 1502, escribió una carta, como lo había hecho otras veces antes, a Lorenzo II de Médicis, en la que daba noticia del viaje.

La carta perfecciona el imaginario geográfico hasta entonces organizado. Distingue la "zona tórrida" sobre la costa atlántica africana, al norte de la equinoccial, habitada por los "pueblos negros", del "anchísimo Océano" por el que la expedición se internó hacia el polo antártico, llevada por los vientos "un poquito" hacia el occidente.

Vespucio se ubica a sí mismo entre quienes dominan la navegación de altura y se presenta como el salvador de la expedición debido a que "la verdad de los altos cuerpos celestes sólo a nosotros, mostraban con exactitud, los instrumentos; y éstos son el cuadrante y el astrolabio, como todos sabéis".

Por otra parte, la carta presenta el arribo a las costas occidentales del "Océano", el 7 de agosto de 1501, como el descubrimiento de un continente, que denomina Nuevo Mundo, porque era distinto de las partes del orbe conocidas por Tolomeo y, sobre todo, porque lo habitaban variados pueblos y animales que no se encontraban en Asia, en África ni en "nuestra Europa". De esto último, Vespucio sólo alegó una prueba: las numerosas clases de "papagayos" que "nuestro Plinio" no había conocido y el mismo Policleto no podría haber pintado, debido a la variedad de sus formas y colores.

Por los mismos años, la intelectualidad española recurría a otras fuentes para establecer

Américo Vespucio, *de la copia del medallón publicado por Theodore de Bry.*

su propio imaginario del Océano occidental. El maestre Rodrigo de Santaella estableció, en 1503, que las Antillas no estaban en la India, sino en Occidente, sobre la base de la interpretación del texto bíblico y de sus exégesis, que también argumentaban quienes creían lo contrario.

En su descripción de la vegetación, Vespucio subrayó la variedad, las dimensiones y, sobre todo, el hecho de proporcionar sus frutos sin trabajo, como en la edad de oro del mito de Hesíodo. Los árboles crecían sin necesidad de cultivarlos y daban espontáneamente frutos diversos, goma, aceites y licores. Todo esto le permitió afirmar que "si el paraíso terrestre en alguna parte de la tierra está, estimo que no estará lejano de aquellos países".

Respecto del hombre, el texto inaugura el concepto del buen salvaje que vive según el orden natural. Hombres y mujeres hermosos, sanos y longevos, debido a la salubridad del aire, afables y mansos con los extranjeros que los visitan, no necesitaban vestidos, desconocían la propiedad, carecían de pautas sexuales, podían disolver el matrimonio, no tenían iglesia, religión ni ley, no comerciaban, no luchaban con arte y orden, comían a sus enemigos en vez de esclavizarlos, y los viejos transmitían los conocimientos necesarios a los jóvenes.

Esta carta, publicada a partir de 1503 con el título de *El Nuevo Mundo*, en latín primero y en alemán después, alcanzó en pocos años una difusión mayor que la de ningún otro texto referido a la expansión europea.

El Nuevo Mundo y lo paradisíaco en el imaginario europeo

Con la influencia directa o indirecta de Vespucio, surgieron dos líneas de construcción del imaginario de las tierras nuevas, ambas basadas en la Biblia.

La primera de ellas transportó los símbolos de la nueva tierra a la organización tradicional del paraíso.

En 1504, Alberto Durero, pintor de Maximiliano, incorporó el África a la iconología de la adoración de los Reyes Magos, y también el papagayo, símbolo tomado de la tradición de Vespucio, al mundo de la paradisíaca desnudez de Adán y Eva.

En 1505, un anónimo artista portugués fue más allá y, en su

Adoración de los Reyes Magos, que pintó para la catedral de Viseu, representó, junto a los tres reyes tradicionales, portadores de la ofrendas de las tres partes del mundo, un cuarto rey, que también trae su presente. Su corona, que como recién llegado lleva puesta, es de plumas, tiene aretes de oro, está calzado con sandalias y sostiene una larga flecha en su diestra; con estos atributos se lo vinculó a las nuevas tierras del Atlántico meridional.

Contemporáneamente, la segunda construcción transportó el paraíso terrenal a las nuevas tierras.

Después de su segundo viaje, cuando la experiencia refutaba sus expectativas de haber alcanzado el Oriente construido por el florentino Pablo del Pozzo Toscanelli, basándose en el texto del veneciano Marco Polo, Colón trató de fortalecer su teoría argumentando a los Reyes Católicos que se encontraba en el "Paraíso Terrenal" o en sus proximidades. Su argumentación se fundaba en una selección de los datos de la realidad, que excluía a los aborígenes, y en el uso de sólo alguna de las autoridades por él conocidas después de iniciar sus exploraciones. La templanza de los aires y la serenidad del mar le resultaron pruebas suficientes para afirmar que había llegado a los confines del Oriente, donde "los sacros teólogos y los sabios filósofos" de la exégesis bíblica ubicaban el Paraíso Terrenal. Para Colón, ese paraíso era una parte de la tierra a la que se llegaba no mediante la navegación del Océano facilitada por las técnicas racionales de la modernidad sino exclusivamente por la "voluntad divina" del imaginario medieval.

En 1505, la séptima edición latina de *El Nuevo Mundo*, hecha en Rostock, incorporó un grabado alemán que representa a un hombre y una mujer, aborígenes de las costas visitadas por Vespucio. La representación corresponde a un paraíso que no coincide totalmente con el de la iconología tradicional respetada en el grabado de Durero. La desnudez de la mujer no queda oculta, el hombre lleva arco y flechas, en el árbol central no se enrosca la serpiente y los personajes se ubican en un paisaje despojado, con rocas y casi carente de vegetación. Dos años después, Durero ambientó su Adán, el primer desnudo de tamaño natural de la pintura alemana, en un paisaje similar, elegido para que el espectador reflejase en él su imaginario, por entonces no tan unívoco.

Pero más se avanzó por este camino. En el grabado que ilustra una "noticia" alemana de los "nuevos hombres encontrados" por la expedición de Vespucio, publicada en 1505, se muestran las naves portuguesas navegando un río americano, posiblemente el de la Plata. Los hombres y mujeres aborígenes quedan incluidos en una naturaleza paradisíaca, que por su exuberancia y por la presencia del papagayo resulta similar a la del grabado de Durero, aunque incorpora mayor cantidad de elementos americanos.

A partir de la publicación de *El Nuevo Mundo*, lo paradisíaco empezó a dejar de ser un espacio bíblico o una tierra alcanzable por voluntad divina, y tendió a convertirse en un estadio del devenir humano, conocible por las experiencias que la expansión permitían, en la que el Atlántico meridional tenía particular relevancia.

El pelícano de América, de Il Gazzettiere Americano.

El Nuevo Mundo y la antigüedad griega en el imaginario europeo

El texto de la *Geografía* del alejandrino Claudio Ptolomeo (c. 100-178), que incluía el primer atlas realizado con un estilo uniforme y estabilizaba la división del mundo en tres partes (Europa, Asia y África), fue descubierto y traducido, con el título de *Cosmografía*, a principios del siglo quince y comenzó a ser editado en el último cuarto de ese siglo. Su difusión eclipsó progresivamente las cartas náuticas medievales y generalizó, entre los geógrafos, la necesidad de trabajar con datos astronómicos, por lo que la obra, aunque conocida por Colón, resultó de mayor interés para quienes, como los navegantes portugueses del Atlántico meridional, practicaban y defendían la navegación de altura.

A comienzos del siglo dieciséis, el atlas empezó a completarse y perfeccionarse mediante la adición de *tabulae novae*, cartas complementarias destinadas a representar las tierras recientemente descubiertas. En esta tarea sobresalió Martin Waldseemüller, integrante del conjunto de eruditos congregados en el Gymnase Vosgien, reunido en Saint Die, en la corte del Duque de Lorena; se dedicaba al estudio de la cartografía y cosmografía, y a él se debe la información volcada en las más importantes cartas de Germania realizadas durante ese siglo.

En 1507, Waldseemüller publicó en latín su *Introducción a la cosmografía*, que incluye como apéndice los *Cuatro viajes* de Vespucio; en ella propone el nombre de América para el Nuevo Mundo hallado en el Atlántico meridional, que se constituía así en la "cuarta" de las partes de la tierra definidas por Ptolomeo. En el mismo año, incorporó dicho nombre y el símbolo del papagayo a su mapa impreso del globo terráqueo.

En 1518, Tomás Moro publicó *Utopía*, un libro central de la modernidad, en el que informa que los *Cuatro viajes* están "en mano de todos". Moro se inspiró en la obra de Vespucio para construir su mundo de estabilidad y previsión, basado en la ausencia de propiedad, al que Hitlodeo, el protagonista, llega después de abandonar la expedición, cuando las naves habían alcanzado el punto más lejano. Hitlodeo, en el que Moro se refleja, es presentado como el prototipo de humanista, por ser capaz de "viajar" llevado por su conocimiento del griego, más importante que el del latín, lengua en la que, para Moro, pocas obras relevantes se habían escrito.

La incidencia de la organización del Nuevo Mundo en la ocupación española del Río de la Plata

Cuando España empezó su exploración del Río de la Plata, confrontó doblemente con Portugal.

La superioridad portuguesa en las técnicas de navegación adecuadas para el Atlántico meridional la obligó a enviar a sus mejores pilotos, a pesar de lo cual no pudo evitar, aun a mediados del siglo dieciséis, el fracaso de algunas expediciones.

También confrontaron dos grandes concepciones del mundo en la interpretación de los datos que las experiencias de la expansión ofrecían. Una anteponía la tradicional exégesis bíblica a la que la realidad debía adecuarse y la otra, ayudada por el estudio, cada vez más generalizado en el Imperio, de los textos de la antigüedad, volvía a leer el texto sagrado a la luz de las nuevas realidades.

Sólo en 1516, el humanista español Antonio Nebrija, al presentar su edición de las tres primeras *Décadas* de Pedro Mártir de Anglería, asumió plenamente el mito clásico de la Edad de Oro; en su portada advierte al lector que en esa obra conocerá "los siglos de oro, gentes desnudas, libres del peligro femenino y del dinero corruptor".

LA NO PROYECTADA EXPLORACIÓN INICIAL

El marco portugués

Américo Vespucio también participó de la segunda expedición de Gonzalo Coelho al Brasil, cuyo relato incorporó a sus *Quatuor navigationes*; durante el viaje, se estableció la ruta marítima adecuada para alcanzar las costas brasileñas y se la diferenció de la ruta a la India. A partir de entonces, la corona portuguesa aceleró la instalación americana, favorecida por la homogeneidad del espacio físico, un extensísimo litoral sembrado de bahías, y por la eficiente aplicación del sistema de factorías, ensayado y perfeccionado en las costas africanas, a un área que entregaba, con relativa facilidad, palo brasil, esclavos y productos que, aunque proporcionaban menos renta que los metales preciosos, eran de aceptación segura en el mercado de las metrópolis.

Aunque los Reyes Católicos reaccionaron ante las primeras noticias de la expansión portuguesa, prohibiendo, en 1503, el comercio de todo palo brasil que no proviniese de sus posesiones, la política colonial de la corona española carecía de toda estrategia de expansión atlántica que no consistiese en redefinir el proyecto colombino del comercio con el Oriente en función de la inesperada geografía que las expediciones iban mostrando.

La conformación de las primeras noticias

El mundo del Río de la Plata impuso su atractivo a la falta de proyecto de la corona. Entre 1515 y 1529, cuatro expediciones reconocieron el estuario de la cuenca o se internaron en ella y la exploraron en gran parte. Tres, las de Solís, Magallanes y Gaboto, estaban destinadas por la corona a alcanzar el Oriente, y la cuarta, la de García de Moguer, había sido proyectada por la Casa de Contratación de La Coruña hacia un lugar impreciso del Atlántico meridional. Estos reconocimientos permitieron construir los primeros mapas ideales de la geografía física de la cuenca y de su organización cultural, y, también, afianzar noticias que más tarde, potenciadas por la rentabilidad de la conquista peruana, sirvieron para modificar el proyecto, lo que dio lugar a la aparición del núcleo Asunción, el primer asentamiento español perdurable.

La merma de la producción antillana de oro coincidió con el descubrimiento del mar del Sur, por Núñez de Balboa, en setiembre de 1513. Muy pronto, en noviembre de 1514, Fernando capituló con su piloto mayor, Juan Díaz de Solís, una expedición "a las espaldas de Castilla del Oro", una zona todavía poco conocida entre el mar Caribe y el del Sur, que acababa de recibir a su primer gobernador, Pedrarias Dávila. Se estableció la expresa prohibición de tocar costa alguna de las tierras pertenecientes a la corona de Portugal y se convino en avanzar directamente al objetivo de asegurar el dominio del Pacífico en la latitud de Tierra Firme y Panamá, para abrir las puertas hacia el postergado Oriente.

La expedición de Solís, muerto por los indios a comienzos de 1516, cuando comenzaba a remontar el Río de la Plata, tuvo consecuencias de importancia para el futuro de la exploración.

Para la corona, estableció el escaso interés económico de la zona, que había obligado a las naves que regresaban a España a

Mapamundi, 1514, de Raccolta di Documenti.

resarcirse cargando palo en el Brasil en contra de la expresa prohibición, y la confirmó en la inconveniencia de orientar hacia allí los esfuerzos humanos y la inversión del capital financiero disponible.

Desde la perspectiva local, el obligado abandono, en la costa oriental del río, del grumete Francisco del Puerto, permitió que la futura expedición de Gaboto contase con un intérprete y guía, en una tierra donde hacer indios amigos era imprescindible para obtener alimento, transporte y combatir a los indios hostiles que se iban encontrando durante la entrada. Por su parte, Alejo García condujo a los españoles que, también de manera obligada, habían quedado en Santa Catalina, con la ayuda de algunos indios tupíes-guaraníes, hacia el territorio altoperuano, dominado por los incas y todavía desconocido para los españoles. A su vuelta se reforzó una noticia, que los indígenas conocían y transmitían, la del Rey Blanco y la Sierra de la Plata, un desencadenante y organizador central de las futuras expediciones hacia el interior. Finalmente, un Gómez, abandonado en Pernambuco, también contribuyó, con su versión de la noticia, a que Gaboto torciese el rumbo de su armada.

Las noticias orientadoras de la exploración inicial

A comienzos de 1520, cuando la expedición de Magallanes reconoció el río que se recordaba con el nombre de Solís, debido a que el humanismo había publicado casi de inmediato la literaria narración de su trágica muerte, estaba claro, para los capitanes y pilotos, que ésa no era la vía que buscaban.

A fines de ese año, Magallanes y parte de su tripulación, en la que se encontraba Antonio Pigafetta —cuyo relato de viaje, publicado en 1534, organizó las imágenes del extremo sur de la América meridional para la intelectualidad y la fantasía europeas—, lloraron de emoción ante la noticia del descubrimiento del cabo que llamaron Deseado, que abría la tan buscada comunicación entre los mares y ponía fin a la búsqueda del canal interoceánico.

En 1525, antes de que se cumplieran dos años y medio de que la nave "Victoria", conducida por Sebastián Elcano, regresase a Sevilla con muestras de especias de las Molucas, el entonces piloto mayor del rey, Sebastián Gaboto, capituló para seguir la ruta de Magallanes hasta esas islas y las otras descubiertas por él y por

Sebastián Elcano, "para hacer rescates y cargar los navíos con oro, plata, piedras preciosas, perlas, drogas, especierías, sedas, brocados y otras cosas de valor". Durante su travesía, en Santa Catalina, a fines de 1526, después de oír la tentadora noticia del Rey Blanco, la prefirió a su destino oriental y decidió remontar el Paraná. A poco se le unió Francisco del Puerto, el más experto en la región, después de once años de permanencia en ella, cuya participación como lengua, o intérprete, fue decisiva.

Se realizaron dos expediciones hacia el norte. En la primera, que tuvo lugar entre fines de 1527 y abril de 1528, se llegó hasta la confluencia del Paraguay y el Bermejo; de ella participó Alfonso de Santa Cruz, uno de los oficiales reales de la armada, quien, más tarde, ya en calidad de cosmógrafo del rey, cargo para el que fue designado en 1535, integró sus experiencias en las descripciones de su *Islario* y en su carta de la costa sur del Brasil y de los ríos de la Plata y Paraná. En los primeros meses de 1529 se realizó la segunda expedición, que alcanzó el Pilcomayo.

En ambas, los españoles de Gaboto creyeron confirmar que en el nacimiento del río Paraguay se encontraba la Sierra de la Plata, destino deseado por todos los que remontaban la cuenca; creyeron esto porque vieron o quisieron ver que algunos de los indios que encontraron llevaban objetos de metales preciosos, que, según la versión oficial, no se rescataron para no indisponerlos.

Contemporáneamente a la segunda expedición, Francisco César partió del fuerte de Sancti Spiritus, establecido, en junio de 1527, en la confluencia del Carcarañá y el Coronda, y llegó a las serranías de Córdoba o San Luis; a su regreso trajo el relato de grandes riquezas existentes hacia el oeste, lo que dio lugar a la noticia de la ciudad de los Césares, también llamada Lin Lin, La Sal o Trapalanda.

El norte y el oeste fueron, desde entonces, los rumbos que orientaron las exploraciones de la cuenca que ingresaron por el Río de la Plata.

Los primeros mapas ideales de la provincia

Los españoles comenzaron a ordenar el espacio según sus propias categorías mentales, basándose en dos complejos mapas; uno, de estricta geografía física, organizado sobre topónimos; y otro, de carácter cultural, que ubicaba gentilicios de tribus indígenas en el mundo guaraní.

El primero surgió de la necesidad de fijar hitos orientadores mediante una toponimia básica. Se bautizaron los accidentes avistables desde los navíos con nombres que homenajeaban el santoral —cabo de Santa María, puerto de Santana— o que recordaban lo más característico de su geografía —isla de los Lobos—. También se adoptó la denominación epónima de los descubridores —islas de Rodrigo Álvarez o de Cristóbal Jaques— pero estos nombres resultaron, en general, más efímeros. Para los grandes ríos —Paraná, Paraguay, Pilcomayo, *Uruay*— se conservó la denominación indígena, que, sólo en algunos casos, como el del río Epetín, el actual Bermejo, no perduró en la toponimia oficial. En cambio, no se respetó, posiblemente por la dificultad mnemónica que ello implicaba, la toponimia aborigen de las numerosas islas habitadas por indígenas, aunque se averiguó que llevaban el nombre de los caciques a quienes pertenecían los indios que las trabajaban.

También comenzaron a conocerse los gentilicios de las distintas tribus —mocoretás, camaraos, mepenes—, que, a pesar de las diversas maneras de verterlos al español, resultaron el instrumento eficaz para construir el complejo mapa de ubicaciones culturales destinado, sobre todo, a diferenciar el grado de amistad y consecuente colaboración, o de enemistad y peligro potencial.

Ambos mapas eran requeridos y alimentados por la inconmovible decisión de alcanzar las tierras ricas en "oro y plata".

De inmediato se incorporó al mapa físico la información sobre la buena calidad de las aguas de los ríos de la cuenca y, también, sobre la enorme dificultad para remontar la corriente de los ríos principales, que muchas veces debía hacerse a remo o atoando durante fatigosas jornadas en las que, a menudo, no se avanzaba sino una legua y, aun, media.

El mapa físico integró también el fuerte de Sancti Spiritus que, aunque fue destruido por los indios tres años después de establecido, sirvió desde entonces y durante muchos años de hito ordenador y, finalmente, fue elegido como escenario simbólico de la narración, más tarde convertida en mito, de Lucía Miranda y Mangoré, destinada a analizar el conflicto entre españoles e indios por el dominio de la tierra.

El mapa cultural, organizado para satisfacer la comprobada ne-

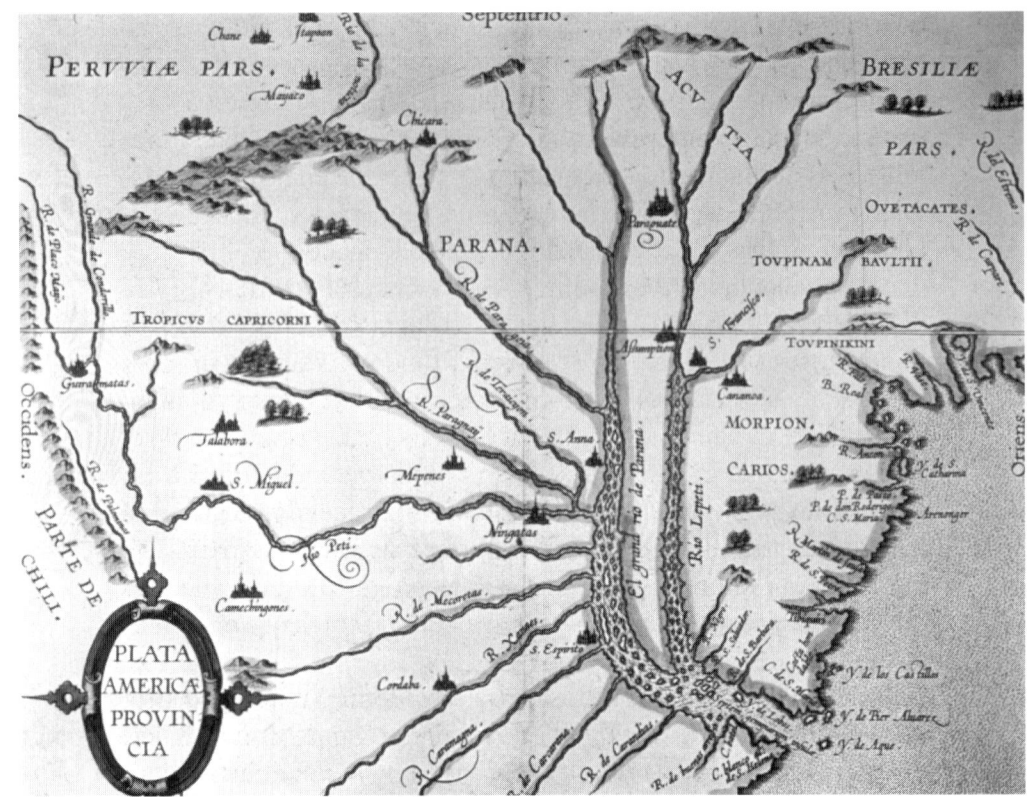

Plata Americae Provincia, de C. Wytftiet, 1598.

cesidad de contar con la colaboración indígena para realizar las entradas en la tierra e iniciar cualquier tipo de asentamiento, incrementó la significación de los lenguas o intérpretes. Sin esa alianza, la prolongada navegación condenaba al hambre y obligaba a los españoles, una vez acabada la ración traída desde España, a buscar en las islas hierbas, que en ocasiones resultaban venenosas, o cogollos de palmas, que, cuando no se encontraban, eran suplidos por aserraduras de sus troncos y aun por culebras y víboras.

Antes de incorporarse al mestizaje activo, los españoles iniciaron, en estas tierras mucho más que en otras, su aculturación inversa, al incorporar a su dieta los "bastimentos de la tierra": maíz —el *abatí* de los guaraníes—, calabazas, mandioca, batatas y el pescado fresco o seco que, cuando lograban que los indios amigos se los entregasen, les resultaban más atractivos que el "oro y las piedras preciosas".

Al mapa cultural se incorporó también la evidencia de que el complejo espacio indígena, a pesar de su diversidad, tenía una profunda y eficiente integración. Indios del río Uruguay comerciaban habitualmente con los chandules del alto Paraguay, donde los españoles se enteraban, por boca de otros indios y con sorprendente inmediatez a los hechos, del ingreso de naves españolas o portuguesas al Río de la Plata.

La persistencia de la corona en su proyecto oriental y el creciente atractivo de las noticias sobre las riquezas de la cuenca del Río de la Plata se manifestaron en 1525, cuando Diego García de Moguer, maestre de una de las carabelas de Solís y sobreviviente de la expedición Magallanes-Elcano, concertó una capitulación con la Casa de Contratación de La Coruña y con otros financistas para pasar como capitán y piloto de una empresa destinada a "la parte del Océano meridional". Esta empresa respondía a las características de la cuenca rioplatense, que requería embarcaciones de poco calado para remontar sus ríos: sus naves transportaban madera labrada para armar "una fusta o bergantín que se pueda remar".

García de Moguer, una vez en la desembocadura de la cuenca, también reorientó hacia ella el destino impreciso de la expedición y participó del segundo viaje al norte cuyo fracaso económico, acompañado de la destrucción del fuerte, determinó que él y Gaboto abandonasen, a fines de 1529, la exploración de la cuenca.

EL PRIMER PROYECTO DE LA CORONA PARA EL RÍO DE LA PLATA

La exploración inicial resultó decisiva para orientar una política de la corona sobre la cuenca, que precisó las direcciones generales de la expansión y consolidó los primeros mapas ideales, físico y cultural, de la región. Esa política reposaba en la aceptación de la noticia sobre la existencia de abundante plata, que le permitió a Diego García de Moguer y su gente usar el nombre del metal como topónimo de la desembocadura de la cuenca, creación que muy pronto desplazó la denominación epónima de "río de Solís".

El Perú, un nuevo organizador del espacio

Las expediciones de Gaboto y García de Moguer recorrieron la cuenca durante los tres años transcurridos entre comienzos de 1527 y fines de 1529; a partir de entonces, la corona estuvo ausente del Río de la Plata durante cinco años. A su regreso, la situación general de las costas meridionales de América del Sur se había modificado de manera sustancial.

Para entonces, Francisco Pizarro, que en 1525 había iniciado, desde Panamá, el reconocimiento del mar del Sur, capituló la conquista del Perú en 1529 y, en noviembre de 1532, condujo la masacre de Cajamarca.

Una vez dominada la tierra desde Túmbez hasta el Cuzco, en 1538 Gonzalo Pizarro, con la ayuda que le envió su hermano Francisco, sometió a charcas, carangues y chuquisacas. Un año después, Pedro Anzures fundó una ciudad sobre el pueblo de los chuquisacas, que llamó La Plata, por estar cerca del cerro de Porco, de donde los incas sacaban ese metal, aunque la costumbre le conservó el nombre de la parcialidad sobre la que se había asentado.

El diseño del proyecto de la corona

En enero de 1534 Hernando Pizarro llegó a Sanlúcar de Barrameda, llevando el quinto del botín de guerra que correspondía al rey. Ante tal evidencia, en mayo de ese año, el rey firmó las capitulaciones de Diego de Almagro, a quien se le concedía una gobernación de doscientas leguas medidas, por la costa del Pacífico, desde donde terminaba la de Pizarro, y de Pedro de Mendoza, que recibió otra gobernación de otras doscientas leguas medidas por la misma costa, desde donde terminaba la de Almagro hacia el estrecho de Magallanes, pero destinada a conquistar "las tierras que hay en el río de Solís, que llaman de la Plata" desde un océano al otro.

La corona, movida por la fuerza de las noticias aportadas por la expediciones de Gaboto y de García de Moguer, confió en que el Río de la Plata le depararía una conquista de rentas similares a la peruana y, de manera consecuente, incorporó la región a su proyecto imperial.

A ello se debieron la magnitud y la importancia de la expedición que autorizó la corona y que la encabezase un gentilhombre de su casa, Pedro de Mendoza. El diseño de la capitulación tomó la experiencia del Perú en lo referido a capturar al señor indígena para solicitar su rescate, pero trató de evitar lo que había sucedido con Atahualpa, en agosto de 1533: que la muerte del monarca indígena fuese presentada como un ajusticiamiento. Para ello, se previó que si se capturaba a algún cacique o señor, el rey sólo tomaría la sexta parte de los tesoros de "oro y plata, piedras y perlas" que se obtuvieren por rescate, mientras que llevaría la mitad si se lo mataba "en batalla, o después por vía de justicia".

LA REDEFINICIÓN LOCAL DEL PROYECTO DE LA CORONA

Todo proyecto expansivo de la corona requería una ejecución cuyo diseño quedaba a cargo del capitán general de la empresa; en este caso, ese diseño fue objeto de controversias ya durante el viaje, cuando se enfrentaron dos estrategias irreconciliables.

La primera consistía en organizar la cuenca mediante un puerto de transbordo marítimo-fluvial, ubicado entre el estuario y los ríos mayores de la cuenca, que sirviese de base para las comunicaciones con la metrópoli. Dicho puerto debía complementarse con una sucesión de puertos fluviales destinados a apoyar las entradas.

La segunda estrategia, de la que participaban los pocos que ya habían estado en la tierra, consistía en dejar los navíos en el estuario y tomar los bergantines para remontar de inmediato los grandes ríos, con el objeto de alcanzar cuanto antes las regiones de la plata, cuya existencia prometían las noticias.

Por sostener esta última estrategia, Juan de Osorio, maestre de campo que arrastraba el parecer de otros, fue procesado y condenado en secreto, con anuencia de Mendoza. Lo ejecutaron Juan de Ayolas, alguacil mayor, y Galaz de Medrano, en las playas de Río de Janeiro, antes de llegar, con lo que, por un tiempo, se postergó su estrategia.

Tan pronto como se alcanzó el Río de la Plata, se estableció Buenos Aires, el puerto de transbordo, que se rodeó de un muro de tierra, ineficaz para controlar la ya advertida hostilidad de los indios querandíes, que luego se incrementó.

Desde Buenos Aires se enviaron dos expediciones por el Paraná que, según la estrategia adoptada, establecieron asientos: el de Corpus Christi, cerca de Coronda, el de Nuestra Señora de Buena Esperanza, más al sur, pronto despoblados, y, en agosto de 1537, la casa fuerte de Asunción.

Volvieron a experimentarse las enormes dificultades de navegación, pero esta vez comenzaron a controlarse debido al progresivo perfeccionamiento del mapa cultural y las cada vez mejores soluciones para defenderse de los ataques costeros; también volvió a padecerse el hambre, cuya magnitud puede compararse con la sufrida en Jerusalén, de la que se hizo eco la iconografía europea al ilustrar la crónica de Schmidl y, sobre todo, la reflexión ética propuesta tanto por el mito de la Maldonada, destinado a reconciliar lo español con la tierra, cuanto por el romance de Luis de Miranda, la primera composición poética de la ciudad.

El hambre en Buenos Aires, de Gedenkwaardige na Rio de la Plata, *de Ulrico Schmidl, 1599.*

La primera organización del espacio

Ayolas, que durante la segunda expedición había remontado el río Paraguay hasta el puerto de la Candelaria, en tierra de payaguaes, en febrero de 1537, desvió hacia el occidente, hacia la noticia del Rey Blanco y la Sierra de la Plata.

Quince meses después, ya de vuelta en Candelaria sin haber alcanzado el río Grande, fue muerto con todos sus compañeros. No alcanzó a saber que, durante su ausencia, Mendoza lo había designado su teniente antes de iniciar el viaje a España en el que murió, y no pudo transmitir sus descubrimientos porque el lugarteniente que había designado, Domingo Martínez de Irala, no lo esperaba en Candelaria, donde lo había dejado.

Irala, que no reconoció los indicios ciertos de la muerte de Ayolas para no hacer peligrar los fundamentos legales de su poder, que la corona convalidaría sólo en 1552, cambió la estrategia de la empresa en función de la disminución del número de españoles, del conocimiento adquirido en las exploraciones realizadas y de las instalaciones efectuadas. Volvió, entonces, al viejo proyecto de Osorio y despobló Buenos Aires en 1541.

En efecto, en la primera organización del Río de la Plata, que compartían casi todos sus habitantes españoles, el mapa físico de la provincia coincidía con el cultural.

Las partes de esta organización que se percibía aislada tanto de la metrópoli, debido a la falta de navíos, como del resto de las Indias, eran tres: un eje fluvial de comunicación, los ríos Paraná y Paraguay; un conjunto de sitios que garantizaban la circulación y permitían el asentamiento, en el que se distinguían el "abajo", el estuario de la cuenca, donde los puertos naturales permitían la comunicación con España, y el "arriba", el Paraguay, con su centro, el pueblo de Asunción; en tercer lugar, una tierra de expansión, al oeste y noroeste, de la que si llegaban a recibirse por el río, desde España, socorros de "gente, aderezos y municiones", se podían esperar, como botín de la guerra con indios enemigos, grandes aunque imprecisas cosas para el rey y para los españoles que protagonizasen la entrada.

Mientras no llegase el socorro, y, consecuentemente, no se realizase la gran guerra, la gente del Paraguay, los cuatrocientos hombres —si se cuentan los que había aportado Buenos Aires— que constituían la totalidad de la población de la provincia del Río de la Plata, y que ya habían engendrado los primeros de sus muchos hijos mestizos, no se mostraban disconformes con la situación alcanzada, que resultaba, de manera evidente, preferible al hambre, las muertes y las difíciles e infructuosas expediciones y guerras hasta entonces vividas. Un más preciso conocimiento de las posibilidades de la tierra, obtenido a través de esos padecimientos, les había permitido postergar las esperanzas puestas en el mar del Sur.

Esas partes se jerarquizaban en función de la relación con los aborígenes que habitaban las costas fluviales.

En la boca del río, los indígenas no sembraban, carecían de una organización que permitiese a los españoles establecer un sometimiento estable y perdurable, y el devenir de la relación los había convertido en temibles enemigos; pero podía prescindirse de ellos porque los puertos naturales conocidos estaban relativamente protegidos de su amenaza.

A lo largo de los ríos, hasta Asunción, los indígenas tenían características similares, aunque sólo eran peligrosos y no enemigos declarados; sin embargo, se los necesitaba para obtener, mediante el rescate, el pescado, la manteca, los cueros y la carne, que resultaban imprescindibles para alimentar a tripulaciones y guerreros durante la prolongada navegación río arriba.

Finalmente, treinta leguas a la redonda de Asunción, donde residía el teniente de gobernador, los guaraníes o carios eran labradores, tenían abundancia de alimentos y se habían sometido a los españoles mediante la intimidación derivada de la violencia o de las amenazas y, también, mediante el rescate con anzuelos, escoplos o cuchillos, bienes deseados por los indígenas y especialmente fabricados para rescatar.

En las casas de los españoles vivía un conjunto de indígenas en el que predominaban las indias de servicio —más de setecientas—; algunas eran originariamente libres y otras esclavizadas durante las guerras entre parcialidades. Se las obtenía mediante donación o rescate, casi siempre obligados, y también a través del comercio entre los propios españoles, cada uno de los cuales se servía sexualmente de más de una india, sin reparar en que fuesen parientas cercanas.

Pero la mayoría de los indios amigos permanecía en sus tierras y se mantenía de ellas y de la pesca; con ellos se contactaban sobre todo los intérpretes, que los convocaban arbitrariamente a rozar, o los obligaban al rescate de alimentos.

Indios carios, de Ulrico Schmidl.

La casi absoluta carencia de oro y plata impidió que la provincia se integrase a la metrópoli. Los tributos correspondientes a la corona eran pagados en bienes de la tierra: "cochinos, maíz, frijoles, mandioca y aves", que sólo servían para el consumo diario de los oficiales reales. Por su parte, el comercio local entre españoles obligó a establecer una moneda propia consistente en los productos utilizados para el rescate con los indígenas y en cuñas de hierro labradas en la tierra.

Las posibilidades y esperanzas de integración

El discurso oficial de las autoridades de la provincia sólo reclamaba ayuda para reactivar el proyecto de la corona, aunque la mayoría no la consideraba urgente.

Los carios podían asistir, en calidad de indios amigos, con mil canoeros o muchos más peones, en las guerras realizadas contra los vecinos, los agaces y otros pueblos más lejanos, de los que se había obtenido la totalidad del ínfimo botín metálico hasta entonces recogido. Su dominación permitiría mantener a nuevos españoles armados, quizá menos de los tres mil entonces calculados.

El conocimiento, adquirido en la práctica, de las técnicas para remontar los ríos Paraná y Paraguay parecía garantizar una mejor circulación futura de la cuenca. Los puertos de la boca del río, el de San Gabriel, el mejor si se tenía precaución de sus muchos tigres, el río San Juan y los fondeaderos de la isla Martín García eran imprescindibles para tres finalidades. Servirían para anclar las naves en las que se había hecho la travesía, y para protegerlas mediante poblados conformados al efecto. Permitirían construir con la tablazón traída, o con la madera de los sauzales cercanos, los bergantines con los que se remontarían los ríos. También podían aliviar la dependencia del rescate con los indios, con lo que disminuiría el peligro de la navegación fluvial, porque servirían para sembrar en setiembre el maíz, que se daba mejor en las tierras de monte o, entre mayo y julio, el trigo y las hortalizas.

Estos puertos naturales estaban previstos sobre la margen izquierda, la "del lado de España", la más cercana al canal de mayor profundidad, que era la vía más segura y directa hacia Asunción, y el paso casi obligado para quienes entraban al Río de la Plata, por lo que se creía que podían cumplir, sin necesidad de una población permanente, con la función de transmitir a los recién llegados los conocimientos imprescindibles para la circulación.

Ya se conocían los accidentes que indicaban el buen rumbo, el grado de enemistad de las distintas tribus y las formas de defenderse de los ataques de los flecheros, que se hacían más frecuentes en las costas de barrancas y en los esteros, para lo que se habían ideado barandillas de ropa o cuero, que protegían las cubiertas de los bergantines.

La corona intenta socorrer a los agentes de su proyecto

La corona, no obstante ignoraba la suerte corrida por Ayolas, estaba segura de las necesidades de los sobrevivientes de la expedición de Mendoza y firmó, en marzo de 1540, una capitulación con Álvar Núñez Cabeza de Vaca, por la que se le concedía la gobernación del Río de la Plata con el agregado de la isla de Santa Catalina. La concesión se haría efectiva sólo si Ayolas estuviera muerto y siempre que llevase "mantenimiento y vestidos y armas y munición y otras cosas necesarias para proseguir la dicha conquista y descubrimiento".

Las noticias que habían dado lugar a la expedición de Mendoza seguían siendo funcionales. La confianza de la corona y el capitulante en la rentabilidad de la provincia les permitió establecer que, si Ayolas estuviese vivo, Álvar Núñez recibiría, como única recompensa, el monopolio del comercio durante seis años. También confiaban en las noticias "del oro y la plata" quienes se enrolaron en la empresa: más de quinientos hombres de diversa condición social y cultural, muchos de los cuales, como Ambrosio Eusebio, discípulo de Pedro Aretino, conservaban sus esperanzas aun después de haber sufrido las primeras frustraciones.

En Santa Catalina, Álvar Núñez tuvo conocimiento de la reciente despoblación de Buenos Aires y partió por tierra, con un quinto de su gente, hacia Asunción, adonde llegó a comienzos de 1542, cuando la organización municipal de la ciudad, la única forma de gobierno representativa de la primera organización de la provincia, acababa de formalizarse. Con esto, quedó probada la posibilidad de la comunicación terrestre de Asunción con la costa atlántica.

Álvar Núñez dictó muy pronto resoluciones para atemperar los abusos que padecían los indígenas, con objeto de dirigir su fuerza de trabajo, entonces fundamentalmente orientada a la economía local, hacia la realización de entradas destinadas a alcanzar las noticias de la riqueza. Como los miembros de su propia hueste ya le reclamaban un dominio de los indígenas que les permitiese vivir de acuerdo con la organización de la provincia, debió prometerles formalmente que, si las entradas fracasaban, les permitiría tomar esclavos.

Portada de La relación y comentarios del gobernador Álvar Núñez Cabeza de Vaca.

En 1543, Álvar Núñez remontó el alto Paraguay hasta Los Reyes, mucho más al norte de Candelaria, adonde había llegado Ayolas, e hizo una breve entrada al oeste que resultó infructuosa. También se puso de manifiesto, entonces, la fortaleza de la organización local, ya que la entrada sólo fue posible porque Irala le suministró a Álvar Núñez los navíos imprescindibles para remontar el río, todos de construcción local.

A comienzos de 1545, el fracaso de la entrada posibilitó que los españoles de Asunción, apoyados por los oficiales del rey y por parte importante de su propia gente, remitiesen a Álvar Núñez preso a la metrópoli. Esto evidenció que la organización local había triunfado definitivamente sobre el proyecto inicial de la corona, que la aceptó con ciertas modificaciones, la más relevante de las cuales fue advertir la necesidad de contar con un puerto de transbordo marítimo-fluvial en el estuario, poblado de manera estable.

La corona acepta con modificaciones la organización local

En 1547, la corona firmó una capitulación con Juan de Sanabria y, en 1557, otra con Jaime Rasquín. Ambas expediciones, más modestas que las anteriores, se frustraron, pero los sobrevivientes de la expedición de Diego de Sanabria, hijo y sucesor de Juan, después de un intento malogrado de instalación en la costa del Brasil, donde fundaron y despoblaron el puerto de San Francisco, terminaron incorporándose a Asunción, por entonces el único articulador de la provincia para quienes llegaban por el Atlántico.

En estas capitulaciones, la corona asimiló la provincia del Río de la Plata al espacio controlado por Asunción y cambió su inicial propósito de vincularla con la instalación del Pacífico por el de integrar directamente a la metrópoli las costas del Atlántico meridional mediante un circuito que comprendía el estuario y las costas meridionales del Brasil. Para ello, diseñó un conjunto de fundaciones que comprendía dos puertos marítimos anteriores al estuario, el puerto de San Francisco, frente a la isla de Santa Catalina, y, treinta leguas más al sur, el de los Patos, y dos puertos sobre el río, el de San Gabriel y el de Sancti Spiritus.

La corona autorizó estas expediciones en función de dos finalidades diferentes que, aunque complementarias en apariencia, manifiestan vacilaciones respecto del modelo de instalación. La primera, que le encomendó a Sanabria, era socorrer a los españoles de la provincia, para reforzar un asentamiento que consideraba débil para los intereses imperiales. La segunda, cuyo ejecutor debía ser Rasquín, consistía en afianzar y extender el control sobre el mundo indígena.

Para cumplir con la primera finalidad, la corona proyectaba dos soluciones. Promover una economía que no excluyese ninguna de las soluciones hasta entonces conocidas en la experiencia colonial: la agricultura, las manufacturas, el monocultivo de exportación y la minería. En segundo lugar, quería organizar la sociedad española de Asunción sobre el modelo de la familia monogámica europea. La solución consistía en estimular una migración de "hombres labradores", "oficiales de todos oficios" y "oficiales mineros", que debían ser "hombres casados con sus mujeres e hijos", y que debían estar provistos, con la ayuda del capitulante, de todos los elementos necesarios: "trigo, cebada y centeno" y "todas las otras semillas", "aderezos e instrumentos para hacer ingenios de azúcar" e "instrumentos y herramientas y fraguas". También se estimulaba la migración de mujeres casadas con hombres que ya estaban en Asunción y de mujeres solteras, dispuestas a casarse con los solteros residentes.

Para el cumplimiento de la segunda finalidad, la corona diseñó un proyecto de conquista de las tierras no exploradas o en manos de indios hostiles, basado en la migración de hombres armados "para el descubrimiento" y en el traslado de armas para incrementar la capacidad bélica de la gente de la provincia. Respecto de los indios ya sometidos, prohibía tomarles "mantenimientos ni otras cosas" y establecía el rescate como única forma de comercio, para lo que obligaba a llevar "hierro" y otros bienes adecuados.

El discurso de la corona, en tanto reemplazaba la fe en el gozoso hallazgo de la noticia por la seguridad de establecer, mediante la ley, un sereno orden armónico, se enrolaba en los discursos utópicos del Renacimiento y estaba destinado a no reproducirse en la realidad.

LA IRRUPCIÓN DEL MUNDO PERUANO

Las noticias atraen al mundo peruano

Las noticias que habían orientado a los hombres de Gaboto y de Diego García se propagaron pronto por otras tierras. En las charlas de hombres frustrados por una realidad opuesta a sus ambiciones de un lucro fácil e inmediato, las narraciones reiteradas y recreadas en cada reiteración iban adquiriendo las características del mito.

Acontecimientos puntuales del devenir de los asentamientos de Perú y Chile organizaron expediciones cuyo destino se corría tanto más al interior del continente cuanto más tierras reconocían las expediciones partidas de los puertos, sin hallar las noticias buscadas.

Vaca de Castro, el gobernador del Perú, después de que su capitán Francisco de Carvajal venció, en 1542, en la batalla de Chupas, a la gente de Almagro, el joven, decidió alejar a los hombres alzados en armas enviándolos a una serie de entradas. A Diego de Rojas le tocó la más austral de las noticias, la del Dorado.

La expedición partió de Cuzco a comienzos de 1543 y llegó, en octubre de 1545, al sitio donde había estado el fuerte de Sancti Spiritus. Allí, Francisco de Mendoza, sucesor de Rojas, encontró las pruebas de la prolongada permanencia de los españoles en la cuenca del Plata. Había caciques ladinos que les reprochaban duramente, en español, que les exigieran por la fuerza los alimentos que los españoles asentados en Asunción obtenían por medio del rescate; también leyeron la carta que Irala había dejado al despoblar Buenos Aires y se enteraron, por los indios, de las actividades de los portugueses en el Brasil. La evidencia de que, después de prolongadas penurias, habían alcanzado otra zona de expansión "sin haber hallado oro ni plata ni otro metal alguno", empezó a minar la noticia del Dorado. Mendoza decidió ir a Asunción, pero se desalentó y poco después murió; lo reemplazó Heredia, que emprendió el regreso y llegó al Alto Perú en 1548, con una noticia más cierta: la de la existencia del Tucumán y sus indios.

Las viejas noticias se desvanecen para la gente de Asunción

Desde Asunción, a fines de 1547, Irala había iniciado una entrada siguiendo la ruta de Ayolas. Cuando llegó a los tamacosis y supo que estaban repartidos a los españoles del Alto Perú, envió hacia delante a Nufrio de Chaves, quien llegó a Lima a fines de 1548. De manera simultánea para el Perú y para Asunción, se derrumbaban las expectativas de las grandes riquezas del interior del continente, aunque subsistirían otras, menores y menos ubicables.

El mundo peruano se asienta en Tucumán

Poco antes, en abril de ese año, la batalla de Jaquijaguana puso fin a la rebelión de Gonzalo Pizarro y dejó pacificado el Perú durante un tiempo. El licenciado Gasca, como parte de su política de premios, recomposición de las relaciones de poder y descompresión militar, volvió a organizar entradas en tierras nuevas o escasamente controladas. Como consecuencia parcial de esta política se fundó, en 1553, Santiago del Estero, la primera ciudad mediterránea destinada a perdurar, y diez años más tarde se constituyó la provincia de Tucumán, separada de Chile, a la que se incorporaron las fundaciones de San Miguel de Tucumán, en 1565, y Córdoba, en 1573.

La instalación en la gobernación de Tucumán tuvo características comunes y similares a las de otras áreas periféricas del imperio ocupadas desde asentamientos preexistentes, y la perduración de sus ciudades estuvo ligada a la capacidad de administrar el trabajo indígena para hacer producir las tierras disponibles en función de las demandas altoperuanas, de crecimiento continuado a partir de la puesta en funcionamiento de los yacimientos de Porco, en 1539, y de Potosí, cuya villa, fundada en 1545, obtuvo su Casa de la Moneda en 1562.

Asunción redefine su posición y reclama puertos sobre el Atlántico

En Asunción, las más recientes noticias de riquezas transmitidas por los carios no fueron buscadas, porque la corona decidió suspender los "descubrimientos nuevos" hasta que se poblase lo ya descubierto, y también debido a una progresiva consolidación del poder de los "conquistadores", que encabezados por Irala, entonces ya gobernador, defendían su forma de vida.

Esa consolidación se basaba en ciertas premisas de aceptación generalizada en el grupo dominante: la pobreza de la tierra que carecía de metales preciosos, la holgazanería e indolencia de los indios, antiguos guerreros y antropófagos, de los que sólo se podía obtener servicio personal, y el escaso provecho logrado por los españoles, que no compensaba sus muchos y prolongados esfuerzos.

Los objetivos perseguidos eran tres. Impedir que los descontentos abandonasen la ciudad, incrementando así la desproporción numérica entre españoles, reforzar el control sobre el mundo indígena y redefinir el espacio propio de Asunción en la provincia.

El peligro de los agaces, que aunque comerciaban con los carios, se resistían a cualquier acuerdo de sometimiento o, cuando menos, de convivencia con los españoles, fue la causa inmediata, y también el pretexto, para impedir la creciente migración de españoles descontentos que abandonaban la ciudad en busca de otras posibilidades, generalmente hacia las costas portuguesas. Se estableció que, sin permiso del gobernador, nadie saliese de Asunción ni de su escaso ejido, donde cerdos y vacas se alimentaban en cercanía de los habitantes. No se podía navegar el río hacia "arriba" o hacia "abajo" ni cruzar a la otra orilla ni alejarse por tierra a pescar o cazar ni, mucho menos, establecerse en los repartimientos de indios.

En 1556, se legalizaron los repartimientos, mediante los cuales poco más de trescientos veinte españoles controlaron casi veinte mil indios. Se reguló que, por carecer de "cosas de provecho", los indígenas debían entregar, además de los "miserables frutos de la tierra", "el servicio de sus personas" para la construcción de casas, las rozas, el cultivo, la caza, la pesca, llevar cargas y la responsabilidad colectiva de reparar los caminos y malos pasos. Para cumplir con esos servicios, se permitía que hasta la mitad de los indios de un pueblo abandonase sus casas.

Tendían a garantizar la continuidad del control indígena, en primer lugar, la solidaridad bélica de los encomenderos que debían acudir en conjunto, a pie o a caballo, con sus armas y a su costa, cada vez que fuese necesario "pacificarlos", "asentarlos" o "reducirlos". También el sostenimiento de la autoridad de los caciques, mediante la fuerza e impidiendo que los indios se alejasen de sus pueblos de origen. Finalmente, se establecieron los acostumbrados mecanismos de aculturación: la instrucción religiosa, la enseñanza de nuevas costumbres y la incorporación a familias españolas de algunos niños indígenas que, cuando grandes, serían devueltos a sus pueblos.

Contemporáneamente a la legalización de los repartimientos, el grupo dominante de Asunción también buscó adecuar sus relaciones a los resultados de la reciente expansión del imperio sobre tierras vecinas y a la evolución de las instalaciones portuguesas. Para ello reclamó tres fundaciones.

La primera era un pueblo en la isla de San Gabriel, en el estuario de la cuenca, destinado a comunicar "mejor e a menos costos" los reinos del Perú, "especial las Charcas y provincias de Tucumán y Chile". Por tratarse de una tierra "despoblada de gentes labradores", los conquistadores de Asunción estaban "algo tibios" para realizarla; pero se los podría movilizar si la corona enviaba una armada, con hombres casados que, preferentemente, tuvieran hijas en edad de tomar estado con los de Asunción, y si se les permitía, durante tres años, tomar los diezmos de maíz, frijoles y puercos. También Asunción se vería beneficiada porque podría desprenderse de hasta doscientos indios belicosos, indómitos y reacios a recibir la doctrina cristiana.

La segunda era un puerto en la isla de San Francisco, en las costas del Brasil, que Hernando de Trejo, al mando de la expedición de Diego de Sanabria, había poblado entre 1553 y 1555. Esta fundación, que resultaría una escala adecuada para los navíos que se encaminasen al estrecho de Magallanes, impediría que algunos españoles de Asunción, que se llevaban sus indios, encontrasen refugio en esas costas. Esta propuesta nacía sin esperanza, porque, además de contravenir el decidido propósito de la corona de no crear conflictos con el área portuguesa, recomendaba solicitar ayuda al jesuita provincial Manoel Nóbrega, recientemente instalado en el Brasil que, por entonces, proyectaba expandirse sobre el Paraguay de Asunción.

Finalmente, se solicitaba autorización para fundar dos pueblos sobre los ríos Epetí y Aracuay, que servirían como escalas en la vinculación entre Asunción y los Charcas, ya proyectada por el poder metropolitano. Sin embargo, se advertía que la ruta no serviría para desplazar a mucha gente.

Charcas reclama un puerto sobre el Atlántico

En 1562, el licenciado Juan Matienzo, oidor de la audiencia de Charcas, expuso al rey que el bien de los vecinos y habitantes del Alto Perú y el aumento de la hacienda real requerían el establecimiento de un puerto que permitiese la salida al Atlántico para "evitar las grandes costas y peligros que hay de aquí a España en la navegación de dos mares, del Sur y del Norte".

Cuatro años después defendió sólo una de las cuatro soluciones inicialmente propuestas: comunicar el Alto Perú mediante un camino terrestre que recorriese la gobernación de Tucumán hasta Santiago del Estero, recientemente fundada, y de allí llegase al puerto que debía fundarse en la antigua fortaleza de Gaboto.

La gobernación de Tucumán busca un puerto sobre el Atlántico

En la gobernación de Tucumán, el avance por el sur de Santiago del Estero contribuyó a poner en evidencia la necesidad de contar con un puerto en el Atlántico.

En el reconocimiento de las tierras de los juríes, previo a su fundación de Córdoba, Gerónimo Luis de Cabrera pudo saber, por "la pesquisa y por las lenguas", que casi treinta mil indios, gente vestida con lana y cueros, vivían en pueblos pequeños, muy cercanos unos de otros, criando "ganado de la tierra" y sembrando toda "tierra bañada".

El proyecto de fundación, surgido de este reconocimiento y destinado a atraer a los españoles a la nueva ciudad y a incrementar la Real Hacienda, mencionaba las "grandes muestras y señales de metales de oro y plata" pero, de manera consecuente con la larga experiencia acumulada desde la conquista del Perú, no se basaba en la guerra de botín sino en los "grandes pastos y muy buenos asientos" que permitirían criar gran cantidad de todos los ganados existentes en España y establecer haciendas "con que puedan vivir prósperos los que allí vinieren". Para ello resultaba necesario establecer un puerto en el curso de los ríos de la tierra, que sirviese de salida al Río de la Plata y mar del Norte, para que "por él se contrate esta tierra con España".

Para lograr ese objetivo, Cabrera, en setiembre de 1573, poco después de fundar Córdoba, marchó hacia el este y llegó al río Paraná, que incorporó a su gobernación, y siete leguas al norte de la fortaleza de Gaboto, bautizó un puerto con el nombre de San Luis de Córdoba. Dos días después se encontró con las fuerzas de Juan de Garay que recorría la costa en vísperas de la fundación de Santa Fe, y debió resignar su proyecto en función de la prioridad de quienes atravesaban la cuenca.

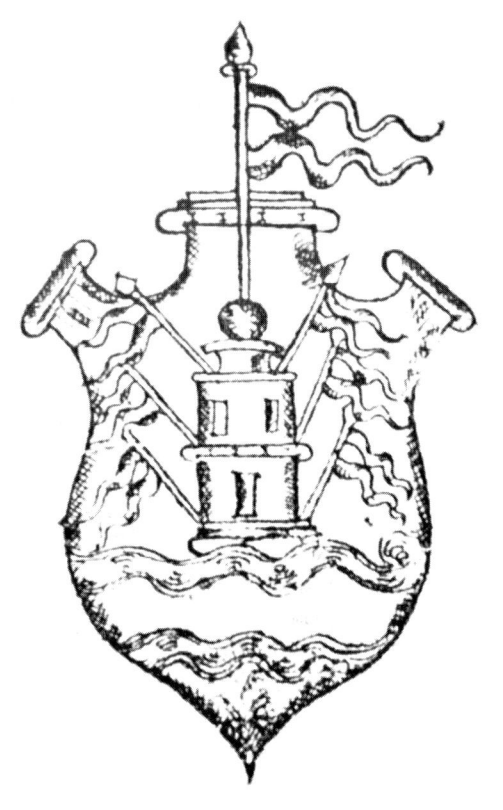

Escudo de Córdoba.

LA CORONA INTENTA REDEFINIR LA CIRCULACIÓN DE LA CUENCA

Juan Ortiz de Zárate, hidalgo llegado al Perú en 1534, por su fidelidad a la causa del rey durante el levantamiento de Gonzalo Pizarro, incrementó sus recompensas y pudo establecerse como vecino de la ciudad de La Plata, donde reunió, con su hermano, una importante fortuna; finalmente, fue designado gobernador del Río de la Plata por el gobernador del Perú y debió ir a España para convalidar su cargo mediante una capitulación que logró firmar en julio de 1569.

La capitulación mantuvo la finalidad de la expedición de Rasquín: ayudar a la "instrucción y conversión de los naturales"; también recurrió a las mismas estrategias de las capitulaciones anteriores, que consistían en llevar oficiales y labradores para incrementar las manufacturas y las artesanías y establecer la agricultura de tipo europeo. El área de influencia de Asunción, en cambio, resultó extendida. Se incorporaron dos zonas de expansión, una hacia el este, la provincia del Paraná, y otra hacia el oeste, "la tierra que hay desde la dicha ciudad de La Plata hasta la ciudad de la Asunción".

La vinculación con el Alto Perú tenía, además, el propósito de modificar la producción de la provincia e incrementar los recursos que garantizaban la expansión. Ortiz de Zárate debía introducir la ganadería, llevando, desde las zonas de pasturas que usufructuaba en Charcas, dentro de los tres años de su llegada a la gobernación, cuatro mil vacas de Castilla y otras tantas ovejas y, además, quinientas yeguas y caballos "para la conquista". La circulación necesaria quedaba garantizada mediante la fundación de tres pueblos de españoles entre La Plata y Asunción, "para la necesidad del comercio y contratación de una tierra a otra", y la instalación de otro pueblo en el puerto "que llaman de San Gabriel o Buenos Aires".

El proyecto del grupo de Asunción quedaba así parcialmente garantizado. Se consolidaba el eje fluvial que nacía en el estuario y terminaba en Asunción, la que contaba, además, con una salida terrestre al Atlántico y con la asistencia del Alto Perú. El puerto comunicaba con el Alto Perú, a través de Asunción, y Tucumán y Chile quedaban incorporados a la circulación del Atlántico.

Los años transcurridos desde el descubrimiento del estrecho de Magallanes habían puesto en evidencia las enormes dificultades técnicas para navegar desde allí hacia los puertos españoles del Pacífico. En comparación con el Atlántico, donde otras banderas navegaban con mayor facilidad y riesgo potencial para la circulación española, la estrategia imperial de la corona había incorporado al Pacífico como un mar interior, por resultar más defendible de las incursiones extranjeras y más adecuado para el control monopólico de su explotación. Las necesidades de las economías regionales y los costos relativos del transporte se opusieron a esta estrategia imperial.

LA ARTICULACIÓN DEL ESPACIO

Fin del proyecto de Asunción y la corona

Juan de Garay, llegado al Perú poco después que Juan Ortiz de Zárate, con quien tenía vinculaciones nacidas en España, era alguacil mayor de Asunción, cuando Martín Suárez de Toledo, que había llegado con Álvar Núñez y era, por entonces, teniente del gobernador Ortiz de Zárate, ya ratificado por la corona, le encomendó fundar un pueblo "en San Salvador o río de San Juan, o San Gabriel, que es en el Paraná, en una de las dichas tres partes, do más conviniese".

Con el apoyo de bergantines fabricados en Asunción, Garay exploró el río, se encontró con Gerónimo de Cabrera y, en setiembre de 1573, fundó Santa Fe.

Poco después ayudó a Ortiz de Zárate, recién entrado en el estuario, a fundar Zaratina de San Salvador, sobre la margen oriental del Río de la Plata. A los dos años murió Ortiz de Zárate y seis meses después se despobló Zaratina. Con esto, el proyecto de la corona de reforzar el eje fluvial con un puerto sobre el canal que conducía directamente a Asunción, coincidente con lo esencial del proyecto del grupo que dominaba la ciudad, se truncó definitivamente.

Concreción del proyecto de Charcas

Poco después, Juan Torres de Vera y Aragón, oidor de la audiencia de Charcas, y sucesor, por vía conyugal, en los derechos que otorgaba la capitulación de Ortiz de Zárate, nombró a Garay su teniente, quien, en tal calidad, fundó en junio de 1580 la ciudad de la Trinidad, Buenos Aires, sobre la margen occidental del río, un puerto que garantizaba el acceso terrestre a Tucumán, Chile y, sobre todo, al Alto Perú minero.

El puerto, que se inauguró de inmediato con un viaje realizado por una carabela construida en Asunción que transportaba pasajeros en misión oficial, comenzó a operar de manera comercial en 1585, cuando el obispo de Tucumán fletó al Brasil una fragata de su propiedad, también construida en la tierra, que llegó a San Vicente con dinero suficiente para adquirir otros navíos, noventa esclavos, hierro y calderos, bacias y peroles de cobre para hacer azúcar. Al regresar de Río de Janeiro fueron capturados por "tres navíos ingleses" que entraban al estuario.

Según los miembros de esta primera expedición comercial, la repoblación de Buenos Aires se había hecho "para poder comerciar con el Brasil", y Santa Fe, el antepuerto de Buenos Aires, era la salida natural de Tucumán.

Contemporáneamente, los mineros del Potosí aseguraban que Buenos Aires sería su puerto preferido, si existiese la seguridad de encontrar siempre navíos disponibles. Poco después, cuando confirmaron que la oferta de circulación era suficiente y continuada, los comerciantes del Alto Perú enviaron al puerto sus representantes, a los que remitían plata para comprar esclavos y hierro.

Pocos años más tarde, los vecinos y encomenderos de Santa Fe aseguraban que Buenos Aires, donde tenían contactos y relaciones, era un puerto suficientemente confiable para recibir viajeros y correspondencia de España.

Tucumán, que comenzó a exportar por Buenos Aires al Brasil su variada producción, quiso incorporarlo a su jurisdicción.

En todas estas tierras había coincidencia en que el puerto facilitaba e integraba el comercio de Paraguay, Tucumán, Alto Perú y Chile.

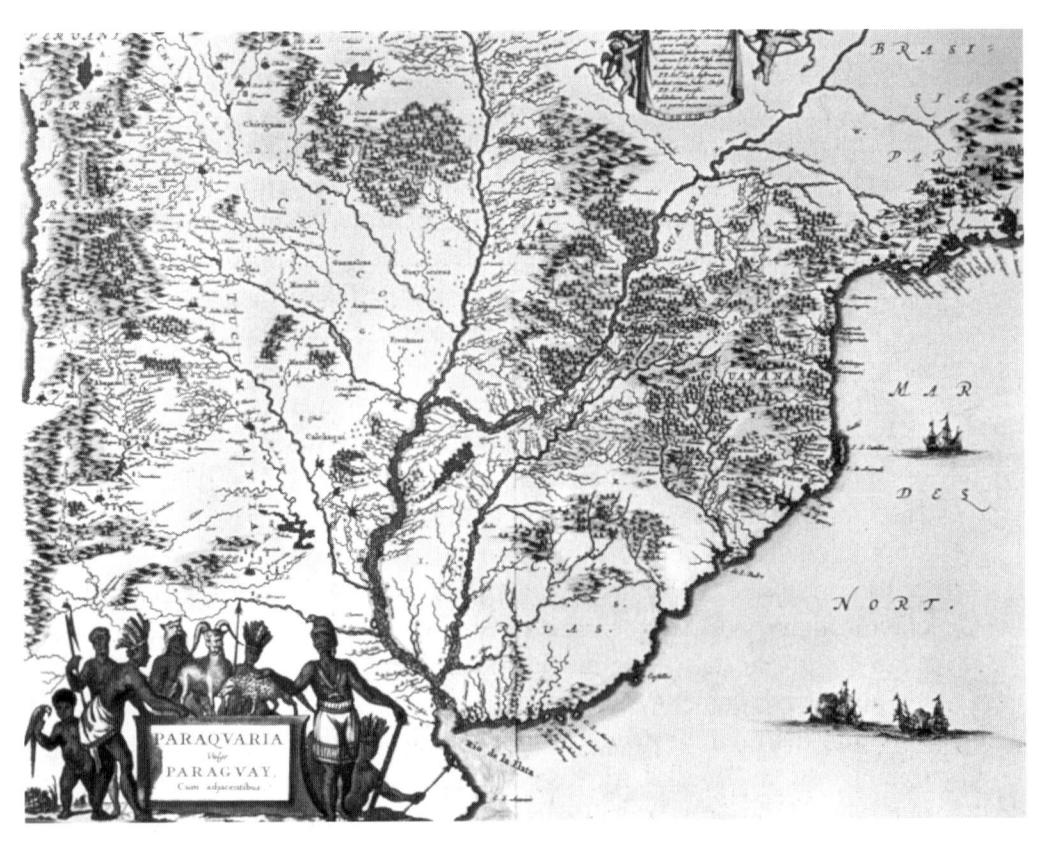

Mapa del Paraguay, 1671.

La reacción de los intereses imperiales

En 1588, el fiscal de la audiencia de Charcas hizo la primera crítica al puerto de Buenos Aires. Su argumento, expuesto en notas a la corona, al virrey del Perú y a la propia audiencia, era que, por atender la navegación con el Brasil, permitía ingresar al Perú negros, mercaderías y portugueses, y daba salida, "sin licencia ni permiso", a la plata y a pasajeros. Pronto entrarían por allí también los productos del comercio de "Flandes, Francia e Inglaterra", que llegaban habitualmente a los puertos del Brasil, y hasta los ingleses que, con la ayuda de criollos y mestizos, invadirían Tucumán y Potosí. En consecuencia, Buenos Aires debía cerrarse.

Esta defensa del monopolio imperial organizado sobre la alianza de intereses comerciales de Sevilla y Lima reforzaba la tajante separación, que resultó no negociable, entre la circulación del Pacífico y la del Atlántico.

Los representantes locales no tardaron en tomar medidas acordes con la organización vigente de los intereses imperiales. Ante una solicitud de órdenes elevada por el gobernador de la provincia del Río de la Plata, en diciembre de 1593, el virrey del Perú, en acuerdo con los oficiales reales y los oidores de la audiencia, estableció que mientras la corona no se expidiese, no podrían llegar "a estas provincias" mercaderías "por vía del Brasil y Buenos Aires".

La corona convalidó de inmediato, en enero de 1594, esta disposición y, después de haber comprobado las enormes posibilidades de este puerto del Atlántico, capaz de enviar navíos a Angola y Guinea para traer negros, prohibió, por real cédula de diciembre de 1595, el ingreso de esclavos y extranjeros por Buenos Aires.

La solidez de la organización espacial

Buenos Aires, que conocía los intereses que incidían en la definición de la política referida a su condición de puerto, organizó una intensa defensa que intentaba revertir las disposiciones de la corona y que se expresó en peticiones apoyadas en informaciones testimoniales de gobernadores, oficiales reales y autoridades eclesiásticas. La verdadera intención, mantener abierta y legalizar una circulación de enorme renta para la ciudad puerto, quedaba oculta en los argumentos expuestos, todos ellos variaciones de un tema central: la miseria y el hambre a que se condenaba a sus esforzados habitantes.

Mientras tanto, el comercio continuaba: el tráfico con el Brasil, que se realizaba en pequeños navíos que hacían escala en San Vicente y Bahía, se complementaba con la llegada de navíos de mayor porte, provenientes de África, que transportaban esclavos.

Hasta fines del siglo se registraron más de ochenta viajes en los que llegaron mercaderías evaluadas en trescientos cincuenta mil pesos. El valor de las importaciones superaba en seis veces el de las exportaciones.

El prolongado enfrentamiento de intereses

La colisión entre los intereses atlánticos, articulados por el puerto de Buenos Aires, y la voluntad monopólica de un imperio organizado sobre el Pacífico se daba en un marco de fuerte asimetría en el plano del poder político, que resultaba atenuada por la solidez de la articulación que Buenos Aires garantizaba a los espacios interiores y por las ventajas relativas de las diferentes ofertas comerciales que llegaban a sus fondeaderos. Debido a ello, el conflicto se prolongó durante más de un siglo y medio, y dio lugar a numerosas alianzas y recomposiciones locales, a reiteradas medidas de la corona no cumplidas o cumplidas sólo en apariencia, y a una tensión profunda con el mundo imperial español que derivó en vinculaciones de todo tipo con otros imperios.

BIBLIOGRAFÍA

Castro, Silvio, *O descobrimento do Brasil. A carta de Pero Vaz de Caminha*, L&PM, Porto Alegre, 1996.

Colón, Cristóbal, *Textos y documentos completos. Relaciones de viajes, cartas y memoriales* (ed. Consuelo Varela), Alianza, Madrid, 1982, 355 págs.

Del Carril, Bonifacio, *Monumenta iconographica. Paisajes, ciudades, tipos, usos y costumbres de la Argentina 1536-1860*, 2 vols., Emecé, Buenos Aires, 1964.

Díaz de Guzmán, Ruy, *La Argentina. Historia de la provincia del Río de la Plata. Anales de la Biblioteca*, t. IX, Buenos Aires, 1914, págs. 1-346.

Documentos históricos y geográficos relativos a la conquista y colonización rioplatense, 5 vols., Comisión del IV Centenario de la Primera Fundación de Buenos Aires, Buenos Aires, 1941.

Fernández de Navarrete, Martín, *Colección de los viajes y descubrimientos que hicieron por mar los españoles* [1825-1837], 5 tomos, Guarania, Buenos Aires, 1946.

García Santillán, Juan Carlos, *Legislación sobre indios del Río de la Plata en el siglo XVI*, Biblioteca de Historia Hispano-Americana, Madrid, 1928, 463 págs.

Guillén y Tato, Julio F., *Monumenta chartographica indiana*, Ministerio de Asuntos Culturales, Madrid, 1942, 100 + XII págs.

Lafuente Machain, R. de, *El gobernador Domingo Martínez de Irala*, Biblioteca de la Sociedad de Historia Argentina, X, Buenos Aires, 1939, 579 págs.

Levillier, Roberto (ed.), *Correspondencia de los oficiales reales de hacienda del Río de la Plata*, Ministerios de Relaciones Exteriores y Culto, Instrucción Pública y Hacienda de la República Argentina, Buenos Aires, 1915.

Lizárraga, Fr. Reginaldo de, *Descripción colonial*, Biblioteca Argentina, vols. 13 y 14, 2ª ed., Buenos Aires, 1928.

López de Velazco, Juan, *Geografía y descripción universal de las Indias* [1574] (ed. M. Jiménez de la Espada), Biblioteca de Autores Españoles, Madrid, 1971.

Madero, Eduardo, *Historia del puerto de Buenos Aires. Descubrimiento del Río de la Plata y de sus principales afluentes, y fundación de las más antiguas ciudades en sus márgenes*, 3ª ed., Ediciones Buenos Aires, Buenos Aires, 1939, 432 págs.

Mártir de Anglería, Pedro, *Décadas del Nuevo Mundo* (Tr. Joaquín Torres Asencio), Bajel, Buenos Aires, 1944, 675 págs.

Matienzo, Juan, *Gobierno del Perú* [c. 1570], Facultad de Filosofía y Letras, Buenos Aires, 1910.

Miranda de Villafaña, Luis de, *Romance* (edición de José Torre Revello), Facultad de Filosofía y Letras, Buenos Aires, 1951, 31 págs.

Núñez Cabeza de Vaca, Álvar, *Relación de los naufragios y comentarios*, 2 tomos, Victoriano Suárez, Madrid, 1906.

Otte, Enrique, *Cartas privadas de emigrantes a Indias, 1540-1616*, Fondo de Cultura Económica, 2ª ed., México, 1993, 613 págs.

Pigafetta, Antonio, *Primer viaje en torno del globo* (Tr. Federico Ruiz Morcuende), Espasa Calpe, Madrid, 1927, 217 págs.

Ptolemaei, Claudii, *Cosmographia. Tabulae* [Codex Latinus V, F. 35 de la Biblioteca Nacional de Nápoles —s. XV—] (ed. Lelio Pagani), Magna Books, Wingston, Leicester, 1990.

Salas, Alberto M., y Vázquez, Andrés Ramón (ed.), *Relación varia de hechos, hombres y cosas de estas Indias meridionales*, Losada, Buenos Aires, 1963, 206 págs.

Sanz, Carlos, *Bibliotheca americana vetustissima. Últimas adiciones*, 2 vols., Victoriano Suárez, Madrid, 1960.

Schmidl, Ulrico, *Crónica del viaje a las regiones del Plata, Paraguay y Brasil* [1567] (ed. Edmundo Wernicke), Comisión Oficial del IV Centenario de la Fundación de Buenos Aires, Buenos Aires, 1948.

Vaz, Lope [Lope Vázquez Pestaña], *Relación de las Indias occidentales y mar del Sur*, en Molina, Raúl A., "El primer viajero que visitó Buenos Aires. El portugués Lope Vázquez Pestaña (1587)", *Historia* (Buenos Aires), Nº 41, octubre-diciembre 1965, págs. 9-49.

Vespucio, Américo, *El Nuevo Mundo. Cartas relativas a sus viajes y descubrimientos* (Tr. Ana María R. de Aznar), Nova, Buenos Aires, 1951, 342 págs.

II

La sociedad colonial: raza, etnicidad, clase y género. Siglos XVI y XVII

por ANA MARÍA PRESTA

Indio con llama, según Ulrico Schmidl.

Los hombres y mujeres que llevaron a cabo la conquista y colonización de la América hispana distaron de provenir del más elevado estrato de una pirámide social peninsular altamente jerarquizada, cuyos nichos constituían barreras difíciles aunque no imposibles de trascender. Los conquistadores, hidalgos* sin fortuna, pequeños propietarios rurales, pastores y agricultores, estaban imbuidos de una ideología señorial, cimentada en el poder de explotación de la tierra y los hombres que la trabajaban, propia del estrato nobiliario. La nobleza castellana se había forjado en las centurias previas a la expansión interoceánica y había alcanzado *status* y bienestar al ser recompensada por sus soberanos tras participar en la consolidación del territorio peninsular. Como el *status* se aseguraba con la amplitud patrimonial, los nobles no fueron ajenos a emprender variados negocios en sus áreas de influencia, aunque a veces a través de sus empleados o testaferros, a fin de asegurarse un estilo de vida "conforme a su calidad" sin intervenir en forma directa en menes-

---

* Nombre atribuido a todo aquel que presumiera de *status* noble.

teres contrarios a su jerarquía. Mirándose en el espejo de la nobleza, los conquistadores abrazaban, asimismo, ideales caballerescos, entre los cuales un sitio destacado lo ocupaba la actividad militar, fuente de una recompensa inicial que podía dar lugar a exitosos tratos mercantiles. De tal manera, los conquistadores imprimieron en la colonia las marcadas diferencias y los patrones culturales que reflejaban el estrato superior al que siempre quisieron pertenecer pero al que sólo en el Nuevo Mundo, como elite conquistadora, pudieron acceder. Esos patrones socioculturales reflejaban dos paradigmas antagónicos que se expresaban bajo los viejos valores peninsulares atados al *status*: el honor, la fama, la gloria, los títulos y la propiedad de la tierra combinados con las nuevas prácticas mercantiles que reconocían el valor del comercio y el dinero para ascender en la escala social. El éxito en su empresa y el *status* alcanzado posibilitaron que los conquistadores avanzaran socialmente en el Nuevo Mundo, donde cabía la posibilidad de reconstruir el pasado y hasta reinventar u ocultar la propia historia familiar.

La escasa movilidad social peninsular y el más que cercano antecedente de la Reconquista, tras una prolongada lucha de 700 años contra el moro "infiel", llevaron a los conquistadores de América a emprender —y a que se valorizara— su tarea como gesta material y espiritual. En ella, la gran mayoría de los protagonistas se bautizaba en el arte de la guerra para ganar para su soberano y su fe hombres y territorios cuyo aprovechamiento obtenían mediante las prácticas medievales de reparto del botín. Ganados la tierra y los hombres por hidalgos sin fortuna y gente del común, la férrea estratificación social peninsular se trastrocó. Las viejas jerarquías y *status* peninsulares tambalearon cuando hijos naturales con pasado pastoril, como Francisco Pizarro, accedieron a fortuna y títulos, y tanto más cuando orgullosos hidalgos castellanos debieron servir a las órdenes de pecheros que los aventajaban en la cadena de mando. Sin embargo, el heterogéneo grupo conquistador se amalgamó en la ventura de obtener por fuerza de las armas lo que le estaba negado por cuna: honor, fama, gloria, bienestar material y hasta títulos, logrando que sus actos de servicio redundaran en la obtención de *status*, cumpliendo con el objetivo de "valer más". No obstante ello, al avenir la colonia se renovaron con más fuerza las antiguas formas de estratificación y discriminación sociales.

En la temprana colonia las distinciones más marcadas entre los hombres eran las de raza. Ésta no existe como categoría biológica de diferenciación social; sin embargo, como construcción cultural fue operativa a ciertas sociedades para concretar propósitos de exclusión y segregación sociales. De tal manera, españoles e indios fueron términos antagónicos en una ecuación que con el tiempo tendería a complejizarse cuando otras variables, como las de pertenencia étnica, clase y género, profundizaron las diferencias iniciales entre conquistadores y conquistados.

Pero antes de profundizar aspectos de la sociedad colonial, veamos de dónde venían los conquistadores. La sociedad ibérica se dividía, a grandes rasgos, en tres estamentos: el de los nobles, entre los cuales se situaba la casa gobernante, el del clero y el de la gente del común. Entre ellos, las diferencias quedaban plasmadas por privilegios de rango sancionados legalmente por estatutos o *fueros*. Así, el 10% de la población peninsular propietaria —nobles y clero— gozaba de exención tributaria y de derechos jurídicos especiales que la separaban de una masa poblacional mayormente campesina que contaba con más obligaciones que derechos. Oficios y educación también marcaban diferencias. Los artesanos, profesionales y universitarios, asociados corporativamente, estaban asimismo amparados por fueros que los apartaban de la competencia de las instituciones jurídicas y económicas.

Al igual que la que habría de conformarse en América y de acuerdo a los parámetros ideológicos mencionados, la sociedad ibérica no era ni racial ni étnicamente homogénea. En el siglo de los descubrimientos, la intolerancia racial y cultural cristalizó

Carta Ejecutoria del siglo XVII.

en el concepto de *limpieza de sangre*. El *status* de un individuo quedaba condicionado por la demostración fehaciente de no poseer traza de sangre de moros o judíos, los "diferentes" con quienes los españoles habían convivido por centurias. Esta práctica fue el antecedente de la discriminación racial, étnica y cultural, que junto con el asumido derecho de conquista se constituyó en la base de la estratificación social colonial. Si bien la primera generación de mestizos que produjeron los conquistadores fue asimilada al interior del estrato superior español, *a posteriori* sólo peninsulares o sus descendientes legítimos lograron un espacio en la sociedad. Al igual que los nobles peninsulares, los españoles y su prole criolla estaban exentos del pago de tributo. De manera tal que a fines del siglo XVI, la sociedad colonial se parecía cada vez más a la peninsular, a la que la mayoría de los migrantes no habría de retornar.

Al puñado de 168 hombres que entraron al Imperio de los incas, y asesinaron a Atahualpa en Cajamarca, siguieron oleadas de migrantes en forma sostenida, quienes formaron parte del heterogéneo grupo de los peninsulares. Un largo trecho separaba a los llamados "beneméritos de la conquista" de los vaqueros o viñateros de sus haciendas. Sin embargo, las diferencias de clase podían suavizarse por una misma pertenencia étnica (como entre los migrantes vascos) y, por sobre todo, por la identidad regional. Las diferencias de *status* y clase abonaban entre los españoles, que más gustaban identificarse por su lugar de origen (extremeños, andaluces), relaciones de dependencia personal apegadas al patriarcalismo y expresadas acabadamente en la relación patrón-cliente. Veamos entonces cómo quedaba conformado el estrato de los peninsulares.

ESPAÑOLES

La participación exitosa en la conquista ofreció a algunos la posibilidad de trascender social y económicamente al recibir una encomienda de indios. La proximidad al jefe o el compartir con él vínculos generados en la pertenencia a un mismo lugar (patria chica) generaban entre los conquistadores una suerte de parentesco simbólico y hasta ritual (compadrazgo), mediatizado por lazos asimétricos visibles en las redes de patronazgo y clientelismo, tal la base de las alteraciones facciosas de los inicios de la colonia en el Perú. Así, una vez repartido el botín entre los miembros de una hueste conquistadora, el jefe procedía a recompensar los servicios de sus fieles seguidores con la mano de obra de la población indígena comarcal, de manera tal que la encomienda se convirtió —a lo largo del siglo XVI— en la fuente de adquisición de recursos humanos y naturales. Porque aunque la encomienda no involucraba el territorio de los encomendados, la ausencia de control inicial sobre los señores de indios redundó en el aprovechamiento desmedido de los nativos y los recursos de su hábitat. Asimismo, la encomienda logró satisfacer las aspiraciones señoriales de los conquistadores, quienes se convirtieron en señores de vasallos, debiendo servicio militar a su rey y ejerciendo, al mismo tiempo, responsabilidades políticas como miembros del poder municipal (cabildo) en tanto vecinos de los recién fundados centros urbanos. Entre sus magras responsabilidades para con sus sujetos, se hallaba la obligación de su adoctrinamiento y protección.

Conquistadores españoles de Histórica Relación del Reyno de Chile, *de Alonso de Ovalle, 1646.*

 Conforme a las regulaciones del derecho indiano, las mercedes de encomienda se concedían por dos vidas (la del primer titular y la de su legítimo sucesor) a fin de evitar la formación de una clase de feudatarios en territorio colonial. De tal manera, el estrato social de los encomenderos tuvo corta vida y una prosperidad tan fastuosa como efímera, en tanto la corona castellana comenzó a hacerse cargo del gobierno colonial en la década de 1550. Su presencia se plasmó en el diseño de una cadena de funcionarios e instituciones que pusieron freno a las apetencias individuales y casi dinásticas de ciertas familias de beneméritos de la conquista. No obstante, en el Tucumán colonial el estrato de los encomenderos o "vecinos feudatarios", como gustaban denominarse, subsistió con vigor a lo largo del siglo XVII. El Tucumán fue una zona de colonización tardía que por más de un siglo permaneció en estado de guerra permanente en torno a los valles Calchaquíes y con una frontera oriental plena de frustraciones ante la impenetrabilidad del pie de monte chaqueño.

La pacificación del Tucumán desveló e hizo redoblar esfuerzos a las autoridades de Charcas, de las que entonces dependía. Entre 1564 y 1565 se inició una rebelión que duraría una centuria, aunque con avances y retrocesos y alternancias de guerra y paz. En 1564 se alzaron los *chiriguanos* y luego, tutelados por Juan Calchaquí, un conglomerado de indígenas que habitaban entre Tarija y el actual extremo noroeste argentino, entre los que se hallaban los *diaguitas, apatamas, casabindos, pasiocas, omaguacas* y *chichas* con más los citados chiriguanos que habitaban el pie de monte chaqueño. La coalición asoló Porco y Potosí, baluartes productivos de la elite española. Por ello y ante la presunción de la muerte del gobernador Francisco de Aguirre, la Real Audiencia de Charcas envió al capitán Martín de Almendras, a la sazón encomendero de la mitad de Tarabuco, a pacificar la región habiéndosele conferido el título de Capitán y Justicia Mayor de las Provincias de Tucumán, Juríes y Diaguitas. Almendras, que había invertido una gruesa suma de dinero de su patrimonio para garantizar la expedición y que iba acompañado por voluntarios y encomenderos de la región —como su cuñado Martín Monje— murió a manos de los omaguacas en octubre de 1565. De allí en más, la belicosidad indígena distó de aplacarse y unos pocos osados seguían intentando establecerse y colonizar la región. De tal manera, los feudatarios de las ciudades que iban fundándose en el sector meridional del Tucumán —cuyas magras mercedes no guardaban parangón con aquellas de los Andes meridionales o centrales— se movían con mayor autonomía. Negociaban o imponían sucesiones a sus encomiendas, se atribuían indios vacantes y hasta ganaban en instancias judiciales concesiones adicionales o renovaciones de sus caducas mercedes. Así recompensaba la administración colonial a un puñado de vecinos de Jujuy, Salta, Santiago del Estero, Córdoba, Catamarca y La Rioja por sus continuos servicios militares en la conquista de un territorio devaluado tanto en recursos humanos como naturales pero generador de una elite de larga duración en la que proliferaban los cargos y honores. Entre las excepciones efectuadas, una se perpetuó hasta la Independencia: la encomienda de Casabindo y Cochinoca (Jujuy), que permaneció en manos de la familia Campero, los marqueses del valle de Tojo.

Durante el primer siglo de dominio colonial, aunque con sensibles variantes según el lugar, los encomenderos tuvieron acceso a los múltiples negocios que ofrecía un mercado en formación al ser beneficiarios del surplus campesino. Así fue como la minería nació con los inicios de la colonia y al calor de la encomienda. Entonces fuente de la riqueza de las naciones, los metales preciosos constituían los recursos más preciados cuya extracción convocó a gran cantidad de inversores, personal especializado y trabajadores. Numerosos encomenderos participaron de la primera etapa de desarrollo minero debido a su disponibilidad de mano de obra y capital. Así ocurrió en los asientos mineros de Porco y Potosí, en territorio de la Real Audiencia de Charcas, donde hasta la década de 1560 los propietarios de vetas y socavones eran mayoritariamente los encomenderos y su mano de obra los indios de las encomiendas.

La escasamente conocida historia del mineral de Porco, descubierto a los españoles en 1538 por sus aliados indígenas, debe su desarrollo a la ambición y posicionamiento de Gonzalo Pizarro, hermano menor de Francisco, el conquistador del Perú. Porco caía territorialmente dentro de los términos de la vasta encomienda de 10.000 tributarios que por concesión de su hermano poseía Gonzalo y aunque sus ocupaciones políticas y conspirativas lo mantenían alejado de la región, se las ingenió para armar compañías y hasta para nombrar apoderados y testaferros que se ocuparon de explotar y administrar sus minas de Porco hasta su ejecución en 1548, cuando los funcionarios reales liquidaron su rebelión y poco después sus bienes.

Potosí, situada en pleno altiplano y a una altura de 4.050 m.s.n.m., lo cual hacía poco saludable la vida de españoles e indios, se convirtió en el centro del desarrollo regional y motor de la diversificación económica zonal con su espectacular producción de plata. Fuente de desarrollo y también de estancamiento de los mercados regionales conforme a sus ciclos productivos, Potosí movilizaba recursos y producción de Quito, Lima, Cuzco, Charcas, Tucumán y el Río de la Plata. En su etapa inicial de producción, los encomenderos charqueños registraron minas y construyeron socavones en los que sus indios fueron la principal mano de obra.

A lo largo del siglo XVI, la expresión del *status* social se plasmaba en la utilización del "Don" como representación de un prestigio reconocido a un específico linaje. Sólo el soberano podía concederlo cuando un individuo que no lo poseía por cuna lo alcanzaba en mérito a sus servicios. De ahí en más, se extendía a su descendencia. En la década de 1550, en La Plata, ciudad conocida también como Charcas o Chuquisaca, sede de la Real Audiencia de Charcas, se registraban treinta y un encomenderos de los cuales sólo cuatro llevaban el "Don". Ellos eran Don Pedro de Portugal y Navarra, Don Alonso de Montemayor, Don Gabriel Paniagua de Loaysa y Don Bernaldino de Meneses.

El *status* y la riqueza de la elite española se reflejaron en la adquisición de la tierra, símbolo de prestigio, imagen del señorío y cuna del poder de la nobleza más tradicional. El tributo indígena de la encomienda, la minería, la agricultura y la ganadería se combinaron y completaron con las actividades comerciales que permitieron a unos pocos alcanzar la cima en la escala social. Cuando la encomienda llegaba a su ocaso a fines del siglo XVI, de sus rentas (el tributo indígena) revertidas a la corona surgió un grupo de pensionados. Como había más aspirantes a mercedes que los que la administración colonial podía recompensar, el tributo indígena se partió entre particulares, los beneméritos de la tercera generación, las viudas de los encomenderos o sus hijos mestizos, a quienes se les otorgó una *situación* o renta sobre determinados tributos vacos.

Criollos y criollas, *de Guamán Poma de Ayala.*

Estos situados, pensionados o rentistas recibían una suma anual fija de las cajas reales que completaban con el ejercicio de actividades mercantiles para gozar de un estilo de vida aproximado al de sus predecesores. Para entonces, la minería, el comercio y la industria rural (obrajes) estaban en manos de profesionales, mercaderes mayoristas con agentes en distintas ciudades y mineros y azogueros dispuestos a invertir en empresas extractivas y de rápido retorno, todos los cuales ocupaban un sitial privilegiado en el estrato español.

Cualquiera fuera su ocupación, los peninsulares buscaban acrecentar o perpetuar el *status* adquirido en el pasado reciente. Para ello era menester acceder al mejor matrimonio y en el caso de la primera elite colonial, las uniones demostraron que la elección de cónyuges se formalizaba entre paisanos (nacidos en el mismo lugar), entre primos cruzados y parientes para evitar la dispersión del patrimonio o entre miembros de familias ya vinculadas por emprendimientos económicos. La forma en que los Almendras construyeron su linaje es paradigmática para la época colonial inicial. De un fundador extremeño y poderoso surgieron doce hijos naturales que se casaron entre primos hermanos y clientes peninsulares provenientes del mismo lugar de origen: Plasencia. Parentesco real y simbólico y profundos vínculos clientelares y económicos unieron en una misma red relacional varias encomiendas (Tarabuco, Casabindo, Aiquile, Titiconte) e innumerables emprendimientos agrícolas, mineros y comerciales que enlazaban en damero el centro de Charcas, Potosí y el Tucumán. Asumido como un negocio más, el mejor en ciertas ocasiones, el matrimonio era pactado entre los padres o parientes de los contrayentes, cuya voluntad era ajena a tales decisiones.

Para asegurar que los bienes adquiridos permanecieran en el linaje, la elite eligió la figura del *mayorazgo*. Aunque la ley castellana otorgaba a los nacidos de legítimo matrimonio iguales derechos de herencia, muchas familias se ampararon en los espacios que dejaba la ley y favorecieron a uno de ellos, a quien donaban, generalmente, las partes de libre disposición y mejora con que podían aumentar la cuota obligatoria o *legítima* que correspondía a todo heredero. El mayorazgo —que acentuaba el régimen jurídico señorial— era una forma de propiedad vinculada, originada en las concesiones feudales debidas a la Reconquista, que permitía al titular disponer de los frutos y rentas aunque no del bien mismo, el cual quedaba sujeto a un orden de sucesión preestablecido: la primogenitura. De esta manera, los que habían acumulado un patrimonio considerable y temían que se licuara en una generación al distribuirse entre los numerosos herederos legítimos, concentraban tierra y derechos —sobre los que pesaba la prohibición de enajenación— en uno de los hijos, el mayor varón, que se beneficiaba por el azar biológico. La estrategia de legar en mayorazgo se extendió lo suficiente como para que, *a posteriori*, pequeños propietarios rurales la hicieran propia para evitar el remate y enajenación de sus bienes.

El *status* superior se cerraba en torno a altos funcionarios virreinales y del clero. La corte virreinal y las sedes de las Audiencias vieron proliferar entre sus habitantes a hombres de leyes. Consejeros, secretarios, oidores, procuradores, fiscales, abogados, oficiales de la Real Hacienda, rápidamente se vincularon con la elite de beneméritos y propietarios por lazos matrimoniales. Luego de fallecidos, dos de los mejores letrados y políticos de la colonia —uno de ellos polifacético conquistador— quedaron emparentados por el matrimonio de dos de sus descendientes. En el último cuarto del siglo XVI, una de las nietas del licenciado Juan de Matienzo, oidor de la Audiencia de Charcas y autor de *El Gobierno del Perú*, se casó con el doctor Don Polo Ondegardo, hijo del licenciado Polo Ondegardo, quien había sido encomendero, exitoso hombre de negocios y funcionario, asimismo prolífico tratadista. Las alianzas entre la ley y el dinero cristalizaron en los matrimonios de dos de las hijas de uno de los "Dones" de Charcas, Don Gabriel Paniagua de Loaysa, tal vez el más acaudalado de los encomenderos de La Plata. Doña Clara y Doña Francisca de Sande Paniagua se desposaron, respectivamente, con Don Juan de Solórzano Pereyra, oidor de la Audiencia de Lima y autor de la seminal *Política Indiana*, y Don Francisco de Alfaro, oidor de la Audiencia de Charcas, visitador del Tucumán a comienzos del siglo XVII y fundador de la Villa de las Salinas del Río Pisuerga (Mizque), en donde su suegro concentraba encomienda, haciendas, obrajes y cocales.

Para coronar el *status* ganado en la colonia y hacer público el reconocimiento de la corona, los que habían devenido en acaudalados propietarios o sobresalido en la burocracia intentaron conseguir un hábito en las órdenes militares castellanas. Dentro de las onerosas capitulaciones que firmó con el rey Felipe II para refundar el puerto de Buenos Aires, el poderoso encomendero de Charcas Juan Ortiz de Zárate fue recompensado de antemano con un hábito de Santiago. Al nombrársele caballero de Santiago se le concedía el título de "Don", por el cual se distinguía entre sus pares. Claro que al no poder concretar su cometido por completo —falleció en 1576 antes de cumplir su empresa fundadora de cinco ciudades entre Asunción y el Plata—, el prometido título de marqués del Río de la Plata quedó archivado con las capitulaciones que volatilizaron rápidamente su fortuna.

El clero de la Nueva España.

Los altos dignatarios religiosos arribaron con los conquistadores y conforme a los espacios de ejercicio abiertos por los centros urbanos, obispos y arzobispos se hicieron cargo de la dirección de las provincias eclesiásticas, residiendo en las ciudades capitales en catedrales y basílicas que mostraban el esplendor de las economías regionales. Capillas, púlpitos, retablos, lámparas y ornamentos llevaban la impronta de la elite que contribuía con su dinero, al igual que los indios con su trabajo, a la fundación y construcción de los grandes templos. Precisamente, las iglesias de las órdenes religiosas (dominicos, franciscanos, agustinos y mercedarios) sirvieron a la construcción de capillas y mausoleos pagados por las familias encumbradas para que sus patriarcas y sucesores fueran enterrados en espacios privados que recordaran al público la categoría de sus linajes.

Desde el advenimiento de la primera generación de criollos, los peninsulares motivaron la vocación religiosa de alguno de sus hijos. En tal caso, preferían su ingreso en el clero secular a los rigores de la militancia y el celo religioso de las órdenes. Asimismo, el clero secular permitía a sus miembros libertad suficiente como para continuar administrando la propiedad familiar y generar negocios que podían incorporarse totalmente al linaje. Mientras que las donaciones para solventar el ingreso de un hijo a cualquiera de las órdenes constituían una pérdida —en tanto los fondos eran administrados por los superiores de turno—, los fondos asignados para mantener la vocación de un hijo en el clero secular permanecían bajo el control familiar. De una o varias propiedades, las familias hacían donación de una parte de sus frutos o rentas en forma de *capellanía*, cuyo monto anual subsidiaba los gastos del religioso o *capellán* y a su muerte los de otro miembro de la familia que debía sucederlo. De esta manera, los criollos coparon el clero secular y desde comienzos del siglo XVII se encaramaron gradualmente en los obispados, formando parte de los gobiernos catedralicios.

Con el correr del primer siglo de dominio colonial, las migraciones se hicieron frecuentes y los espacios de poder más estrechos. El *status* económico más las vinculaciones familiares, la educación y la ocupación comenzaron a marcar las distinciones entre los peninsulares. De manera tal que se hicieron visibles en el grupo español las diferencias de clase. Aparecieron pequeños propietarios rurales y comerciantes al menudeo, curas doctrineros que ejercían en las iglesias de provincia y en pueblos de reducción, dueños de tambos o posadas rurales, pulperos y fleteros o dueños de recuas que transportaban mercadería a distancia. Los peninsulares con oficio y experiencia trabajaban como mayordomos, administradores, escribanos, capataces, mineros, viñateros, herreros, carpinteros, arquitectos, constructores y en el artesanado urbano, dependiendo, generalmente, de un empleador de mayor jerarquía. Los que llegaban sin oficio ni conexiones erraban a lo largo y ancho de la colonia, buscando oportunidades y repitiendo un destino peninsular de privaciones y miserias, aunque sin dejar de soñar y afirmar el ideal del hidalgo. La obsesión era participar en una gesta de conquista, pacificar algún territorio y ser recompensado con alguna merced que proveyera el ansiado estilo de vida noble: poseer casa y propiedad rural, hombres a quienes mandar, suficiente caudal para mantener familia extensa y sirvientes, armas siempre dispuestas para pelear y conexiones para presumir y ostentar.

Los descendientes de los españoles o *criollos* heredaron la arrogancia y aspiraron al estilo de vida de sus acaudalados progenitores. Si bien el comercio mayorista y los altos puestos burocráticos quedaron en manos de los nacidos en la península, los criollos acumularon propiedades rurales e invirtieron en la minería, y los que alcanzaron educación superior se encaramaron en la administración colonial, aunque en puestos intermedios, hasta mediados del siglo XVIII. A pesar de llevar sangre española y disfrutar de bienestar económico, la elite criolla sufrió una discriminación étnica que le impedía acceder a posiciones de poder. Intentando limar esas diferencias, numerosas familias criollas recurrieron al parentesco. A pesar de las brechas patrimoniales que pudieron existir, prefirieron casar a sus hijas con peninsulares recién llegados que garantizaban la pureza racial y cultural al nuevo hogar y su descendencia. De tal manera, peninsulares y criollos, a pesar del resentimiento y antagonismo crecientes, eran piezas clave en la reproducción del estrato colonial superior, al igual que lo fueron las mujeres.

Destinadas a la reproducción biológica y con ello a la del propio sistema, las mujeres de la elite tampoco fueron un conjunto homogéneo. La primera generación de conquistadores se caracterizó por su licenciosidad sexual. Muchos disfrutaron de uniones circunstanciales y otros vivieron en concubinato, situación que excepcionalmente cristalizaron en matrimonio. De ello surgió la primera generación de mestizas. Aunque para casarse con un peninsular nada mejor había que una española, debido al *status* paterno y a la escasez de elemento femenino, las hijas naturales de los conquistadores no sólo llevaban el título de "Doñas" sino que se constituyeron en candidatas de calibre en el mayormente masculino mercado matrimonial. Considerada como función femenina primordial, la maternidad estaba atada a un mandato social, cultural e ideológico cuyo resultado era la subordinación femenina al mundo masculino. El pilar de esa subordinación era la institución familiar; su emergente, el matrimonio. En torno al patriarcalismo reinante, el matrimonio constituía el rito de pasaje tras el cual una mujer pasaba de la tutela de su padre a la del marido. El matrimonio debía efectuarse entre iguales o pares que garantizaran una descendencia legítima que conjugara la salvaguarda de los principios cristianos y de la sociedad estamental. El elemento mediador, una buena dote, proveía el capital inicial para que el nuevo hogar enfrentara la convivencia y descendencia.

Mujeres de la primera y segunda generación de colonizadores cumplieron la función de salvaguardar el patrimonio familiar, se convirtieron en el instrumento de enriquecimiento de los numerosos aspirantes a mercedes y, aunque unas pocas pudieron trascender los mandatos sociales y familiares, en su mayoría cumplieron el tradicional rol de subordinación de género consagrado legalmente por su casi nula capacidad jurídica. Las viudas e hijas de encomenderos debían casarse para cumplir con las obligaciones militares inherentes a la vecindad y para continuar ejerciendo el señorío de sus sujetos, aunque a través de su marido. Así, la encomienda de los *omaguacas* llegó a la familia Zárate por vía femenina. Doña Petronila de Castro, mestiza e hija natural de Antonio de Castro, primer cura y vicario de Cochabamba, y cuñada del fundador de dicha ciudad, tuvo un breve pero fructífero matrimonio con el primer encomendero de los omaguacas, Juan de Villanueva. Joven, feudataria y viuda, volvió a casarse en segundas nupcias con el hijo de un oidor de la Audiencia de Lima, Juan de Cianca, con quien procreó dos mujeres. Ejerciendo la vecindad de la encomienda, Cianca halló la muerte durante los levantamientos de 1564 y su esposa debió casarse por tercera vez ante la falta de heredero varón. Del matrimonio de Doña Petronila con Pedro de Zárate surgió el heredero que pasó, en vidas sucesivas, la merced que originariamente había heredado su madre y que luego, tras un arreglo judicial, fue conferida a su padre.

Las presiones para apurar nuevos matrimonios y favorecer a determinados candidatos llegaban, a veces, desde el mismo centro virreinal. El cuarto adelantado del Río de la Plata, Juan Ortiz de Zárate, murió soltero. Sin embargo, de su unión con la *palla* (mujer noble) cuzqueña Doña Leonor Yupanqui

Juan Ortiz de Zárate.

nació Doña Juana de Zárate, a quien legitimó y declaró heredera universal. A la muerte del adelantado, el matrimonio de su hija se convirtió en cuestión de Estado. La herencia de Doña Juana era mucho más que una encomienda en Charcas. Quien se casara con ella podía heredarla, y también la administración de sus minas, haciendas, estancias, casas y tiendas, pero por sobre todo el adelantazgo, y acceder a la posibilidad de un título de grande de España tras cumplir con las capitulaciones firmadas por su padre para colonizar el Río de la Plata. Vecina de La Plata, el oidor licenciado Matienzo insistía abiertamente en casarla con su hijo. Desde Lima, las presiones del virrey Don Francisco de Toledo carecían de pudor alguno al ofrecer a su sobrino como el mejor partido para ella. La familia de la heredera optó por su propio candidato, Don Juan Torres de Vera y Aragón, ex oidor de la Audiencia de Chile y con nombramiento para la de Charcas. Con la excusa de que ningún funcionario podía matrimoniar en la jurisdicción de ejercicio de su oficio, sobre la nueva pareja cayó todo el peso de la ley, pero también la envidia y el rencor de los desairados que, comenzando por el virrey y las autoridades locales, desataron una vil persecución sobre los esposos y su patrimonio. A pocos años de casarse, la fortuna de los Zárate-Mendieta, concentrada en Doña Juana, era un vago recuerdo. Desafiar a la burocracia del poder era como hacerlo con el progenitor, y las represalias más o menos las mismas: el desheredamiento y el escarnio público.

Otras mujeres de la elite concretaron matrimonios sagrados y pasaron sus días en conventos y monasterios en los que sus dotes eran menores que las requeridas por un mercado en el que la mujer cotizaba conforme al *status* y patrimonio de su familia. A pesar de haber sido beneficiado con una dote o un patrimonio envidiable, el nuevo marido no estaba obligado a cargar con el mantenimiento de la prole que su mujer había acumulado con el anterior. De tal manera, cuando empezaron a llegar los hijos que Doña Petronila de Castro tuvo con el general Pedro de Zárate, sus dos hijas habidas con Juan de Cianca profesaron en el Monasterio de los Remedios de La Plata, institución que Doña Petronila —por razones obvias— había ayudado a fundar.

Por su parte, alejadas del mundo de los sirvientes indios y negros, de las tertulias, los miriñaques y los brocatos, las peninsulares y criollas esposas e hijas de artesanos, pequeños propietarios y dependientes vieron transcurrir sus vidas trabajando junto a sus esposos y en las tareas del hogar. A su subordinación de género se añadían las diferencias de clase, estando más expuestas a las raíces socioeconómicas y culturales de la desigualdad.

INDIOS

Previo a la conquista y colonización, el territorio americano estaba ocupado por etnias que se diferenciaban, unas de otras, por su hábitat, continuidad histórica, ocupación, lengua y cultura. Agricultores superiores o sociedades complejas que conocían el Estado, como los incas y sus sujetos, sociedades de jefatura, grupos segmentados o tribus y bandas de cazadores, pescadores y recolectores se autodenominaban o fueron identificados por el conquistador con distintos nombres. *Cayambis, otavalos, chancas, lupaqas, diaguitas, huarpes, comechingones, charrúas* y *guaraníes* son nombres étnicos, portadores de una identidad diferenciada dentro de la más amplia creación intelectual de "indio", invento del conquistador para apuntar las supuestas diferencias biológicas y culturales de los habitantes de América. La etnicidad constituyó un elemento adicional de la estratificación social y, en ciertos casos, fue preexistente a la presencia española.

Cuando Francisco Pizarro y su hueste llegaron al norte peruano, se enfrentaron a una sociedad estratificada y presa de sus propios conflictos intra e interétnicos: la guerra de sucesión incaica, donde dos facciones de cuzqueños y grupos étnicos aliados se batían en torno a los candidatos al gobierno del Tawantinsuyu. De la conmoción interna sacaron provecho los españoles, quienes desde su ingreso a la tierra cosecharon aliados y enemigos. De tal manera, los aliados *chachapoyas, cañaris* y *huancas* —dentro de la relación conquistador-conquistado— obtuvieron privilegios como auxiliares de la conquista. Sin embargo, y en general, las categorías y *status* precoloniales fueron alterados por la extensión de la "indianidad" a gran escala y por el respeto o desprecio que alcanzaron a grupos específicos.

El Tawantinsuyu era un rompecabezas étnico tan extenso y variado como su territorio, en el que las diferencias de *status* étnico eran significativas y tal vez tan discriminatorias como en la sociedad posincaica. Así, a comienzos del siglo XVII, el cronista Felipe Guamán Poma de Ayala, de origen *yarovilca* y por ende habitante del Chinchaysuyu (cuadrante centro-norte del Tawantinsuyu), se hace eco de cierto desprecio y estereotipo étnico al sostener que los habitantes del Collasuyu (cuadrante sur) se caracterizaban por ser gordos, vagos, de corto ingenio, sucios, imbéciles y cobardes, aunque ricos. Similares epítetos peyorativos emitirán los españoles al referirse a los indios, en general.

Al comienzo de la conquista del Perú, los familiares de los soberanos incas gozaron de *status* especial. La cercanía a los miembros de los grupos de poder cuzqueños favoreció, por ejemplo, la conquista del sur andino y el hallazgo de yacimientos y tesoros. Así, la conquista de Charcas debe mucho a la amistad entre los Pizarro y Paullu, descendiente del Inka Huayna Capac y persona de predicamento en el cuadrante sur del imperio, debido a sus vínculos familiares. Asimismo, los *khipucamayos* (funcionarios) del Estado cumplieron un relevante rol al descubrir a Francisco Pizarro los datos de población y recursos que guardaban en sus *khipus* o sistema de nudos que utilizaban para llevar la contabilidad del reino. De tal manera, permitieron que se encomendaran poblaciones que aún no habían sido siquiera verificadas en el terreno, como las del extremo norte argentino. La cooperación de ciertos familiares del Inka fue recompensada con encomiendas y otros privilegios. La oposición al proyecto de conquista llevó a otros cuzqueños, como Manco y sus sucesores, a una confrontación que terminó en guerra abierta y en la caída en desgracia de los viejos linajes.

Pero excluyendo del panorama a los familiares del Inka y los grupos aliados, lo primero que hicieron los españoles con los con-

Autorretrato *de Felipe Guamán Poma de Ayala.*

quistados fue someterlos a prestaciones de trabajo, contribuciones en especie y dinero, que más tarde los funcionarios reales fijaron en forma más equitativa, como monto tributario que sería percibido en moneda por los particulares o la corona. Aunque sin respetar las territorialidades y organizaciones étnicas, los indígenas fueron divididos en encomiendas primero y luego en jurisdicciones administrativas para facilitar a los funcionarios el cobro de las tasas. Las reglamentaciones tributarias surgieron a partir de iniquidades y vejaciones, epidemias y huidas de población, que hicieron reflexionar a los nuevos dueños de la tierra que la razón de ser del coloniaje eran los indios, cuya supervivencia debía garantizarse para continuar gozando de sus beneficios.

Cuando finalizó la etapa del gobierno de los jefes, la corona envió a sus funcionarios con precisas instrucciones para administrar las diferencias raciales y profundizar las étnicas. Sucesivas tasas y retasas fueron impuestas, y subsiguientes y artificiales modificaciones entraron en vigor al dividirse a los indígenas tributarios en *originarios*, *forasteros* y *yanaconas*, conforme fuera su condición de "propietarios" atados a los *ayllus* (grupos de parentesco), labradores en tierras ajenas o dependientes de los españoles y adscriptos a sus tierras. La cobranza del tributo tuvo su correlato en la creación de las *reducciones* o pueblos de indios, asentamientos que pretendían concentrar en un sitio determinado a la población campesina comarcana que desde tiempo inmemorial acostumbraba a vivir dispersa en un paisaje caracterizado por abruptas variaciones ecológicas. Las reducciones pretendían, además, convertirse en centros de segregación. En ellas sólo vivirían indígenas, quedando prohibido el asentamiento de españoles, mestizos, mulatos y negros. Aunque aún hoy se debate si los pueblos de reducción fueron efectivamente habitados o sólo "visitados" por los indios

Escudo de los Mallku Ayaviri Coysara.
Reconstrucción de S. Arze y X. Mendinaceli.
Dibujo: Arq. Enrique Acosta.

en las fechas de pago de tributo, lo cierto es que el avance de la propiedad rural española atentó contra los patrones de asentamiento nativos y las reducciones cooperaron en su achicamiento, aislamiento y enajenación territorial.

Las exenciones tributarias alcanzaban a los señores étnicos y su unidad doméstica, dado que los *curacas* (caciques) fueron la bisagra de relación entre conquistadores y conquistados, cuya autoridad sobrevivió al Estado inca que acababa de sucumbir. Muchos señores étnicos no sólo conservaron sino que acrecentaron su poder y prestigio al involucrarse con los españoles en los negocios que se ofrecían a los intermediarios de la mano de obra. Fue así que un número de curacas logró cimentar bienestar económico considerable, perpetuar sus linajes en el poder por centurias, acceder a la educación y adoptar los modos de vida de la elite española. Para legitimarse en la sociedad estamental colonial y trascender sus fronteras presentaron, con éxito las más de las veces, probanzas de méritos y servicios al rey, se vistieron en hábito español y construyeron, cual linajes hidalgos, sus símbolos heráldicos y árboles genealógicos.

Si bien el servicio personal de los indios había sido abolido tempranamente en los Andes centrales, en regiones como el Tucumán persistió y fue la fuente de percepción del tributo indígena. Mientras que en el sur andino se ponía en práctica la *mita* o coacción laboral sobre los originarios en edad de tributar para contribuir a la explotación minera, los naturales del Tucumán aplicaban sus servicios a la recolección de mieles, algarrobo y cera o al hilado y tejido del algodón con lo que pagaban su tasa al encomendero. También estaban sujetos a *mitas de plaza*, con que contribuían a la construcción, limpieza y cuidado de las obras públicas en los centros urbanos.

Las respuestas de los naturales a la alienación provocada por la colonización no se hicieron esperar. El mundo rural había sido siempre fuente de amparo y solidaridad, y aunque en sus hábitat tradicionales los indios hubiesen podido, al menos, acercarse a completar sus necesidades de subsistencia, la opresión de corregidores, tenientes, curas doctrineros, capitanes de mita, curacas, mandones y mandoncillos se encargó de hacer estragos en las relaciones de cooperación, ayuda mutua y reciprocidad entre los pares. Estos cambios contribuyeron a minar la producción y reproducción de las comunidades, tal como lo hacían alternativamente las epidemias, sequías y plagas que diezmaban por igual a la gente y sus cosechas. Las migraciones fueron una salida a la opresión humana y tributaria que pesaba sobre los indios de comunidad. Solos o con sus familias, muchos eligieron escapar de sus propios ayllus para afincarse en tierras ajenas como trabajadores estacionales y engrosar la masa de forasteros, agregados y yanaconas. Otros prefirieron las ciudades y el aprendizaje de oficios artesanales para abrazar un destino de individuación y pérdida paulatina de sus bases culturales. Los más sirvieron a los españoles por casa y comida. También hubo respuestas colectivas. En connivencia con sus curacas, muchos tributarios desaparecían de los padrones, se los declaraba huidos o muertos o se resignificaba su *status*; se les cambiaba el nombre y la edad y se los mandaba a trabajar lejos, en un intento de pagar menos al funcionario real y recibir unos pesos para achicar la deuda común.

Por otro lado, los indígenas hicieron uso de sus derechos jurídicos y peticionaron ante los tribunales a través de los protectores de naturales, sus autoridades étnicas o procuradores, al comienzo mediante intérpretes y escribientes, quienes traducían al español toda clase de peticiones en un lenguaje jurídico apropiado. Las más frecuentes se referían a la enajenación de tierras y al cercenamiento del derecho de aguas y riego. Cualquier estereotipo de supuesta inferioridad racial cede frente a documentación original donde, a menos de veinte años de la conquista, los peticionantes y sus testigos indígenas firman de puño y letra con más que esmerada caligrafía. Diez años más tarde, el nivel de comprensión del lenguaje y el aprendizaje de la escritura proveyeron a ciertos curacas y comunarios, devenidos en *ladinos*, la oportunidad de asegurar sus oficios y ganar *status* dentro y fuera de sus ámbitos de influencia.

Compañera de su marido, guardiana de su prole y celosa de su cultura, la india de ayllu se desdobló en una multiplicidad de tareas que iban desde la maternidad a la siembra, la guarda del ganado y la confección de tejido, la cosecha y la conservación de granos y tubérculos. Las obligaciones tributarias la hallaron junto al cabeza de familia, mudándose a la mita o ayudando en las tareas comunitarias. Tareas similares desarrollaron las que fuera de sus comunidades se relocalizaron junto con sus maridos labradores o yanaconas de chacras, trabajando adicionalmente para los patrones españoles en el servicio doméstico. Pieza clave en el desarrollo de los mercados al menudeo, las mujeres indias comenzaron por vender *chicha* y coca, para luego traficar toda clase de productos desde sus pequeñas tiendas y puestos callejeros. Como hábiles comerciantes, algunas lograron acumular ganancias que acostumbraron a prestar a interés dentro del mismo círculo indígena y urbano. Sus ahorros se materializaban en la compra de solares urbanos dentro del ámbito de las parroquias de indios, donde solían construir modestas viviendas. El apego a la ciudad las hizo mudar parte de su vestimenta o combinarla con faldas adornadas con terciopelos y pasamanos europeos bordados en oro, que anticipaban los cambios graduales de la indumentaria femenina indígena. Sin embargo, *lliqllas* (mantas) y *axus* (paños) bordados no faltaban en el vestuario de quienes habían emigrado definitivamente y mostraban su prosperidad usando zarcillos y *tupus* (alfileres) de oro y plata, pero que seguían utilizando la lengua originaria como símbolo de identidad y vehículo de comunicación.

A pesar de las políticas segregacionistas, los motes derogatorios y la discriminación racial, los grupos étnicos nativos sobrevivieron con sus textiles, ornamentos, música, vestido, lengua y cultura a los socavones potosinos, a los obrajes cochabambinos y al peonaje servil, guardando sus raíces y conservando prácticas y ritos que sorprenden por su similitud con la tradición precolonial. Los ayllus probaron ser estructuras de notable resistencia histórica que aún hoy, bajo los rigores de la globalización, sobreviven en sus actividades rurales mediante la circulación interna de su producción, el trueque con grupos vecinos y las caravanas de comercio a larga distancia combinadas con labores asalariadas en las ciudades, la asistencia al mercado urbano o las migraciones prolongadas. A pesar de los siglos transcurridos, los hoy denominados "campesinos" continúan siendo testigos de un pasado tan remoto como imborrable.

ESCLAVOS

La esclavitud, aceptada en la península Ibérica, llegó a América con la conquista. Por entonces, los africanos conservaban un *status* superior al de los indios en la medida en que habían llegado como sirvientes de los conquistadores. No por ello estaban en pleno uso de derechos que eran exclusivos de los blancos y cristianos conquistadores, aunque algunos de estos últimos ocultasen mez-

NEGROS COMO LOS CRIOLLOS

Lujuria, por Guamán Poma de Ayala.

clas raciales que hubieran impedido su paso a las Indias.

Algunos negros eran libres y asimilados culturalmente a los europeos, aunque conservaban el estigma del color, fiel reflejo de sus ancestros. Ello no impidió que fueran utilizados para vejar y agraviar a los indios, que como "raza conquistada" estaba sometida a los conquistadores y sus servidores. Las noticias de tales abusos llegaron a la corte peninsular, que pronto legisló la separación de negros e indios, prohibió el matrimonio entre ambos y penalizó la sexualidad habida entre indias y negros, con castigos corporales y mutilaciones públicas. Tal como los españoles, los negros no podían habitar en los pueblos de indios.

Son conocidas ya las diferencias étnicas de los esclavos africanos, cuyos derroteros resultan difíciles de reconstruir, tanto como sus orígenes. A veces, los apellidos tomados al cristianizarse ofrecían pistas de su pertenencia. Juan Angola, Pedro Congo, Pascual Berbesí, expresaban en letra española la geografía étnica del desarraigo. Reconocidas las distancias étnicas, las diferencias se hicieron abismales al haber negros con un pasado europeo y otros recién sujetos a esclavitud, que de sus aldeas africanas desembarcaban en algún puerto americano. Cuando la legislación protegió a los indígenas de realizar determinados trabajos para evitar su desaparición, fue el turno de los esclavos, quienes fueron importados para trabajar en las haciendas azucareras, viñas, olivares y en la recolección de perlas. La importación fue rápida y copiosa y la dispersión de esclavos alcanzó los confines más insospechados de la colonia.

En el siglo XVI, la prosperidad de Charcas permitió a encomenderos y propietarios rurales contar con mano de obra esclava para trabajos específicos. El licenciado Polo Ondegardo, dueño del primer ingenio azucarero de la región en los cálidos valles de Mojotoro (al este de La Plata), creó en su hacienda de Chuquichuquí un emporio productivo de la elaboración de frutales con el azúcar del ingenio. Con la supervisión de maestros de hacer azúcar, refinadores y confiteros, en Chuquichuquí se preparaba toda clase de mieles, frutas confitadas, naranjas azucaradas, jaleas, mermeladas y diacitrones. Además de disponer de la prohibida mano de obra de los indios de su encomienda cumpliendo servicio personal, Ondegardo contaba en el ingenio con veintidós esclavos africanos que había comprado en sucesivas subastas.

Importante fue la mano de obra esclava en el desarrollo de las viñas. Cuando luego de varios juicios contra su suegra y su nuevo marido, Juan José Campero de Herrera —futuro primer marqués de Tojo— incorporó a su patrimonio las haciendas de viña de Tarija que habían pertenecido a su difunta esposa como herencia de su padre y abuelos, se hizo un inventario de los esclavos que asistían en la viña de La Angostura, los cuales totalizaban dieciocho. En 1690, Campero, que gracias a un corto pero inmejorable matrimonio iba a convertirse en el más acaudalado hacendado de la Puna jujeña y el actual sur boliviano, no dejaba de lucrar y utilizar sus esclavos en variados menesteres. Los rotaba de propiedad en pro-

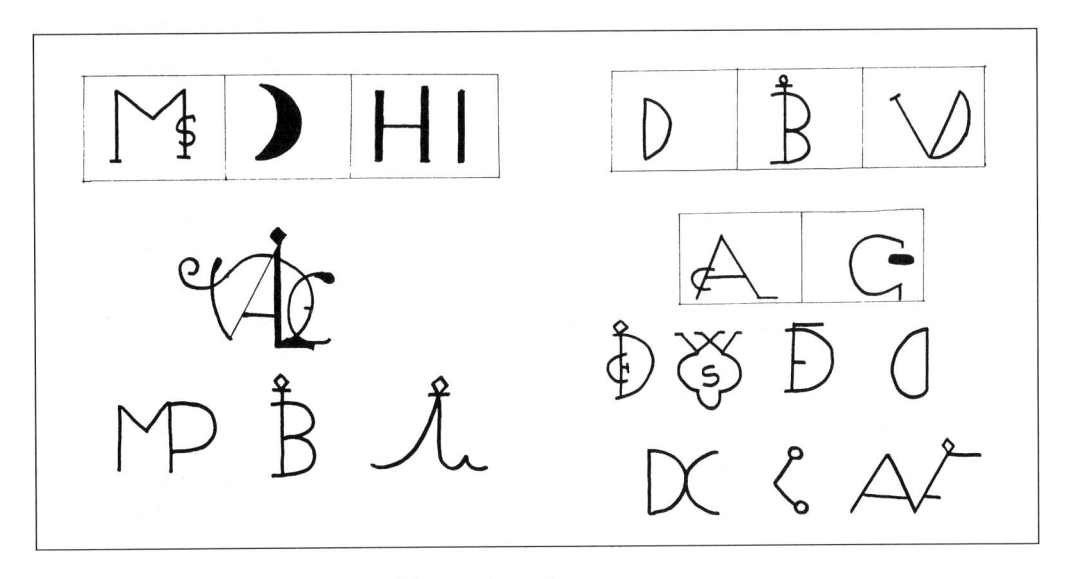

Marcas de esclavos negros.

piedad y, pasada su propia vendimia, los "alquilaba" a hacendados vecinos que le pagaban un "salario" diario más la alimentación.

En las dotes y testamentería de la elite femenina siempre aparecen esclavos de servicio doméstico valuados entre 350 y 500 pesos ensayados. Era un lugar común para una familia acaudalada el dotar a una hija con esclavos de servicio doméstico. A menudo, a los esclavos domésticos se les concedió *horría* (manumisión). La dama a quien habían sido dotados dejaba encargado a sus albaceas el liberarlos al final de sus días, como forma de premiar las fidelidades del servidor y sumar una última buena obra para poner su alma en carrera de salvación.

Los esclavos fueron hábiles en el aprendizaje de artes y oficios y suplieron, al igual que los indios, la falta de un artesanado español en los centros urbanos. A pesar de existir legislación en contra del ejercicio de oficios, los esclavos ingresaron al mercado urbano y proveyeron a sus amos con ingresos adicionales al ejercer como herreros, carpinteros, zapateros y sobresalir como fabricantes de dulces y confites. En esos afanes, desarrollaron organizaciones de ayuda mutua copiadas de los europeos y tuvieron sus propias cofradías y hermandades desde donde organizaban la vida religiosa de su comunidad y proveían atención médica y sostén para los más desamparados. Aunque provenientes de diferentes naciones, supieron salvaguardar en común elementos culturales afines y exhibirlos en manifestaciones que convocaban a todo el arco poblacional urbano.

CASTAS

A pesar de los intentos segregacionistas, el mestizaje entre españoles, indios y negros fue amplio y sostenido, produciendo grupos humanos de compleja inserción en los tres campos raciales reconocidos por los peninsulares. En el diseño social original, los tres grupos debían vivir separados: los conquistadores junto a sus intermediarios negros constituían el mundo español, y los indios el propio.

Fueron los propios conquistadores, sin embargo, los iniciadores de una sexualidad abierta que, pasada la primera generación, iba a provocar toda clase de especulaciones y disquisiciones fenotípicas en un intento de definir el claroscuro del mestizaje colonial y su carencia de lugar en la sociedad. En el futuro, la cercanía fenotípica al español iba a dar la chance de un mejor posicionamiento social.

Asimilados al *status* y cultura de sus padres, la primera generación de mestizos acumuló los privilegios de sus progenitores conquistadores. Sin embargo, hubo roles a los que los mestizos no pudieron acceder por provenir, precisamente, de uniones no legítimas. Gaspar Centeno, hijo mestizo del general Diego Centeno, quien ayudó a vencer a Gonzalo Pizarro, vio escurrirse la valiosa encomienda y la fortuna de su padre cuando éste falleció en oscuras circunstancias, luego de testar en favor de su mayordomo. Impedido por su condición de mestizo de heredar la encomienda de Puna en segunda vida, las autoridades lo compensaron con una situación de 4.000 pesos ensayados de por vida, lo cual daba cuenta del valor de los servicios de su padre.

Ñusta Cusi Kcuyllor.

Legalmente, si no mediaba un testamento que los beneficiara, los mestizos sólo tenían derecho a la décima parte de los bienes paternos. Por tales inhibiciones y prohibiciones, quedaron vacantes no sólo numerosas encomiendas de la etapa inicial sino fortunas enteras, que iban a parar a los parientes peninsulares que preferían ignorar a sus sobrinos y primos mestizos americanos. Ello ocurrió con los bienes de los generales extremeños Pedro de Hinojosa y Pedro Álvarez Holguín, quienes dejaron una vasta prole mestiza que, a pesar de disfrutar de holgada situación económica y *status*, perdió en manos de los herederos legítimos las fortunas acumuladas por sus padres. No obstante, las hijas mujeres matrimoniaron en la elite. Las tres hijas naturales de Hinojosa con sendos paisanos de su padre que poblaron y acumularon tierras, cargos y funciones en Cochabamba y las dos de Álvarez Holguín con encomenderos de Charcas. Doña Constanza Holguín se casó con el capitán Martín de Almendras, encomendero de la mitad de Tarabuco, y Doña María de Aldana con Martín Monje, primer encomendero de Casabindo.

Las diferencias de *status* entre los españoles derivaron en que muchos de sus hijos mestizos vivieran marginalmente en la sociedad blanca, mientras que otros lo hicieron en torno a los hogares maternos. En este último caso, sus ventajas eran significativas respecto de la sociedad india que los acogía: no estaban sujetos al pago de tributo, de allí la importancia de "blanquear la raza". Sin embargo, los mestizos no eran propietarios de parcelas como los indios de comunidad. Sometidos a toda clase de discriminación y prejuicios, los mestizos fueron tenidos por "pendencieros", "viles", "perdidos" y "viciosos" por una casta peninsular que, a pesar de sus licencias sexuales, no estaba dispuesta a abrirse para permitir ingresar a nuevos diferentes.

Con el tiempo, y arrinconados en los espacios que dejaban los negros clientes de los conquistadores y los peninsulares recién llegados, los mestizos sobrevivieron de los trabajos manuales, el comercio minorista y la supervisión directa sobre el trabajo de los indios, quienes siempre permanecieron en el fondo de la escala social.

Generación tras generación, las mezclas se hicieron mayores y las consideraciones a su alrededor más perversas. Los negros se mezclaron con indios y también con blancos y sus productos entre sí, dando lugar a las *castas* o catego-

Pereza, *de Guamán Poma de Ayala.*

rías fenotípicas intermedias, como lo eran las de *mulato*, *tercerón*, *cuarterón*, *quinterón*, *zambo*, *zambahígo*, *cholo*, *chino*, *rechino*, etcétera. Las categorizaciones de color cedían cuando el mestizaje resultaba tan sutil como para permitir no ser reconocido y acceder, entonces, al *torna a español* o *requinterón*. De ahí en más, era factible escapar a los rigores de la discriminación étnica y ser admitido en un nicho mejor.

Si por imperio del mestizaje las barreras del color eran, en algún momento, más fáciles de franquear, las diferencias culturales eran definitorias en cimentar a indios y negros en su respectivo lugar social. Mientras las castas accedían de inmediato a la lengua, religión y costumbres españolas, y con ello a profesiones que las mantenían junto con la sociedad blanca en una instancia de continua asimilación, el destino de negros e indios estuvo más atado a la discriminación por la propia condición de esclavos y de vencidos, respectivamente. Los indígenas de los ayllus permanecieron firmemente atados a sus lenguas, instituciones, costumbres, creencias, rituales y métodos de trabajo, limitando su adaptación al nuevo orden y conservando su cultura por imperio de la segregación a la que los había sometido el poder de turno.

Sin duda, la estratificación social colonial fue un fenómeno de factura peninsular que resultó en una pirámide nueva y única atada a un sistema económico de características absolutamente originales. La sociedad colonial, como toda sociedad de órdenes, fue una construcción jurídica e ideológica asentada en las diferencias raciales y étnicas que comenzaron por sostener el *status* social de los individuos. Ello redundó en un sistema jerárquico organizador de las relaciones sociales, en el que las variables de raza, etnicidad, clase y género interactuaron para determinar el lugar de cada cual en la estructura social, ofreciendo por vía del éxito económico, el oficio u ocupación o el matrimonio la posibilidad de alterar el *status* inicial.

BIBLIOGRAFÍA

Altman, Ida, "Spanish Society in Mexico City After the Conquest", *Hispanic American Historical Review*, 71:3, agosto 1991, 413-445.

Bennassar, Bartolomé, *Los españoles. Actitudes y mentalidad, desde el siglo XVI al siglo XIX*, Torre de la Botica-Swan, Madrid, 1985.

Bronner, Fred. "Urban Society in Colonial Spanish America: Research Trends", *Latin American Research Review*, 21:1, abril 1986, 7-72.

Cahill, David, "Colour by Numbers: Racial and Ethnic Categories in the Viceroyalty of Peru, 1532-1824", *Journal of Latin American Studies*, 26:2, 1994, 325-346.

Góngora, Mario, "Urban Social Stratification in Colonial Chile", *Hispanic American Historical Review*, 55:3, agosto 1975, 421-448.

Harris, Marvin, *Raza y trabajo en América*, Siglo Veinte, Buenos Aires, 1973.

Konetzke, Richard, "La formación de la nobleza en Indias", *Estudios Americanos*, vol. III, Nº 10, julio 1951, 329-360.

—————— "Entrepreneurial Activities of Spanish and Portuguese Noblemen in Medieval Times", *Explorations in Entrepreneurial History*, VI:2, diciembre 1953, 115-120.

Kuznesof, Elizabeth, "The Construction of Gender in Colonial Latin America", *Colonial Latin American Review*, vol. 1, Nº 1, 1992, 253-270.

—————— Poot-Herrera, Sara y Schwartz, Stuart B., "Race, Class, and Gender: A Conversation", *Colonial Latin American Review*, vol. 4, Nº 1, 1995, 153-201.

Lockhart, James, *El mundo hispanoperuano, 1532-1560*, Fondo de Cultura Económica, México, 1982.

Maravall, José Antonio, *Estado moderno y mentalidad social (siglos XV a XVII)*, 2 vols., Ediciones de la Revista de Occidente, Madrid, 1972.

—————— *Poder, honor y elites en el siglo XVII*, Siglo XXI Editores, Madrid, 1979.

Mörner, Magnus, *La mezcla de razas en la historia de América latina*, Paidós, Buenos Aires, 1969.

—————— "Economic Factors and Stratification in Colonial Spanish America with

Special Regard to Elites", *Hispanic American Historical Review*, 63:2, mayo 1983, 335-369.

Stolcke, Verena, "Sexo es a género lo que raza es a etnicidad", *Márgenes*, año V, N° 9, Lima, 1992, 65-90.

III

El mundo indígena.
Siglos XVI-XVIII

por SILVIA PALOMEQUE

Petroglifo que representa camélidos encontrados en el abrigo de Yeguatiza, en el noroeste argentino.

LA DIVERSIDAD DE LOS GRUPOS INDÍGENAS

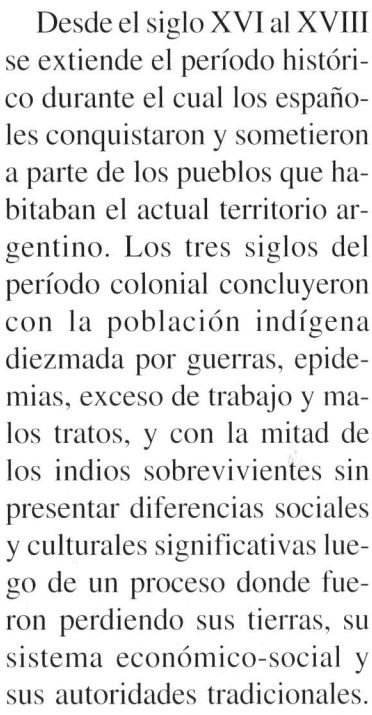

Desde el siglo XVI al XVIII se extiende el período histórico durante el cual los españoles conquistaron y sometieron a parte de los pueblos que habitaban el actual territorio argentino. Los tres siglos del período colonial concluyeron con la población indígena diezmada por guerras, epidemias, exceso de trabajo y malos tratos, y con la mitad de los indios sobrevivientes sin presentar diferencias sociales y culturales significativas luego de un proceso donde fueron perdiendo sus tierras, su sistema económico-social y sus autoridades tradicionales.

La historia de los habitantes originales de estas tierras durante la colonia se inicia en el período anterior a la conquista española; en consecuencia, se comenzará por la descripción de las distintas sociedades indígenas mientras se señalan las diferencias existentes entre ellas ya que, si bien todas comparten elementos comunes, también se distinguen por las zonas que habitan, sus formas de organización social y política y sus costumbres. Después de ubicarnos sobre las características de los distintos grupos indígenas, se relatará su historia durante el período de conquista, instauración y funcionamiento del sistema colonial español, momento en el que continuaremos observando la diversidad de situaciones vividas por estas sociedades que se van insertando de diversa manera en una situación colonial que tampoco es homogénea.

Esto también se debe a que estamos frente a un Estado colonial que necesita colonizar un mundo indígena diverso situado en estas gobernaciones consideradas como pobres y de frontera, debido a la falta de grandes minas de oro y plata y a la gran distancia que las separaba de la ciudad de Lima, capital del Virreinato del Perú y sede de la autoridad virreinal que gobierna estos territorios hasta el año 1776 cuando se crea el Virreinato del Río de la Plata. En estas tierras el Estado colonial será especialmente flexible frente a los "vecinos encomenderos" y sus intereses, a pesar de que esto sucede en un período donde la política general de la corona era ir centralizando las funciones del Estado mientras recortaba el poder de los señores.

Grupos étnicos, ambiente y recursos

Para evitar la incorrecta unificación de todas estas sociedades con el nombre genérico de "indios" y la larga descripción de cada grupo en particular, se agrupará a los distintos pueblos indígenas de acuerdo con las zonas que habitaban y con sus formas de acceso a los diversos recursos ambientales, de organización social y política y de relación con otros grupos similares o con los incas.

Las distintas zonas ambientales que habitaban los grupos indígenas no se corresponden con los actuales límites internacionales ni interprovinciales, ya que éstas sobrepasan las fronteras y atraviesan el territorio argentino en angostas franjas longitudinales, paralelas, que corren de norte a sur. Como los recursos existentes en cada franja ambiental condicionaban las formas de organización de cada pueblo para obtenerlos e implicaban una necesaria relación de intercambio entre los pueblos de distintas franjas para conseguir todo lo que necesitaban, es preciso definir claramente la ubicación de las mencionadas franjas y sus características.

El noroeste y centro de la Argentina —en los territorios que durante la colonia correspondían a las gobernaciones de Tucumán (provincias de Jujuy, Salta, Tucumán, La Rioja, Catamarca, Santiago del Estero y Córdoba) y Cuyo (provincias de Mendoza, San Juan y San Luis)— estaban habitados por pueblos agricultores con residencias estables en aldeas y que, en consecuencia, necesitaban organizar la forma de acceder a los productos que no había en su zona. Además, en ambas gobernaciones, el ambiente cambiaba en cortas distancias y cada franja era muy diferente de la otra vecina.

Comenzando desde el oeste y avanzando hacia el este, la primera franja longitudinal era la costa del océano Pacífico con sus recursos marítimos, la segunda era el desierto chileno con sus minerales, la tercera era la Puna con sus ganados y sales, la cuarta fueron los valles y quebradas con su producción agrícola, seguidos por el pie de monte que conectaba con la llanura, donde finalmente estaban los bosques y selvas con recursos variados como las maderas, mates, calabazas, el cebil (alucinógeno) y las plumas *(véase gráfico n° 1)*. Esto implica que la forma más habitual de comunicación entre los distintos pueblos indígenas tenía una orientación este-oeste, totalmente distinta de la orientación norte-sur que luego impondrán los españoles.

Considerando estas franjas ambientales y las características socioculturales de los grupos indígenas que allí se asentaban, desde la arqueología se han definido las siguientes zonas para el centro y noroeste de la Argentina: Puna, valles/quebradas, selvas y chaco, cuyo, mesopotamia santiagueña y sierras centrales o de Córdoba. Al este y sudeste de la Argentina se encontraban los pueblos que habitaban la llanura pampeana y el litoral de los ríos Paraná y Uruguay; estas zonas también tenían sus propios recursos particulares pero sus pueblos eran diferentes de los anteriores en tanto no residían en asentamientos aldeanos estables sino que presentaban una fuerte movilidad espacial *(véase gráfico n° 2)*.

En tanto este capítulo trata sobre la historia de los pueblos conquistados por los españoles, no nos referiremos a los pueblos que habitaban el Chaco y la Patagonia pues ellos lograron continuar fuera de la sujeción española durante todo el período colonial.

Los pueblos de la Puna

Dentro de la gobernación del Tucumán, en el espacio situado en el extremo noroeste de la Argentina, estaban los casabindos y

Figuras danzantes del abrigo de Hornapunta.

cochinocas, integrados en un conjunto mayor de pueblos semejantes, como los lipes, atacamas, chichas y apatamas, con quienes mantenían pacíficas relaciones. Todos ellos habitaban *la Puna*, elevada planicie situada a 3.500 metros de altura sobre el nivel del mar, con algunos cordones montañosos menores cuya extensión sobrepasa la actual frontera argentina. Los pueblos de esta zona, caracterizada por sus condiciones climáticas extremas, por el predominio del frío y la aridez, tenían como principal recurso los numerosos rebaños de camélidos andinos (vicuñas, guanacos y llamas que servían para carga y brindaban carne y lana), acompañado por la sal, el oro, las piedras especiales para construir distintos instrumentos, la caza y la recolección de huevos y vegetales. La agricultura era posible en reducidos lugares y con la incorporación de gran esfuerzo y organización, ya que los cultivos de quínoa y papa prosperaban en áreas muy protegidas y los de maíz sólo se daban en abrigados andenes con riego artificial. A cambio, el frío y la aridez posibilitaban una excelente conservación de granos, tubérculos y carnes (chuño y charqui), lo que permitía la acumulación de reservas para los períodos de escasez y facilitaba los intercambios.

Debido a las extremas condiciones ecológicas y a la necesidad de recursos de otras zonas, en la Puna se desarrollaron redes sociales complejas para hacer producir sus tierras (se construyeron andenes, terrazas y sistemas de riego) y mantener relaciones de intercambio con lejanas comunidades situadas en otras franjas ambientales. Las formas de organización social y política eran unas de las más complejas de la gobernación del Tucumán. Sus aldeas eran gobernadas por una elite permanente con sucesión hereditaria, que concentraba el poder político, religioso y administrativo,

Gráfico n° 1: Corte vertical, a la altura de la ciudad de Salta, de las distintas franjas ambientales. En: Carl Troll, *El ecosistema andino*, Hisbol, La Paz, 1987, pág. 34.

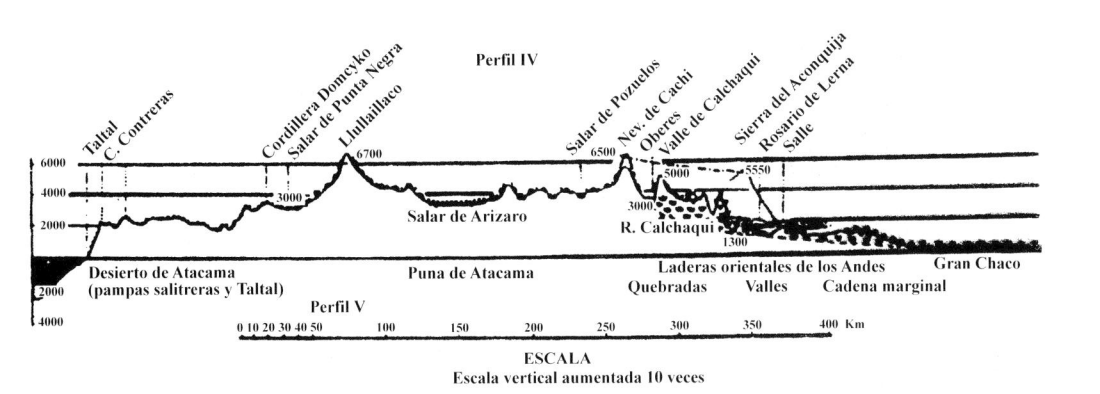

Gráfico n° 2: Zonas habitadas por las sociedades indígenas.

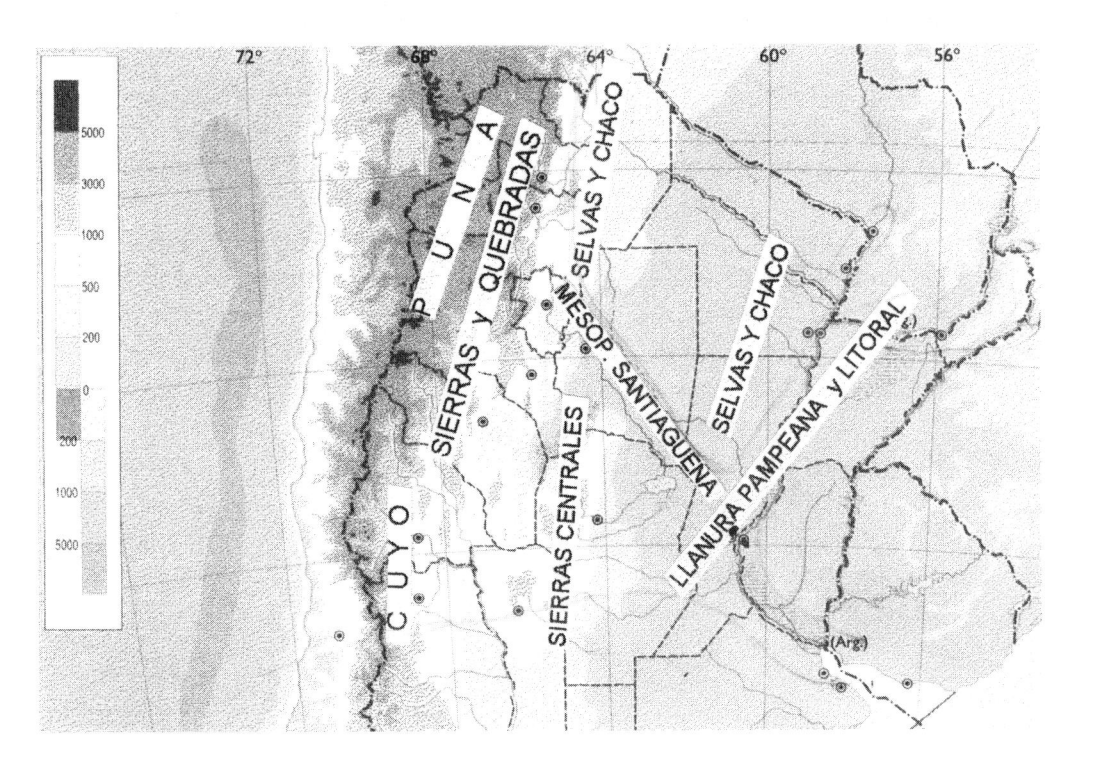

y que organizaba los intercambios y la producción agrícola. La intervención del Estado incaico en esta zona no produjo mayores resistencias, más bien tenemos que en este período se dio un florecimiento de las sociedades de la Puna norte, con un incremento marcado de población y el clímax del desarrollo agrícola, textil y posiblemente ganadero. Debido a esta relación, estos pueblos se aliarán o enfrentarán a los españoles como un pueblo más de los del Imperio incaico.

Los pueblos de valles y quebradas

Ubicada entre las franjas de Puna y la de selvas y chaco se encuentra la franja longitudinal de *valles y quebradas* que corre desde Jujuy por el norte hasta San Juan por el sur, la que estaba densamente poblada por numerosos grupos como los tilcaras, omaguacas, osas y ocloyas en la parte norte, y los diaguitas en la parte sur que comprendía los valles Calchaquíes y se continuaba hacia La Rioja y Catamarca.

Los valles y quebradas eran una zona con excelentes recursos debido a que sus tierras y clima se adecuaban a las prácticas agrícolas y el regadío, permitiendo lograr buenas cosechas con mucho menos esfuerzo que en la Puna. Sus cultivos eran maíz, zapallos, porotos y ají y, en los pequeños bosques cercanos a dichos cultivos, también se practicaba algo de recolección y de caza.

De acuerdo con sus intercambios y relaciones, a esta larga zona de valles y quebradas se la puede dividir en dos subzonas. Una, al norte con la quebrada de Humahuaca y las serranías situadas al este, cuyos intercambios se daban con la Puna de Jujuy y la selva jujeña y el chaco. Otra subzona, más al sur, con los valles de Salta, Tucumán, Catamarca y La Rioja, relacionada con la zona sur de la Puna y con la selva salto-tucumana.

La ubicación de los valles y quebradas como franja intermedia entre la Puna y la selva tuvo dos consecuencias. Por un lado, sus pueblos lograron abastecerse muy fácilmente de todos los productos de ambas zonas cercanas, sólo realizando un corto recorrido de dirección este-oeste para el cual no necesitaban mayor nivel de organización. Por el otro, se convirtió en una zona con alta circulación de hombres y productos en tanto sus tierras eran recorridas por las múltiples personas que se encargaban de los intercambios entre Puna y selva. La mayor facilidad para realizar los cultivos y para hacer los intercambios permitirá que estos pueblos se fragmenten en varios cacicazgos de poca y variable población, mientras su asentamiento seguirá siendo en aldeas y el sistema de gobierno similar al de la Puna.

A diferencia de la Puna, en la parte sur de la zona de valles y quebradas hubo una fuerte resistencia a la intervención incaica que culminó dejando múltiples conflictos entre los distintos pueblos. Los incas sólo lograron asentarse sobre la base de la presión militar de sus numerosos fuertes y del traslado de miles de sus aliados indígenas (los mitmaqkuna) provenientes del Cuzco o de la cercana zona santiagueña. Los españoles, que desde un inicio estuvieron muy interesados en contar con los alimentos que producían y conservaban los pueblos de tierras altas como la Puna, valles y quebradas, no lograron su colaboración y tuvieron que enfrentar una tenaz resistencia durante largos años. En esas luchas, ellos utilizarán a su favor los antiguos enfrentamientos entre los grupos indígenas.

Los pueblos de la mesopotamia santiagueña

Son los primeros pueblos asentados en tierras bajas. La *mesopotamia santiagueña*, como su nombre lo indica, estaba situada en las tierras bañadas por los ríos Salado y Dulce en la actual provincia de Santiago del Estero. Hace siglos, antes de la tala de los bosques, esta zona consistía en una extensa planicie cubierta por un denso monte de algarrobos y chañares, que estaba bañada por dos importantes ríos. Su elevada temperatura en los veranos, donde imprevistamente se alternaban períodos

Vaso antropomorfo decorado, quebrada de Humahuaca.

de sequía o de humedad, originaba dos tipos de ciclos y el acceso a distintos recursos en cada uno de ellos.

Si bien había cultivos de temporal (regados sólo por la lluvia), eran más importantes los que se realizaban en los pantanos ubicados principalmente en el río Dulce. En los años húmedos, cuando las crecientes inundaban la zona entrerriana, se conformaba una excelente área para el cultivo en el limo de los bañados. En los años de sequía, de escasa o nula inundación, la escasez de alimentos se solucionaba por la cercanía del monte que facilitaba una intensa actividad de pesca, caza y recolección de frutos como la algarroba y el chañar. Durante ese período de recolección se realizaban las reuniones rituales (que los religiosos católicos denominaban "juntas y borracheras") donde se reforzaban y consolidaban las relaciones entre los diversos grupos.

Esta zona necesitaba permanentemente de los productos ganaderos de la Puna y estacionalmente de los granos de los valles o de los productos de los bosques, mientras que la sal la obtenían de las cercanas salinas situadas al sur. Sus relaciones con otros pueblos eran muy frecuentes, y los españoles se sorprendieron de sus habilidades y buena predisposición hacia los intercambios.

Si comparamos estos pueblos con los mencionados anteriormente, vemos que las actividades en ambos ciclos climáticos requerían de un menor nivel de esfuerzo y de organización social que las desplegadas en la Puna o en valles o quebradas, donde tenían que cultivar en andenes o con riego artificial. Además su asentamiento aldeano era más inestable debido al oscilante curso del río que, en cada inundación, obligaba al desplazamiento de las habitaciones. Al igual que en valles y quebradas, su población se fragmentó en varios cacicazgos de distinto tamaño, con la particularidad de que durante el período de recolección en los bosques se reforzaba la importancia de las prácticas religiosas.

Según A. M. Lorandi, los andinos incas llamaban juríes a los pobladores de Santiago del Estero, a los que consideraban gente salvaje y semisedentaria que habitaba las tierras bajas y húmedas. A pesar de esta caracterización menospreciativa, el Estado inca estableció una alianza con ellos y éstos colaboraron en la defensa de la frontera oriental del imperio contra los avances de los chiriguanos y también en el control de las poblaciones serranas conquistadas en los valles Calchaquíes donde fueron instalados como mitmaqkuna, recibiendo tierras y otros privilegios. Frente a los españoles los juríes tuvieron un comportamiento ambivalente, enfrentándolos o negociando con ellos, pero luego fueron los aliados que les permitieron establecer el primer asentamiento permanente: la ciudad de Santiago del Estero.

Los españoles dejaron de llamarlos juríes y los diferenciaron entre tonocotes y lules de acuerdo con su lengua. También relataron que sus vestidos eran diferentes de las ropas andinas de lana usadas por los pueblos de Puna, valles y quebradas; en Santiago los varones se vestían con plumas de avestruz y las mujeres con mantas muy pequeñas fabricadas con paja o lana.

Máscara de piedra, Tafí del Valle, Tucumán, Cultura Tafí.

Conocemos menos la historia de los lules y tonocotes que se encontraban asentados hacia el norte (más cerca de las actuales ciudades de Salta y Tucumán y de la antigua Esteco). Ellos ocupaban las tierras que van desde el pie de monte hacia la llanura, las que cultivaban bajo riego, en bañados o de temporal y también practicaban la caza y recolección en los bosques cercanos. Los españoles nos informaron que los tonocotes eran más sedentarios y dedicados a las actividades agrícolas que sus tradicionales enemigos, los lules, quienes eran numerosos, guerreros, insumisos frente a los españoles y estaban más dedicados a la caza y recolección que a la agricultura.

Los pueblos de las sierras centrales en Córdoba

En medio de tierras bajas situadas al sur de la mesopotamia santiagueña estaban los pueblos de lengua sanavirona y, yendo hacia el sur luego de cruzar una extensa zona con salares, seguían los mismos pueblos que paulatinamente se iban entremezclando con otros de lengua comechingona que habitaban *las sierras centrales* en la actual provincia de Córdoba. Esta zona comprendía serranías y pequeños valles cursados por varios ríos, con un clima templado y precipitaciones más intensas en verano, con suelos que permitieron la instalación de una numerosa población asentada en aldeas, que practicaba la agricultura de temporal y a veces con riego, donde también la caza y la recolección cobraban importancia sin alcanzar la envergadura que tenían para los pueblos de Santiago. Sus relaciones con otras zonas eran más débiles, posiblemente debido a la gran cantidad de recursos a los que accedían en tierras cercanas.

Basándose en las excavaciones de los asentamientos del valle de Copacabana, desde la arqueología se propone la existencia de un sistema de organización política donde varios pueblos menores estaban "sujetos" a otro mayor pero con relaciones relativamente laxas entre ellos. Esto se complementaba con las reuniones mencionadas como "juntas", "borracheras" o "fiestas" que los indios tenían para la "guerra, caza, para comer o holgazar", que eran el mecanismo por el cual se establecía una acción política unificada. Éstas permitían el acceso común a recursos dentro de grupos de una misma unidad política y también formas de alianzas para enfrentarse con otras unidades en las frecuentes guerras existentes entre ellos por los territorios y sus recursos. Comparando la situación de los pueblos de las distintas zonas mencionadas vemos que los de las sierras de Córdoba y los lules tenían las formas de organización sociopolítica menos complejas. Es posible establecer una relación entre esto y la ausencia de presencia incaica ya que, según fray Reginaldo Lizárraga (1600), Córdoba era la única zona de la gobernación del Tucumán donde "no alcanzó el gobierno del inca".

La semejanza entre los indios de las sierras de Córdoba y los lules fue mencionada por el oidor Alfaro (1612) y también por el padre Barzana quien, desde otra perspectiva, confirma esa semejanza al decir que "todas estas naciones son muy dadas a bailar y cantar [...] Los lules entre todos son los mayores músicos desde niños [...] También mucha de la gente de Córdoba son muy dados a cantos y bailes, y después de haber trabajado y caminado todo el día".

Los pueblos de la zona cuyana

El país de los indios huarpes estaba en la muy seca *zona cuyana*, que abarcaba la ladera oriental de la cordillera y los valles y tierras llanas situados hacia abajo. En esta zona los cursos de agua determinaban la formación de oasis húmedos que permitían una instalación humana que aprovechaba recursos muy dispares según las estaciones. Al occidente, en las laderas de la cordillera, los valles de altura brindaban abundantes pastos en verano pero eran inhabitables en invierno por las nevadas. Hacia el oriente de éstos, en la parte baja en los valles y planicies donde estaban los oasis, se disponía de pastos estacionales. Poco conocemos de los recursos y actividades en esta zona, salvo que se dieron frecuentes contactos en los valles altos utilizados por grupos de ambos lados de la cordillera. El territorio ocupado por las actuales provincias de San Juan, Mendoza y quizá parte de La Rioja y la zona paralela ubicada en Chile eran una sola jurisdicción incaica que incluía a los huarpes como un grupo entre varios. En este espacio se puede observar claramente la relación este-oeste ya que se dieron contactos muy frecuentes entre los pueblos de las distintas "franjas".

Los huarpes se relacionaron pacíficamente con los primeros españoles que llegaron a Chile y no ofrecieron ninguna resistencia. Esto, en parte, ocasionó que estos pueblos quedaran bajo la jurisdicción de la gobernación de Chile y que en su mayoría fueran trasladados hacia esa zona.

La diversidad de los pueblos indígenas

Como vimos, los pueblos de la Puna, valles y quebradas, mesopotamia santiagueña, sierras centrales y de Cuyo tenían distintas formas de organizarse a nivel social y político. Esto fue adverti-

Botija de cerámica con dibujos incaicos.

do por los conquistadores y los religiosos que intentaban imponer el sistema de colonización y evangelización. Según ellos, los indios de la Puna y de los valles y quebradas era la gente de "más razón" y "para mucho" (de muchas posibilidades) que "saben servir" al igual que en el Perú y que vivían "con respeto hacia sus caciques". Los de la mesopotamia santiagueña y los huarpes de la zona cuyana eran de "menos razón" y respeto hacia sus caciques que los anteriores, aunque también era "gente bien partida"; con lo cual hacían referencia a su capacidad para relacionarse en los intercambios y a sus alianzas con los incas y con los españoles. Los de las sierras de Córdoba y los lules, con sus caciques también de poca autoridad, era gente "más sin razón" que los anteriores y de tan "poca capacidad" que, en el caso de Córdoba, habían sido dejados de lado por el inca.

Se entiende que estos análisis comparativos partían de un conjunto de preconceptos donde se valoraba en primer lugar al Estado incaico y luego a aquellos sistemas económicos y políticos similares a los andinos, con capacidad para generar excedentes y con una redistribución de los mismos en manos de respetados señores étnicos (los "caciques" o "curacas"), claramente diferenciados del resto de la población. Estos pueblos, con un sistema político que se va alejando paulatinamente del sistema estatal incaico (los de Santiago y los huarpes primero y más aún los de Córdoba y los lules), realmente tenían otro tipo de sistema de organización política, posiblemente más cercano al de los pueblos chaqueños.

Los pueblos de la zona pampeana y el litoral

Todavía dentro de la gobernación del Tucumán, cuando comenzaba la estrecha franja de territorio controlada por los españoles que comunicaba a la zona de Cuyo y Córdoba con la gobernación del Río de la Plata primero y con la del Paraguay después, apenas ingresando a la *zona pampeana*, estaban los indios ubicados cerca del río Quinto. Para el oidor Alfaro (1612), éstos eran "la gente más sin orden que en esta gobernación hay" ya que "no han tenido pueblo asentado" y sólo se "sujetan" a los españoles cuando quieren. Este texto nos permite comenzar a percibir el tipo de sociedades indígenas que se encontraban asentadas marchando hacia la zona de la actual Buenos Aires.

En las tierras de la gobernación del Río de la Plata las poblaciones estaban conformadas por pequeños grupos, de los cuales se han logrado identificar a los chaná-timbúes, agricultores habitantes de las costas del Paraná que lograban relacionarse con los grupos serranos a través de pueblos nómades que recorrían los territorios intermedios, a parcialidades guaraníes recientemente expandidas en las islas y a los nómades querandíes en las cercanías de Buenos Aires. Con estos dos últimos grupos lograron establecer incipientes relaciones amistosas los españoles a principios del siglo XVI, pero luego fueron atacados viéndose obligados a abandonar las nuevas fundaciones. La dependencia de los españoles de los alimentos indígenas explica tanto la tardía colonización del Río de la Plata y de las zonas adyacentes como la estable instalación en el Paraguay. Esta zona estaba habitada por los sedentarios guaraníes, con sus cultivos de maíz, mandioca y batata, en guerra permanente con los guaycurúes, tupís y otros grupos vecinos que asaltaban sus cultivos.

Pampa primitivo.

Los pueblos de selvas y chaco

Para culminar corresponde mencionar una de las zonas que no pudieron ser invadidas ni colonizadas hasta el siglo XIX, la zona de *selvas y chaco*, llamada también del Chaco, caracterizada por su elevada temperatura y humedad, donde —en el pie de monte— se desarrolló una agricultura itinerante de roza y quema con cultivo de maíz principalmente. De esta zona provenían las maderas, cañas, plumas, alucinógenos, miel y plantas tintóreas que se intercambiaban con todos los pueblos de Puna, valles, mesopotamia y sierras centrales situados al oeste. Las relaciones de permanente intercambio con los pueblos de selvas y chaco implicaban también la existencia de agresiones ocasionales de estos últimos, las que suelen explicarse por los ciclos climáticos con alternancia de sequía y humedad.

Si bien los españoles impusieron una forma de comunicación con orientación norte-sur y no conquistaron estas zonas, nos importa remarcar su presencia ya que la falta de control colonial no implicaba la interrupción de las relaciones de orientación este-oeste entre los grupos indígenas.

LA CONQUISTA

En el sistema colonial que se impuso en estas tierras incidieron los siguientes factores: a) las distintas características de las sociedades indígenas, b) las diferentes relaciones que ellas mantuvieron con el incario (temas ya tratados), c) el tipo de españoles que conformaron las huestes, d) las características del proceso de conquista y e) las relaciones indio-españolas durante el período de la conquista.

Los españoles que vinieron a estas tierras años después de la conquista de las ricas zonas centrales de los imperios azteca e inca eran aquellos que se habían visto obligados a avanzar hacia nuevas tierras por no haber alcanzado los beneficios esperados o por ser miembros de conflictivas facciones de españoles enfrentadas entre sí. Vinieron en sucesivas oleadas y muchos murieron en estas tierras sin lograr mayor riqueza, pero fueron el origen de un sólido grupo de "vecinos encomenderos".

El período inicial de la conquista se caracterizó por su prolongada duración de medio siglo y por los frecuentes conflictos entre los mismos conquistadores; su culminación no implicó el fin de los enfrentamientos militares ya que la resistencia de los pueblos de los valles Calchaquíes continuó un siglo más y durante todo el período colonial se mantuvieron conflictivas relaciones con los indios no sometidos del Chaco, la Pampa y la Patagonia y también con los portugueses. Esta constante actividad militar implicó la necesidad de la colaboración de los antiguos conquistadores, luego devengados en encomenderos, y fue la base sobre la cual se consolidó un poder privado que siempre logró negociar —desde una sólida posición— la aplicación de las políticas de la corona.

Los comienzos

El inicio de la "conquista" no fue igual en todas las zonas. La expedición conquistadora que fundó los primeros asientos en las costas del Río de la Plata y del Paraná debió trasladarlos a causa de la resistencia indígena provocada por la pretensión de obtener

Indios abipones, *según Martín Dobrizhoffer, 1784*.

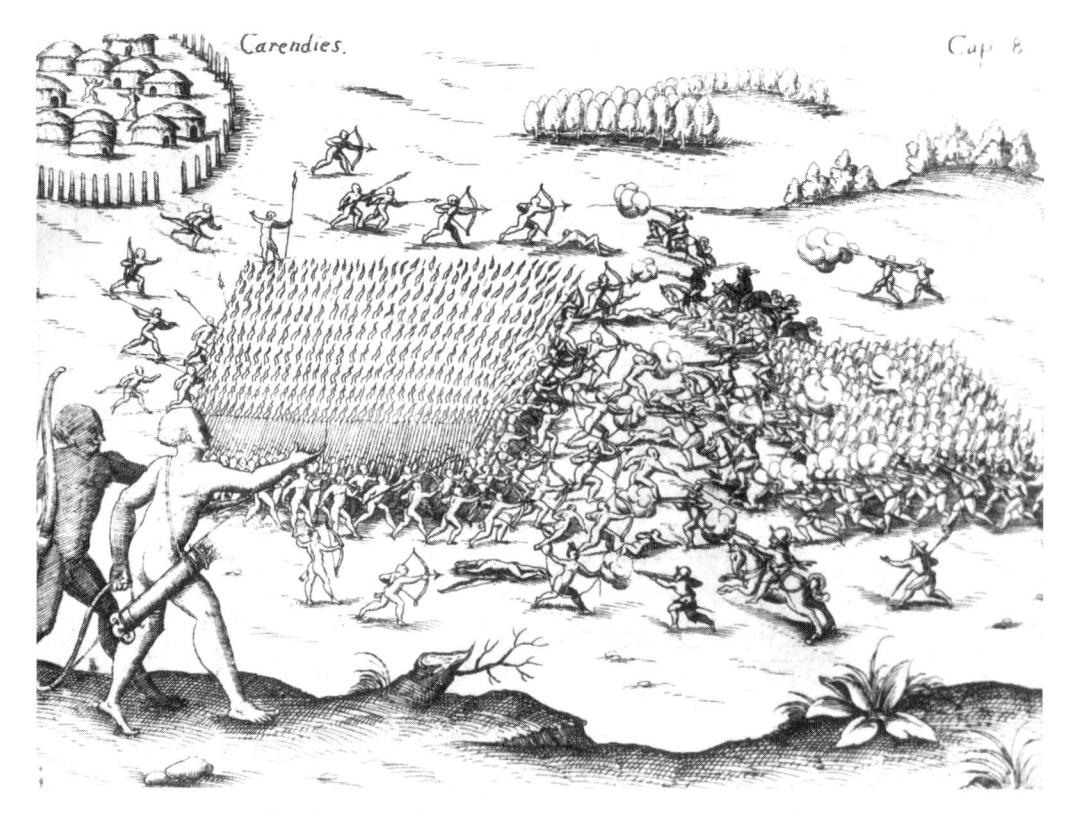

Combates con los querandíes, según Ulrico Schmidl.

alimentos o trabajo de sociedades que no tenían mayor capacidad para generar excedentes. Esta expedición terminó fundando Asunción (1537) en tierras de los sedentarios y agrícolas guaraníes y, si bien éstos se sublevaron en 1538 y 1539, la colonización se fue consolidando sobre la base de la capacidad de Irala para manipular —en favor de los españoles— las relaciones de parentesco establecidas con los guaraníes, mientras mantenía su colaboración al apoyarlos en sus sangrientos enfrentamientos con los guaycurúes.

En las gobernaciones de Cuyo y Tucumán, cuyos pueblos habían tenido una relación previa con el incario, la historia de la "conquista" se inició con el ingreso de los españoles junto con los miembros de un linaje inca. Diego de Almagro, gobernador de la parte sur del imperio inca en proceso de conquista y aliado de uno de sus linajes, realizó el viaje acompañado de un inca y un jerarca religioso —"Paullu Inka y un wilkahuma"— y de un ejército de españoles e indios que marcharon por las provincias incaicas, usando su camino y aprovisionándose en sus depósitos estatales. Esta expedición proveniente del Perú, y que recorrió la Puna y los valles Calchaquíes antes de cruzar a Chile, no logró el apoyo de todas las poblaciones comprendidas en su extensa ruta debido al proceso de desestructuración política en el que había entrado el Estado inca desde 1533, con el consecuente reforzamiento e independencia de los señores étnicos locales que antes le obedecían. En Charcas (al sur de la actual Bolivia) desapareció el Wilkahuma y comenzó la resistencia de los indios cargadores; en la Puna se abastecieron sin problemas pero en los valles Calchaquíes debieron enfrentar un ejército con el que libraron una batalla de la que resultaron gran cantidad de muertos y la deserción en masa de los indios cargadores. Finalmente culminaron el viaje haciendo un trágico cruce de la cordillera, en invierno, donde muchísimos indios murieron de hambre y de frío y los españoles sobrevivieron comiéndose los caballos. Debido a la resistencia encontrada, esta expedición optó por retornar por otra ruta distinta de la anterior. Estos enfrentamientos iniciales marcaron la futura historia de la conquista en las tierras altas de la gobernación del Tucumán.

Ocho años después, en 1543, cuando en el Perú recién se había controlado la guerra civil que enfrentó a los partidarios de Almagro y los de Pizarro, se reanudó el avance hacia el Tucumán con una nueva hueste española acompañada de "indios amigos". Como era habitual, los gastos de esta expedición fueron costeados por los propios conquistadores; Diego de Rojas, Felipe Gutiérrez y Nicolás de Heredia invirtieron 90.000 pesos en la empresa.

Los conquistadores, que siguieron la misma ruta que Almagro, ya en la Puna debieron defenderse de una hostilidad indígena que se fue haciendo cada vez más violenta a medida que avanzaban en el valle Calchaquí, la que los obligó a bajar hacia las tierras situadas al oriente. Las tierras bajas de las actuales provincias de Tucumán, Santiago del Estero y Córdoba, con un cruce hasta el río Paraná, fueron recorridas durante dos años por esta expedición. Aquí enfrentaron ataques indígenas que les produjeron fuertes bajas tanto de españoles (por ejemplo, Diego de Rojas muere por una flecha envenenada) como de indios amigos pero, a pesar de ello, lograron cierto nivel de asentamiento, seguramente favorecidos por la efectividad que tenía su armamento en las tierras de llanura.

Los enfrentamientos con los indios muchas veces se daban a causa del robo de alimentos en períodos alejados de la época de cosechas, lo que nos advierte sobre la dificultad de las poblaciones indígenas de las tierras bajas para alimentar a los españoles en períodos donde ellos subsistían sobre la base de la caza y la recolección. Por esa causa es que los españoles se interesaban tanto por el control de los pueblos de las tierras altas poseedores de excedentes alimentarios y de capacidad para conservarlos; pero estos conquistadores, que desde el principio fueron derrotados en las tierras altas de la Puna y los valles Calchaquíes, sufrieron la misma suerte cada vez que quisieron volver a ingresar a ellas.

Guerras, alianzas y conflictos

El conocimiento de los pueblos a través de las relaciones heredadas del incario y la experiencia de las primeras expediciones posibilitaron un proceso de conquista que se fue consolidando sobre la base de la fundación de una red de aldeas-fuertes denominadas ciudades, ubicadas en las tierras bajas situadas a la orilla de las sierras y montañas. Dicho proceso no fue continuo y estuvo caracterizado por los permanentes conflictos entre las distintas huestes de los conquistadores que se enfrentaban entre sí por las encomiendas de indios, cuyo control aportaría el reconocimiento señorial y los retornos económicos que permitirían recuperar el capital invertido. En cada hueste se daba una particular relación entre capitanes y soldados, allí pesaba más la capacidad de liderazgo de los primeros que su jerarquía, y la insubordinación de la mayoría solía cambiar las rutas y también los jefes. Todo esto se cruzaba con el largo conflicto por las jurisdicciones de las huestes que venían de Chile con las que lo hacían desde el Perú, situación que se solucionó recién en 1563 cuando la provincia de Tucumán pasó a depender definitivamente de la Real Audiencia de Charcas (situada en la actual ciudad de Sucre en Bolivia).

El período que va de 1549 a 1556, con varios intentos de fundaciones que finalmente se concretaron en la ciudad de Santiago del Estero, se caracterizó por la presencia de "indios amigos" en el pie de monte del Aconquija y en la mesopotamia santiagueña mientras se mantenían hostiles los indios de las tierras altas de los valles Calchaquíes y de la Puna. No encontramos menciones a resistencia indígena frente a la fundación de Santiago ni tampoco a robos de comidas a los indios.

Generalizando, puede decirse que los grupos indígenas que se aliaron a los españoles tendieron a ser los mismos que anteriormente eran aliados de los incas, y que ellos también participaron en la "conquista" de aquellos pueblos con los que se venían enfrentando desde el período incaico. Esta afirmación de orden general refleja sólo una tendencia en tanto era imposible una respuesta uniforme de parte de sociedades gobernadas por un fragmentado poder político, no unificado de forma permanente.

Desde 1557 hasta 1562, durante el gobierno de Pérez de Zurita, por primera vez se vivió un período de paz general que alcanzó incluso a los pueblos de tierras altas que permitió la fundación de las tres ciudades en los valles Calchaquíes que aseguraban el paso a Chile por el camino del inca. También en la Puna, en 1557, el cacique Coyoacona de Casabindo acordó la paz con españoles provenientes de Charcas, dentro de una compleja alianza en la cual participaban los señores de los pueblos chichas, atacamas y lipes. Esta paz fue el fruto de una actitud negociadora española que respondía a una política general del virreinato cuyo gobernante era el marqués de Cañete, personaje reconocido por su política protectora hacia los indios.

Los españoles no mantuvieron una política de alianza permanente frente a los grupos indígenas; los enfrentamientos entre las distintas huestes hicieron que dichas políticas dependieran de las características personales de cada jefe, las que a veces coincidían con las también cambiantes políticas de las autoridades superiores del virreinato peruano.

La paz se rompió estrepitosamente en 1562 cuando llegó una nueva autoridad que destituyó a Pérez de Zurita y desconoció los pactos acordados con los indios. La consecuencia fue el desencadenamiento de la gran rebelión de "toda la tierra" (tierras altas y bajas), que se verá con más detalle en otro capítulo. Sintetizando, esta rebelión redujo el asentamiento español a sólo el territorio de la ciudad de Santiago, lugar donde quedaron cercados durante largo tiempo mientras los indígenas destruían las tres ciudades de los valles Calchaquíes y cortaban el camino a Chile y a Charcas.

Si bien esta gran sublevación sobrepasó los límites de la gobernación del Tucumán vinculándose a la resistencia andina contra los españoles, a nivel local el estallido inicial se debió a un conflicto entre huestes españolas que ocasionó la ruptura del pacto acordado con los indígenas. Esto se ve cuando le informan al rey que

"[...] estando de gobernador uno que se llamaba Zurita, Francisco de Villagra puso otro que se llamaba Castañeda y, como los trató mal [a los indios], se levantaron y cercaron a los españoles y un cacique muy principal se puso asentado con una vara y envió a decir a los españoles que los que fueran amigos del Zurita se saliesen que él les aseguraba porque era su amigo, que los trata bien, y que los demás se aparejasen que los habían de matar [...]"

La sublevación, que finalmente se controló basándose en refuerzos militares llegados desde Charcas, tuvo graves consecuencias para los españoles pues quedaron ocupando nada más que las tierras bajas de Santiago con la ruta a Chile interrumpida y la de Charcas transitable sólo en grupos con protección armada. El interés en recuperar y asegurar esta última ruta originó la fundación de la primera ciudad de Tucumán (Ibatín,1565) en la falda del Aconquija pero el paso a Chile sólo pudo hacerse por los caminos del sur, por las tierras de los huarpes en la gobernación de Cuyo.

Mientras tanto en Asunción también se enfrentaban problemas con los indígenas y entre las huestes. En 1556, ante la imposición del sistema de encomiendas de Irala, se desató una nueva rebelión indígena que persistió hasta 1560, mientras las luchas entre facciones de españoles continuaron hasta el año 1567, cuando la autoridad real logró imponerse a través del adelantado y gobernador del Río de la Plata, el acaudalado minero potosino Juan Ortiz de Zárate.

Representación contemporánea de un indio huarpe.

En la década del setenta continuaron las fundaciones respondiendo a la política general del virrey Toledo. Éste, preocupado por proteger la frontera oriental de los ataques chiriguanos y buscando evitar una posible confederación de éstos con los indios sublevados del Tucumán, ordenó ofensivas militares contra los sublevados en valles Calchaquíes y "no agraviar" a los indios que rodeaban a la futura ciudad de Salta, cuya fundación ordenó. En esta situación, Cabrera desobedeció a Toledo y no fundó Salta sino Córdoba, sin encontrar resistencia indígena en un primer momento, situación que se invirtió al año siguiente cuando comenzaron las partidas guerreras de españoles para someter a la población y conseguir alimentos. Esta inestabilidad de las relaciones entre españoles e indios en Córdoba se mantuvo por lo menos hasta el fin de siglo; hacia 1600 Lizárraga dijo que los indios cercanos a la ciudad no se acaban "de aquietar" y los del río III y IV "sirven cuando quieren, cuando no, izquierdean".

En 1577 Pedro de Zárate, respetando la política toledana, intentó ocupar militarmente los valles Calchaquíes para derrotar a Juan Calchaquí en tanto consideraba que, al hacerlo, desarticularía la alianza indígena que con "lo más de esta tierra tiene y que vencido él, lo estarán los demás". La contraofensiva indígena destruyó primero las dos ciudades que fundó pretendiendo consolidarse y, luego, también las otras dos situadas en los valles para cuya creación había contado con el apoyo de indios enemigos de Calchaquí.

En esta década y en la del ochenta, se fundaron las principales ciudades del litoral en base a los recursos de la colonia del Paraguay; hacia allí irá su población mestiza —"los mancebos de la tierra"—, el ganado que luego poblará las pampas, y también los indios guaraníes cuyo reparto organizará Garay ya que en Buenos Aires y Santa Fe el servicio de los indios locales era muy débil.

La explotación de los indios sometidos

En la gobernación del Tucumán toda esta larga y difícil lucha española para poder controlar como mínimo la ruta a Charcas, mientras mantenía las ofensivas contra los pueblos sublevados en las tierras altas, implicó la necesaria e intensa participación militar de los vecinos encomenderos cuyo poder se puso en evidencia cuando —en 1576— el gobernador Gonzalo de Abreu dicta las primeras Ordenanzas sobre el servicio de los indios.

Para entender el significado de estas Ordenanzas es necesario conocer la historia de las formas de explotación de la población indígena en el centro del virreinato peruano. La corona española, que se había asumido como heredera de los derechos del incario derrotado, consideraba que la población indígena conquistada, pacificada y en proceso de evangelización era su vasalla y, como tal, debía entregarle un tributo similar al que antes aportaban al inca. Si bien la Real Hacienda recaudó para la corona los tributos de algunos pueblos indígenas particulares denominados *indios coronas*, la mayor parte de los pueblos quedó bajo otro sistema debido a que la corona transmitió el derecho a percibir dichos tributos a los principales conquistadores españoles. Esta transmisión se dio en la forma de "merced de encomienda", y sus beneficiarios —*los vecinos encomenderos*— continuaron con sus funciones militares mientras quedaban responsables de la protección y evangelización de los indios que les tributaban, *los indios encomendados*.

Este sistema otorgó a los encomenderos un gran poder en el período inicial de la conquista peruana en tanto los indios eran más como vasallos de los encomenderos que del rey. Las denuncias del padre Las Casas y de otros religiosos que perseguían "el fruto grande de la evangelización" y el interés de la corona en evitar los señoríos en las Indias confluyeron en el dictado de las Leyes Nuevas, por las cuales se intentaba recortar el poder de los encomenderos y proteger a los indios. Luego de la sublevación de los encomenderos dirigida por Gonzalo Pizarro y su posterior derrota (1548), se pasó a la paulatina aplicación de estas leyes en un largo proceso donde fueron perdiendo poder tanto los encomenderos como los grupos religiosos pro indígenas y los antiguos señores étnicos.

Finalmente fue el virrey Toledo quien consolidó un sistema colonial donde se derrotó definitivamente el proyecto señorial de los encomenderos mientras organizaba la forma de explotación de la sociedad indígena en beneficio de toda la economía española. Durante la década del setenta del siglo XVI todas las poblaciones indias de los actuales países de Ecuador, Perú y Bolivia (no todo el incario ni todo el virreinato) fueron "visitadas" por funcionarios del Estado colonial, quienes las "redujeron" (les quitaron parte de sus tierras y les dejaron un resto protegido por un título de tierras comunales) y las obligaron a habitar permanentemente en su "reducción" o "pueblos de indios" para facilitar su control y evangelización. El funcionario visitador también fijó el tributo o la tasa que debían pagar los indios, calculando ésta de acuerdo con el número de "tributarios" (hombres aptos de 18 a 50 años), y estipuló la *mita*, es decir, el porcentaje rotativo de dichos tributarios que debía salir de sus tierras a trabajar por salario, a qué lugar de la economía española y a cambio de qué salario. El pago del tributo y la entrega de los turnos de mita eran responsabilidad del cacique, el antiguo señor étnico, que quedaba gobernando sobre sus indios con un poder recortado y debilitado por la presencia del cabildo indígena y el cura que residía en el pueblo más la supervisión del corregidor de indios, un funcionario español. Con este sistema se pone fin al proyecto señorial encomendero en tanto finaliza la relación directa entre el encomendero y los indígenas y la encomienda pierde importancia convirtiéndose en una renta que cobrarán sus titulares en la Real Hacienda y a partir del tributo en dinero cobrado a los indígenas.

También durante el virreinato de Toledo se consolidó, en términos jurídicos, la existencia de dos tipos de territorios distintos y separados —la tierra española y la tierra indígena— y dos tipos de gobiernos —la república de los españoles y la república de los indios—. Esta forma de explotación colonial se denomina *sistema de gobierno colonial indirecto* en tanto mantenía a la población indígena en sus tierras (recortadas) sin interferir directamente en las formas de producción y de organización en el interior de las comunidades; mientras las antiguas autoridades étnicas con un poder debilitado eran responsables de la entrega del tributo y la mita que implicaban el lento y paulatino debilitamiento económico y político de los pueblos andinos. Éste fue el sistema general que se aplicó a todos los *indios sujetos* a su cacique que de ahora en más serán llamados indios *originarios*. Desde este sector se origina otro grupo conformado por los *indios forasteros* que son aquellos que, años después de la reducción toledana, comenzaron a abandonar sus pueblos buscando una menor explotación.

Otro tipo de población indígena eran los *indios yanaconas*, conformado por quienes habían abandonado caciques y pueblos antes de las reducciones toledanas. El virrey Toledo, siempre en búsqueda de la inmovilidad de la población que facilitara su control, redujo a la mayoría de estos indios sin asignarles encomendero, con lo cual quedaron tributando directamente a la corona (los *yanaconas vacos*). Sólo el grupo de yanaconas que habitaban las propiedades agrarias españolas de la provincia de Charcas fue sometido a un régimen especial (*yanaconas de padrón*) al dejarlos sin tierras de comunidad y "adscribirlos" a la propiedad española donde habitaban, prohibiendo su movilidad. El propietario de la tierra quedó encargado de curar sus enfermedades, cuidarlos y evangelizarlos. Al dejar a estos indios sin tierras ni autoridades propias y adscriptos en tierras españolas, se permitió la continuidad de la relación directa entre los españoles y los indios; en consecuencia, el yanaconazgo agrario de Charcas fue el único reconocimiento del sistema toledano al proyecto señorial de los encomenderos.

En la gobernación del Tucumán, desde el inicio de la conquista, las autoridades virreinales habían intentado infructuosamente imponer las políticas generales de la corona insistiendo en que las autoridades tenían que fijar la cantidad de los tributos que debían entregar los indios a los encomenderos. Recién en 1576, después de las Ordenanzas toledanas, el gobernador Gonzalo de Abreu acordó las primeras Ordenanzas donde no se fijó el tributo sino que sólo se reguló la forma de explotación de los indios que habitaban la mesopotamia santiagueña. Decimos que Abreu acordó las Ordenanzas en tanto dicho gobernador no pudo imponer el cumplimiento de otras que había dictado anteriormente debido a la resistencia de los encomenderos, y las que nosotros conocemos fueron el fruto de un acuerdo posterior entre ambas partes.

Varios elementos influyeron para que estas Ordenanzas fueran muy diferentes de las toledanas. Por un lado, se dictaron cuando aún no se concluía una conquista donde era indispensable la participación militar de los encomenderos. Por otro lado, el funcionario estatal que dictó las Ordenanzas también era un encomendero en tanto los salarios del gobernador dependían del trabajo que lograba extraerles a los indios de los pueblos de Soconcho y Manogasta, situados en el río Dulce. Y, para concluir, tampoco existían aquí los grupos que habitualmente peleaban por debilitar el poder de los encomenderos como eran algunos grupos de religiosos, grandes señores étnicos o españoles empresarios que no tenían encomiendas y que necesitaban trabajadores.

El texto de la Ordenanza permite observar que hasta ese momento, en zona de los esteros de Santiago, existía una situación jurídica similar a la del Perú antes de 1545, donde cada encomendero explotaba *sus* indios en una forma y con una intensidad regulada por su voluntad y capacidad para imponerla. En esa situación, los encomenderos habían organizado un sistema de explotación salvaje donde ocuparon no sólo las tierras expropiadas a los indios y que ellos habían recibido en merced sino también todas aquellas que necesitaban, organizando la cría de ganado y labranzas tanto en sus tierras como en las de los pueblos de indios. Todos los miembros de la familia indígena eran obligados a trabajar tanto en sus pueblos como fuera de ellos, ya que eran trasladados a los lugares que decidía el encomendero sin ningún respeto hacia su conservación ni reproducción individual ni social, ni su evangelización. En la casa urbana del encomendero o en sus chacras o estancias se encontraban todos los indios que él necesitaba como trabajadores permanentes, llamados *yanaconas* por estar separados de su comunidad, y en la zona rural estaba el resto de la población indígena que trabajaba bajo la supervisión de un administrador asalariado (*sayapaya* o *poblero*) o un pariente del encomendero.

Había una gran falta de hombres adultos indígenas, no sólo debido a la participación en guerras y *entradas*, sino también por haber sido enviados como arrieros de las tropas de ganado o de carretas remitidas hacia Charcas, Chile y Río de la Plata. Muchos de ellos no habían retornado, ya por haber sido "vendidos" por sus encomenderos o por su propia voluntad debido, quizás, "a la mayor libertad que gozaban en esos reinos". En consecuencia, gran parte de todo el nuevo trabajo de alimentar a los españoles y producir mercancías para enriquecerlos recaía sobre las espaldas de mujeres, niños y ancianos. Mientras los hombres hacían fletes, criaban ganado o cultivan fuera de los pueblos, las mujeres hilaban y tejían algodón principalmente, los niños recogían grana, los viejos cuidaban ganados menores y las viejas hacían loza y esteras, todo para proveer el enriquecimiento del encomendero. Este intenso ritmo de trabajo vigente en la zona de los esteros de Santiago sólo se interrumpía en diciembre y enero, tiempo de recolección de algarroba, que junto con la caza y la recolección parecían conformar lo único a que había quedado reducida la alimentación indígena. En síntesis, grupos de mujeres, niños y ancianos sometidos a fuerte explotación, falta de hombres adultos, que incluso a veces optaban por el abandono de sus grupos, situación que indica que en muy pocos años los españoles lograron un altísimo nivel de desestructuración de la sociedad original que había sido su aliada.

Las Ordenanzas de Abreu no pretendieron hacer desaparecer el poder de los encomenderos sino, más bien, fueron sólo una primera injerencia estatal donde —el Estado y los encomenderos— acordaron las normas para la explotación de los indios de paz. Se buscaba un mayor control estatal sobre la situación, cierto respeto a recursos y descansos mínimos de la población indígena que permitiera el inicio de la evangelización y evitar la desestructuración total. El acuerdo consistió en que habría un control estatal sobre la asignación de yanaconas, la designación de sayapayas, el retorno de los indios sacados hacia otras jurisdicciones, la prohibición de que el encomendero y su familia residieran en los pueblos de indios y que se respetara un máximo de 30 indios mitayos para la casa urbana del encomendero. Se redujo el período de explotación de la población indígena en la zona rural buscando dejar un tiempo mínimo como para que la misma pudiera alimentarse, sin prever ningún control estatal. De acuerdo con esta reducción los hombres de 15 a 50 años debían entregar un 55% de su tiempo de trabajo anual al encomendero y las mujeres, jóvenes y ancianos un 50%, quedando exceptuados sólo los niños menores de 10 años, las ancianas mayores de 55, los ancianos mayores de 70 y los caciques y su familia. Respecto de sus tierras tenemos que, si bien acordaron que la tierra del pueblo de indios era un territorio diferente del español, aduciendo que era una medida educativa y para fomentar los cultivos, se decidió que el encomendero debía sembrar lo más que pudiera dentro de los pueblos de indios de su encomienda y compartir con ellos el producto. A cambio de la posible injerencia estatal en estos puntos, se acordó que la organización, conformación, delimitación del territorio del mencionado pueblo de indios y su vigilancia quedaban en manos del encomendero o su sayapaya, sin ningún control estatal. Ellos eran quienes debían obligar a los indios a construir sus casas y una iglesia en un pueblo de reducción que facilitara la evangelización y, luego, vigilarlos para ver si convivían dentro de las nuevas normas cristianas.

A cambio de las pocas restricciones sobre yanaconas o mitayos o tiempos de trabajo de los indios, esta Ordenanza no fijó una "tasa" en producto o dinero ni separó al pueblo de indios del encomendero como en el resto del virreinato, al contrario, autorizó a los encomenderos para mantener a los indios como sus vasallos, es decir, a mantener "sujeta" bajo "su jurisdicción" a toda la familia indígena sobre la cual ejercería su "dominio" sin injerencia estatal. Desde la perspectiva institucional ésta era una encomienda mixta en tanto seguían vigentes los "servicios personales" de los indios propios de la encomienda peruana previa a 1545 y, paralelamente, se regulaba su duración y tipo de trabajo a través de una normativa estatal propia del período toledano. El argumento legal para evitar la aplicación de las leyes vigentes consistió en sostener que en estas tierras los indios eran diferentes de los peruanos ya que eran ociosos, se escapaban a los montes, no respetaban a sus jefes y sólo sabían trabajar si lo hacían bajo la supervisión de los españoles. Esta justificación conformará la base de todos los futuros argumentos encomenderos para mantener a los indios como sus vasallos.

Dos años después (1578) el virrey Toledo, a quien nadie calificaría como pro indígena, desconoció la legalidad de esta Ordenanza y dispuso que el nuevo gobernador regularizara la situación en el Tucumán, donde "no han sido tasados ni moderados los tributos", quitara los servicios personales, redujera los indios a sus pueblos, tasara los tributos en los productos propios de la zonas y sólo se considerara tributarios a los hombres de 18 a 50 años.

Estas instrucciones no fueron obedecidas y, años después, ni siquiera se aplicaba la escasa defensa de los indios que significaba la Ordenanza de Abreu. Los malos tratos y la sobreexplotación continuaban tal como lo denunciaba en 1586 Don Gerónimo de Bustamante, tesorero real en Córdoba, quien apelaba a la "real conciencia" mientras denunciaba que "son algunos de ellos [los indios] muy maltratados de sus encomenderos porque los dejarretan [desjarretar: cortar tendón de talón o rodilla] y cortan pies y manos y otros castigos nunca oídos". Según este funcionario de habilidades contables, a través de estos malos tratos los encomenderos sacaban el excesivo tributo de 45 pesos anuales mientras que el más alto de Charcas sólo alcanzaba a ocho pesos.

A la sobreexplotación, el maltrato y la mortalidad, se siguió sumando la extracción de hombres adultos hacia otras zonas. Se calculaba que en diez años, de 1576 a 1586, se sacaron más de 10.000 indios hacia todas las otras gobernaciones, de los cuales 4.000 quedaron viviendo en Charcas.

Fuerte Quemado, ruinas de un edificio incaico, valle Calchaquí, Catamarca.

El final de la conquista

En la década del ochenta los españoles continúan con la larga lucha para controlar el territorio que permitiría la vinculación con Charcas. El gobernador Lerma, acompañado de "muchos indios amigos flecheros", funda la ciudad de Salta (1582) con ese objetivo, pero pasan largos años donde su mantenimiento es muy dificultoso debido al asedio indígena. Recién en la década del noventa, durante el gobierno de Ramírez de Velasco, pudieron cerrar un cerco alrededor del valle Calchaquí a través de la fundación de La Rioja (1591) y garantizar el paso seguro a Charcas con la fundación de Jujuy (1593), con lo cual hacia finales del siglo XVI culminó el "período inicial de la conquista" y quedó fundado el conjunto de las principales ciudades, todas ellas situadas en las tierras bajas o en el pie de monte.

En las tierras altas quedaba aún por conquistar la población de los valles Calchaquíes, insumisa desde la sublevación de 1563, a pesar de los frecuentes intentos españoles por derrotarla. En la

Puna y la quebrada de Humahuaca, luego de cruentas luchas, los españoles lograron obtener la seguridad del paso en la ruta a Charcas pero no consiguieron asentar ningún poblado español. Años después los ancianos de Casabindo recordaban que a su cacique "Quiliquipildor... lo mataron los españoles en defensa de su pueblo y de su gente la última vez que los entraron a conquistar".

Durante el período de la conquista los enfrentamientos no sólo se dieron en las tierras altas. Si bien los indios de las tierras bajas tuvieron una actitud más conciliadora con los españoles y colaboraron con ellos, sobre todo al continuar sus antiguos enfrentamientos con los indios de las tierras altas de los valles Calchaquíes, debe recordarse que también se enfrentaron con Diego de Rojas y que tuvieron sitiados mucho tiempo a Aguirre y a todos los españoles en Santiago. Después de esta sublevación, desde 1566, esta estrecha franja de territorio ya quedó definitivamente controlada por los españoles que sin duda fueron ayudados por un armamento militar que era sumamente efectivo en las tierras llanas pero ineficaz en las quebradas y tierras altas.

No sólo el armamento español colaboró en la conquista. Una de las principales causas que permitieron el triunfo de esas huestes españolas enfrentadas entre sí, fue su experiencia previa de conquistadores en las tierras andinas del norte y su relación con los incas, que facilitó este tipo de invasión cuya etapa inicial estaba orientada a utilizar los conflictos entre los grupos y la consecuente generación de alianzas con algunos de ellos. En los documentos no son frecuentes las referencias a la alianza entre españoles e indios, más bien se tiende a ocultarla para no oscurecer la "heroica gesta" española. Sólo a través de palabras sueltas se puede ver que junto a la hueste y sus "indios de servicio", "indios de carga" y "yanaconas peruanos", también estaban el Inca Paullu, el wilkahuma y los numerosos "indios amigos" que participaban a la par, y quizás más intensamente, que los españoles continuando con sus luchas contra otro grupo indígena que era su tradicional enemigo.

Las alianzas entre españoles y grupos indígenas fueron posibles por la existencia previa de múltiples cacicazgos que sólo controlaban ciertos grupos de población que mantenían constantes enfrentamientos con sus vecinos por los recursos, y donde la mayoría de ellos venía de una reciente intervención incaica que había provocado el conjunto de conflictos sobre los cuales se superpondrían las políticas de alianzas de los españoles. La alianza con el incario de los pueblos de la mesopotamia santiagueña en su lucha contra los diaguitas insumisos de las tierras altas generó una tradición de redes y alianzas que facilitaron la relación de estos pueblos con los españoles y posibilitaron la expansión desde sus tierras, tal como antes lo habían hecho los incas. También la relación con el Estado incaico y sus formas políticas centralizadas incidieron en la capacidad de los pueblos de Puna y valles y quebradas para generar las rápidas y efectivas alianzas antiespañolas, que no se dieron en zonas como las sierras de Córdoba donde no había este tipo de experiencia política previa. En resumen, en este período tuvieron lugar el contacto y la alianza de los distintos líderes de las huestes con distintos grupos indígenas y también la invasión de ambos sobre otros grupos, con la característica de que no siempre fueron los mismos actores los implicados.

No sólo la violencia, el poder militar o el afán de lucro de los españoles incidieron en todo este proceso; también lo hizo la dificultad del mundo indígena para entender el real significado de la conquista. Desde las distintas sociedades indígenas —organizadas sobre la base de respeto de las relaciones personales y de parentesco— era muy difícil entender cabalmente los objetivos económicos y políticos coloniales de larga duración que persiguieron y finalmente lograron imponer los españoles a pesar de todas sus luchas internas.

Las discrepancias, luchas sangrientas, enfrentamientos y ajusticiamientos que se dieron entre las distintas huestes españolas no impedían que todos en conjunto persiguieran el mismo objetivo: el sometimiento de la población indígena cuya explotación les permitiría recuperar las inversiones realizadas. En la expedición de Diego de Rojas cada capitán invirtió 30.000 pesos, Núñez del Prado y Cabrera invirtieron otro tanto, en la fundación de Jujuy se gastó más aún, y todo ello provenía de los recursos personales de los conquistadores. Los jefes de las huestes, "personas de caudal", enfrentaban la conquista también como empresarios que hacían una inversión y buscaban recuperarla con ganancias al igual que los soldados que habían pagado su equipo o el de otros, y que habían acordado de antemano las recompensas por lograr en cada acción militar. El carácter privado de la expansión implicaba la obligación de premiar a los responsables con un régimen de recompensas que fue estatuido en función de la necesidad de incentivar el interés por la riesgosa aventura, aunque públicamente apareciera como *reconocimiento gracioso de servicios*. Las recompensas en *mercedes de tierras* y en *encomiendas de indios* fueron provistas por el propio medio conquistado.

En el largo medio siglo que duró esta conquista se fueron conformando tres espacios, el espacio español habitado por los nuevos pobladores y sus indios sujetos, el espacio de los indígenas sublevados que de la sujeción habían pasado a la rebelión y el espacio de los *indios de guerra* donde habitaban aquellos que nunca habían sido sometidos.

El costo de la conquista para la sociedad indígena

En la década del noventa, en la etapa final de la conquista del Tucumán, se profundizaron los abusos y malos tratos a la población indígena mientras se reforzaba el poder de los encomenderos a cambio de su colaboración militar. Esta situación se tradujo en el incremento de la mortalidad indígena afectada por las pestes y epidemias resultantes del exceso de trabajo, la falta de comida y los malos tratos, entrecruzadas con un período de sequía. En los primeros años del siglo XVII las autoridades del Tucumán reconocieron que la población indígena restante era sólo una décima parte de la original.

Es en esta situación tan crítica para los indios sometidos donde actúa el gobernador Ramírez de Velasco que, con su efectivo accionar político y militar, logra concluir la etapa inicial de la conquista apoyando a los encomenderos y a costa de la población indígena pacificada.

A la sobreexplotación, maltrato, invasión militar, yanaconización, mortalidad y expulsión de los hombres hacia otras jurisdicciones, los indígenas respondieron con el abandono de los pueblos y el bandidaje en los caminos, movimiento que fue acompañado, apoyado u organizado por los sacerdotes de la antigua sociedad indígena. La represión del gobernador consistió en nombrar los primeros funcionarios para el área rural (alcaldes de hermandad), en apresar a algunos salteadores y a cuarenta "hechiceros [...] viejos de más de 70 años", y en quemar a varios de ellos. Para estos años, también en Córdoba hubo actuaciones similares sobre las "hechiceras". Tanto en Santiago como en Córdoba éstos eran años de sequías, hambre y pestes que originaron el consecuente abandono de los pueblos en búsqueda de las zonas de caza y recolección. En estos bosques fue donde se consolidó el poder de los "hechiceros".

Los indios de paz remisos a la entrega del tributo que habitaban en las jurisdicciones de las ciudades de Córdoba, Santiago y Salta son declarados "indios de guerra" y capturados en expediciones militares, para ser finalmente asentados en las chacras de los encomenderos en carácter de yanaconas. Paralelamente el gobernador solicitaba de manera infructuosa al rey que se legalizara esta asignación de "yanaconas de padrón" para consolidar legalmente el poder señorial encomendero.

Su política ofensiva ante los indios sublevados en las tierras altas consistió en una combinación de negociaciones y traiciones con combates e invasiones militares. Invadió los valles Calchaquíes con tropas de españoles e "indios amigos", luego se alió a sus enemigos y comenzó a combatir a los primeros para finalmente hacer la paz con el cacique sucesor de Juan Calchaquí. En la Puna y quebrada de Humahuaca, donde el cacique Viltipoco recientemente había pactado su sujeción a la Audiencia de Charcas, a la que estaba tributando mientras atendía los tambos del camino, el gobernador autorizó el desconocimiento de dichos acuerdos y el apresamiento del cacique acusándolo de intentar una sublevación general.

Cuando Ramírez de Velasco ya había logrado cerrar el cerco alrededor de los indios de los valles Calchaquíes (1593), y mientras se agudizaba la mortalidad indígena, la Audiencia de Charcas designó en su reemplazo a un rico vecino del Perú —Hernando de Zárate— intentando modificar las características de los gobernadores anteriores que, según ellos, "sólo han pensado en esquilmar la tierra". A pesar de esto, el accionar de Zárate y de los sucesivos gobernadores sólo se orientó a buscar la aplicación de las Ordenanzas de Abreu. También la Iglesia, a diferencia de la anterior tradición lascasiana, durante el Sínodo de Santiago del Estero de 1597, aceptó el sistema de encomienda con su prestación personal de servicios y centró sus ataques contra los hechiceros.

En el Paraguay y el Río de la Plata el sistema de gobierno de los indios también se basaba en el servicio personal aunque ello afectaba a un grupo más reducido de población. En 1597 el mismo Ramírez de Velasco, de acuerdo con el gobierno central, dictó las primeras Ordenanzas mediante las cuales redujo el tiempo de trabajo de los indios adultos y fijó una cuota de hilado a las mujeres similar a la del Tucumán.

A comienzos del siglo XVII otro gobernador del Tucumán, Alonso de la Rivera, preocupado por la continuidad del descenso de la población, presentó una relación al rey relatando los excesos que se reiteraban en todo el territorio. Denunciaba que los encomenderos no respetaban los días de descanso de los indios, ni el tiempo para ocuparse de sus sementeras ni tampoco sus tierras "porque todas... les tienen tomadas sus encomenderos". Los encomenderos robaban a los indios su ganado y vendían todo lo que éstos cultivaban en pueblos, mientras la población seguía disminuyendo, continuaban los malos tratos que provocaban la huida hacia el Perú y se reiteraban las quejas contra los sayapayas o pobleros. El gobernador insistía en que los indios seguían siendo vasallos de los encomenderos y no de la corona, y que esta situación sólo podía modificarse con la participación de nuevas autoridades que fueran "forasteras" y "desinteresadas" porque las actuales eran vecinos que impedían la aplicación de la "real justicia".

La batalla contra el "servicio personal"

Las preocupaciones y propuestas del gobernador coincidieron con la política general de la corona que, en la primera década del siglo XVII, dictó las reales cédulas de 1601 y su modificatoria de 1609, donde se reforzaban los conceptos sobre la libertad de los indios, se prohibía venderlos y prestarlos suprimiendo el derecho a los "yanaconas de padrón" autorizados por el virrey Toledo. También se prohibió terminantemente que los indios entregaran el tributo bajo la forma de servicio personal y, en los casos en que esto estuviera vigente, se ordenaron la urgente visita y tasa de esos pueblos.

En esta década se presentaron al rey muchas denuncias sobre el maltrato que padecían los indios en estas gobernaciones ya que, por su causa, se estaban "acabando". Ellas provenían de grupos de religiosos y de particulares, como fue el caso de Don Juan de Salazar, que consumió todos sus bienes abogando contra el servicio personal en España.

En concordancia con las políticas generales y debido a las numerosas denuncias, se emitió la real cédula de 1605 que ordenaba al presidente de la Real Audiencia de Charcas la visita del Tucumán, Paraguay y Río de la Plata con objeto de suprimir el servicio personal, tasar los tributos y desagraviar a los indios. El cumplimiento de esta cédula se concretó con la visita del oidor Alfaro que, en los años 1611 y 1612, dictó nuevas Ordenanzas para el Paraguay y el Río de la Plata y luego para el Tucumán.

Entre los religiosos, los jesuitas eran los más firmes opositores a la continuidad de los servicios personales, acompañados por otros miembros de la Iglesia que mantenían una posición más negociadora con los encomenderos. La clara posición de los jesuitas sobre este tema estaba influenciada por su interés en avanzar en la evangelización, la cual entendían que sólo era posible si lograban preservar a la población indígena de la sobreexplotación encomendera. Hasta 1650 aproximadamente se mantuvo esta política jesuita de priorizar las preocupaciones misionales, y ello estuvo relacionado con la presencia de un grupo de padres del cual formaba parte Diego de Torres Bollo, el provincial de la orden desde 1604. La oposición a los servicios personales puso en riesgo la supervivencia de la orden que aún dependía de la limosna de los enojados

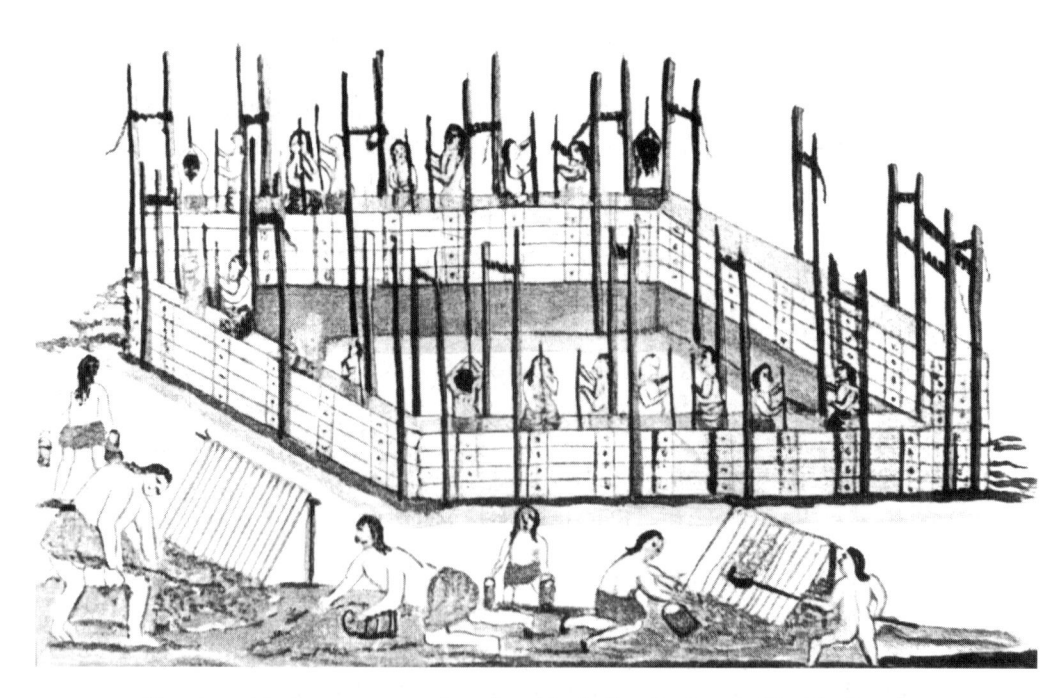

Construcción de una casa en la reducción de San Javier, *de Florián Paucke*.

encomenderos; por esta causa y buscando una base económica independiente, en 1610 fundaron una estancia en Córdoba y colegios en todas las comunidades importantes. En estos años también fundaron la primera reducción de San Ignacio Guazú en la gobernación del Paraguay y Río de la Plata.

En 1611 el oidor Alfaro dio a conocer las Ordenanzas para el Río de la Plata y el Paraguay, las que estaban basadas en un proyecto de Diego de Torres y otros jesuitas como el padre Maciel de Lorenzana. En ellas se prohibía esclavizar indios y el servicio personal, se ordenaba la reducción de todos los indios en pueblos con iglesia y cabildo indígena y muy claramente se especificaba que las tierras de la reducción eran de los indios y distintas de las tierras de los encomenderos. El tributo se tasó en cinco pesos en especies, se estableció un turno de mita que afectaba a uno de cada doce tributarios, con derecho a elegir el empleador, prohibición de trabajo en yerba y pago de jornal de un real y medio diario. No se cortaba totalmente la relación entre el indígena y el encomendero en tanto se autorizaba la posible conmutación del tributo en trabajo por 30 días. Alfaro, que opinaba que estas Ordenanzas sólo remediaban la situación de los pocos indios que estaban en el "servicio de las casas" de los encomenderos, se preocupó más por la situación que dejaría para los indios que se estaban integrando en las reducciones jesuíticas, a los cuales dejó fuera del poder de los encomenderos. El oidor reiteró las normas mediante las cuales se eximía por 10 años del pago del tributo a los indios recién convertidos, y prohibió que los mismos fueran encomendados salvo decisión en contra del virrey o de la audiencia.

Luego de visitar y reducir a varias poblaciones indígenas de la gobernación del Tucumán, Alfaro llegó a Santiago del Estero acompañado por el padre Torres y presentó sus Ordenanzas para el Tucumán en enero de 1612 al obispo Trejo, a otros religiosos, a los gobernadores de Tucumán y Chile y a los encomenderos representados por el cabildo de Santiago y los procuradores de las ciudades. Alfaro, consciente de la importancia política de estas medidas tanto por la cantidad de población indígena implicada[1] como por

---

[1] La importancia de la población tributaria en el Tucumán en relación con las otras zonas puede observarse al comparar los réditos calculados para las encomiendas de los distintos distritos en 1631. Mientras que para la provincia de Charcas se estimaron 80.000 ducados, 12.000 para Chile, 6.000 para Paraguay y 2.000 para el Río de la Plata, para el Tucumán se calcularon en 20.000 ducados.

el poder que detentaban los encomenderos, negoció con ellos la aplicación en ese momento de una parte de las medidas y no revisó ni sancionó las situaciones ocurridas dentro de las encomiendas aduciendo que eran responsabilidad de los huidos pobleros.

Respecto al yanaconazgo, al servicio personal, a las expediciones militares para cautivar indios y a las ventas o esclavizaciones vigentes, el oidor fue muy claro: declaró que todos los indios eran libres y que el servicio personal era injusto contra todo derecho. Los indios "de guerra" y los "sublevados" quedaron fuera del accionar directo de los vecinos y dentro de las atribuciones de los funcionarios del Estado. Liberó a los indios esclavos y prohibió la captura y el traslado de indios para chacras o estancias. Prohibió "entradas y malocas", salvo con orden expresa del virrey, y mandó que todos los indios fuera de su visita y reducción fueran considerados como "de noticias", quedando así fuera de la jurisdicción de los encomenderos. Aquí también reiteró la norma que fijaba que los indios recién convertidos estaban exceptuados del pago de tributo por 10 años aunque no prohibió, como en el Paraguay, que luego fueran encomendados.

Los indios sometidos, los "de paz", pasaron a ser vasallos de la corona al quedar dentro de un sistema bastante similar al toledano pero, al igual que en el Paraguay, no cortó totalmente la relación entre los pueblos de indios y encomenderos al permitir la conmutación del tributo por días de trabajo. Alfaro visitó personalmente a gran parte de los indios, a los cuales redujo en "pueblos de indios", organizó los pueblos con sus iglesias, caciques y cabildos indígenas permitiendo un gobierno relativamente autónomo en tanto estos últimos tenían atribuciones para aplicar justicia criminal y civil de menor cuantía. También se redujo la categoría de "tributario" sólo a los hombres aptos de 18 a 50 años, quienes quedaron obligados a pagar un tributo en especies calculado por cabeza que, a diferencia del Perú, no sería pagado por el conjunto del pueblo sino en forma individual y que debería ser recaudado por los alcaldes o justicias españolas de la ciudad. Además de esto, uno de cada seis tributarios (el doble que en Paraguay) y de los ancianos de 50 a 60 años tenía que salir de sus pueblos a ofrecer su trabajo mitayo.

Es decir que, en términos legales, con excepción de los hombres de 18 a 60 años, el resto de la familia indígena quedaba fuera del "dominio" del encomendero y en libertad de vender su trabajo haciendo un contrato de "concierto" con su empleador. Los productos que componían el tributo también podían conseguirse trabajando en sus propias tierras sin supervisión alguna ya que se prohibió la presencia en los pueblos de sayapayas o pobleros y del encomendero o sus parientes. La única actividad productiva autorizada al encomendero dentro del pueblo de indios fue en la chacra de comunidad, donde tenía que poner bueyes, arados y aperos mientras cada tributario aportaba el trabajo para cultivar 4 almudes de semilla, con reparto de la cosecha por mitades. Nada explícito se decía en las Ordenanzas sobre la cantidad de tierras que le correspondía a cada pueblo y familia, las tierras que asignó Alfaro fueron escasas y, que nosotros conozcamos, tampoco entregó títulos formales de propiedad comunal.

Alfaro también trató de frenar la extracción de hombres hacia otras jurisdicciones prohibiendo el trabajo en fletes más allá de la ciudad próxima, y procuró evitar la sobreexplotación de los encomenderos pobres ordenando el reagrupamiento de las encomiendas.

Las modificaciones del proyecto original de Alfaro que lograron los encomenderos recayeron sobre el monto del tributo. La propuesta original consistía en que cada tributario debía entregar un tributo de cinco pesos anuales en productos o la conmutación voluntaria por 40 días de trabajo y, si el indio decidía libremente concertarse para el trabajo en estancias por todo el año, su patrón (que podía ser o no su encomendero) tenía que pagarle un salario de 12 pesos y hacerse cargo del pago de los cinco pesos del tributo. Las modificaciones obtenidas por los encomenderos, que sólo serían aplicadas durante el período de vigencia de las encomiendas de ese momento, consistían en la duplicación del tributo, en la reducción de los salarios (el tributo quedó en diez pesos, la conmutación por trabajo en 120 días, se aumentó el trabajo en la chacra comunal y se bajó a la mitad los salarios) y en una mayor injerencia transitoria en la producción del tributo (autorización para poder exigir el valor del tributo en tejidos y el derecho para que un encomendero por doctrina vigilara el pago del tributo).

En síntesis, considerando que el tributo del resto del virreinato peruano oscilaba entre cinco y ocho pesos, los encomenderos lograron que Alfaro les autorizara "para el tiempo presente" que los indios del Tucumán quedaran sujetos al pago de una tasa superior, a pesar del estado de pobreza y desestructuración al que habían sometido a la economía de la familia indígena. Otras diferencias con la zona andina del virreinato eran la obligación de los ancianos de entregar mita y el escaso poder que le quedó al cacique con la competencia del cabildo indígena mientras quedaba encargado de organizar la entrega de mitayos, sin ocuparse de la recaudación del tributo, que aquí pasaba a ser una responsabilidad individual.

De todos los religiosos presentes en enero de 1612 en Santiago del Estero, el único que expresó formal y enérgicamente su desacuerdo con la modificación de las Ordenanzas fue el padre Diego de Torres, quien incluso cuestionó la conmutación de la tasa por trabajo a pesar de haberla aceptado para el Paraguay y expresó que los indios no estaban en condiciones de pagar más que cinco pesos, que los jornales autorizados eran bajos, "que no se puede señalar a nadie tasa en servicio personal [...] ni Diego de Torres da indios para tasa".

A pesar de todos los logros de los encomenderos en relación con las intenciones originales de Alfaro o del padre Torres, la corona avanzó en uno de sus grandes objetivos: lograr que los indios pasaran a ser sus vasallos mientras los encomenderos perdieron el "dominio" sobre todos los indios y sus tierras con su consecuencia de sobreexplotación para toda la familia indígena. Los encomenderos también perdieron la posible autorización para los "yanaconas de padrón" similares a los de Charcas, el derecho al uso de su fuerza militar cuando hacían "entradas y malocas" hacia zonas cercanas para sacar "piezas" sueltas para yanaconizarlas y el completo control de la producción indígena como hasta ese momento.

No obstante lo excesiva que era la tasa para la economía indígena, al encomendero vigente se le recortó su acceso ilimitado y gratuito a la tierra y al trabajo indígena, que quedó reducido a una cuota anual de diez pesos y la tierra y el trabajo para sembrar cinco almudes por familia; mientras ese monto se reduciría a la mitad para los futuros encomenderos. La recepción del tributo ya no garantizaba tampoco el acceso al trabajo indígena en tanto los indios quedaban en libertad para organizar la producción en sus tierras, vender sus productos o vender su trabajo ("concertándose") a otros grupos como los comerciantes, que ya habían comenzado a demandar su trabajo como fleteros. Claro está que era imposible que la familia indígena se reprodujera dentro de sus tierras autónomamente debido a que debía pagar el tributo, entregar mitayos y sobrevivir en las escasas e inseguras tierras asignadas, las que sólo lograron conservar cuando pudieron acceder a la lejana justicia de la Real Audiencia de Charcas en tanto las justicias locales siempre actuaban a favor del sector encomendero.

El enfrentamiento de Alfaro con los encomenderos puede inducir a pensar que sus Ordenanzas significaron la salvación definitiva de los indios y luego, al ver que los indios siguieron trabajando para los encomenderos y que continuaron desapareciendo sus pueblos y bajando su población, se puede concluir erróneamente que no hubo ningún respeto a las Ordenanzas. No hay que confundirse, las Ordenanzas de Alfaro regularon un sistema similar al del resto del virreinato, donde la familia indígena sometida al sistema colonial español sólo podía reproducirse parcialmente dentro de las tierras que les reconocieron como de comunidad, mientras era coaccionada a insertarse en las relaciones mercantiles y a subsidiar a la economía española.

LA "REPÚBLICA DE LOS INDIOS" Y SUS MÁRGENES

Las Ordenanzas de Alfaro y los cambios a corto plazo

Las Ordenanzas de ambas gobernaciones fueron llevadas a la Audiencia de Charcas donde todos los representantes de los encomenderos, a nombre de los cabildos de las ciudades, pidieron por unanimidad su revocación. La Audiencia declinó pronunciarse, elevando la causa al Consejo de Indias y ordenando que, mientras tanto, se respetaran las normas dispuestas por Alfaro. En España, en 1618, los encomenderos lograron que se modificaran las Ordenanzas para el Paraguay sin lograr que ello afectara a los indios de las misiones. Los cambios consistieron en autorizar la presencia de administradores españoles en los pueblos, el trabajo mitayo en la recolección de yerba, el alza del tributo de cinco a seis pesos y la conmutación por servicio personal de uno a dos

Recaudador de tributos en las minas, *dibujo de Guamán Poma de Ayala*.

meses, y destinar el trabajo mitayo hacia el encomendero.

Las Ordenanzas del Tucumán nunca fueron tratadas por el Consejo de Indias, con lo cual quedó vigente la disposición original de la Audiencia de Charcas a pesar de las fuertes quejas de los vecinos encomenderos. Durante muchos años ellos, insistentemente, solicitaron sobre todo la autorización para hacer las "entradas" que les permitirían obtener indios distintos de los registrados y reducidos por Alfaro.

Inmediatamente después de conocidas, las Ordenanzas comenzaron a aplicarse en el Tucumán produciendo fuertes cambios entre los indios sometidos que abandonaron las tierras españolas y retornaron hacia los pueblos de su reducción.

Los encomenderos, mientras mandan los procuradores de los cabildos a Charcas y España, lograron el apoyo explícito del obispo y de los mercedarios.

El obispo Trejo ya defendía a los encomenderos apenas aprobadas las Ordenanzas; esto se nota en su carta al rey: allí decía que estaba arrepentido de haber sido partidario de que se quitara el dominio encomendero sobre toda la sociedad indígena ("sobre ellos [los indios], hijos, mujeres y hacienda", afirmaba). Él explicaba su veloz arrepentimiento por haber visto que, a un mes de dictadas las Ordenanzas, los indios ya habían "perdido el miedo" y se negaban a "acudir" al encomendero y su familia debido a que para ello "siempre habían sido necesarios el cuidado ajeno y personas cerca de sí que los fuercen".

Más molesto aún por los cambios estaba el provincial de los mercedarios, que siempre había sido partidario de los servicios personales. Él relataba que, en la junta con Alfaro, cuando todos los religiosos estuvieron en contra del servicio personal debido a que los encomenderos tenían "entero dominio sobre los naturales y sus hijos", había aconsejado que se mantuviera su dominio sobre los hombres adultos para que éstos siguieran trabajando bajo supervisión los días que fijaba la tasa de Abreu (la mitad de su tiempo de trabajo para el encomendero). Su posición se debía al conocimiento que decía tener de los indios a los cuales calificaba de

> "naturalmente holgazanes, soberbios, borrachos, idólatras, y que se andan matando los unos a los otros, seguros [de] que en el monte están llenos de sustento."

Conociendo las posiciones de estos religiosos que teóricamente deberían ser parte del grupo favorable a las políticas de la corona, se vuelven más importantes las presiones que hicieron los jesuitas y, posiblemente, otras órdenes durante la visita de Alfaro y en los años posteriores. La política jesuita frente a las Ordenanzas provocó un profundo resentimiento de los encomenderos contra los padres que fueron boicoteados negándoles las limosnas; incluso los jesuitas de Asunción consideraron prudente alejarse de la ciudad por un tiempo aunque insistieron en su política cuando, en 1613, declararon que toda violación a las Ordenanzas sería juzgada como pecado mortal.

A partir de estos años se reiteraron las peticiones al rey donde los representantes de los vecinos encomenderos pretenderán recuperar el perdido dominio, que ellos calificaban como "paternal-protector", sobre sus indios.

Las Ordenanzas y los indios recién convertidos

En la zona habitada por los guaraníes —no encomendados— crecieron las misiones en los años posteriores a las Ordenanzas de Alfaro. Largos y duros fueron los conflictos entre los jesuitas y los encomenderos junto con las autoridades locales. Para preservar a los indios de las misiones de la explotación de los encomenderos, los jesuitas se basaron en las disposiciones de Alfaro sobre la exención de tributo para los indios recién convertidos y la necesidad de autorización superior para que puedan ser encomendados. Ambas medidas fueron cuestionadas legalmente por los vecinos y funcionarios locales y, recién en 1649, los jesuitas obtuvieron la provisión real que solucionó el problema al lograr que los indios de las misiones quedaran exentos de mita y de servicio personal y obligados al pago de un tributo de sólo un peso en plata que se entregaría a los oficiales reales, sin intervención de otra autoridad. Este trato especial se obtuvo porque, a cambio de las exenciones, los guaraníes reducidos aceptaron la obligación de defender la frontera de los ataques portugueses.

La organización de los pueblos de indios de las misiones seguía los criterios de gobierno interno dispuestos por Alfaro con la diferencia de que el cacique mantenía su autoridad. La reducción estaba gobernada por un cabildo indígena presidido por el cacique principal que aplicaba la justicia de menor cuantía y supervisaba los trabajos; este cacique simultáneamente era corregidor y asumía el comando militar de la reducción. Todo el sistema estaba supervisado por los padres jesuitas.

Hacia 1702 los jesuitas habían logrado organizar 22 reducciones donde vivían 89.501 guaraníes con 22.857 familias. Después de la expulsión de los jesuitas (1767) los pueblos se fueron desorganizando.

Luego de Alfaro, también en Buenos Aires y el litoral se comenzó una política de reducciones organizadas por las autoridades de las ciudades que pretendían organizar la evangelización mientras creaban un depósito de trabajadores disponibles. En estas reducciones agruparon a la escasa población indígena sujeta en cada jurisdicción urbana, estando casi todas atendidas por religiosos franciscanos. Cada ciudad nombraba un español en el cargo de corregidor de indios, quien presidía el cabildo indígena y supervisaba la utilización de bienes de comunidad. Poco sabemos de la histo-

Pescadores, *de Florián Paucke.*

ria de estas reducciones salvo que hacia 1700 estaban casi despobladas.

La aplicación de la "justicia" a los indios de los valles Calchaquíes y del Chaco

Nada más ajeno a las intenciones de Alfaro que lo que sucedió con los insumisos indios de los valles Calchaquíes y los nunca conquistados indios del Chaco. En 1633, en España, cuando Alfaro tuvo que defender su prohibición a las "entradas y malocas" oponiéndose a los representantes de los encomenderos en la corte, dejó muy en claro su posición diciendo que en el Chaco

> "quisiera que sólo entraran ministros del Evangelio, que cuando algunos padecieran martirio era eso más de desear que permitir los pecados que hacen los que entran con el nombre de soldados."

Para los indios sublevados de los valles Calchaquíes y los indios de guerra del Chaco no se respetó ninguna de las disposiciones legales. Luego de las "guerras calchaquíes" de 1629 a 1660 (que se analizan en otro capítulo de este libro), los españoles ocuparon esos valles y no dejaron allí ni un indio de los 12.000 que componían la población original. Los indios que no murieron en combate fueron "desnaturalizados" (trasladados fuera de su lugar de origen); pocos se respetaron como pueblos y la mayoría fue llevada como "piezas sueltas" y distribuida para el uso privado de los españoles que habían aportado los recursos para la guerra. Aunque luego la corona ordenó (en 1674) que estos indios quedasen reducidos en pueblos y encomendados bajo el mismo régimen de los demás, de hecho su condición pasó a ser la de yanaconas.

Los pocos grupos trasladados hacia los valles cercanos situados hacia el oriente fueron reducidos a pueblos pero sin otorgarles tierras. Colalaos, tolombones y amaichas fueron los únicos que lograron obtener, comprar y mantener sus tierras al igual que su sistema de autoridades, mientras el resto llegó a fines de la colonia sin tierras ni pueblos. De estos últimos, se conoce un caso donde los indios debieron comprar la tierra de su nueva reducción a sus encomenderos, pagándolas en trabajo, pero éstas fueron invadidas luego por los mismos encomenderos vendedores.

Las Ordenanzas de Alfaro fueron también burladas en el trato con los indios cercanos al río Paraná. En Santa Fe, debido al escaso número de indios encomendados y a la inestabilidad de los grupos, se fue imponiendo un sistema donde los charrúas vendían a los vecinos españoles los indios que habían cautivado en sus guerras, quienes a veces provenían de reducciones. Como la venta de indios y su esclavización estaban prohibidas, en 1666 los vecinos legalizaron estos indios esclavos haciendo contrato de "concierto" con los adultos y tomando en "depósito" a los menores.

Si bien las campañas ofensivas formales contra los indios del Chaco fueron solamente las de 1710-11 y 1747-52 y el resto consistió en movimientos defensivos, estas guerras y sus necesidades militares les permitieron a los vecinos esclavizar muchas familias de guerreros chaqueños. En el siglo XVIII ya estaba clara la prohibición que pesaba sobre la esclavización de indios de guerra y la obligación de reducirlos en pueblos al igual que los otros indios encomendados. Desconociendo estas leyes, en las guerras con los chaqueños del siglo XVIII se aniquilaron los hombres adultos y se redujo a cautiverio a varones jóvenes, mujeres y niños, sin llegar a alcanzar la envergadura de lo sucedido en las guerras calchaquíes. Incluso llegaron a existir primeras ventas, reventas y traspasos de "las piezas" como si fueran bienes y a inscribirlos como esclavos en los registros parroquiales.

Ambas guerras, primero en los valles Calchaquíes y luego en el Chaco, posibilitaron el reforzamiento de un poder encomendero que iba decayendo junto con la paulatina reducción de los tributarios de sus antiguos pueblos. Estas guerras no sólo les brindaron esclavos y yanaconas "de hecho" sino que también les permitieron escapar a las leyes que prohibían las encomiendas de pocos indios ("encomiendas cortas"). Las autoridades del Tucumán, con el argumento de que al aumentar el número de encomenderos se obtenían más fuerzas militares, consiguieron finalmente la autorización de la corona para seguir otorgando encomiendas cortas sin tener en cuenta que en las mismas los indios estaban yanaconizados. Cuando en 1707 la corona ordenó que todas las encomiendas de menos de 25 tributarios debían dejar de tributar al encomendero y hacerlo directamente a la corona, los vecinos encomenderos de estas tierras consiguieron que en 1715 y 1718 se dictara una excepción para el Tucumán, Paraguay, Chile y Santa Cruz de la Sierra. En la petición del gobernador del Tucumán, con la que se logró la excepción, constaba un párrafo donde claramente se leía que estos indios no vivían en pueblos y la situación de yanaconización existente.

> "[los encomenderos que tenían cuatro indios] mantenían sus haciendas y cultivaban las tierras de labor atendiendo a cada indio como a hijo e instruyéndoles en los ministerios de nuestra santa fe, teniendo mejores costumbres que los que asistían en los pueblos aunque tuviesen curas."

Luego de las campañas ofensivas hacia el Chaco se intentó concretar una política defensiva similar a la existente en las misiones jesuíticas del Paraguay asentando en la línea de frontera a un conjunto de reducciones dirigidas por los jesuitas y, en algunos casos, por los franciscanos. Poco sabemos de su corta historia salvo que tendieron a disolverse luego de la expulsión de los jesuitas. Estas misiones también perdieron su sentido frente a la nueva política borbónica de fines del siglo XVIII, cuando los ilustrados españoles ya no buscaban la evangelización de los indios de guerra sino el mantenerlos alejados para evitar las agresiones. Esto se logró de una manera diferente de la anterior consistente en la creación de una línea de fuertes y en la firma de acuerdos de paz con varios grupos.

La lucha por la persistencia de los "pueblos de indios"

Desde la segunda década del siglo XVII, para los 10.000 tributarios reducidos en pueblos por el oidor Alfaro comenzó un período azaroso donde sólo algunos lograron mantenerse organizados en pueblos y controlando las tierras adjudicadas. Al igual que para los jesuitas en el Paraguay, las Ordenanzas de Alfaro constituyeron la base legal que permitió cierto de nivel de preservación de la sociedad indígena pero cuya aplicación dependió de la capacidad de cada pueblo para hacerlas respetar. Mientras tanto, el poder de los grupos privados —encabezados por los encomenderos y sostenidos en el favoritismo de los funcionarios locales, sus parientes— continuó a pesar de los débiles intentos en contrario de la corona.

También en esos años decayó la producción textil destinada a ser vendida en los centros mineros altoperuanos, que fue reemplazada por las exportaciones de mulas y vacas criadas en la gobernación del Tucumán y en las planicies del litoral del río Paraná. La crisis textil se originó tanto en la decadencia de la población indígena tejedora como en la aplicación de las nuevas normas legales que prohibían la encomienda de servicios y con ello la presencia del poblero bajo cuyos malos tratos se habían hilado y tejido las piezas de tela. El auge ganadero, actividad con escasa demanda de trabajadores, fue facilitado por la mortalidad indígena en tanto la reducción de la población y el abandono de campos de cultivo dejaron las tierras libres que permitieron la expansión ganadera.

Los abusos de los encomenderos no cesaron ni tampoco su manipulación del orden legal; el registro documental sobre sus invasiones de tierras de pueblos de indios, la ocupación de las chacras de comunidad, su negativa a realizar los contratos de "concierto" formalizados que los obligaban a pagar los salarios, el exceso en la cantidad que cobraban como tributo, el traslado de indios de los pueblos a las estancias y la prohibición de que "sus" indios vendieran su trabajo a otros europeos, nos muestran la continuidad del poder encomendero, que tiende a debilitar la persistencia de los pueblos de indios. Junto con esto también hubo cambios favorables para los indios, los que se notaron en la ausencia de menciones a la continuidad de pobleros, la separación legal y de hecho de las tierras de los pueblos de indios de las del encomendero, la aparición de frecuentes contratos de "concierto" entre europeos e indígenas individuales y sobre todo en el cálculo de los tiempos y productos que se extraían bajo la forma de tributo o mita.

El entrecruzamiento entre los abusos de los encomenderos y la aplicación de las nuevas normas legales creó un conjunto de situaciones ambiguas que los historiadores han interpretado de distinta forma para los diversos pueblos.

Para los pueblos de indios de Córdoba se entiende que hubo sólo una aplicación formal de las Ordenanzas en tanto los encomenderos encontraron distintas maneras de eludirlas. Aquí fue habitual que el encomendero hiciera un contrato de concierto con el conjunto de sus tributarios a cambio del pago de la tasa, sin mayores especificaciones del tiempo de trabajo ni registro legal del contrato. En unos pueblos la tasa se pagaba en trabajo y en dinero que los indios habían obtenido por su cuenta, en otro se pagaba en trabajo, telas y granos y en otro se pagaba con trabajo concierto. En los casos que el encomendero era deudor de los indios, no les abonaba en dinero como correspondía sino en tejidos sobrevaluados.

Para el pueblo de los paipayas, situado en los valles cercanos a la ciudad de Jujuy, se entiende que hubo una aplicación de las Ordenanzas en tanto que luego de ellas se dejaron de entregar servicios personales y se pasó a otro sistema donde sólo una parte de los indios trabajaba en las tierras del encomendero para pagar la tasa pero, una vez cubierto el monto del tributo, recibían un pago por el trabajo extra realizado. El resto de los tributarios trabajaban en sus tierras o haciendo fletes para otros patrones y pagaban su tasa en dinero o en productos. Este pueblo de los paipayas también logró que se aplicaran las normas legales que protegían sus tierras y forma de gobierno, sus autoridades fueron quienes encabezaron el conjunto de pleitos que les permitieron legalizar y conservar sus tierras hasta fines de la colonia y lograr un aumento de los jornales que les pagaban cuando iban a entregar trabajo mitayo a los vecinos de la ciudad de Jujuy.

También encontramos el respeto a las Ordenanzas en la Puna, en los pueblos de Casabindo y Cochinoca, encomendados al marquesado de Valle Tojo. En el siglo XVII ellos ya no entregaban servicios personales sino que la mitad de los tributarios pagaba su tasa trabajando en las tierras del encomendero, una parte como mitayos y el resto como concertados. Al igual que en los casos anteriores, el trabajo extra se les abonaba en tejidos sobrevaluados. La otra mitad de los tributarios pagaba la tasa en dinero o productos obtenidos en sus tierras o en otros contratos. Si bien había un cálculo individual del tributo, el responsable del pago era el cacique, quien lo pagaba directamente al encomendero sin intervención de ningún funcionario del Estado. Cada uno de estos dos pueblos de indios estaba gobernado por su cacique y su cabildo, con la característica de que los caciques eran hereditarios y continuaron en sus cargos dentro de las líneas de sucesión hasta el siglo XIX. A través del acceso a la Justicia en la Audiencia de Charcas o negociando con el encomendero, estas autoridades lograron mantener el control de sus tierras incluso luego del período colonial.

A pesar de que las Ordenanzas otorgaron tan poco poder a los caciques, son notables la persistencia y el poder que mantienen estas autoridades indígenas en los pueblos de la actual provincia de Jujuy. Esto se desprende de los casos anteriores y se confirma al conocer que un cacique del pueblo de Humahuaca, que gobernaba su pueblo acompañado de un cabildo indígena, lograba proteger a su gente del encomendero al hacerse cargo del pago de los tributos.

Además de estos casos se conocen otros donde se logró defender y legitimar las tierras, mantener las autoridades y persistir como pueblos hasta finales de la colonia. Entre ellos estaban los colalaos y tolombones, los amaichas y varios pueblos de Santiago del Estero que conocemos por los largos juicios que mantuvieron debido a las invasiones que sufrieron sus tierras. Estas persistencias exitosas fueron conseguidas luego de frecuentes juicios donde los indios defendían sus derechos basándose en las Ordenanzas de Alfaro, que se aplicaron siempre y cuando los pueblos indígenas lograron hacerlas cumplir. Obviamente que para ello era necesaria la continuidad o recreación de lazos y acuerdos entre los miembros del pueblo en tanto eran una base que posibilitaba la existencia de un sistema de autoridades que pudieran acceder a una Justicia alejada de los poderes locales y de la Audiencia de Charcas.

En los últimos años del siglo XVII, en un informe emitido después de una visita a todas las encomiendas del Tucumán, se observa la existencia de un nuevo pero débil intento de la corona para controlar los intereses privados de los encomenderos. La visita

Indio moxo trabajando la corteza del cabituqui, *de Lázaro Rivera*.

concluyó con un informe donde se registra la gran disminución de los indios tributarios, ya que sólo 2.000 quedaban viviendo en pueblos. La disminución de los indios reducidos por Alfaro es mayor aún si se considera que en estos 2.000 estaban incluidos todos los calchaquíes y chaqueños que fueron repartidos en las "encomiendas cortas" de La Rioja y Catamarca principalmente. Haciendo una excepción expresa para los pueblos de Jujuy y considerando en un solo conjunto a las encomiendas de originarios como a las de calchaquíes y chaqueños —que ya sabemos que habían sido yanaconizados y esclavizados—, el visitador encontró múltiples infracciones a las Ordenanzas. Frente a ello y tratando de preservar y revitalizar el sistema ordenado por Alfaro, señaló tierras de reducción a aquellos indios que vivían en tierras de su encomendero, les ordenó construir capillas e hizo que los encomenderos pagaran las deudas que tenían con los indios. La debilidad del Estado colonial ligada a su necesidad de dinero se manifestó en su incapacidad para sancionar a los encomenderos infractores, a quienes sólo les cobró multas en dinero en vez de aplicar la norma por la cual debía quitarles las encomiendas. Esta visita no produjo mayores cambios en la situación porque a principios del siglo XVIII los informes de los religiosos continuaron relatando la existencia de una situación similar, mientras precisaban que los pueblos de indios tendían a persistir en Jujuy y Santiago del Estero mientras la mayor desnaturalización de indígenas se registraba en Córdoba.

En este período tuvo lugar un accionar que aparece como divergente por parte de los encomenderos frente a los pueblos de indios. Por un lado hubo situaciones de desestructuración de pueblos cuando el encomendero "desparramaba" a los indios llevándolos desde sus pueblos para sus estancias y luego, basándose en su ausencia, denunciaba sus tierras como "vacas" (despobladas) y se las apropiaba obteniéndolas "en merced" gracias al apoyo de las autoridades locales. Y, por el otro, se encontraron casos donde el territorio del pueblo de indios era invadido por otros europeos o mestizos y en cuyo desalojo actuaban los indios apoyados por el encomendero ya que, si ellos perdían las tierras, éste se quedaría sin indios ni tributos ni el prestigio social que implicaban. Situaciones como ésta y la paulatina despoblación de los pueblos de indios a consecuencia de los años de sobreexplotación que fueron minando el sistema, finalmente, colocaron a los encomenderos en el papel que siempre dijeron desempeñar: en el de protectores paternales de "sus" indios, ya que si éstos desaparecían ellos pasarían a ser vecinos comunes.

Resumiendo, se puede decir que los pueblos más semejantes a los andinos, que eran los asentados en la Puna y la parte norte de sierras y quebradas, son los que lograron un mayor grado de persistencia bajo la forma de "pueblos de indios" coloniales. El resto de este tipo de pueblos que habitaban los valles Calchaquíes, con su larga búsqueda de independencia tanto del inca como de los españoles, con la excepción de casos puntuales, no tuvo posibilidades de persistir al haber sido derrotados militarmente y desestructurados en la represalia. Los pueblos de la mesopotamia santiagueña, más alejados del modelo andino pero aliados de los incas y luego de los españoles, también lograron mantener algo de su organización en pueblos. Los pueblos más desestructurados y afectados por los traslados fueron aquellos que eran muy numerosos pero de los cuales "el inca no hizo caso": los asentados en las sierras de Córdoba y quizá también parte de los pueblos del pie de monte salteño y tucumano.

Dado que Alfaro impuso un mismo y rígido sistema de tributación, asentamiento y autoridades a todos los diversos pueblos del Tucumán, sistema originalmente pensado para sociedades andinas más complejas, se puede concluir que la persistencia exitosa de la sociedad indígena colonial agrupada bajo la forma de "pueblos de indios" no sólo dependió de la agresividad española sino también de la historia previa de dichos pueblos. Su mayor o menor relación, adaptación o participación en los sistemas sociales, políticos, económicos y culturales de los pueblos andinos antes de la llegada de los españoles condicionó notablemente su posibilidad de adaptarse a un sistema colonial pensado sólo para éstos e inflexible frente a otros grupos con características sociales y políticas diferentes.

Las reformas borbónicas de fines del siglo XVIII

La situación de los indios fue modificada nuevamente a fines del siglo XVIII, cuando éstos, al igual que el resto de la sociedad, se vieron afectados por la fuerte injerencia del Estado colonial que significó la aplicación de las reformas borbónicas en los sistemas de recaudación fiscal.

El gran cambio para los indígenas consistió en el incremento global del tributo en tanto la obligación de pagarlo (que afectaba sólo a los indios originarios) se amplió a todos los indígenas (originarios y forasteros) y a las otras castas que vivían en los pueblos de indios. En este proceso se hicieron "padrones" donde diversos funcionarios registraron a los tributarios, considerando como tales a los hombres adultos y aptos con o sin asignación de tierras comunales, quienes quedaron obligados a pagar los mismos cinco pesos que antes pero en dinero. También se designaron o confirmaron a las autoridades indígenas más favorables y se las convirtió en una especie de funcionarios inferiores del Estado al pagarles un corto porcentaje sobre los tributos que recaudaran. La ampliación de los sectores tributarios fue tan grande que en la Puna se duplicó su número al incluir a los forasteros sin tierras que durante largos años habían migrado hacia esa zona, posiblemente escapando de la mita minera altoperuana. También en Córdoba se triplicó el número de tributarios pero aquí esto fue logrado al incluir a todos los miembros de otros grupos (negros, mestizos, zambos, etc.) que vivían en los pueblos de indios.

Una medida favorable a corto plazo consistió en la reducción de 60 a 50 años en la edad máxima de la tributación y otra, más a largo plazo, fue el nuevo registro de las tierras adjudicadas que permitió la consolidación de dichos derechos a futuro.

Los encomenderos también fueron afectados desfavorablemente en tanto no se adjudicaron más encomiendas y todos los indios de encomiendas vacantes pasaron a tributar directamente a las reales cajas. El proceso final de separación de los pueblos de indios del poder encomendero se alcanzó hacia fines del período colonial y gracias al interés recaudador de la corona.

Si bien los nuevos funcionarios borbónicos lograron aumentar el número de tributarios incluidos en los padrones, muchos indios eludirán dicho registro y la recaudación tuvo un éxito relativo debido a la resistencia al pago del tributo. En toda la gobernación del Tucumán los Borbones sólo consiguieron incluir en los padrones de tributarios a la mitad de las 35.000 personas que fueron calificadas como indígenas en el censo general de toda la población y tampoco lograron cobrarles el tributo a todos los que empadronaron. Nuevamente la situación no fue homogénea en todas las zonas.

El empadronamiento y el cobro del tributo fueron exitosos en las tierras altas de la Puna, quebrada de Humahuaca y en las cercanas a la ciudad de Salta; allí lograron registrar y cobrar el tributo de todos los indígenas, tanto de los originarios y forasteros que habitaban los pueblos de indios como a gran cantidad de forasteros sin tierras a los cuales, en contra de la norma, no se les asignaron tierras comunales.

En los 13 pueblos de Santiago del Estero, cuatro de ellos muy importantes, los funcionarios tuvieron que negociar. Los tributarios registrados fueron sólo los originarios, el 62 por ciento, mientras que el resto quedó formalmente reconocido como indios libres de tributos a cambio de su colaboración con las milicias. Lo interesante es que ambos grupos vivían dentro de los pueblos de indios en tanto los indios libres estaban casados con indias originarias.

En Córdoba se dio el más alto grado de fracaso en el registro de tributarios y también en la recaudación. En esta jurisdicción sólo se logró empadronar como tributarios al 37 por ciento de los indios en los que se incluía a todos los "originarios" y "forasteros" (que en parte eran blancos, mestizos, mulatos, etc.) que habitaban los ocho pueblos de indios, pero sólo se recaudó el 60 por ciento del tributo calculado. A diferencia de las tierras altas del norte, donde los forasteros sin tierras fueron sometidos a la tributación, en Córdoba quedaron fuera del registro fiscal todos aquellos que no accedían al uso de tierras de pueblos de indios, los cuales posiblemente lograban el acceso a tierra a través de sus trabajos como puesteros, agregados o quizá pequeños productores. La situación del pie de monte o tierras bajas de Tucumán fue similar a la de Córdoba en tanto en esa jurisdicción sólo lograron registrar como tributarios al 25 por ciento de la población indígena que, en su mayoría, eran los antiguos pobladores traídos de los valles Calchaquíes.

Las distintas respuestas frente a la presión recaudadora del Estado —los pueblos de tierras altas que se adaptaban o resistían de otra forma, los de Santiago que negociaban y los de Córdoba y Tucumán que escabullían el control— nos muestran que a pesar de los siglos transcurridos reaparecieron nuevamente las diferencias entre los grupos de diversas zonas.

Estas medidas borbónicas permitieron una consolidación de los derechos a las tierras de aquellos pueblos de indios que quedaron registrados y tributando. Recién los gobiernos provinciales del período independiente, aduciendo ser los herederos de la corona, intentarán y muchas veces lograrán expropiar a los indígenas con el argumento de que dichas tierras eran fiscales.

La mitad de la población calificada como indígena que no pudo ser ubicada por los funcionarios borbónicos para incluirla en los padrones de tributarios eran aquellos que, durante largos años, fueron rompiendo paulatinamente sus lazos con los pueblos de indios de origen. Ellos ya no podrán ser diferenciados del resto de los pobres del campo y la ciudad con los cuales se han ido mestizando e integrando.

BIBLIOGRAFÍA

Albeck, María Esther, "Los períodos medio y tardío en la Puna Argentina", en Berberián, Eduardo, y Nielsen, Axel, *Historia argentina prehispánica* (en prensa).

Assadourian, Carlos, et al., *Historia argentina. De la conquista a la Independencia*, tomo 2, Paidós, Buenos Aires, 1972, 382 págs.

Doucet, Gastón, "Don Francisco de Alfaro, informante del Consejo de Indias. Dos informes de 1633 sobre el Tucumán", en *Academia Nacional de Historia. Investigaciones y Ensayos*, N° 25, Buenos Aires, 1978, págs. 427-456.

Farberman, Judith, "Migraciones, estructuras familiares y ciclo de vida de los pueblos de indios de Santiago del Estero a fines del siglo XVIII", en *III Jornadas Argentinas de Estudios de Población*, Santa Rosa de La Pampa (en prensa).

Laguens, Andrés, *Cambio organizacional y niveles de eficiencia adaptativa arqueológicos en el valle de Copacabana, Córdoba, Argentina*, tesis doctoral, FFyL-UBA, 1994, 846 págs.

Levillier, Roberto, *Gobernación del Tucumán. Papeles de gobernadores en el siglo XVI*, Madrid, 1920, tomo 1: 520 págs., tomo 2: 493 págs.

——— *Nueva crónica de la conquista del Tucumán*, Buenos Aires, tomo I, 1926: 289 págs., tomo II, 1930: 371 págs., tomo III, 1931: 429 págs.

López de Albornoz, Cristina, y Bascary, Ana María, "Pueblos de indios de Colalao y Tolombón: identidad colectiva y articulación étnica y social (siglos XVII-XIX)", *Humanitas*, N° 27, FFyL-UNT, Tucumán, 1998, págs. 71-112.

Lorandi, Ana María (comp.), *El Tucumán colonial y Charcas*, FFyL-UBA, Buenos Aires, 1997, tomo 1: 367 págs., tomo 2: 299 págs.

——— "Sudamérica oriental", en *Historia de América latina. América colonial*, tomo 2, UNESCO (en prensa).

Mörner, Magnus, *Las actividades políticas y económicas de los jesuitas en el Río de la Plata*, Hyspamérica, Buenos Aires, 1985 (1968), 261 págs.

Palomeque, Silvia, "El sistema de autoridades de 'pueblos de indios' y sus transformaciones a fines del período colonial. El Partido de Cuenca", *Memoria Americana. Cuadernos de Etnohistoria*, N° 6, Instituto de Ciencias Antropológicas, FFyL-UBA, Buenos Aires, 1998, págs. 9-48.

Piana de Cuestas, Josefina, *Los indígenas de Córdoba bajo el régimen colonial (1570-1620)*, FFyH-UNC, Córdoba, 1992, 369 págs.

Punta, Ana Inés, *Córdoba borbónica. Persistencias coloniales en tiempo de reformas (1750-1800)*, FFyH-UNC, Córdoba, 1997, 340 págs.

Sica, Gabriela, "Un grupo indígena frente al dominio colonial en Jujuy. El caso de los paipayas, siglo XVII", trabajo final para la Licenciatura en Historia, Facultad de Filosofía y Humanidades, UNC, 1993.

Zavala, Silvio, *El servicio personal de los indios en el Perú*, El Colegio de México, México, tomo 1, 1978: 360 págs., tomo 2: 1979, 299 págs., tomo 3, 1980: 251 págs.

Zorraquín Becu, Ricardo, *La organización política argentina en el período hispánico*, Emecé, Buenos Aires, 1959.

IV

Las sociedades urbanas coloniales

por NIDIA ARECES

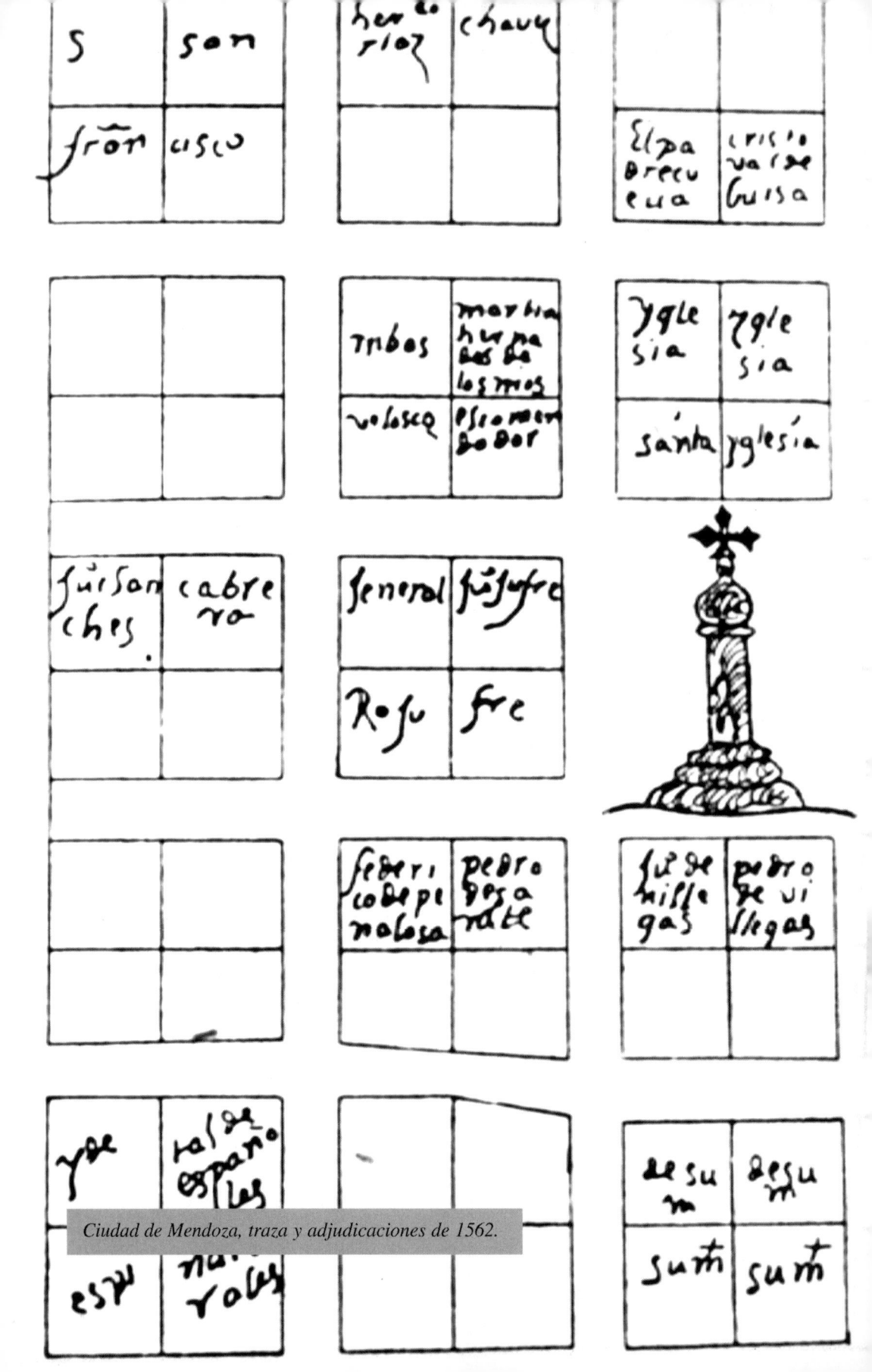

Ciudad de Mendoza, traza y adjudicaciones de 1562.

Con la llegada de los conquistadores españoles se inició, en el Río de la Plata, el proceso de *urbanización*. Fue un proceso de asentamiento y colonización basado en el establecimiento de ciudades. Éstas concentraron en un determinado espacio una proporción significativamente importante de la población que, a la vez, fue tomado como eje de sus actividades, constituyendo conjuntos humanos funcional y socialmente interdependientes. Esos conjuntos se articularon guardando una cierta jerarquía y estructurando una red urbana que dibujó en el territorio argentino un diagrama básico siguiendo orientaciones predominantes que aún hoy se mantienen. Una línea de ciudades unió Potosí con Buenos Aires, el corazón de la minería del Virreinato del Perú con el puerto rioplatense; otra recorrió el litoral fluvial desde el Plata hasta el Paraguay, y una tercera hizo de conexión con Chile a pesar de la barrera natural de la cordillera de los Andes.

La constatación de la conformación espacial nos sirve para apreciar el hábitat de los grupos humanos que van a vivir en comunidad. Estos grupos pueden hacerlo a partir del fenómeno de densificación y heterogeneidad social. Para mantenerse deben organizarse con una determinada lógica, producir y hacer suyos ciertos valores. Pero nada permanece inmutable, y así también las ciudades como las personas con el transcurrir del tiempo experimentan cambios y transformaciones, poseyendo su especificidad histórica, edificando los signos y símbolos que las distinguen. Los grupos de personas que viven en la ciudad componen la *sociedad urbana* con sus normas, relaciones sociales, identidad. Sociedad que va construyendo su propia cultura, el sistema de valores, actitudes y comportamientos que se resume con la denominación de *cultura urbana,* y que queda registrada en la memoria colectiva. Será precisamente la construcción cultural de las sociedades urbanas la que contribuirá a que éstas, rescatando su identidad, sean conscientemente históricas. Interesa por consiguiente presentar el proceso de urbanización durante la colonia articulado al tiempo, espacio y cambio de la sociedad.

LA EXPERIENCIA URBANA Y EL SISTEMA FUNDACIONAL ESPAÑOL

Un examen del desarrollo urbano latinoamericano tiene que tomar contacto con la historia urbana de la Europa occidental, en particular con el precedente español, teniendo en cuenta que fue este el que generó proyectos urbanos en los territorios americanos repitiendo fragmentos de esa experiencia. En estos proyectos estaban comprometidos los mismos actores que al pasar de España a América llevaban consigo la tradición medieval peninsular consistente en fundar una densa red de ciudades que les permitiera asegurar la conquista, explotar y dominar las tierras y las personas que se iban incorporando, afirmar la soberanía real y establecer y extender la fe.

Si en general no existe desacuerdo con esto, las posiciones serán divergentes cuando se tratan de encontrar los antecedentes del proceso de urbanización en el Nuevo Mundo. Los historiadores institucionales los buscarán en la España Medieval y de los comienzos de la Edad Moderna convencidos de que los españoles, por la necesidad de contar con un plan urbano maestro, bucearon en antiguas fuentes: en los preceptos de Vitruvio, en el ejemplo italiano del centro cívico monumental, en los escritos de clérigos españoles de los siglos XIV y XV, en los de Santo Tomás de Aquino. Otros especialistas, interesados más por la forma urbana y tratando de establecer continuidades espaciales, buscarán los orígenes en los precedentes prehispánicos existentes en América y, para ello, tendrán en cuenta la organización, el reparto, la estructuración espacial realizada por los pueblos indígenas en los extensos y multiformes paisajes americanos.

En esta indagación acerca de los precedentes se puede aceptar que los orígenes de los sistemas urbanos regionales americanos son diversos. Se puede aceptar también que es la tradición urbana de la meseta castellana y no la cantábrica la que orienta la colonización hispana en América, orientación que se debe tanto a razones culturales y de continuidad institucional como a la similitud ecológica entre la reconquista española —los desplazamientos y las guerras de los reinos cristianos para recuperar las regiones ocupadas por los moros— y las múltiples conquistas americanas.

En América, los españoles se encontraron, por una parte, con sociedades indígenas complejas que mostraban un avanzado proceso de urbanización. Los conquistadores, aprovechando estos centros urbanos existentes, se asentaron sobre ellos transformando la función y organización del espacio e incorporando nuevas técnicas de construcción, otros usos y hábitos culturales. De todo el territorio americano, los casos más notables de continuidad urbanística son Tenochtitlán y Cuzco, capitales notables de la Confederación azteca y del Tawantinsuyu, remodeladas por los españoles una vez que fueron ocupadas, repartidos sus terrenos y edificios, y se impusieran los símbolos cristianos sobre los aztecas e incas. En las regiones deshabitadas o recorridas por pueblos nómades o seminómades, la situación fue muy distinta. En el actual territorio argentino los españoles no encontraron ciudades ni poderosos conglomerados indígenas, como los que habían pautado su avance en México y en Perú. Tuvieron que reconocer, ponderar y aceptar sus nuevos hábitat y nostálgicamente les dieron sus primeras nominaciones recordando a su vieja patria: Córdoba de la Nueva Andalucía, Santiago de la Nueva Extremadura, Todos los Santos de la Nueva Rioja.

El esquema en damero —plano de parrillas de hierro— se impuso en el inicial trazado de las ciudades hispanoamericanas. Desplazó a la forma radio-concéntrica que respondía más a la influencia italiana, cuyo concepto de ciudad ideal encerraba un simbolismo y un funcionalismo completamente distintos de los de las Ordenanzas españolas. Diversos trabajos han corroborado que el surgimiento del trazado en damero fue el producto de décadas de prueba y error. La primera auténtica ciudad del Nuevo Mundo, Santo Domingo, edificada con ese trazado en 1502, fue el prototipo de las ciudades que se erigieron en el continente americano. De todas maneras, el mundo oficial español no logró una imagen integral de la ciudad ideal de las Indias hasta 1573, cuando la experiencia acumulativa de los colonos fue codificada.

Fue recién en esa fecha, con la promulgación de las Ordenanzas del Bosque de Segovia, que se sistematizará el trazado para la fundación de nuevos asentamientos estableciendo una política territorial que, en general, se respetará en los tiempos coloniales. Estas Ordenanzas constituyen la síntesis de las disposiciones urbanísticas del período fundacional y son una muestra del esfuerzo de la corona para disponer de un programa de urbanización. Sus artículos rigen la fundación y desarrollo de las nuevas ciudades contemplando aspectos tan variados como la elección del lugar, la cuadrícula bien delimitada, así como la distribución de los espacios: plaza central, plaza mayor o plaza de armas, plazas secundarias, la ubicación del cabildo y de las iglesias, el trazado de calles en damero que demarcaban cuadras con unos 85 metros aproximadamente de lado. El esquema para fundar una ciudad era siempre el mismo. Se iniciaba con la toma de posesión y el reconocimiento del terreno. Podría decirse que antes que fundadas en el paisaje eran cuadriculadas en el suelo, contrastando el ampuloso acto con la parquedad de los recursos humanos y materiales con que se podía en principio contar. La elección del sitio estaba condicionada por determinados requisitos de seguridad y salubridad, concentración de población indígena y riquezas existentes, pero éstos no siempre fueron observados. Fijado el emplazamiento, como establecían las Ordenanzas, se procedía a asignar las tierras del municipio y a señalar los espacios públicos y privados.

Una vez instalados se distinguía a los vecinos. Ésta es una categoría particular de privilegio a la que, luego de 1554, pudo accederse con la propiedad de una 'casa poblada', con la jefatura de una familia, siendo necesarias la autorización previa de quienes serán sus pares y, si fuesen extranjeros, la obligación de estar casados con españolas o nativas de la región. El ser vecino permitía acceder a la propiedad de la tierra, al dominio de encomiendas, a cargos en el cabildo, poseer armas, integrar la milicia local, participar en el reparto del botín de las expediciones de conquista, entre otras prerrogativas. Eran reconocidos como tal, según la Recopilación de Leyes de Indias, aquellos españoles jefes de familia cuyos bienes garantizaran la supervivencia de sus allegados y mantuvieran especies animales y vegetales que cubrieran las necesidades alimenticias y de abrigo (Libro IV, Título V, Ley VI). A medida que fue consolidándose la ciudad, se extendió la condición de vecino a los hijos y parientes de los nuevos pobladores. Ya en el siglo XVII eran tenidos por vecinos de un centro urbano los habitantes que hubieran residido en el lugar durante un período mínimo de cuatro años, fueran propietarios de bienes inmuebles y hubieran asistido a los cabildos convocados por los regidores (Libro IV, Título X, Ley VI). Además de los pobladores estables, vecinos o no, la ciudad era frecuentada por los denominados estantes o pasantes que llegaban por negocios, para ejercer alguna función pública o por cualquier otro motivo y que aportaban noticias y novedades, terminando muchos de ellos por establecerse y formar una familia.

De esa manera, la conquista española trató de cubrir el amplio territorio americano con una red suficientemente densa de centros de decisión local que le permitieran una mejor dominación. En la construcción de esa red intervienen los valores que esa dominación trató de imponer reflejados en las instrucciones de organización urbana que traen los grupos fundadores. La ciudad será así fraguada por los conquistadores y sus herederos, ansiosos por imponer privilegios iguales o semejantes a los del mundo europeo de donde provenían, y será concebida como un instrumento fundamental de colonización que, por excelencia, está representada en la sociedad urbana. Será entonces lugar de residencia casi obligada de los pobladores por razones de control y, sobre todo, de seguridad, respondiendo a esto la minuciosidad de los modelos del trazado urbano que se imponen.

OCUPACIÓN DEL ESPACIO Y GEOESTRATEGIA ESPAÑOLA

Conviene primero esbozar la configuración de los espacios regionales y el establecimiento de los asientos urbanos para entender la diversidad y la complejidad de los problemas que emergieron de la conquista-colonización y del proceso fundacional de ciudades en lo que será el actual territorio argentino, y que se les hicieron presentes a la corona y a los particulares participantes. Este territorio, con dispersos y poco densos grupos indígenas, sin recursos en metales preciosos, no se prestaba a empresas de conquista deslumbrantes. Su apropiación para la corona será una obra lenta de época tardía; sin embargo, hay que rescatar que la conquista, una vez emprendida, se concretó inexorablemente. El ciclo de fundaciones que se extiende a lo largo del siglo XVI dibuja un nuevo mapa, el de un mundo urbano, un mundo intercomunicado que, desde la ciudad misma, abarca sus áreas de influencia, se extiende a través de las redes urbanas logrando las conexiones continental y marítima del vasto Imperio español.

Podemos distinguir tres tipos de ciudades inaugurales. Uno que jalona el avance tierra adentro de la conquista (Asunción, Córdoba, Tucumán, Salta, Jujuy); otro que surge a raíz de disputa jurisdiccional (el caso de Santiago del Estero, fijada en un punto de choque de las órbitas del Virreinato del Perú y de la Capitanía General de Chile); y, por último, el de Buenos Aires, que se dife-

Fundación de Santa Fe, *mural en Cayastá*.

rencia del resto al no quedar confundido "en una genérica ciudad mediterránea". La fundación de Santa Fe tuvo un valor de cierre del emplazamiento de las ciudades mediterráneas que se había abierto 20 años atrás con la fundación de Santiago del Estero y había continuado con Mendoza, San Juan, Tucumán y Córdoba. Después de la segunda fundación de Buenos Aires en 1580 comenzó el segundo ciclo de las fundaciones mediterráneas, con Salta, Corrientes, La Rioja, Jujuy, San Luis y Catamarca. Éstas no surgieron, como las del primer ciclo para la conquista-colonización, sino ya para la estructura colonial mediterránea, para su consolidación y refuerzo; eran ciudades, por así decir, de contragolpe con relación al hecho sobrevenido y fortuito de la fundación de Buenos Aires. Si Santa Fe había nacido para franquear una vía de comunicación entre el Paraguay y el Perú, a través de Santiago del Estero y del Tucumán, Buenos Aires nació para frustrar ese camino marcando la potencialidad de salida del espacio colonial hacia el Atlántico, hacia Europa.

¿Cuáles fueron las vías de entrada y cómo se realizó el proceso fundacional? Una vía fue la proveniente directamente de España que penetró por el Río de la Plata con el objetivo prioritario de encontrar una comunicación entre el océano Atlántico y el Pacífico. Alimentaron el imaginario de esta conquista la leyenda del Rey Blanco y la Ciudad de los Césares con sus tierras colmadas de riquezas. Fue la expedición de Sebastián Gaboto la que instaló un fuerte, el de Sancti Spiritus, en la desembocadura del río Carcarañá, afluente del Paraná, en 1527, primer intento poblacional en lo que será el territorio argentino. Fuerte destruido por los guaraníes que habitaban la región, una forma de respuesta indígena frente a los invasores. Esa misma vía fue la que utilizó Don Pedro de Mendoza, primer adelantado del Río de la Plata; en 1536 tuvo lugar la ceremonia de fundación de Nuestra Señora del Buen Ayre, nombre escogido —según las crónicas— en honor de la virgen sarda del santuario de Cagliari (Cerdeña), patrona de los navegantes, como mojón en el plan de buscar la tan deseada Sierra de la Plata. Para asegurar la conquista se emplazaron los fuertes de Corpus Christi y de Nueva Esperanza, en la zona cercana a donde había estado Sancti Spiritus, destinados ambos también a desaparecer en un corto plazo.

Fundada la ciudad de Asunción en 1537, como "pueblo y casa fuerte de la Asunción", por miembros de la expedición de Mendo-

Ataque al fuerte Sancti Spiritus, de Ulrico Schmidl.

za que remontaron los ríos Paraná y Paraguay, ésta se convirtió en la base de operaciones tanto para los intentos de llegar al Perú, como para lanzar el proceso posterior de repoblación del litoral argentino iniciado en la década de 1570. Asunción ofrecía además la ventaja de contar con una importante población indígena que, aliada al invasor blanco y con fuerte capacidad reproductiva, posibilitaba la conformación de una sociedad peculiar con un ritmo de mestizaje avasallante. Éste fue el componente humano que básicamente integró las expediciones posteriores de repoblamiento del litoral. En el ínterin, los esfuerzos poblacionales quedaron concentrados en Asunción, más interesada en conectarse con el Perú por la vía del Chaco. En consecuencia, en 1541, se mandó despoblar el primer asentamiento de Buenos Aires, el tan mentado en las crónicas por el hambre y las intrigas entre los integrantes de la hueste de Mendoza y recogidas por Manuel Mujica Lainez para iniciar la historia de la *Misteriosa Buenos Aires*.

La región del Río de la Plata, sin metales ni indígenas proclives a ser reducidos o encomendados, no representaba un gran aliciente para su ocupación, fueron razones estratégicas conducentes a asegurar la red que partía del Perú las que alentaron a la corona a poblarla definitivamente en el último cuarto del siglo XVI. Para hacerlo, contó con un grupo de hombres asentados en el medio asunceño que querían "poblar y no conquistar", "abrir puertas a la tierra", cimentar la estabilidad de la conquista con nuevas poblaciones, romper con la mediterraneidad asunceña y conectarse con el Perú y con España de manera más directa. Entre ellos se contaba el capitán Juan de Garay, quien fue el protagonista indiscutido de las jornadas de las que surgen la ciudad de Santa Fe en 1573, en tierra de calchines y mocoretás, y la segunda ciudad de Buenos Aires en 1580. Este plan de fundaciones transformó la situación geopolítica del Río de la Plata.

Competían dos concepciones geoestratégicas sobre el Virreinato del Perú que incidían en la fundación y poblamiento de estas tierras. Una buscaba la salida hacia el Atlántico: proyectándose desde Santiago del Estero y Córdoba, alcanzaría la salida por dos puertos atlánticos que se levantarían en el Paraná y en el Río de la Plata. Esta idea es recogida por el oidor Matienzo de la Audiencia de Charcas, quien en 1566 propone a la corona la creación de un nuevo sistema comercial con salida al Atlántico para los productos de la gobernación del Tucumán y como entrada para las mercaderías de la metrópoli, una vía de acceso más rápida que la larga y costosa que, proveniente de Portobelo, pasaba al Pacífico para entrar por Lima y recorrer el camino hacia el sur. Matienzo recomienda, por consiguiente, realizar fundaciones estratégicas para asegurar esta vía de ingreso. La otra concepción, la del virrey Francisco de Toledo, sostenía que "sin el oro y la plata estos reinos no son nada". Por lo tanto había que asegurar el desarrollo de las minas de plata de Potosí con un dispositivo militar que disminuyera la presión indígena sobre las fronteras, realizar fundaciones en la gobernación del Tucumán sin proseguirlas hacia el sur, fortaleciendo desde todo punto de vista a esa gobernación. Para llevar a cabo este proyecto nombró gobernador a Jerónimo Luis de Cabrera, fundador de Córdoba, quien mantuvo con Garay uno de los tantos litigios jurisdiccionales entre ciudades que han quedado registrados.

Desde Asunción, denominada "madre de ciudades", salieron otras expediciones que fundarán Concepción del Bermejo y Corrientes. La primera, establecida en un punto más o menos cercano entre la confluencia del río Bermejo con el Paraguay en 1585, para que sirviera de enlace con el Perú por el camino del Chaco, territorio que no podrán controlar los españoles marcando la agitada y efímera existencia de esta villa. La otra fundación realizada para asegurar el recorrido fluvial es prácticamente inmediata, en 1588; la denominan Vera de las Siete Corrientes, protegida, según la leyenda, por la Cruz del Milagro de los continuos ataques indígenas.

La vía de entrada por el noroeste fue utilizada por huestes provenientes del Perú, hombres en su mayoría frustrados en su afán de conseguir riquezas, honor y fama en anteriores conquistas. Se inició con ellos el poblamiento en una provincia al sur de Charcas que, en lengua de indios, se llamaba 'Tucumán'. El emplazamiento de las poblaciones en esa región siguió una orientación de norte a sur con una leve inclinación hacia el este, inclinación intencional en la búsqueda de una salida por el Atlántico. En la primera gran entrada, la de Diego de Rojas, se levantaron reales y fuertes en tierras de indios de efímera existencia. Pedro La Gasca, que ejercía en 1549 el gobierno del Perú, ordenó a Juan Núñez del Prado emprender una política de colonización en el Tucumán, iniciativa que estaba destinada a proteger el camino a Chile, informarse de las probabilidades de ocupación del territorio y facilitar el descubrimiento de la ruta al Río de la Plata. Núñez emplazó en 1550 una ciudad que llamó del Barco en el sitio que luego ocuparía Cañete en 1560 y San Miguel de Tucumán en 1565. Esa población se enfrentó a asedios, a alzamientos indígenas y a problemas jurisdiccionales entablados entre la gobernación del Tucumán y la de Chile, cuestiones que obligarán a que sea trasladada en distintas ocasiones.

Por su parte, el gobernador de Chile, Francisco de Valdivia, proyectó unir en una sola gobernación toda la tierra existente entre el Atlántico y el Pacífico desde La Serena hasta el Río de la Plata. Comisionó al capitán Francisco de Aguirre para que entrara en el Tucumán y estableciera una ciudad. Ésta fue la de Santiago del Estero erigida en 1553 a orillas del río Dulce. Los primeros años de existencia fueron de extrema dureza para sus pobladores, similar a la de otros asientos. Se vieron obligados a alimentarse con "cigarras y langostas, hierbas y raíces de cardones... y otras cosas silvestres" y a vestirse de "cueros de venados crudos padeciendo mucho cansancio y derramando mucha sangre"; durante largos años permanecerá como un solitario poblado rodeado de la hostilidad indígena.

Desde Chile se continuó impulsando la población de asientos estratégicos en Tucumán, fundándose así Londres en 1558 en Catamarca, Córdoba de Calchaquí en 1550 sobre las ruinas de Barco II, y Cañete en 1560 sobre lo que había sido Barco I. Fueron emplazadas en pleno dominio diaguita para servir de protección a las caravanas de comerciantes: las tres ciudades conformaban una defensa triangular al mismo tiempo que arco defensivo de Santiago del Estero. Fue en esos años, y teniendo como base esas poblaciones, cuando se inició el intercambio comercial entre el Tucumán, Chile y Potosí. Pero hacia 1563, sólo quedaba como baluarte Santiago del Estero mientras seguían presentes los pleitos entre Chile y Perú por la pertenencia jurisdiccional del Tucumán en materia de gobierno y de justicia.

La necesidad imperiosa de mantener la relación entre el Perú y Tucumán y, desde allí, tratar de afianzar la ocupación del Río de la Plata, y la rebelión indígena, instalada ya en los valles Calchaquíes, requerirían de una estrategia que permitiese establecer un cordón exterior a la zona serrana sublevada, rodeándola de poblaciones blancas y de esa manera cerrar el cerco. En el marco de esta estrategia, en 1565, el capitán Diego de Villarroel cumplió con la comisión encargada por el gobernador Francisco de Aguirre y fundó San Miguel de Tucumán y Nueva Tierra de Promisión con el ceremonial de regla que, como costumbre, se inicia al plantar el grueso tronco, "palo y picota", para que "se ejecutase justicia públicamente de todos los malhechores". A pesar de las fundaciones realizadas las sierras seguirán inexpugnables y las poblaciones instaladas sufrirán continuos embates indígenas, obligados sus pobladores a realizar permanentes "entradas" y mantenerse sobre las armas.

La designación como gobernador del Tucumán de Gerónimo Luis de Cabrera señaló un esfuerzo del virrey del Perú, Francisco de Toledo, para controlar la región. Llegaba con instrucciones precisas de buscar vías de comunicación con el Río de la Plata, en su cumplimiento fundó la ciudad de Córdoba en 1573, en tierra de comechingones. Cabrera fue reemplazado por Gonzalo de Abreu, quien lo apresó en Córdoba y lo ejecutó en Santiago del Estero. Una de las tantas situaciones de conflicto y de violencia que se repitieron en los tiempos fundacionales. Siguiendo con el mismo plan, Toledo encargó a Pedro de Zárate la fundación de una ciudad en Jujuy. Establecida en 1575, San Francisco de la Nueva Provincia de la Alava fue atacada y rápidamente despoblada. Veinticinco años después de la fundación del Barco, el Noroeste se encontraba fuera del control efectivo del español, lo que imposibilitó que Toledo pudiera extender su visita al área para establecer reducciones, como lo había hecho en Perú. Era prioritario asegurar a toda costa la región y los caminos de acceso por lo que, en 1582, se concretaba la fundación de la ciudad de Salta en el valle de Lerma, que sobrevivió en medio de constantes ataques de indios comarcanos. Si fue penoso reunir gente suficiente para fundarla, lo fue aun más conservarla. El sitio elegido era más propicio que los otros y estratégicamente resguardaba el camino entre Santiago del Estero, Tucumán y Charcas. Después de una exitosa campaña por los valles cordilleranos, Juan Ramírez de Velasco, en 1591, fundó la ciudad de Todos los Santos de la Nueva Rioja y, en 1592, la Villa de Nueva Madrid, en el río Las Juntas, que servirá de comunicación entre Salta y Talavera. En 1593 se comisionó a Francisco de Argañaraz para que fundara nuevamente en el valle de Jujuy, se estableció así San Salvador de Velasco de Jujuy, ciudad que a pesar de las graves dificultades que tuvo que atravesar, logró sobrevivir al someter a los omaguacas, ocloyas y churumatas. Una serie de fundaciones que fortalecieron los caminos entre las ciudades del norte tucumano y de esa manera afianzaron la conquista.

La laxitud en la delimitación de las jurisdicciones sobre un territorio prácticamente desconocido influyó para que desde el área chilena se poblara la región cuyana, que contaba con tierras fértiles y abundancia de "indios pacíficos". En 1561, el capitán Pedro de Castillo fundó Mendoza en memoria del gobernador de Chile Don García Hurtado de Mendoza, hijo del famoso virrey de Nueva España y Perú; al mudarla hacia el sudoeste con la denominación —que no prospera— de Ciudad de la Resurrección se aseguró la ciudad recientemente establecida. A los pocos años, ante el peligro de despoblación, el procurador y mayordomo de la ciudad reclamó al gobernador de Chile que obligara a los encomenderos, vecinos de dicha ciudad, "a poblar sus casas y residan so pena de privarlos de sus indios". El capitán Juan Jufré y Montesa fundó otra ciudad, San Juan de la Frontera —nombre dado en honor del Santo Patrono del fundador y por llegar los términos de su jurisdición hasta la frontera del Tucumán—, que fue también trasladada por sufrir frecuentes inundaciones su primitivo asiento. Quien hiciera esta mudanza, Luis Jufré y Meneses, hijo del anterior, fundó recién en 1594 San Luis de Loyola Nueva Medina de Río Seco, largo nombre puesto en memoria del fundador, de su pueblo natal y del gobernador de Chile, Don Martín de Loyola. San Fernando del Valle de Catamarca, fundación del siglo XVII, se originó en el asentamiento de San Juan de la Ribera, en el valle de Londres. Siendo el sitio original poco apropiado, sus pobladores buscaron una zona más fértil y cercana al camino real en el valle de Catamarca y, en 1683, fundaron la ciudad bajo la protección, como en otros casos, de una imagen milagrosa.

Emerge del proceso de conquista y fundación de ciudades un actor inicial, el adelantado, jefe de la empresa, quien firma la capitulación con la corona donde se establecían derechos y concedían privilegios formalmente para todos. La conquista y colonización americana, como había ocurrido en la reconquista peninsular, sirvieron para formar una nueva casta, los *beneméritos*, compuesta por los conquistadores, primeros pobladores y sus descendientes quienes, en atención a sus servicios y méritos, en el marco de un pacto vasallático, solicitan al rey ser recompensados. En la distribución de los solares a los futuros vecinos se tenían en cuenta los méritos reconocidos en la expedición conquistadora/colonizadora, asignándoles *peonías* "solar de cincuenta pies en ancho y ciento en largo cien hanegas de tierra de labor de trigo o cebada diez de maíz dos huebras de tierra para huerta y ocho para plantas de otros árboles de secadal tierra de pasto para diez puercas de vientre veinte vacas y cinco hieguas cien ovegas y veinte cabras", y *caballerías* "solar para casa de cien pies de ancho y doscientos de largo y de todo los demas como cinco peonías que seran quinientas hanegas de labor para pan de trigo o cebada cincuenta de maíz diez huebras de tierra para huertas quarenta para plantas de otros árboles de secadal tierras de pasto para cincuenta puercas de vientre y cien vacas veinte yeguas quinientas ovejas cien cabras".

En realidad, muchos de los conquistadores-colonizadores peones, soldados rasos, obtenían muy poco al momento del reparto porque no estaban preparados para defender sus derechos, o porque no se habían distinguido según sus capitanes, o porque sencillamente no se los incluía en la distribución. Ni las mercedes de tierra, ni las encomiendas, ni los honores, recaían sobre todos los participantes de una empresa de conquista. Estos soldados que se consideraban agraviados fueron semilla de conflictos, a la vez que se hacían eco de los sueños y quimeras de todo tipo que se acuñaban. El establecimiento de ciudades se hacía con las armas en la mano y en él participaban grupos que se sentían desplazados de otras conquistas, que no habían sido agraciados en el reparto del botín andino, de marginados sociales, percibidos como potencialmente peligrosos por la corona, interesada en mantener en su Imperio el equilibrio social y político; participaban también individuos de hidalgos linajes pero éstos fueron los menos.

La presencia del Estado metropolitano se apreciará en las cada vez más precisas instrucciones que emite, indicando las normas y marcos fundadores a que habían de atenerse los conquistadores. Los oficiales reales, veedores u otros, que acompañaban a cada hueste conquistadora para velar por la recaudación del quinto real —quinta parte del botín que le corresponde al rey— debían vigilar la aplicación de dichas instrucciones, lo que hacía presumir que, en teoría, el control de la corona se efectivizaba por lo menos en las secuencias posteriores a los hechos militares.

Sin embargo, la composición primera de los grupos pobladores y fundadores de ciudades, los desiguales repartos, el indiscriminado manejo del poder por parte de jefes y funcionarios, abonan los fuertes conflictos internos que experimentaron los núcleos urbanos iniciales y que si bien, en determinados casos, amenazaron su permanencia e integridad, serán al mismo tiempo uno de los modos de regulación y reproducción del sistema urbano colonial. Hablamos de un sistema porque estas ciudades se comportan desde todo punto de vista —económico, político, cultural— integrando una red en el marco del virreinato peruano.

La llamada 'rebelión de los siete jefes' acaecida en Santa Fe en 1580 es una muestra de ello, cuando los

Juan de Garay.

'mancebos de la tierra' se rebelan contra el poder establecido. Entre las causas de la rebelión se registran el descontento por el reparto de tierras hecho por Garay; las pretensiones de Gonzalo de Abreu, gobernador del Tucumán, quien afirmaba que Santa Fe era parte de su gobernación y que apoyaba a los rebelados; el resentimiento de los criollos porque Garay había designado a un flamenco, Simón Jaques, como teniente de gobernador; el hecho de que Garay hubiera distribuido los principales cargos entre los parientes del adelantado Vera y Aragón y la disconformidad de los pobladores ante la elección de españoles para ejercer cargos de alcaldes. Un grupo de vecinos, los 'siete jefes', depuso a las autoridades y constituyó un nuevo gobierno integrado exclusivamente por criollos. Una de sus primeras medidas fue disponer el destierro de todos los españoles nacidos en la península. A la traición de sus propios adherentes le siguieron la represión, la muerte de sus principales jefes, la restitución de las anteriores autoridades y la adopción de una política obligada de pacificación.

Pasado el tiempo inicial de la conquista surgieron núcleos urbanos impulsados eminentemente por razones económicas —en un cruce de caminos, una salida portuaria— sin que conste acta de fundación alguna. Otros prácticamente desaparecieron arrasados por los indígenas —como Concepción del Bermejo hacia 1632, cuyos habitantes en su mayoría se instalaron en Corrientes—, dejaron de existir por falta de vinculaciones con el resto del Imperio español, se trasladaron por las adversas y no previstas condiciones del sitio originario, asumiendo el cuerpo capitular la obligación de resguardar, en el nuevo reparto de solares, chacras y estancias, los derechos de cada uno de sus antiguos pobladores. Cuando el 24 de setiembre de 1685, la ciudad de San Miguel de Tucumán inició su traslado, desde Ibatín, donde había sido fundada 120 años antes, a su ubicación actual, en La Toma, se arrancó el Árbol de la Justicia y se lo metió en una carreta junto con la caja del archivo "cerrado con tres llaves" y "liada con un lazo de cuero fresco", y el cepo de las prisiones.

A principios del siglo XVII, existían en lo que es hoy el territorio argentino quince ciudades; en su transcurso se establecieron otros poblados que emergieron como producto de las rutas comerciales, por la incidencia de otros factores, por los requerimientos de los primeros asentamientos. Como hemos visto, éste es el caso de la ciudad de San Fernando del Valle de Catamarca que se fundó con 60 vecinos provenientes de la deambulante ciudad de Londres y 150 del valle de Catamarca. La Villa de Nueva Madrid y la de Talavera de Madrid se unieron en 1609 para fundar Nuestra Señora de Talavera de Madrid, la que a su vez fue destruida por un terremoto en 1692. Los intentos de poblamiento de las regiones montañosas de occidente dieron lugar a las fundaciones de San Juan Bautista entre 1607 y 1633, que no perduraron.

En síntesis, a partir de 1527 y hasta 1596 (fundación de San Luis) se fundaron más de 30 poblaciones de las cuales sobrevivieron hasta la fundación de Orán en 1794 sólo trece ciudades: Asunción, Santiago del Estero, Mendoza, San Juan, Tucumán, Córdoba, Santa Fe, Buenos Aires, Salta, Corrientes, La Rioja, Jujuy y San Luis, que darán sus nombres a las respectivas provincias.

El que un centro urbano se mantenga depende de que el grupo humano pueda desarrollar sus potencialidades iniciales en un medio ambiente más o menos propicio, asegurar el territorio frente al indígena, contar con mano de obra, e integrarse a los circuitos de comercialización. Un ejemplo en este sentido es el relato del gobernador Felipe de Albornoz cuando hace referencia a una de las históricas inundaciones que sufre Santiago del Estero, a fines de agosto de 1627, que había destruido gran parte de la ciudad, obligando a su reconstrucción algo más al oeste; la repetición de estas catástrofes naturales hace pensar al gobernador y al cabildo en mudarla a lugar más seguro, pero sólo tres o cuatro vecinos aceptan, la mayoría sostiene "no tener fuerzas esta ciudad para traslación y mudanza". Caso contrario a los traslados de Tucumán, Mendoza o Santa Fe.

El mudar de sitio implicaba riesgos y la adopción de una decisión consensuada lograda por el cuerpo capitular para elegir el lugar, para alterar la distribución de solares, para cambiar el uso al que habían sido destinados los espacios vacíos en el proyecto original. Por ejemplo, Santa Fe logró mudarse en la década de 1650 a un mejor sitio y luego obtuvo la concesión del privilegio de 'puerto preciso' —obligación de desembarco obligado y pago de derechos a las mercaderías provenientes de Paraguay y Corrientes—, pasos decisivos para afirmarse territorial y económicamente. Esto fue posible gracias al concurso de toda la población y a la acción de sujetos de familias notables quienes habían entrado en un proceso de diversificación de sus actividades participando en los circuitos mercantiles que enlazaban el litoral con el Alto Perú y necesitaban de la mudanza. Son sujetos que contaban con una ventajosa inserción familiar y política que trascendía el medio local y los vinculaba con distantes espacios regionales.

Las ciudades originalmente establecidas, que han operado modificaciones sobre el medio circundante, comienzan al mismo tiempo a modificarse a sí mismas. Fueron el polo económico de extensas áreas rurales, lugares donde se trueca y comercia, puntos de articulación del tráfico interregional, sede de la burocracia y del cabildo, el centro religioso donde se alzarán iglesias y conventos. Se dio en ellas la vida en pueblo o en ciudad, definida ésta como una comunidad socio-política, definición que nos remite al concepto que sobre el término urbano tenía el mundo hispano-colonial. Se constituyeron en pequeños puntos poblados en un vasto y mal controlado espacio, siendo una de las características de este proceso de conquista y colonización su discontinuidad tanto en el tiempo como en el espacio. En la periferia de las ciudades, hacia la campaña, se extendieron fincas, huertas, chacras y estancias, instalándose también reducciones y pueblos de indios. La población estuvo expuesta al acoso y ataque o a *malones* de las tribus no sometidas, construyéndose fuertes para contrarrestarlos, haciendo a su vez las reducciones, los pueblos de indios sometidos y las estancias de avanzadas y enclaves para la defensa.

Las ciudades asentadas en el espacio colonial tuvieron un valor estratégico en sí mismas al definir y resguardar sus propias jurisdicciones territoriales, llegando la frontera a los límites del núcleo poblado y alcanzaron valor estratégico para el virreinato peruano al funcionar como muralla del Potosí. Muralla con dos caras: defensiva, si se la mira desde el punto de vista del intento de control monopólico de parte de la corona y el cierre de la salida hacia el Atlántico; transgresora, si esa otra cara de la muralla conecta la red urbana con el contrabando, cuya sede privilegiada será Buenos Aires. No sólo hay que pensar en la evasión de riqueza y en el contrabando, sino también en el dominio territorial de áreas imprecisas que podían caer en manos de otras potencias o estar en permanente pie de guerra frente a los indígenas. A la situación de riesgo en la extendida frontera con el Brasil portugués, un límite indeciso, fijado tardíamente, se le procura poner remedio en distintas ocasiones, más eficazmente en el siglo XVIII y en particular en dos de los territorios más fronterizos, la Banda Oriental del Río de la Plata y el Paraguay. Se buscan el poblamiento, la fundación de núcleos urbanos, de plazas militares, de presidios, una actividad urbanizadora que potencia la geoestrategia española al mismo tiempo que garantiza su presencia, soberanía y dominio. A la par del desarrollo de esta actividad, se impulsaba el establecimiento de reducciones y pueblos de indios y se atendía a las defensas militares de puertos y otros sitios neurálgicos.

El carácter urbano de la cultura española exportada a América es uno de los principales elementos por reconocer en el sistema colonial, siendo su forma administrativa la que tejió la red que lo unía. Dondequiera que ésta alcanzó con sus controles políticos a otros grupos, se extendió también esta cultura. El español se convirtió, allí donde estuvo, en un realizador de la política española a nivel local, siendo la ciudad como realidad colectiva una expresión, no siempre adecuada, de la organización administrativa y política del territorio. La ciudad, por consiguiente, se presentaba como una comunidad humana, una población establecida de manera más o menos duradera en un espacio hasta cierto punto delimitado, cuyos miembros mantenían relaciones de interdependencia regidas por determinadas instituciones.

La ciudad se erigió como un lugar de gestión y dominación vinculado a la primacía social del aparato político-administrativo. En este caso, tanto las ciudades de Castilla como las de Hispanomérica se encuadraron dentro de los marcos del Imperio y se identificaron con las tradiciones patrimoniales de gobierno y de sociedad, tradiciones que se remontan en la península al siglo XII cuando ya era notorio el florecimiento de la ciudad y del régimen municipal unido a ella. Ese mismo desarrollo se produjo en América, vanagloriándose los españoles de haber fundado, en sus tres largos siglos de dominación, un sinnúmero de ciudades en el Nuevo Mundo por o bajo designio de la corona, hecho que hay que reconocer no tiene parangón en la historia de la humanidad.

EVOLUCIÓN DEMOGRÁFICA

Una de las características de las ciudades asentadas en lo que habría de ser el territorio argentino es que todas son fundadas con poquísima gente. Las estadísticas de entonces dejan en general de lado la indefinida masa indígena que muchas veces acompañaba, y que se iba incorporando al pequeño grupo inicial. La ciudad generaba un polo compartido de atracción tanto para blancos como para indios, necesitándose unos a otros siempre en una relación asimétrica de dominación.

La mayoría de estas ciudades vegetan, manteniendo bajos índices de población durante el siglo XVII y gran parte del siguiente; según informes de viajeros, muchas de ellas ni merecían el nombre de aldeas. Su crecimiento fue moderamente significativo en la segunda mitad del siglo XVIII, siendo relativamente mayor el aumento experimentado por Buenos Aires respecto de las ciudades del interior. Sus procesos evolutivos son diferentes, siguen los ritmos de las distintas regiones. Las vinculaciones que Cuyo, Tucumán y litoral establecen entre sí y con el resto del Imperio marcan sus posibles desarrollos. Durante el siglo XVII estos desarrollos son limitados en comparación con los de otras regiones americanas, particularmente por su ubicación periférica dentro del Imperio y el poco interés que, por la falta de metales preciosos, despiertan estas regiones en la corona y en los particulares.

¿Cómo evolucionan las ciudades de la región cuyana? A fines del siglo XVI, el obispo del Río de la Plata fray Reginaldo de Lizárraga describe a Mendoza como "fresquísima, donde se dan todas las fructas nuestras, árboles y viñas, y sacan muy buen vino que llevan á Tucumán ó de allá se lo vienen á comprar; es abundante de todo género de mantenimiento y carnes de las nuestras; sola una falta tiene, que es leña para la maderacion de las casas...". Vivían en ella hacia 1650 aproximadamente 1.000 habitantes, más de una cuarta parte considerados blancos y el resto esclavos, servidores indígenas y pobladores de estancias aledañas, incluidos indios y mestizos *conchabados* como peones en las tropas de carretas. De los huarpes, tribu de la región, pocos quedaban por los abusos a los que fueron sometidos y las continuas *sacas* forzosas que de ellos se hizo llevándolos hacia Chile y el Alto Perú. El crecimiento iniciado a fines del siglo XVII en Chile repercutió favorablemente en Mendoza: la ciudad inició un desarrollo poblacional y económico gracias al comercio y transporte de mercaderías, llegando a tener 4.000 habitantes hacia mediados del siglo XVIII. Según el jesuita expulso Juan Ignacio de Molina, en 1776, en Mendoza se cuentan 6.000 habitantes y casi el mismo número en San Juan, indicando un salto cuantitativo bastante importante de estas ciudades. Un número cercano de habitantes tenía San Juan para la misma época, habiendo pasado períodos de gran pobreza y de casi despoblamiento durante el siglo XVII debido a la disminución del comercio y a la escasez de indios y de esclavos. También San Luis se aproxima a los 4.000 habitantes al momento de la creación del Virreinato del Río de la Plata en 1776.

La región de Tucumán es la que nucleaba la mayor cantidad de población indígena sometida y la que congregaba, durante los siglos XVI y XVII, a un significativo número de pobladores blancos. Su atracción estribaba en su estrecha vinculación con el Alto Perú, siendo la región más importante hasta mediados del siglo XVII; abastecedora del centro minero potosino, sufre su estancamiento y es desplazada en el siglo XVIII por el ascenso del litoral favorecido por la 'atlantización' de los espacios coloniales cuando se implementa la política borbónica. Hubo ciudades a las que afectó decisivamente la fuerte disminución de la población indígena impactada por la conquista. Este proceso se visualiza crudamente en Santiago del Estero, ciudad que entró muy pronto en decadencia afectados sus vecinos-encomenderos en la base de su poder. Santiago del Estero tenía en la década de 1620 unos 2.000 blancos y en 1778, su población era menor: 1.776 habitantes, de los cuales 494 eran blancos, y el resto negros, mulatos y otras castas. A lo largo de la historia colonial, Santiago padeció estrecheces económicas que transformaron a sus habitantes en migrantes interiores en busca de oportunidades y de trabajo fuera de su jurisdicción. En su carta al rey, el obispo Ulloa abominaba de Santiago y no ocultaba su deseo de irse a la "muy lustrosa" ciudad de Córdoba. El traslado de la silla episcopal se producirá a finales del siglo XVII "porque —según palabras del obispo— la de Santiago sólo el nombre tiene de ciudad, es toda ella un bosque inmundo falto de todo lo necesario para el sustento, la iglesia muy mal servida e indecentísimamente".

Lizárraga describe a Córdoba a fines del siglo XVI "fértil de todas fructas nuestras, fundada á la ribera de un rio de mejor agua que los pasados ... la comarca es muy buena, y si los indios llamados Comichingones se acabasen de quietar, se poblaría más." Hacia 1620, la ciudad —según el viajero fray Antonio Vázquez de Espinosa— "tendrá 500 vecinos españoles, sin contar cantidad de indios y negros de servicio; toda la casería es de maravillosa fábrica de piedra. Las calles muy derechas, coge sitio de una populosa ciudad en la cual hay una muy buena Iglesia mayor, conventos de Santo Domingo, San Francisco, La Merced, y dos casas ricas de la

Compañía de Jesús. El noviciado y la casa profesa, que tiene un famoso colegio a modo de Universidad, en que se lee Gramática, Artes y Theología, donde se gradúan en todos grados. Hay otro colegio en el cual hay de ordinario 40 colegiales de becas azules. Tiene tres monasterios de monjas, uno de Santa Catalina de Sena... otro de religiosas descalzas..." Era una ciudad también afectada por la crisis potosina, pero pudo mantenerse a lo largo del siglo XVII y se constituyó en un importante nudo de comunicaciones, centro manufacturero, educativo y religioso. Concentraba un importante número de esclavos, y a pesar de que la población indígena encomendada disminuyó, contaba con mano de obra indígena en las importantes estancias y reducciones jesuíticas. En el siglo XVIII siguió creciendo, en 1778, según el censo de ese año, la ciudad tenía 7.270 habitantes cuando ya había generado las condiciones para un creciente poblamiento de su campaña.

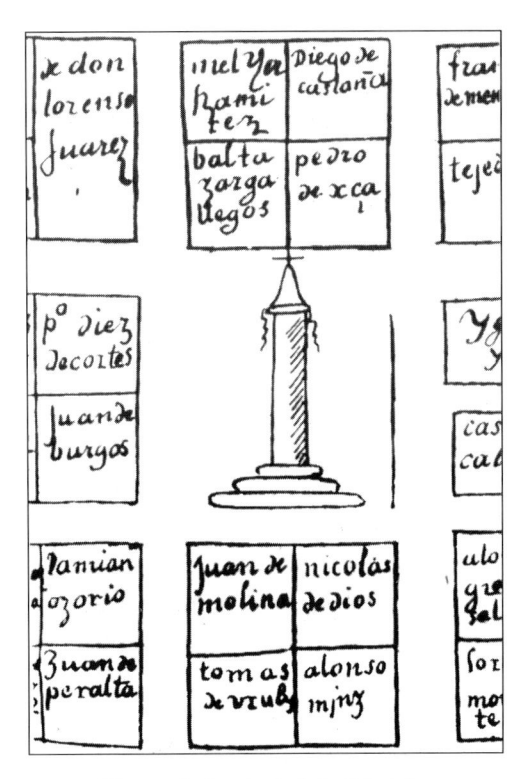

Planta de la ciudad de Córdoba.

Vázquez de Espinosa sitúa a San Miguel de Tucumán al sur de Esteco, a más de 50 leguas, contando con "hasta 250 vecinos españoles, su temple muy cálido, húmedo, tiene en el contorno algunas reducciones de indios donde se labra cantidad de lienzo de algodón, pavellones, sobrecamas, y otras cosas curiosas". La ciudad crece desde fines del siglo XVI a la segunda década del siglo XVII vinculada al auge potosino. Se erige como un importante centro textil, de curtiembre, de construcción de carretas al constituirse en paso obligado del litoral hacia el Alto Perú. Su traslado, en 1685, la favorecerá a pesar de que muchos de sus habitantes, como en otras ciudades del Tucumán, se habían acostumbrado a "vivir en las campañas y estancias más bien que en las repúblicas, por los ahorros y comodidades del campo". Al crearse el Virreinato del

Río de la Plata cuenta con aproximadamente 4.000 habitantes, de los cuales más de una cuarta parte son considerados blancos.

La población indígena en la ciudad de Salta era densa en relación con sus escasos 30 vecinos blancos de principios del siglo XVII. Ese grupo de vecinos ejercía su dominio sobre un extenso territorio y sobre esa importante cantidad de indios a los que se suman un número nada despreciable de mestizos. Hacia 1660, uno de los viajeros más conocidos del siglo XVII, Acaratte du Biscay, cuenta 400 casas y unos 1.500 hombres jefes de familia, además de esclavos, mulatos y negros. Vinculada estrechamente al comercio de mulas con el Alto Perú, también la afecta la crisis potosina. Recuperada, alcanza una población de 7.200 habitantes en 1778.

De ser una de las regiones periféricas del virreinato peruano al iniciarse la colonia, los cambios producidos durante el siglo XVIII y las reformas borbónicas favorecen al litoral. Hacia 1640, sólo existían tres ciudades: Buenos Aires, Santa Fe y Corrientes. El empadronamiento ordenado por el gobernador Góngora entre 1620 y 1621 arrojaba los siguientes resultados: Trinidad y Puerto de Buenos Aires, 1.060 habitantes; Santa Fe, 810 habitantes; San Juan de la Vera de las Siete Corrientes, 455 habitantes. Con respecto a la evolución de la población de Corrientes: en 1663, la ciudad tenía 1.110 pobladores blancos; en 1760 la población total en la ciudad y campaña asciende a 8.491 habitantes entre blancos, negros y mulatos e indios. Para la ciudad y campaña correntinas, Félix de Azara, integrante de las comisiones que fijan los límites entre España y Portugal en la América del Sur, calculaba hacia 1797 un total de 9.228 habitantes, teniendo la ciudad unos 4.500 pobladores. Un crecimiento que se debe al comercio de textiles, a las curtiembres concentradas en manos de ganaderos y comerciantes y a la industria naval que forja un importante sector de carpinteros de ribera.

En el caso de la ciudad de Santa Fe, a los 810 habitantes de origen blanco en 1621, hay que agregar 266 indios de servicio residentes, más un número no estimado de negros y de integrantes de distintas castas. Para 1675, ya trasladada la ciudad y declarada 'puerto preciso', la población blanca era de 1.300 almas, estimación quizá demasiado baja, que estaba dedicada a la 'tierra, vaquerías y trajines'. Para fin del siglo XVIII, Azara calculaba para toda la jurisdicción santafesina entre 11.292 y 12.630 pobladores, de los cuales 4.000 residían en la ciudad. Habiendo sido afectados por la supresión del privilegio del 'puerto preciso', lo que provoca una seria crisis, los vecinos se orientan decisivamente a la ganadería y a su comercialización. Sigue siendo una ciudad que en forma permanente es asediada por los indios del Chaco forzando a los vecinos y pobladores, como en las otras ciudades, al cumplimiento de las obligaciones de la milicia.

Una vez establecida por segunda vez la ciudad de Buenos Aires, impulsa la actividad de su puerto y la radicación de población "la contratacion que hay del Brasil con el Río de la Plata y Tucumán" pero, continúa Lizárraga, "no tiene servicio de indios, que si lo tuviera hobiera crecido mucho". Al iniciarse el siglo XVII tenía esta ciudad-puerto apenas unos 500 habitantes. No tarda en transformarse siendo el activo comercio lo que la hace progresar. Se erigió como capital de la gobernación del Río de la Plata y como cabeza del obispado. Es significativa la residencia de portugueses dedicados en particular al comercio que prontamente se unen a las familias de antigua prosapia. La población de Buenos Aires también se incrementa con el arribo de peninsulares y de extranjeros,

Fundación de Buenos Aires por Garay, *de José Moreno Carbonero.*

y con españoles y criollos provenientes de otras regiones del virreinato peruano. Albergaba una numerosa y abigarrada población pasante: mercaderes, indios de servicio, negros en tránsito, todos aquellos trabajadores ocupados en el transporte de mercaderías. En 1716, una Real Cédula de Felipe V le había concedido los títulos de 'Muy noble y muy leal ciudad' en recompensa por su actitud de resistencia frente a los avances de potencias extranjeras en territorio español. A mediados del siglo XVIII, es la ciudad más poblada, con más de 13.000 habitantes. Concolorcorvo, que no sería otro que Don Alonso Carrió de la Vandera, hizo en 1770, año de su última visita, un recuento de 22.007 habitantes, distribuidos de la siguiente forma: 3.639 hombres españoles, 5.712 hombres de tropa, clérigos, indios, negros y mulatos; 4.508 mujeres españolas, 3.985 niños de ambos sexos, 4.163 esclavos, negros y mulatos de ambos sexos.

LAS CIUDADES COLONIALES 'MOSAICO DE GRUPOS'

Un 'mosaico de grupos', formales e informales, componía la sociedad urbana colonial, en un entramado estamental semejante al de las sociedades del Antiguo Régimen europeo. En América, este mosaico se combinaba con una división legal de las dos "repúblicas" —la de los españoles y la de los indios— y múltiples y entrecruzadas diferenciaciones más o menos formalizadas basadas en el mestizaje (amplia gama muy colorida de estatuto incierto) y/o en el lugar de nacimiento (criollo y peninsular). El amplio mestizaje biológico y cultural constituye uno de los rasgos más característicos y originales de la población de las ciudades, rasgo que se va fraguando desde el momento inicial de la conquista y acarrea una problemática ética, ideológica, o simplemente práctica, tanto para la corona y sus representantes como para el conjunto poblacional mismo. Se consideran mestizos: biológicamente a las mezclas de españoles o de blancos con indios y negros; culturalmente la mezcla debió alcanzar a todas las poblaciones bajo las formas de adaptaciones, sincretismos, entendiendo que unas y otras se influyeron, se usaron entre sí en grados diferentes, se aculturaron recíprocamente. Se trataba de ordenar una sociedad en la que se iba trabando una jerarquía étnica, con una fuerte discriminación, fundada en apreciaciones de tipo económico.

Las uniones mixtas —legalizadas o no— constituyeron una moneda corriente en territorios en donde teóricamente sólo se reconocía el matrimonio cristiano, siendo el amancebamiento considerado un vicio penado por la ley y la religión. Los mestizos productos de estas uniones, a pesar de su inserción y asimilación a la vida española, despertaban fuertes recelos. Medidas discriminatorias los condenaban, en muchas ocasiones, a la marginación. Si aspiraban a ordenarse debían probar su origen preciso y legítimo, lo mismo ocurría en la concesión de repartimientos de indios y de oficios públicos. El régimen de castas se convierte en un obstáculo —franqueable por cierto— para la mestización biológica, aunque no necesariamente para la mestización cultural que encuentra un ámbito propicio en el medio urbano.

Durante los primeros tiempos, el cruzamiento étnico era muy corriente, cruzamiento que se mantuvo en el transcurso de los siglos coloniales a pesar de las restricciones impuestas por la corona y la Iglesia. La práctica de estas uniones reconoce múltiples causales: la escasez de mujeres blancas, la falta de prejuicios demostrada por los españoles, el sellamiento de las alianzas indio-blancas, la posibilidad de lograr por parte de las mujeres indias una mejor ubicación social para ellas y para su descendencia. El fenómeno se acentuaba por la destrucción que la dominación colonial producía de las unidades familiares indígenas. El sector de mestizos contribuyó numéricamente a compensar el brusco descenso de la población indígena o la escasez de ella, era el grupo más numeroso entre las denominadas *castas,* estaba ubicado en la escala social después de los blancos y conformó un sector clave en la organización económica y social de la colonia. Vistos como elementos perturbadores, se establecieron condiciones restrictivas sobre sus actividades. Muchos de estos mestizos, considerados por la sociedad como blancos, eran *blanqueados* aduciendo distintos motivos: reconocimiento familiar, mérito propio, enriquecimiento, lo que les posibilitaba franquear el peldaño étnico en la escala social.

En el Río de la Plata, como en el resto de las colonias españolas, ser blanco o descendiente de éstos, y en algunos casos ser 'blanqueado' o sólo participar —por nacimiento o educación— del ambiente en el que se desempeña la clase social dominante (a pesar de cierto porcentaje de sangre indígena o negra) significaba para un indiano —blanco residente en América— tener acceso a los cargos de la administración colonial, al comercio, a los seminarios y universidades, sectores vedados, por regla general, a los demás estratos de la sociedad colonial.

Con la fundación de las ciudades el fenómeno criollo fue adquiriendo más fuerza y rango en la dinámica interna de la sociedad colonial hispanoamericana. Desde los primeros tiempos se acusó a los 'mancebos o hijos de la tierra' de ser 'amigos de cosas nuevas', esto entrañaba un peligro para estas sociedades tradicionales apegadas a las costumbres y donde innovaciones, reclamos, todo aquello que implicara cambios en los órdenes instituidos, eran fuertemente resistidos. Los ejes de sus protestas, alegatos, demandas, giraban sobre la afirmación de una dignidad y la reivindicación de una identidad, a través de ellos bregaban por obtener el reconocimiento de sus derechos específicos. Fueron múltiples las manifestaciones de este criollismo colonial que aparecieron tempranamente en las sociedades urbanas coloniales. Uno de los tantos ejemplos lo encontramos en 1682 en un peticionante, criollo de dos generaciones con actuación capitular, que reconoce como su 'patria' a La Rioja. En la petición propone la alternancia de criollos y españoles en el desempeño de las gobernaciones o una suerte de división del trabajo entre las distintas ciudades del Tucumán, para evitar competencias ruinosas; para que "no perezca la Patria" plantea: "Que los gobernadores no sean todos de España porque no sólo a los de España prefieren en los oficios y puestos y aniquilan a los criollos, sino que en acabando uno de España entre un criollo, y este sea uno de los que fueren tenientes en todas las ciudades de la provincia, y así que acaba el gobernador se junten todos estos que han sido sus tenientes y entre ellos mismos voten por uno de ellos y el que más votos tuviere salga ése, y que voten por los criollos". En su perspectiva, como para muchos otros, la patria era la ciudad. Concepto clásico que se amoldaba a las condiciones espaciales y políticas existentes que posibilitaban el desarrollo de rasgos de cierta autonomía. Se amaba a la patria/ciudad, se bregaba por su grandeza, se participaba en su vida política, siendo su principal efecto el darle a la ciudad conciencia de sí misma.

La diferenciación establecida entre blancos, indios y las denominadas castas —las distintas mezclas raciales— implicaba una jerarquización social y económica, pero su vigencia plena no se alcanzó sino hasta el siglo XVIII, cuando comenzó a exigirse la demostración de la pureza de sangre o el documento que la acreditara. Personas de *mala raza* eran quienes poseían entre sus antecesores sangre africana, mora o judía; por esta razón estaban impedidos de contraer matrimonio con los considerados blancos. Éstos incluían a españoles, peninsulares, americanos o criollos y extranjeros. Se impuso progresivamente una diferenciación entre ellos, que variaba según la legislación de turno. Esa distinción tan neta de las castas que los españoles demarcaban entre ellos y los otros se alteró como consecuencia de la diversificación ocupacional de la población indígena, mestiza o negra (por ejemplo, los artesanos de las ciudades) y de la migración (por ejemplo, la oposición criollo/peninsular, nativo/forastero). Independientemente de las distintas oportunidades ofrecidas a españoles y criollos, ambos eran la 'gente decente', calificativo que otorgaba derechos negados a las castas y que no concordaba necesariamente con una buena posición económica. Al contar con la protección de las leyes y con las prerrogativas que los diferenciaban del resto de la población, se reservaban el ejercicio de la función pública así como el derecho de adquirir la categoría de *vecinos*.

Las diferenciaciones de la población eran más rígidas en los centros urbanos que en la campaña, donde los cánones eran aceptados más laxamente y donde las barreras sociales no podían mantenerse con la misma facilidad que en las ciudades. Estas formas de delimitación étnico-social se acentuaban en las regiones de encumbradas elites y fuerte proceso de mestización, como en Salta. Sin embargo, y a pesar de ello, las distancias —tanto de color de la piel como de las posibilidades de acceder a géneros y productos antes reservados a los grupos exclusivos de españoles y criollos— se acortaban como consecuencia del sostenido y avasallante mestizaje.

A partir de la segunda mitad del siglo XVIII, aumentó en los más grandes centros poblados el número de pobladores marginados que, sin ser negros, indígenas o mulatos, no poseían medios de subsistencia, ni estaban en condiciones de acceder a cargos públicos. Estos *blancos de orillas* se constituyeron en un problema para las autoridades y, más aún, allí donde primaba una mentalidad fuertemente prejuiciosa frente a los trabajos manuales. Los *orilleros* de las ciudades, transgresores muchos de ellos —o vistos como tales— de normas, usos y costumbres, aparecían como fuente de tensiones sociales, pero estas conductas no eran monopolio de esos grupos; durante los tiempos coloniales existieron transgresores

Españoles, *de Florián Paucke.*

de todos los sectores de la sociedad. Un caso registrado en las crónicas tucumanas ejemplifica lo expresado y se refiere a la vestimenta permitida y a las diferencias, según la condición, en los castigos que se aplicaban. Sin duda fue el calor habitual, en el mes de octubre de 1795 en San Miguel de Tucumán, lo que llevó a muchos habitantes a circular solamente con calzoncillos. Este traje, "indecente y deshonesto" y, para peor, utilizado "en presencia de mujeres jóvenes" fue prohibido por el cabildo, bajo penas diversas según fuera el infractor "gente de baja esfera" o "español", la pena de 25 azotes a la gente de baja esfera, y al español la de 4 pesos para la obra de la cárcel y 8 días de prisión por la primera vez.

Los africanos pasaron a formar parte de la sociedad colonial e influyeron en su conformación demográfica, étnica y cultural. Ser africano significaba ser esclavo. Comerciantes, funcionarios, hacendados y órdenes religiosas eran los principales propietarios de esclavos que hacían uso del sistema de alquilarlos. La libertad o emancipación del negro se daba con cierta frecuencia, no tanto en el interior como en Buenos Aires y, en particular, con aquellos que habían traspasado los límites de su edad productiva útil; también existía la posibilidad de autocompra a partir del propio trabajo del esclavo. En Buenos Aires, durante el transcurso de las dos últimas décadas del siglo XVIII, se registró un movimiento de opinión que proponía el alejamiento de los esclavos y personas de color de las actividades artesanales, sostenía que los criollos y peninsulares no realizaban trabajos manuales debido a la infamia que constituía para ellos el contacto con las castas consideradas inferiores.

En la ciudad también convivían con el blanco indígenas de variada procedencia étnica. Los grupos indígenas que habitaban la región al momento de la fundación de la ciudad no permanecieron estáticos, recibieron el aporte de nuevos contingentes, migraron, se desplazaron, incidiendo en las modalidades de articulación social que se establecieron. La posibilidad de trasladarse hacia otros sitios donde podían reproducirse biológica, económica y culturalmente, constituir nuevos grupos o integrarse en otros, para lo cual contaban con amplias tierras interiores, era sólo una posibilidad e implicaba romper con ancestrales formas de relación con el medio ambiente. En última instancia, que los indígenas perduraran dependía no tanto de la aptitud de los originarios habitantes para sobrevivir y reproducirse, sino de cómo y en qué medida se fue dando la ocupación efectiva que originó una nueva organización social del espacio en la cual el proceso de urbanización fue determinante. El reclamo insistente de los vecinos para contar con trabajadores brindaba, por un lado, un indicio de las exigencias impuestas a los pueblos indios para que acudieran al cumplimiento de trabajos en la ciudad, pero también de las dificultades que existían para obtener mano de obra de grupos que iban desapareciendo. Frente a la escasez de mano de obra, los vecinos hacían entradas en otras jurisdicciones para capturar indios por lo que eran frecuentes, en particular en las etapas iniciales, las denuncias de los capitulares de los cabildos acerca de la "saca de indios" de su jurisdicción, otro de los motivos de las constantes controversias entre las ciudades.

La convivencia originaba en muchas ocasiones lazos estrechos de relación entre blancos, negros e indios. Después de todo el señor tenía que responder por sus dependientes, por sus esclavos.

Estos lazos no excluían, de ninguna manera, el uso frecuente de la violencia. El ejercicio del dominio en un tipo de sociedad en el que la tendencia al escape, a la huida es constante, supone un ejercicio permanente de la coerción. A través de las instituciones de caridad —hospitales, hospicios, reparto de vituallas y alimentos— los señores establecían vínculos con los "pobres de la ciudad", los que eran asumidos por aquéllos como un deber al que se debía retribuir con "la gratitud y la obediencia". La hegemonía atraviesa lo público y lo privado (en realidad no existen fronteras claras en esos tiempos entre ambas esferas), al mismo tiempo que está constituida por todo un cuerpo de prácticas. Como en España, se intentaba dividir la ciudad en barrios, para su mejor organización y control, ya que el *alcalde de barrio* debía vigilar el cumplimiento de distintas normas, entre ellas las de policía de la ciudad, entendiendo por tal el orden que se debe observar y guardar "en las ciudades y repúblicas, cumpliendo las leyes u Ordenanzas establecidas para su mejor gobierno".

LAS SOCIEDADES URBANAS: EL COMERCIO, LA POLÍTICA Y LA IGLESIA

En el origen de la ciudad, un grupo humano singular se organiza sobre la base de las relaciones entre sus miembros, y también de las que existen entre éstos y los productos por ellos creados. Esas relaciones se proyectaban en distintos planos, el de la política fue uno de ellos. En torno a las ciudades es donde comenzaban a estructurarse los fundamentos de la colonización española; la organización municipal les permite, con sus privilegios, instituirse como baluartes que posibilitan un principio de control efectivo por parte de la corona de los territorios, constituyéndose en los ejes de casi toda la actividad social que trata de promover.

Las ciudades eran los núcleos básicos de un sistema político que irradiaba su dominio a un territorio más vasto. La provincia era un conjunto de ciudades, cada una de las cuales se proyectaba más allá del espacio urbano, de manera que todos los pobladores pertenecían a alguna ciudad. La ciudad era creada mediante un acto administrativo por el cual se establecía el gobierno, la jurisdicción y las atribuciones, siendo el cabildo el símbolo institucional de su existencia. El origen de esta institución es castellano y en el transcurso de los tiempos coloniales se constituyó en el actor decisivo de la vida económica, social y política por los rasgos autónomos de su funcionamiento como órgano consultivo, de petición a las autoridades, de representación de la ciudad. Las funciones de su incumbencia fueron de singular importancia: las económicas, por ser el organismo regulador del comercio dentro de su jurisdicción y estipulador de precios y aranceles; las financieras, por el cobro y la administración de los bienes de la ciudad y de los arbitrios (derechos sobre ciertos productos); las militares, por la organización de los cuerpos de milicias; las judiciales, que eran ejercidas por sus funcionarios (alcaldes ordinarios, alcaldes de la hermandad y fieles ejecutores).

Las alternativas de estas ciudades no eran muchas, debían mantenerse como centro político, administrativo, religioso, militar, etcétera, y para ello se requería la presencia de un grupo social que monopolizara el poder y que hiciera posible la producción y reproducción del núcleo urbano. Llámese elite, grupo de poder, grupo dominante, éste se conformaba y no se mantenía estático, sino que, por el contrario, mostraba un dinamismo que le permitirá probablemente autoperpetuarse o entrar en la circularidad del poder que residía en el dominio sobre la población indígena, sobre la tierra y las producciones derivadas y en su dedicación al comercio y las actividades que lo acompañaban. Debía su caudal de riqueza al ejercicio de una actividad mixta que llevaba consigo, por lo tanto, determinadas relaciones sociales establecidas entre los dueños de la ciudad y los otros grupos, que se entrelazaban por lazos de parentesco, de clientelismo, de padronazgo. El poder de la elite no era más que un aspecto, aun cuando fuera el dominante, de la complejidad de los mecanismos sociales urbanos que excedían los marcos de ese poder, un dinamismo que arrancaba de la hueste conquistadora y que se entroncaba con la conformación de la elite. Este proceso se produce en términos de una toma de conciencia crítica de su fuerza y de su identidad y que es portador de estrategias de intervención activa sobre el medio social.

En el origen de la elite se encuentran los grupos de 'beneméritos' —participantes de la fundación de la ciudad— que se fueron fusionando con los individuos y las familias que iban arribando. Estos grupos comenzaban a unirse por medio del matrimonio y vínculos parentales, al mismo tiempo que la estrategia de alianzas familiares aceleraba en forma considerable la compactación al privilegiar los lazos de sangre, de linaje, en el quehacer de los distintos aspectos de la vida urbana colonial. Familias y linajes se conformaban en fenómenos políticos e institucionales en este tipo de sociedades, pesando como arma política: la antigüedad del linaje, el "honor" de los orígenes, el provenir de los beneméritos. Durante el transcurso del siglo XVII todavía no estaba consolidada la situación de las elites urbanas rioplatenses. Se trataba, en definitiva, de sociedades cuyos perfiles sociales estaban a merced de una situación movible y fluida. De hecho, el sueño de las elites se plasmaba difícilmente, incidiendo en ello distintos factores: el crecimiento demográfico, la composición étnica, las perturbaciones socio-étnicas, el predominio notorio del mercader, la identificación algo dispersa de los otros grupos sociales provistos de filiaciones que no seguían un patrón homogéneo.

Una de las características esenciales de la elite —lo que tal vez mejor permite identificarla— era el hecho de que tenía en sus manos los resortes del poder político de la ciudad. Otra característica, que por evidente casi se deja de lado, era la de ser un grupo urbano cuya existencia y poder emanaban de la misma ciudad al encabezar las actividades productivas y las comerciales. El espacio de control de la política local es el cabildo que, al representar al conjunto de los que vivían en la ciudad, se erigía como el cuerpo político por excelencia y en un 'lugar de poder', lo cual no significaba que los miembros de la elite en todo momento quisieran ocupar o alternarse en los cargos capitulares; en ello intervenían diversas causas que obligaban a utilizar otros recursos, a manipular el poder desde otros espacios o en forma más inadvertida. Las deliberaciones y decisiones de ese cuerpo trasuntan las controversias y pujas no sólo de sus miembros sino de los círculos de la elite y sus facciones. Todos estos elementos conformaban el proyecto social de las elites coloniales en su versión de un orden urbano. La identificación de esos elementos y el análisis de sus funciones permiten develar la naturaleza de las estrategias dominantes y sus limitaciones. Durante la colonia, existían estrechos vínculos entre las elites locales y la administración colonial, y era fuerte la influencia que ejercían aquéllas sobre las magistraturas. Incidían en esto varios factores: la venta de cargos y nombramientos posibilitaba a criollos encumbrados acceder al control de los cabildos y a las más altas magistraturas; las alianzas establecidas entre los funcionarios con los grupos locales a través de una trama de relaciones personales. Se generaba entonces una doble lealtad: hacia las autoridades metropolitanas y hacia los sectores de poder locales. Estas formas de hacer política se enquistaban en la sociedad y favorecían el fenómeno de la corrupción, permitida por la corona e inherente al mismo sistema colonial. Durante el siglo XVIII, a pesar de suprimirse la venta de los cargos y de encararse medidas de saneamiento administrativo, los bajos sueldos de los funcionarios, la obligación de depositar altas fianzas, mantenían y aun reforzaban la corrupción del cuerpo administrativo y las formas de clientelismo entre los funcionarios y los grupos poderosos locales.

Se hace imposible aislar a los núcleos urbanos de su territorio agrario porque éstos, al concentrar la producción mercantil especializada destinada a realizarse en el mercado interno, reflejan la vitalidad económica del contorno rural. En esos núcleos residían los grandes propietarios rurales, que eran algunos de quienes controlaban el poder político urbano y, desde allí, ejecutaban políticas destinadas a impulsar la economía de la región al mismo tiempo que defendían sus propios intereses. La ciudad colonial estaba atravesada por el campo —animales que deambulaban por las calles, huertos y chacras, arrieros y cargueros— de modo que no siempre era posible saber dónde comenzaba y dónde terminaba el espacio urbanizado; las costumbres de todos los sectores urbanos se encontraban marcadas por ese trato constante con el mundo rural. Se observa que la vida de la ciudad constituía un complemento y al mismo tiempo un estructurador del mundo agrario, lo que puede apreciarse desde distintas perspectivas.

Tanto los sectores dominantes como los subordinados mantuvieron vínculos estrechos con el campo. Los propietarios de estancias tenían casas en la ciudad, algunos artesanos cuidaban de sus chacras o criaban aves u otros animales, en otros casos la actividad artesanal estaba a cargo de familias campesinas ubicadas en las cercanías de las ciudades que dependían del centro urbano para su realización. Los indígenas eran ocupados en servicios, en actividades de construcción y de reparación de edificios y obras públicas. Si bien el sistema de intendencias, una de las reformas político-administrativas de los Borbones, tuvo una influencia clara a la hora de provocar cambios y mejoras en el espacio urbano, con todo la ciudad colonial no acabó de desprenderse de sus modos y costumbres rurales.

Los comerciantes ocupaban un lugar peculiar en la sociedad colonial urbana por sus funciones en los intercambios y en el crédito, por su relación con el poder político. La interrelación entre las elites económicas y el aparato administrativo en su conjunto —desde las instancias burocráticas locales, los cabildos, hasta las más altas, audiencias y virreinatos, pasando por gobernadores, corregidores, funcionarios de todo tipo, comprendiendo asimismo la organización eclesiástica— se fue entretejiendo por distintos factores, entre otros por la lejanía de los centros de decisión y de poder, por las dificultades en las comunicaciones, por la corrupción estructural de la burocracia.

Precisemos en el caso de Buenos Aires la vinculación con el contrabando. En el siglo XVII, Buenos Aires era aún un poblado periférico al área peruana que se articulaba alrededor de la minería de la plata y del centro administrativo y comercial de Lima. Al mismo tiempo, Buenos Aires era una puerta abierta al comercio ilegal en el que participaban holandeses, portugueses, franceses, ingleses, quienes cubrían las necesidades que los mercados tenían sobre todo de proveerse de "bienes de Castilla" (mercaderías europeas) más baratos y de esclavos, al exportar en forma clandestina y en mejores condiciones los metales preciosos extraídos del Alto Perú, evadiendo el monopolio establecido por España en sus colonias. El incremento de esta actividad ilícita favoreció el surgimiento y consolidación de un grupo poderoso de comerciantes-contrabandistas que, avanzado el siglo XVIII, competían con los comerciantes de Lima atrayendo bajo su órbita a otras ciudades. La implementación de las reformas borbónicas aceleró la preeminencia comercial y política de Buenos Aires. Junto con la alta burocracia, los grandes comerciantes se conformaron en un elemento fundamental de la vida social y política de la ciudad y del virreinato, grupo que se potenció con la llegada de inmigrantes procedentes de la pujante Cataluña y de las tierras cantábricas. La hegemonía del sector mercantil aparece como una consecuencia del orden colonial que ha propiciado el ascenso. "Hay muy buenos caudales de comerciantes —registra Concolorcorvo en 1773— y aun en las calles más remotas se ven tiendas de ropas que creo que habrá cuatro veces más que en Lima, pero todas ellas no importan tanto como cuatro de las mayores de esta ciudad, porque los comerciantes gruesos tienen sus almacenes con que proveen á todo el Tucumán y algo más". A pesar de lo cual, todavía la presencia de los comerciantes de Lima, capital del Virreinato del Perú, se hacía sentir en lo que será el territorio argentino.

El transcurrir de la vida colonial está impregnado de un halo de religiosidad. El poder de la Iglesia era considerable, sus miembros ejercían una gran influencia en la sociedad por su papel de educadores, directores espirituales y consejeros. Dicho poder estaba representado por el alto y bajo clero y por un importante número de órdenes religiosas —franciscana, jesuita, agustina, dominica, entre otras— instaladas en colegios, conventos, reducciones, que manejaban un cuantioso patrimonio. El obispo era la pieza esencial de la vida eclesiástica de cada diócesis, dependían de él el clero secular y también el regular a través de la parroquia o de la doctrina. En el medio urbano, la parroquia tenía como misión esencial trasplantar y conservar la fe de la comunidad. Alrededor de los claustros se formaban agrupaciones de apoyo con distintos objetivos, con sus santos que las presidían, sus reglamentos, sus códigos que reglaban la vida de sus devotos integrantes. Las numerosas cofradías existentes en todas las ciudades bajo la advocación del Santísimo Sacramento, de Nuestra Señora del Rosario, la Santa Vera Cruz, la limpia Concepción, Nuestra Señora del Carmen, etcétera, agrupaban prácticamente a toda la población. A través de la predicación, de la educación, de los preceptos por guardar, de la censura, del castigo de la excomunión, de las penas pecuniarias, la existencia misma estaba condicionada por el poder eclesiástico.

Entre los funcionarios de la administración colonial y los miembros jerárquicos del clero —obispos y padres provinciales de las distintas órdenes— se suscitaban frecuentes conflictos motivados, entre otras causas,

EL LAZARILLO
DE CIEGOS CAMINANTES
desde Buenos-Ayres, hasta Lima con sus Itinerarios según la mas puntual observacion, con algunas noticias utiles á los Nuevos Comerciantes que tratan en Mulas; y otras Históricas.
SACADO DE LAS MEMORIAS QUE hizo Don Alonso Carrió de la Vandera en este dilatado Viage, y Comisión que tubo por la Corte para el arreglo de Correos, y Estafetas, Situacion, y ajuste de Postas, desde Montevideo.

POR
DON CALIXTO BUSTAMANTE CARLOS Inca, alias CONCOLORCORVO Natural del Cuzco, que acompañó al referido Comisionado en dicho Viage, y escribió sus Extractos.

CON LICENCIA.
En Gijon, en la Imprenta de la Rovada. Año de 1773.

Portada de El lazarillo de ciegos caminantes, *de Concolorcorvo.*

Indumentaria de los jesuitas y sus alumnos con traje de calle en Córdoba, *siglo XVII, acuarela de Florián Paucke.*

por cuestiones de preeminencia, de jurisdicción, por las rentas de la iglesia. De éstas, dos fuentes eran importantes: el diezmo y el producto de los servicios religiosos. Esos conflictos trascendían muchas veces el ámbito estrictamente religioso para convertirse en motivo de enfrentamientos facciosos. La crónica de estos conflictos es interesante, descubre muchas facetas de la vida social y política. Toda la ciudad entraba en entredicho, las excomuniones y los decretos de represalia se entrecruzaban. Desde el púlpito, los frailes amonestaban a funcionarios y vecinos, llegaban a azuzar los ánimos con frases imprudentes; los gobernadores en represalia dictaban órdenes de encarcelamiento a religiosos, o prohibían a los militares y a sus familias ser enterrados en tal iglesia o celebrar la fiesta de tal cofradía. A su vez los obispos, al avanzar sobre la etiqueta oficial, no permitían a los gobernantes poner su sitial en la iglesia, o invadían la jurisdicción oficial proveyendo cargos en curatos, capellanías sin aviso previo, sin respetar el Real Patronato. Providencias dictadas por los funcionarios reales, como la del virrey Vértiz, que autorizaba bailes de máscaras y representaciones dramáticas, eran criticadas por algunos religiosos que las consideraban inmorales y perturbadoras de las conciencias de los pobladores. Un hecho tan significativo como la expulsión de la orden jesuita en el Imperio español, ordenada por Carlos III en 1767 en el marco de las reformas llevadas a cabo por los Borbones, y la consecuente apropiación y el reparto de sus bienes, provocó verdadero revuelo en la sociedad colonial y una serie de pleitos que incumben a miembros de las burocracias y de las elites locales.

REPRESENTACIONES DE LO URBANO. MIRADAS INTERIORES, CRONISTAS, VIAJEROS

Mucho de rito, gestos y ademanes formales acompañaban la liturgia fundacional que junto con el hecho mismo representaban el acto innovante y crucial de la conquista/colonización. Así la describe Bernardo de Vargas Machuca, en su *Milicia y descripción de las Indias*:

"En medio de lo más llano, hará hacer un gran hoyo, teniendo cortado un gran tronco de árbol, tan largo que después de metido en tierra sobresale estado y medio, el cual los mismos caciques y señores ... lo alzarán juntamente con algunos españoles, poniendo las manos también en él nuestro caudillo ... El cual palo meterán en el hoyo, y luego lo pisarán dejándolo derecho y bien hincado. Y luego, haciéndose la gente afuera, el caudillo tomará un cuchillo y le hincará en el palo, volviéndose a todo el campo, dirá: caballeros, soldados y compañeros míos y los que presente estáis, aquí señalo horca y cuchillo, fundo y sitio la ciudad de ... la cual guarde Dios por muchos años ... Y luego, armado de todas sus armas, pondrá mano a su espada y haciendo con ella el campo bien ancho, entre la gente, dirá arrebatándose de cólera: caballeros, ya tengo poblada la ciudad de ... en nombre de Su Majestad, si hay alguna persona que lo pretenda contradecir salga conmigo al campo, donde lo podré batallar ... porque en su defensa ofrezco morir ... defendiéndola por el Rey, mi señor; lo cual dirá tres veces, y todos dirán y responderán cada una vez que hiciese el reto: la ciudad está bien poblada, viva el Rey nuestro señor; y por lenguas lo dará a entender a los señores de la tierra..."

El acto de fundación inauguraba en estas tierras el espacio urbano trasplantando sus actores, extraídos de un mundo esencialmente rural, la concepción de la ciudad como un lugar paradisíaco. Bien podía creerse al leer los escritos coetáneos que las primeras fundaciones habían de hacerse en el mismísimo Edén o poco más o menos. Las imágenes proyectaban los propios deseos de los fundadores y su voluntad de complacer a la corona, cuando no de seducirla. Seducción que encerraban las leyendas que prontamente circulaban, que abonaban la imaginación y que tentaban a emprender largos viajes. El proceso de fabulación en los textos es evidente y representa una suerte de espejismo desplegado ante las miradas de los otros entre los que entra la corona. El prototipo de estos espejismos era la Ciudad de los Césares, Linlil, Trapalanda o de la Sal, una ciudad encantada, pródiga en riquezas, buscada entre otros por el capitán Francisco César de la expedición de Gaboto y que, como leyenda y como fantasía, alimentó esperanzas y perduró a lo largo de los tiempos.

Frente a un horizonte pletórico de ilusiones se vivían las crudas realidades. La primera Buenos Aires levantada "como una casa fuerte para nuestro capitán Don Pedro Mendoza, y un muro de tierra en torno a la ciudad, de una altura como la que puede alcanzar un hombre con una espada en la mano. Este muro era de tres pies de ancho y lo que hoy se levantaba, mañana se venía de nuevo al suelo; además la gente no tenía qué comer y se moría de hambre y padecía gran escasez, al extremo que los caballos no podían utilizarse. Fue tal la pena y el desastre del hambre que no bastaron ni ratas ni ratones, víboras ni otras sabandijas, hasta los zapatos y cueros, todo tuvo que ser comido", según relata Ulrico Schmidl, el soldado bávaro que vino al Río de la Plata con esa expedición.

¿Qué utopías guiaron este proceso fundacional factibles de realización por parecer un mundo nuevo, casi virgen, casi una tabla rasa? En ella, hechos de armas son acompañados por un trazado en damero que expresa lo que está adentro y lo que queda afuera, la civilización y la barbarie, el modelo de la cultura madre frente a lo opuesto, lo discordante. Los hombres que lo trazaron pronto fueron desbordados, bregando por la cotidiana existencia; sin embargo, pretendieron dar una imagen de la geografía que pudiera ser una información idónea para concebir práctica y ordenadamente un asentamiento colonial fecundo. Describen a las ciudades con abundancia de frutos y pobladas de hombres diestros para las distintas faenas, tratando de encontrar en ellas rasgos similares al modelo ibérico que pretendían alcanzar y que se mezcló verborrágicamente con los componentes locales.

Tiempo después de establecidos los primeros asentamientos se siguió hablando del paraíso. Así lo hace fray Antonio Vázquez de Espinosa con La Rioja, quien no deja de alabar su clima, sus huertas de naranjos, cubiertos de azahares, y demás árboles de España y otras tierras cargados de frutas e impregnados de exquisitas fragancias "que parecen aquel paraje el paraíso terrenal", reafirmando que la ciudad "es un pedazo de cielo". Espinosa es un carmelita descalzo natural de Jerez de la Frontera, gran observador, muy curioso y prolijo en sus observaciones, cuyas impresiones de viajes por el territorio argentino y otras partes de Hispanoamérica fueron recogidas a principios del siglo XVII en el *Compendio y descripción de las Indias Occidentales*. También en la *Descripción* de Lizárraga, con especificaciones topográficas bastante precisas, donde el objeto ciudad se contempla desde las personas, nombre, emplazamiento, materia, reliquias que la santifican. Ese objeto ciudad está rodeado en su exterior por una hermosa y fértil naturaleza, por donde incursionan tribus de salvajes. Se da cuerpo a un esquema, a un conjunto de fragmentos descriptivos a través de los cuales se construye una representación de la realidad.

Ya casi a fines del período colonial, las imágenes que recoge Concolorcorvo podemos decir, con prudencia, que tienen un mayor grado de realismo. Este autor describió el itinerario seguido desde Buenos Aires a Lima en *El lazarillo de ciegos caminantes* (1773), ameno libro que no tiene casi parangón entre la literatura relativa a viajeros coloniales; las descripciones y las anécdotas hechas con muy buen humor brindan un cuadro pintoresco y realista de las ciudades que visita. Buenos Aires es una ciudad que "está bien situada y delineada á la moderna, dividida en cuadras iguales y sus calles de igual y regular ancho, pero se hace intransitable á pie en tiempo de aguas, porque las grandes carretas que conducen los bastimentos y otros materiales, hacen unas excavaciones en medio de ellas en que se atascan hasta los caballos é impiden el tránsito á los de á pie, principalmente el de una cuadra á otra, obligando á retroceder á la gente, y muchas veces á quedarse sin misa cuando se ven precisados á atravesar la calle". Hay que tener en cuenta, no obstante, la complejidad del cuadro social urbano: la diversidad de tamaño, de formas de integración, de estructura, de riqueza, de potencial cultural que hacen a sus diferencias, a sus especificidades, a su propia e irrepetible historia.

BIBLIOGRAFÍA

Arcondo, Aníbal, *El ocaso de una sociedad estamental. Córdoba entre 1700 y 1760*, Universidad Nacional, Córdoba, 1992.

Assadourian, C. S.; Beato, G. y Chiaramonte, J. C., *Argentina de la conquista a la independencia*, Hispamérica, Buenos Aires, 1986.

Buenos Aires historia de cuatro siglos. I, Directores José Luis Romero, Luis Alberto Romero, Abril, Buenos Aires, 1983.

Canal Feijoo, Bernardo, *Teoría de la ciudad argentina. Idealismo y realismo en el proceso constitucional*, Sudamericana, Buenos Aires, 1951.

De Solano, Francisco (coord.), *Estudios sobre la ciudad iberoamericana*, Consejo Superior de Investigaciones Científicas, Instituto "Gonzalo Fernández de Oviedo", Madrid, 1983.

Durston, Alan, "Un régimen urbanístico en la América Hispana colonial: el trazado en damero durante los siglos XVI y XVII, en *Historia*, vol. 28, Santiago de Chile, 1994, págs. 59-115.

García, Juan Agustín, *La ciudad indiana. Buenos Aires desde 1600 hasta mediados del siglo XVIII*, Antonio Zamora, Buenos Aires, 1955.

Hoberman, Louisa S. y Socolow, Susan M., *Ciudades y sociedad en Latinoamérica colonial*, Fondo de Cultura Económica, Buenos Aires, 1992.

Ledrut, Raymond, *El espacio social de la ciudad. Problemas de la sociología aplicada en el orden urbano*, Amorrortu, Buenos Aires, 1974.

Levillier, Roberto, *Orígenes argentinos. La formación de un gran pueblo*, Casa Editorial Eugène Fasquelle. París-Buenos Aires, 1912.

Morse, Richard M., "El desarrollo urbano de la Hispanoamérica colonial", en Bethell Leslie, ed. *Historia de América Latina*, vol. 3, Cambridge University Press-Ed. Crítica, Barcelona, 1990.

Romero, José Luis, *Latinoamérica: las ciudades y las ideas*, Argentina, Siglo XXI, 1986 (1ª ed. 1976).

Torre Revello, José, *La sociedad colonial (páginas sobre la sociedad de Buenos Aires entre los siglos XVI y XIX)*, Pannedille, Buenos Aires, 1970.

V

El Río de la Plata en la economía colonial

por VILMA MILLETICH

Forma de los ingenios en que se muelen los metales de plata en la Ribera de Potosí. De la historia de Arzans de Orsua y Vela.

LA PENÍNSULA IBÉRICA EN LA ÉPOCA DE LOS REYES CATÓLICOS

A mediados del siglo XV la península ibérica estaba integrada por cuatro reinos cristianos —Portugal, Aragón, Navarra y Castilla— y el reino moro independiente de Granada. En el oeste, el reino de Portugal se había conformado durante la reconquista del territorio en poder de los musulmanes a mediados del siglo XIII. En el este, el reino de Aragón incluía a Valencia y a Cataluña y sus reyes gobernaban un imperio mediterráneo que incluía las islas Baleares, Sicilia y Cerdeña. Al noroeste y recostado sobre los Pirineos estaba el reino de Navarra. En el centro, de norte a sur, se extendía el reino de Castilla, un conjunto de territorios adquiridos durante la larga reconquista de los territorios en poder de los musulmanes.

El matrimonio de Isabel de Castilla y Fernando de Aragón (1469) creó un formidable bloque de poder que pronto empezó a crecer más allá de sus fronteras. Los Reyes Católicos, título que más tarde confirió a la pareja el papa Alejandro VI, gobernaron en conjunto los territorios más extensos y ricos de la península durante las últimas décadas del siglo XV. Aun cuando cada uno intervenía activamente en los negocios del reino del otro, la unión de las dos coronas era personal y no institucional: Castilla y Aragón siguieron conservando sus propias fisonomía y leyes.

Los europeos del siglo XV utilizaban el término España para designar tanto a Castilla como al conjunto de posesiones de los Reyes Católicos, pero el nombre alude erróneamente a una unidad política inexistente en la época. Por otra parte, la separación legal del imperio de Castilla en América y el de Aragón en el Mediterráneo señala que no era inevitable la creación de la España moderna a partir del matrimonio de Isabel y Fernando.

La España del siglo XV formaba parte de Europa pero también estaba vinculada tanto con el mundo islámico como con África y con las islas del Atlántico y, a través del comercio, con todo el Viejo Mundo; estaba bien preparada —tanto por su historia como por vocación— para el dominio de territorios extraños.

Los comerciantes de Barcelona, Mallorca y Valencia estaban presentes tanto en el Mediterráneo como en la Europa atlántica operando en diversas redes comerciales desde la costa sur de Francia al norte de Italia, desde las islas de Córcega y Cerdeña a Sicilia y también en el Mediterráneo islámico con enclaves en Alejandría y Damasco. Asimismo ocuparon una serie de puntos estratégicos en el norte de África que les permitían tener acceso a diversos productos tropicales y, especialmente, al oro del África occidental. Los mercaderes de las ciudades del reino de Aragón desarrollaron vínculos comerciales en la Europa nordoccidental con establecimientos en Brujas y Amberes. También estaban presentes en número considerable en Sevilla y en Lisboa.

El comercio exterior castellano se desarrolló junto con las peregrinaciones religiosas que se dirigían al sepulcro de Santiago en el extremo nordoccidental de la península. La catedral de Santiago de Compostela era el punto de llegada de los peregrinos que hacían el siguiente camino desde París: corría hacia el sur a través de la Francia occidental, entraba a España por el paso de Roncesvalles —en los Pirineos— para después dirigirse hacia el oeste atravesando el norte de España, pasando por muchas ciudades y monasterios famosos. Desde antes del siglo XII los comerciantes se habían unido a los peregrinos vinculando Castilla con Francia y con el resto de Europa.

Hacia el siglo XV las relaciones comerciales estaban muy desarrolladas, las ferias integraban el comercio interior y exterior de Castilla. La feria de Medina del Campo se realizaba en la primavera y en el otoño reuniendo en la ciudad a los comerciantes peninsulares de Sevilla, Burgos, Valencia, Barcelona, Lisboa con los que venían desde Flandes, Florencia, Génova, Portugal, Irlanda.

La costa atlántica definía otro circuito comercial del reino de Castilla, éste se extendía desde los puertos del Cantábrico a la costa de Francia y a Flandes, las islas Británicas y el mar del Norte. El centro de estos tráficos era la ciudad interior de Burgos, cuyos comerciantes casi monopolizaban las exportaciones de la lana castellana y del hierro de las montañas de la costa norte asegurando el transporte de estas mercancías mediante acuerdos con armadores, marinos y propietarios de barcos de la costa.

Castilla era una de las principales productoras de la lana en bruto que abastecía a las manufacturas textiles de Europa occidental. El avance de la frontera a lo largo del secular proceso de la Reconquista alentó el surgimiento de un régimen de propiedad de la tierra en grandes extensiones con alta concentración y el subsiguiente desarrollo de los grandes rebaños de ovejas para ocupar las tierras recién conquistadas. En el siglo XIII los ganaderos ovinos se habían organizado en una poderosa corporación, la Mesta, que se ocupaba de sus asuntos y defendía sus privilegios. En las postrimerías del siglo XV los grandes rebaños de ovejas dejaban las tierras de Castilla la Vieja a comienzos del otoño para invernar en Extremadura, Andalucía y Murcia y regresar al norte en la primavera siguiente. En determinados lugares del camino los oficiales reales recaudaban los derechos de servicio y montazgo que debían pagar los rebaños. En Castilla los derechos de pastoreo estaban por encima de cualquier otro derecho sobre la tierra, por eso la corona apoyaba a los ganaderos en sus conflictos con los labradores. La Mesta tenía el derecho de pastar sus rebaños en las tierras baldías y en las comunales pero de hecho impedía la delimitación de las tierras para los cultivos agrícolas perjudicando de esta manera la producción de cereales.

La producción de lana y su comercialización se convirtieron en los elementos más importantes de la economía castellana en el siglo XV. Si bien el comercio de la lana no integró los tráficos transatlánticos de España en el siglo siguiente, las habilidades requeridas para el comercio internacional y la economía pastoril jugarían roles importantes en la economía de las colonias americanas.

Los barcos que transportaban las exportaciones castellanas se construían en el puerto de Bilbao, en la provincia vasca de Vizcaya. En la región se obtenía la mayor parte de las materias primas necesarias para la industria naval y el agua y el combustible para la fundición del hierro de sus yacimientos. Aunque gran parte del hierro se exportaba a cambio de los alimentos que escaseaban en el interior montañoso, localmente se producían cuchillos, implementos agrícolas, anclas y armas. Los astilleros de la costa vizcaína, además del hierro, contaban con depósitos de maderas buenas para la construcción de las embarcaciones que navegaban por las rutas marítimas.

Los circuitos comerciales meridionales tenían como centros de operaciones los puertos de Sevilla y Cádiz en la costa sur del Atlántico y Cartagena en la costa sudeste del Mediterráneo. Prácticamente todos los barcos cristianos que navegaban a través del estrecho de Gibraltar se detenían en alguno de estos puertos. Los productos del sur de Castilla —sal, cereales, granos, aceite de oliva, lana, seda, vino— generalmente navegaban hacia la península itálica. Las cargas del retorno se integraban con manufacturas italianas, especias y otros productos orientales que los italianos obtenían en el este. La mayoría de los genoveses y otros italianos residentes en Castilla comercializaban los productos del sur en los mercados del norte de Europa. Aunque los mercaderes españoles del sur participaban en estos tráficos, carecían de las conexiones internacionales de los italianos o de los burgaleses y de los de la Castilla del norte.

Desde el siglo XIII había un barrio genovés en Sevilla y sus ricos comerciantes se vincularon por medio del matrimonio con la nobleza local. En el siglo XV estaban firmemente establecidos en Sevilla, donde prosperaron como banqueros y monopolizaban ciertas mercancías, entre ellas el mercurio de las minas de Almadén, además de compartir el control del comercio del vino de Jerez de la Frontera con los florentinos. El comercio castellano del Mediterráneo incluía también a extranjeros oriundos de Pisa, Milán y Venecia, así como a ingleses, portugueses y franceses sin que faltaran catalanes, burgaleses y sobre todo cantábricos.

Una variedad de aspectos de las prácticas comerciales castellanas sería especialmente útil en el momento de establecer y mantener el comercio regular con las Américas. Entre los más obvios se incluyen las organizaciones de comerciantes, una serie de leyes mercantiles y los seguros marítimos, las destrezas marineras y una tradición en la construcción de barcos, la experiencia con la guerra y la piratería en un contexto comercial, puertos que podían resolver todas las cuestiones del comercio de larga distancia, una tradición de financiamiento de viajes a parajes lejanos así como vinculaciones con la comunidad banquera internacional.

En las postrimerías del siglo XV los súbditos de los Reyes Católicos navegaban hacia zonas desconocidas del Atlántico y ya se habían dado los primeros pasos en las conquistas ultramarinas en las islas Canarias y en África. Los castellanos se interesaron en África después de haberse establecido en las Canarias y a mediados del siglo ya existía una ruta regular que desde Senegal pasaba por las Canarias y llegaba a Cádiz transportando esclavos, marfil y, especialmente, oro. En las islas Canarias los europeos obtenían azúcar y los tintóreos que requería la manufactura textil.

Una tradición mercantil y la experiencia marinera estuvieron presentes desde el principio en la conquista y colonización de América. En las regiones más remotas del Nuevo Mundo los comerciantes españoles establecieron tráficos regulares aun antes de que las Indias hubieran sido estabilizadas políticamente.

LOS METALES PRECIOSOS Y LA OCUPACIÓN DEL ESPACIO

El proceso de descubrimiento, conquista y colonización de los territorios americanos fue un aspecto de la expansión marítima y comercial de Europa emprendida por la península ibérica. En la España de los Reyes Católicos los ideales renovados de la cruzada y el imperio se trasladaron al Nuevo Mundo. La experiencia adquirida en el avance de la frontera interior proporcionó una serie de herramientas y habilidades que serían de gran utilidad en la empresa americana. En los cincuenta años posteriores al descubrimiento la corona castellana exploró territorios desconocidos hasta entonces, conquistó imperios poderosos y construyó un imperio colonial. Una vez superada la etapa antillana, la expansión sobre la masa continental se aceleró dramáticamente. Entre 1520 y 1540 se conquistaron las zonas continentales de meseta —desde México hasta el Alto Perú— que se convertirían en los núcleos centrales del Imperio español americano durante los tres siglos siguientes.

Las tierras altas de México y Perú estaban habitadas por poblaciones densas con una organización social compleja y en esas mismas regiones se encontraron los yacimientos de metales preciosos, la mercancía americana más buscada por los europeos de la época.

La expedición de Pizarro, la conquista del Imperio inca (1531-1533) y el descubrimiento del excepcional yacimiento de plata del cerro de Potosí marcaron un cambio en el ritmo de la expansión territorial. La penetración en los territorios que se extienden al sur del Alto Perú, carentes de metales preciosos y habitados por poblaciones poco numerosas y dispersas de agricultores primitivos, cazadores y recolectores nómades, fue más lenta y obedeció a las estrategias y necesidades del núcleo central.

La fundación tardía de las ciudades de Córdoba, Santa Fe, Buenos Aires, Salta, La Rioja y Jujuy en la región conocida como el Tucumán representó la culminación del esfuerzo colonizador de los españoles en la búsqueda del Atlántico. En el último tercio del siglo XVI se configuró la ruta que unía el Río de la Plata con el Alto Perú y Lima.

A fines del siglo XVI el sur del Imperio americano de España estaba organizado en tres distritos administrativos, Cuyo y las gobernaciones del Tucumán y del Río de la Plata —con el Paraguay, el litoral, Chaco y Buenos Aires—. Los tres distritos estaban sujetos en lo político al Virreinato del Perú, en tanto que para las cuestiones judiciales el Tucumán y el Río de la Plata dependían de la Audiencia de Charcas y Cuyo de la de Lima.

LA PRODUCCIÓN DE PLATA, EL COMERCIO ULTRAMARINO Y LA CONFIGURACIÓN DEL ESPACIO PERUANO

La experiencia española en el Nuevo Mundo giró en torno a los metales preciosos. El oro y la plata tomados como botín por los conquistadores después de los primeros contactos con los nativos en las islas del Caribe, en Nueva España y Nueva Granada, estimularon la búsqueda de las fuentes que los producían.

El primer auge minero del Nuevo Mundo se produjo en el Caribe y estuvo relacionado con el oro. No se trataba de verdaderos yacimientos, sino placeres que producían una riqueza considerable de una sola vez. Con un equipo sencillo y escasa capacidad técnica era posible cavar en la arena o bien cernir el agua de los torrentes que bajaban de las montañas para encontrar pequeñas partículas de oro. Años más tarde, ya en el continente también se encontraron yacimientos de oro en México, América Central, Nueva Granada, Chile central y Perú.

Las láminas y pepitas de oro podían esconderse con facilidad ante los oficiales reales encargados de recaudar el quinto real, la regalía correspondiente a la corona, por lo que las estimaciones de la producción y acuñación colonial de oro basadas en las cifras de recaudación regia son poco confiables. Antes de 1550 se exportaron legalmente más de cinco millones de pesos en oro desde México y otros diez millones desde Perú, gran parte de los cuales fueron producto del saqueo a los nativos. Las exportaciones de oro posteriores decayeron.

Potosí según la reducción de un lienzo dibujado por Francisco Tito Yupanqui, según Fr. J. Viscarra.

No había concluido aún el ciclo del oro cuando hacia 1530 se descubrieron en las cercanías de la ciudad de México los primeros yacimientos de plata de Nueva España, a los que se sumaron en las décadas siguientes las ricas minas de Zacatecas, Guanajuato y Sombrerete en la frontera norte del Virreinato. En América del Sur ya se habían descubierto los principales depósitos de plata en la región de Charcas. Hacia 1538 los españoles estaban explotando los antiguos yacimientos incas de Porco y en 1545 se descubrió en el cerro de Potosí el depósito de minerales de plata más rico del continente.

La plata, a diferencia del oro, sólo ocasionalmente se encontraba en bruto, siendo lo más común hallarla combinada con otras sustancias. En consecuencia, el proceso de extracción y refinación de la plata requería considerables inversiones de capital en herramientas, tecnología y materias primas, así como el empleo extensivo de mano de obra. Por otra parte, dado que los yacimientos más ricos en los dos virreinatos se descubrieron en territorios inhóspitos y carentes de poblaciones sedentarias, los efectos de la minería de la plata tuvieron consecuencias profundas y de larga duración sobre la sociedad y la economía coloniales. Los caminos y el comercio se extendieron rápidamente para satisfacer la demanda minera. Las importaciones de textiles europeos, vinos y hierro de España, esclavos de África, especias y sedas del Oriente afluyeron pronto a las poblaciones mineras. Todos estos bienes eran pagados con los metales americanos, principalmente plata, que por ello tendía a salir del continente. Pero los efectos de la industria minera también estimularon el surgimiento de una diversidad de actividades productivas en el espacio americano, en tanto las regiones cercanas, así como otras más alejadas de los centros mineros, se organizaron para producir los alimentos, combustibles y telas que aquéllos consumían. El cultivo de granos en el Bajío, Michoacán y Cochabamba, la elaboración de vinos en la región de Cuyo y en la costa peruana y chilena, los textiles en el Cuzco, Quito y el Tucumán, la cría de ganado vacuno y mular en el Río de la Plata, la yerba en el Paraguay, todos respondieron a la atracción de los metales preciosos.

La producción de plata americana experimentó un crecimiento sostenido durante los últimos años del siglo XVI para alcanzar su máximo en las primeras décadas del siglo XVII a lo que el Perú contribuyó en gran medida. Luego, siguió una larga etapa de contracción en los dos virreinatos, aunque en Nueva España la recuperación fue más rápida. En el siglo XVIII se produjo un crecimiento dramático de la producción de plata, en Perú se alcanzaron los valores máximos del siglo anterior y en México al boom de las primeras décadas siguió un incremento sostenido que superó por más de seis veces los valores alcanzados en los últimos años del siglo XVII. En la década de 1670 la plata mexicana había superado a la peruana y a fines del siglo XVIII los yacimientos mexicanos producían más del doble de lo que se obtenía por aquel entonces en los distritos mineros de los Virreinatos del Perú y del Río de la Plata en conjunto.

EL SISTEMA COMERCIAL ESPAÑOL: LA CARRERA DE INDIAS

El primer flujo comercial desde España hacia América se relaciona con el oro, y cuando esa etapa se agotó, la corona dedicó sus mayores esfuerzos a la minería de la plata. Las minas constituyeron el motor básico de la actividad económica, al proveer el principal producto de exportación y el dinero circulante. No había concluido aún la etapa de conquista del territorio americano cuando la corona diseñó el sistema comercial que habría de vincularla con el Nuevo Mundo. Desde el principio las relaciones comerciales entre la corona y sus posesiones ultramarinas adoptaron la forma de un rígido monopolio en el cual la activa participación de la iniciativa privada no alteraba el principio del exclusivismo. El comercio con las Indias estaba reservado únicamente a los súbditos de la monarquía española y la exclusión de cualquier otro país o Estado se basaba en el derecho adquirido por la prioridad del descubrimiento y la conquista.

Aunque durante los primeros tiempos las relaciones comercia-

Flota rumbo a España, detalle de la obra del padre Tomás Gage.

les entre la metrópoli y los territorios ultramarinos no estuvieron sujetas a ningún tipo de reglamentación, el aumento del número de expediciones y el consecuente incremento del volumen del comercio impulsaron el dictado de reglamentaciones para organizar el tráfico. Así, en 1503 se creó la Casa de Contratación, institución que se ocuparía de todas las cuestiones relacionadas con el comercio y la navegación a las Indias. Sin embargo, hasta mediados del siglo XVI la navegación atlántica se practicaba en navíos aislados sin ningún tipo de protección y no existían comunicaciones regulares. Recién entre 1561 y 1566 se dictaron las reglamentaciones que organizaron el método de navegación, transporte y comercio entre España y sus Indias. Las Ordenanzas establecieron la salida obligatoria de dos flotas anuales desde el puerto sevillano de Sanlúcar de Barrameda. La "flota" debía zarpar en la primavera con destino a Veracruz para abastecer de productos europeos a Nueva España. Los "galeones", así llamados porque los barcos navegaban escoltados por una armada real compuesta por navíos de guerra, partían en el verano con destino a Nombre de Dios (Portobelo, después de 1593) para surtir al Virreinato del Perú y a todos los otros territorios de la América del Sur española. En Veracruz y en Portobelo los comerciantes de ambas márgenes del Atlántico intercambiaban mercancías europeas por la plata americana y algunos productos de menor valor. Ambas flotas debían pasar el invierno en Indias y regresar juntas en el mes de marzo desde el puerto de La Habana. Los comerciantes nucleados en los consulados de México y Lima compraban al por mayor los productos importados, y luego los transportaban a sus almacenes ubicados en las capitales de los virreinatos. Una vez allí, las mercancías eran comercializadas tanto en sus propias tiendas donde realizaban tanto operaciones mayoristas como al por menor; también habilitaban agentes en otras ciudades y a vendedores ambulantes que recorrían las zonas rurales. Asimismo entregaban sus mercancías a alcaldes mayores y corregidores que las vendían coactivamente en los pueblos de indios a través de sus "repartimientos".

Si bien el rígido monopolio ejercitado mediante un número limitado de puertos facilitaba tanto la recaudación de las imposiciones fiscales que gravaban el comercio como el transporte de los metales preciosos desde América a Sevilla, también invitaba a los comerciantes a violar las disposiciones legales y obtener así mayores beneficios evitando los controles. Para ello contaban con la colaboración de los funcionarios de la aduana. En Sevilla, los comerciantes evadían total o parcialmente los registros de los bultos antes de ser embarcados en las flotas y en América los oficiales reales registraban las mercancías suponiendo que éstas nunca habían sido declaradas. Por otra parte, a comienzos del siglo XVII comenzaron a desarrollarse nuevas líneas de comercio fuera de las rutas de las flotas. El comercio directo, es decir, el contrabando, tuvo un punto de apoyo en las Antillas donde comerciantes ingleses, holandeses y franceses establecieron contactos con las islas españolas para alcanzar más tarde a Cartagena y Portobelo. En la misma época, pero en el extremo sur del Imperio español en América, se desarrolló una ruta comercial entre Europa, Brasil y el puerto de Buenos Aires que permitió unir a la economía de la región del Río de la Plata con el Alto Perú.

El sistema de flotas y galeones quedó consagrado por cerca de dos siglos como el método casi exclusivo de navegación y transporte entre España y sus colonias ultramarinas.

Los territorios americanos que se estimaban emplazados a grandes distancias de los puertos principales de la carrera de Indias eran abastecidos por buques que navegaban solos, los "navíos de registro". Éstos partían de España con una licencia especial de la corona y viajaban a cualquier puerto de mar del territorio americano. Había también otro tipo de navío que surcaba el Atlántico entre España y los puertos coloniales. Se trataba del "aviso" o buque correo, eran embarcaciones pequeñas y rápidas que zarpaban siempre que fuera necesario con la misión de llevar la correspondencia oficial, transportar funcionarios y también informaciones relativas a las flotas, anunciando la fecha de salida y llegada de las mismas, así como noticias acerca del estado de los mercados en América.

LA MINERÍA DE LA PLATA EN EL ESPACIO PERUANO

Los conquistadores españoles recorrieron el territorio americano buscando yacimientos de oro y plata. En el extremo meridional del continente se descubrieron en la década de 1540 los yacimientos de oro del centro de Chile y de Carabaya al este de los Andes centrales. En esa época los españoles ya estaban explotando el yacimiento incaico de Porco en el Alto Perú. Cerca de allí, en 1545 se descubrió el cerro Rico de Potosí, el más rico yacimiento argentífero, hallazgo al que sucedieron muchos otros de menor importancia en la región. Desde entonces, aunque se produjeron cantidades de oro variables, el valor y volumen de la plata siempre fueron ampliamente mayoritarios.

La plata producida durante las primeras décadas posteriores al descubrimiento del yacimiento fue obtenida por trabajadores nativos enviados al mineral por los conquistadores españoles y utilizando los métodos de extracción y refinación conocidos durante el incario.

Un grupo de trabajadores indios de fundamental importancia en los primeros tiempos de Potosí lo constituyeron los yanaconas. Su nombre alude a los yanas de los tiempos prehispánicos; éstos eran individuos separados de la comunidad campesina que constituía la célula básica de la estructura social del Imperio incaico. Los yanas estaban vinculados en calidad de servidores a nobles, jefes militares, curacas locales o al mismo Inca y desempeñaban diversas tareas, tales como cuidar rebaños, atender el templo o tareas administrativas jerarquizadas. La relativa libertad del *status* de los yanas los hizo especialmente receptivos ante los conquistadores españoles por lo que se alinearon rápidamente con los vencedores de sus antiguos amos. Los españoles, posiblemente siguiendo antecedentes incas, los eximieron del tributo aplicado al resto de los nativos y por eso permanecieron fuera del marco de la encomienda.

Al parecer, los primeros trabajadores en el cerro de Potosí fueron yanaconas enviados allí por los españoles con la obligación de producir medio kilo de plata fina por semana para sus amos, mientras que podían retener para sí lo que excediese esa cantidad.

En las décadas de 1550 y 1560 el número de yanaconas ocupados en la minería creció notablemente. Con el correr del tiempo muchos indios que no habían sido yanas antes de la conquista fueron asignados al servicio de españoles y asimilados a los yanaconas. Se abrió así una posibilidad de huida de la encomienda, facilitada por la cantidad de españoles necesitados de trabajadores en Potosí.

Los yanaconas fueron los primeros empresarios mineros de Potosí. En verdad, los españoles tuvieron escasa participación en la extracción y procesamiento del mineral durante el primer boom de la producción de plata. Los propietarios de las minas concerta-

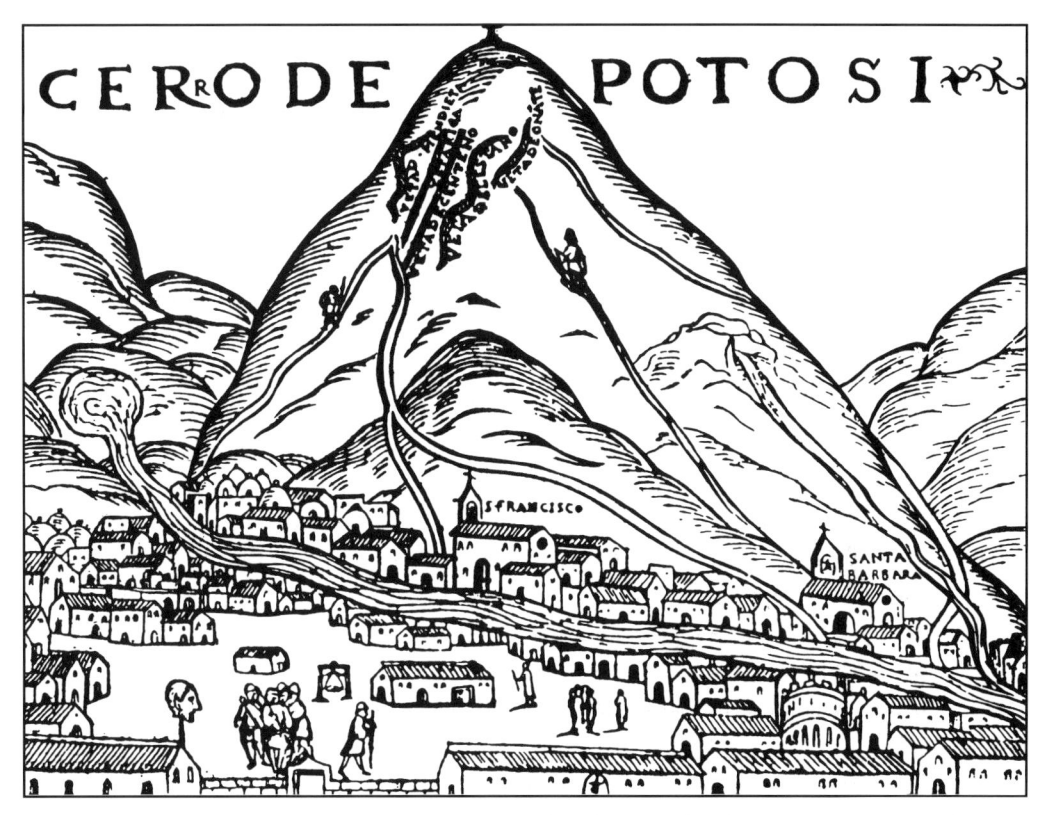

Cerro del Potosí, grabado en madera del libro Crónica del Perú, *1552, de Pedro Cieza de León.*

ban con indios entrenados en las labores mineras la explotación del mineral. El carácter fundamental de la transacción era el arriendo de una parte de la mina al "indio vara", así llamado porque el dueño le asignaba un número cierto de varas para trabajarlas. El precio pagado por el yanacona era la entrega al español del mineral más rico apto para la fundición mientras que el menos rico se lo quedaba para sí. Un aspecto central de las operaciones de los indios varas es que éstos usaban sus propias herramientas e insumos, realizaban las obras necesarias y contrataban a otros trabajadores indios, algunos de los cuales pueden haber sido indios de encomienda. Éstos comenzaron a aparecer en Potosí a fines de la década de 1540, a pesar de la prohibición expresa contenida en la legislación de enviarlos a las minas. Hacia 1550 había en la ciudad unos cinco mil trabajadores de encomiendas acompañados de sus familias, lo que elevaba a más de 20.000 el número de indios en Potosí. En los primeros años, cuando el mineral rico y superficial era abundante y fácil de extraer y refinar con la antigua tecnología andina, resultaba atractivo para los indígenas migrar desde sus lejanos pueblos al yacimiento para obtener allí la plata que el encomendero exigía entre los productos del tributo.

Los encomenderos acostumbraban enviar a sus indios a la ciudad en tandas que los nativos llamaban "mita", término quechua que significa tiempo o turno y designaba la rotación periódica de trabajo requerida por el Inca a los indios de las comunidades en los tiempos prehispánicos. La migraciones de los indios de encomienda hacia el cerro Rico de alguna manera anticipa la mita organizada por el virrey Toledo en la década de 1570.

Los indios de encomienda presentes en Potosí, en general, no estaban familiarizados con las actividades mineras y sólo podían realizar las tareas más sencillas. Muchos de estos migrantes eran contratados por los yanaconas para transportar el mineral desde el interior de la mina.

Ya desde los primeros tiempos quedaron definidos los rasgos principales de la mano de obra de la minería potosina, integrada por yanaconas o trabajadores calificados e indios de encomienda o trabajadores no calificados, que persistirán durante toda la época colonial convertidos en los indios mingas y los indios mitayos de los siglos siguientes.

A mediados de la década de 1560, a medida que se agotaban los minerales más ricos, los mineros yanaconas abandonaban Potosí para ir a trabajar en las haciendas de españoles que producían los alimentos demandados por los núcleos urbanos del espacio. Otros permanecieron en la ciudad para dedicarse a otras actividades tales como transporte y venta de alimentos y vestido, corte de madera para combustible, preparación de carbón, etcétera. En la misma época y como resultado de una diversidad de causas —el declive de la producción de Potosí, las exigencias de la corona para obtener mayores ingresos provenientes del Perú, la escasez de mano de obra ante el alejamiento de los yanaconas y de los indios de encomienda, la elevación del costo de los contratos de los trabajadores en las minas—, las autoridades empezaron a pensar en una intervención más activa para obligar a los indios a trabajar en las minas.

En los Andes centrales los españoles fueron deudores de la tecnología indígena, que había desarrollado la fundición de plata por el método de la *wayra* ("aire" en quechua), especialmente adecuado para refinar los minerales de los depósitos extremadamente ricos de la superficie. Una vez extraído el mineral de la montaña era necesario triturarlo con un canto rodado de base curva, después las piedritas se fundían en un pequeño horno de arcilla o piedra con forma cónica o piramidal. En los costados se practicaban varias perforaciones de aireación por las cuales pasaba el viento cuando el horno se instalaba en puntos elevados. Los combustibles, estiércol de llama o carbón de leña, se obtenían con facilidad en la zona y permitían alcanzar las temperaturas necesarias para fundir el mineral en bruto. En estos hornos se produjo toda la plata de Potosí hasta la década de 1560.

Sin embargo, el auge de la producción minera del último cuarto del siglo XVI fue posible debido a la introducción de la técnica de amalgama del mercurio con el mineral para obtener la plata y a la masiva movilización forzosa de trabajadores indígenas, la "mita", organizada por el virrey Toledo en la década de 1570.

El proceso de refinación de plata por amalgama con mercurio permitía refinar con bajos costos los minerales de baja ley que abundaban en los Andes, pero su implementación requirió importantes inversiones de capital tanto en maquinarias como en infraestructura, además del empleo extensivo de mano de obra.

El mineral de plata se extraía de la mina y después se trasladaba a la refinería —en los Andes se llamaba ingenio— donde era triturado hasta quedar reducido al tamaño de granos de arena. Para triturar el mineral se construyeron máquinas consistentes en ruedas que movían varios mazos de metal que caían sobre un lecho de piedra. Los ingenios fueron accionados al principio por energía humana o animal y poco tiempo después por energía hidráulica. En Potosí se construyó un sistema de embalses y acueductos que almacenaban el agua de las lluvias del verano para utilizarla a lo largo de todo el año. Una vez triturado, el proceso de amalgama se realizaba en un patio pavimentado en piedra y en algunas ocasiones techado. Allí se depositaba el mineral, se lo humedecía con agua, se añadía sal y a continuación se agregaba el mercurio. Durante cuatro o cinco semanas la masa así formada era agitada y removida diariamente por los trabajadores indígenas para favorecer el proceso químico. Pasado ese tiempo la masa se lavaba, para ello se la introducía en una tina por donde se hacía pasar agua de forma que arrastrase las impurezas, quedando depositada en su interior la pella o amalgama depurada. La pella se envolvía en un saco de lienzo que primero se retorcía y luego se sometía a la acción del calor para separar los restos de mercurio. Al final del proceso se obtenía la piña de plata pura.

La extracción de los minerales del yacimiento y el proceso de refinación por el método de la amalgama de la plata con el mercurio incluían también el acceso a mano de obra abundante y poco costosa.

En 1572 el virrey Toledo realizó una visita general del Perú y mientras viajaba desde el Cuzco rumbo a Potosí empezó a organizar la mita. La zona que se designó como fuente de trabajadores era enorme y comprendía unos 1.300 kilómetros entre Cuzco en el norte y Tarija en el sur y unos 400 kilómetros a lo ancho de los Andes, estaba compuesta por 30 provincias de las que se designaron 16 para proporcionar mano de obra para la minería. La séptima parte de la población sometida a tributo en estas provincias, es decir, los varones comprendidos entre los 18 y los 50 años, debía trasladarse a Potosí durante un año. Mediante este sistema la minería de la plata obtendría unas 13.500 almas al año, mano de obra estimada suficiente para la extracción, acarreo y refinamiento del mineral. Una vez en Potosí esta cantidad de hombres era dividida en tres partes, cada una de ellas trabajaba alternativamente, descansando dos semanas por cada semana de trabajo. Toledo distribuyó a los mitayos entre las minas y las refinerías y estableció una tarifa de jornales. El trabajo comenzaba el martes por la mañana y se prolongaba sin interrupción hasta el sábado por la noche. Aunque la normativa establecía una jornada de sol a sol, pronto los propietarios de las minas fijaron cuotas elevadas del mineral que los mitayos debían extraer y acarrear, de manera que se prolongaba la permanencia en el yacimiento hasta completar la cantidad fijada, con el resultado de que se incrementaba la carga de trabajo.

Las estimaciones calculadas del volumen de la producción de plata realizadas a partir de la recaudación de los impuestos que gravaban esta actividad en las cajas reales de Potosí señalan un fuerte aumento hasta 1590-1595 y un descenso continuado a partir de 1610 hasta la tercera década del siglo XVIII.

El descubrimiento y la inmediata explotación del cerro de Potosí, localizado fuera del ámbito de asentamiento de las culturas nativas, atrajeron de inmediato a trabajadores indígenas, españoles y aventureros llegados de todas partes, cuya presencia masiva provocó la formación de un centro urbano excepcional que probablemente alcanzó las 100.000 almas hacia 1580. La dimensión de esa aglomeración urbana traduce la importancia de la ciudad como mercado para una gran diversidad de mercancías originadas en regiones cercanas y lejanas. La Villa Imperial —edificada sobre las laderas del cerro, por encima de los 4.000 metros sobre el nivel del mar en un entorno inhóspito con un suelo estéril, improductivo e inhabitable— debía importar desde regiones cercanas y lejanas tanto los medios de vida para el consumo de indígenas y españoles así como los medios de producción necesarios para la minería.

La minería de la plata altoperuana generó efectos profundos en la economía de una extensa porción de la América del Sur. Las producciones de las regiones vecinas a la ciudad de Potosí eran insuficientes para abastecer las crecientes necesidades de la ciudad en alimentos, ropa, combustibles e insumos para la minería. La consecuencia fue la incorporación de extensos territorios en la órbita económica del centro minero. El mercado allí constituido determinará la conversión en mercancías de los excedentes agrarios producidos por las economías campesinas, así como también el surgimiento de diversas producciones orientadas específicamente a satisfacer su demanda. El predominio de la demanda de mercancías americanas en Potosí significaba que los metales preciosos, antes de ser exportados, realizaban un movimiento de dispersión hacia las regiones productoras que abastecían al centro minero para después concentrarse en los puertos de mar y emprender el viaje a Sevilla y a Europa en general.

El auge de la producción de plata coincide con el proceso de ocupación del territorio en la región del Tucumán. La fundación definitiva de la ciudad de Buenos Aires sobre el Atlántico en 1580 produjo cambios fundamentales en la organización espacial del virreinato peruano. A partir de ese momento dos ejes comerciales van a confluir en la ciudad minera del Alto Perú. A la primitiva ruta Potosí-Lima por la que circula el comercio legal de importaciones y exportaciones se añade ahora la que une a Potosí con Buenos Aires que, a diferencia de la anterior, incluye también buena parte del comercio semiclandestino y clandestino. El puerto de Buenos Aires se integró pronto en una vía comercial alternativa que vinculaba el Alto Perú con Brasil y Europa.

Desde los primeros tiempos la región del Tucumán orientó los excedentes de su producción agrícola-ganadera y manufacturera hacia el norte minero. Hacia 1570 ya habían comenzado los primeros envíos a Potosí de tejidos, cera y miel desde Santiago del Estero. En la década siguiente, desde la jurisdicción de la ciudad de Córdoba se exportaban textiles de algodón que provenían exclusivamente de la actividad doméstica urbana o de los telares de los pueblos de indios y en la de 1590 la existencia ganadera de la región cubría las necesidades del consumo local y generaba un excedente que le permitía enviar ganado en pie al mercado altoperuano y sebo a Brasil. Hacia fines del siglo comienza a desarrollarse la cría de mulas.

A mediados de la década de 1580 se producían intercambios regulares que vinculaban a Santa Fe, Córdoba, Santiago del Estero y Potosí. Al mismo tiempo, en las últimas décadas del siglo XVI ya se habían establecido los viajes comerciales entre Asunción, Santa Fe y Buenos Aires.

Lima, en tanto capital política del virreinato, centro distribuidor de las mercancías europeas y conexión legal con el exterior, Potosí, por los efectos de arrastre de su producción minera, y Buenos Aires, como puerto alternativo del Alto Perú en el Atlántico para una comunicación más directa con Europa, articulan un espacio económico integrado y ligado por el comercio. Excepto en los puertos de mar cuyo vínculo con el exterior se limitaba prácticamente a la importación de productos europeos a cambio de metales preciosos, los intercambios de cada componente del conjunto se efectuaban casi exclusivamente con las otras regiones del espacio alcanzando un alto grado de autosuficiencia económica y un máximo nivel de integración regional. A principios del siglo XVII menos del 10 por ciento del comercio potosino provenía de fuera del espacio americano y consistía principalmente en manufacturas europeas, esclavos, hierro y papel. El 90 por ciento restante lo integraban productos agrarios, textiles de la tierra e insumos producidos en una diversidad de regiones del espacio americano.

Buenos Aires no producía excedentes para colocar en el mercado minero del Alto Perú y estaba limitada por las imposiciones del sistema comercial en su vinculación directa con el comercio atlántico; sin embargo, su influencia se hará sentir con el desarrollo comercial del puerto. En la década de 1580 comienzan a ser frecuentes las navegaciones hacia la colonia portuguesa del Brasil y a través de ella hacia Europa en general, y en 1590 ya era frecuente el comercio intercolonial semiclandestino entre la región del

Río de la Plata y Brasil que transportaba productos locales, esclavos, hierro y manufacturas europeas. A pesar de las prohibiciones de la corona, la actividad mercantil del puerto se mantiene y está fundamentalmente a cargo de comerciantes portugueses atraídos por la plata potosina.

La principal preocupación para los comerciantes establecidos en Buenos Aires, así como para aquellos que estaban de paso en la ciudad, residía en su participación en la riqueza potosina. El problema no estaba en la distancia que separaba a la ciudad del puerto de Potosí ni tampoco en la legislación que prohibía la salida del metálico por el Atlántico. La dificultad se encontraba en las características propias del mercado potosino. Como señalamos más arriba, las importaciones a ese mercado consistían en más del 90 por ciento de mercancías originarias del espacio americano. Eran las regiones productoras del Perú, el Tucumán y el Paraguay las que obtenían mayoritariamente la plata potosina a cambio de la exportación de sus excedentes agrarios y manufacturados. Entonces los comerciantes porteños o los que llegaban al puerto debían vender los esclavos africanos y las manufacturas europeas en las regiones que previamente habían abastecido a Potosí. Algunos ejemplos de operaciones comerciales de la época muestran la complejidad de las prácticas mercantiles. A principios del siglo XVII la ciudad de Córdoba era un importante centro redistribuidor de esclavos y de manufacturas europeas en general. Para intervenir en el tráfico los empresarios cordobeses formaban compañías con mercaderes itinerantes aportando ya sea el metálico que obtenían de la venta de mulas en el norte andino, o bien las carretas y a veces las dos cosas. O bien un comerciante porteño viajaba con manufacturas europeas a Santa Fe, allí trocaba una parte por ganado vacuno en pie y yerba del Paraguay que luego conducía a Salta donde el conjunto era vendido para su posterior reventa en Potosí. En fin, desde Buenos Aires partían hacia el norte andino carretas que conducían yerba mate del Paraguay, esclavos africanos, textiles europeos, hierro de Vizcaya, acompañadas de tropas de mulas, ganado vacuno y caballos. Es decir que los excedentes locales de las economías agrarias se integraban en los intercambios a larga distancia. En otras palabras, la salida de la plata por Buenos Aires se sostenía sobre un conjunto de economías regionales y a su vez articulaba una red de mercados locales.

A fines del siglo XVI esta compleja red de tráficos interregionales, intercoloniales y ultramarinos acabó por darle al extremo sur del espacio peruano, centrado sobre la ruta Potosí-Buenos Aires, la conformación que habría de tener hasta fines del siglo XVIII.

PRODUCCIONES REGIONALES, MERCADOS Y RUTAS COMERCIALES

Las huellas dejadas por el paso de las carretas tiradas por bueyes y las recuas de mulas conformaron las rutas que unieron los precarios centros urbanos diseminados en el espacio y dibujaron los circuitos mercantiles en los territorios meridionales del espacio peruano. Los intercambios mercantiles vinculaban entre sí a ciudades emplazadas a grandes distancias una de otra. Jujuy, Salta, Santiago del Estero, Córdoba, eran puntos intermedios en el camino que conectaba el Alto Perú con el puerto de Buenos Aires. La Rioja y Catamarca quedaban fuera de esta ruta pero se enlazaban con ella en alguno de los puntos intermedios.

Asimismo, Buenos Aires estaba vinculada a través de Mendoza con Santiago de Chile y la ciudad de Santa Fe, por donde pasaban los tráficos provenientes del Paraguay, se conectaba con Córdoba y Santiago del Estero. Por vía terrestre las carretas llegaban hasta

Carretas en América del Sur, *de H. Wilcooke.*

Jujuy y Mendoza y después el camino se hacía a lomo de mula.

La diversidad de productos que caracterizó la circulación de mercancías en el último tercio del siglo XVI dio lugar en el siguiente a la especialización en la producción de uno o dos bienes destinados a satisfacer la demanda del mercado altoperuano.

Las principales ciudades de la región del Tucumán eran plazas del comercio intermediario entre el Atlántico y el centro minero. Desde fines del siglo XVI, la misma ciudad de Tucumán se constituyó en un centro vital de la ruta entre Buenos Aires y el Perú, especializándose en la producción de las carretas que circulaban por los caminos. El vehículo, utilizado tanto para el transporte de mercancías como de pasajeros, consistía en un cajón tosco de madera asentado sobre un eje que une dos grandes ruedas, también de madera. En los costados del cajón varias estacas sostenían arcos de mimbre formando un techo oval que se cubría con cueros de toro. Dos yuntas de bueyes tiraban de las carretas. El desarrollo de la carretería se vio favorecido por la abundancia de maderas duras en los bosques cercanos y de cueros curtidos del abundante ganado vacuno de la región. Al parecer, la carreta como medio de transporte y carga empezó a utilizarse a fines de la década de 1570 y su uso se generalizó a mediados del siglo siguiente. Además, en las zonas rurales se desarrollaron las curtiembres donde se manufacturaban los cueros del ganado local para producir botas, cinchas, lazos, suelas y otros productos que encontraban salida tanto en el mercado local como en el Alto Perú.

En la jurisdicción de Córdoba la producción de textiles conoció una corta etapa expansiva entre fines del siglo XVI y comienzos del siguiente. A mediados de la década de 1580 comenzó a desarrollarse la manufactura textil. El incremento en la elaboración de tejidos rústicos se vio favorecido por la existencia de mano de obra indígena, la expansión de los rebaños de ovejas y la demanda del mercado minero principalmente, pero también de otras regiones del espacio, además de las necesidades de la población local. Los tejidos cordobeses encontraban salida en Potosí, así como en Asunción y Santa Fe, donde eran cambiados por vino y azúcar.

Este sector manufacturero era dirigido por europeos, quienes contaban con la mano de obra indígena proveniente de las encomiendas para encarar la producción de telas rústicas con fines comerciales. Los encomenderos orientaban el trabajo de una parte de sus indios de servicio hacia la confección de sayales, lienzos, calcetas, sobrecamas, sombreros. En cuanto a las materias primas, la lana en bruto provenía de los extensos ganados de ovejas de la región; en cambio, el algodón era necesario obtenerlo en las regiones vecinas de Santiago del Estero y Catamarca.

En la zona urbana también se producían géneros rústicos. Las indígenas que servían en las viviendas de los españoles, además de las tareas domésticas, también se ocupaban del tejido de bayetas, ropas de lana, sobrecamas, etcétera. Estas manufacturas eran utilizadas para las necesidades de la familia, pero en muchas ocasiones se convertían en medios de cambio para adquirir otros bienes en las tiendas locales.

En la última década del siglo XVI algunos europeos establecieron los primeros obrajes dentro de sus repartimientos de indios. El obraje textil colonial era una unidad productiva que concentraba bajo un mismo techo a numerosos trabajadores que realizaban las distintas etapas de la producción textil (cardado, hilado, tejido, teñido). Allí se elaboraban telas, lienzos, sombreros, sobrecamas, orientados principalmente hacia el consumo de los sectores de la sociedad con escaso poder adquisitivo. Algunos de ellos se crearon a partir de la formación de compañías entre un encomendero y un artesano español. El primero aportaba el capital y la mano de obra indígena encomendada en tanto que el segundo proporcionaba los conocimientos del oficio. El crecimiento de la producción obrajera se extendió hasta 1613, después empezó a disminuir hasta desaparecer en la década de 1630, cuando disminuyó la demanda de textiles cordobeses en los mercados altoperuanos por la concurrencia de las producciones de otras regiones del espacio. En lo sucesivo la demanda local de ropas comenzó a ser abastecida por los tejidos rústicos de Asunción, Catamarca, La Rioja y Alto Perú. Mientras tanto, la ciudad mediterránea consolidaba su predominio en toda la región y crecía su producción pecuaria. A fines del siglo XVI Córdoba abastecía el consumo local y los excedentes se orientaban tanto hacia Brasil para la comercialización del sebo como en el envío de tropas de ganado en pie hacia el norte andino. Entre los años 1596 y 1600 más de 7.000 cabezas de vacunos emprendían el camino hacia el norte, para ascender a 42.000 entre 1641 y 1645 y alcanzar las 70.000 cabezas anuales entre 1681 y 1685.

La producción de mulas en la campaña cordobesa conoció un desarrollo similar a la del ganado vacuno para constituirse a partir de 1630 en el sector dominante de las exportaciones cordobesas.

En la década de 1610 en la jurisdicción cordobesa se formaron varias compañías especializadas en la cría de mulas estimuladas por la demanda constante de animales de carga en el Alto Perú, donde el híbrido se mostró más resistente que las llamas autóctonas. Entre 1630-1640 las exportaciones de mulas alcanzaron una media anual de casi 12.000 cabezas para ascender a un promedio de 20.000 animales por año entre 1650 y 1700 y luego descender bruscamente a principios del siglo XVIII.

Los precios de venta de las mulas en Córdoba señalan una tendencia inversa a los valores de las exportaciones. Hacia 1630 el precio del híbrido oscilaba entre 56 y 54 reales, desde entonces se inició un progresivo y constante descenso que no se detuvo hasta bien entrado el siglo XVIII. Recién a mediados de la década de 1740 se hace evidente la recuperación del comercio cordobés de las mulas.

Desde la década de 1640 se habían incorporado a este tráfico la producción santafesina y poco después la de la campaña de Buenos Aires. La importancia de Córdoba no residía únicamente en la cría de mulas sino también en la culminación del proceso de preparación de los animales que provenían de las regiones vecinas. Las tropas de mulas, una vez terminadas, emprendían el camino del norte e invernaban en los valles cercanos a la ciudad de Salta donde se realizaba la tablada de Sumalao, la más importante de la región, antes de emprender el camino hasta el Alto Perú.

La producción y el comercio de mulas de Córdoba se combinaban con la importación de mercancías europeas. En el norte las mulas eran cambiadas por metálico para pagar las importaciones de Buenos Aires y también por efectos de Castilla y de la tierra que se vendían en la propia jurisdicción o en otros lugares.

En Catamarca y La Rioja se elaboraban vinos y aguardientes que abastecían el consumo local y ocasionalmente llegaban a mercados cercanos. En la región de Cuyo la viña se constituyó desde los primeros momentos de la colonización española en su principal fuente de riqueza. Los caldos elaborados en Mendoza y en San Juan encontraban los mercados para sus excedentes en Córdoba, Tucumán y Buenos Aires, pero raramente alcanzaban a los más lejanos del Alto Perú. A fines del siglo XVI los vinos mendocinos desalojaron de Buenos Aires a los paraguayos. Los productores de la región debían hacer frente al costo de los fletes y a las cargas fiscales que pesaban sobre vinos y aguardientes tanto en los luga-

Buenos Aires en 1628, *acuarela de Juan Vingboons*.

res de origen como en los de su consumo, a lo que se sumaba la concurrencia de los caldos provenientes de los distritos cercanos en el caso de los mercados del norte minero y de los peninsulares en los mercados del litoral.

Los tejidos rústicos de algodón de la producción doméstica de Catamarca se consumían en distintos puntos del interior y también en el litoral.

En el litoral, las relaciones comerciales entre Asunción del Paraguay, Santa Fe y Buenos Aires ponían en movimiento una variedad de productos tales como azúcar, vino, cera, tabaco, tejidos o algodón en rama y yerba. A su vez, estos tráficos fomentaban una producción de primitivas embarcaciones fluviales capaces también de practicar la navegación de cabotaje al Brasil. En las primeras décadas del siglo XVII la región del Paraguay empezó a especializarse en la producción de la yerba mate. La amplia difusión geográfica y social del consumo de yerba alcanzó los mercados altoperuanos en la década de 1620 para convertirse a partir de la década de 1640 en la producción dominante del Paraguay durante el resto del período colonial. Era el único producto de la región que se consumía tanto en los ambientes rurales como urbanos de una amplísima área del virreinato peruano. Desde Santa Fe la yerba iba sobre todo a Potosí, pero también a Chile y por mar llegaba hasta Lima y Quito.

La ciudad de Buenos Aires había sido excluida del sistema comercial implementado por la corona; sin embargo, las evidencias señalan la presencia temprana de un intenso tráfico marítimo semiclandestino en el puerto del Río de la Plata. Por su parte, la corona necesitaba promover la subsistencia de los vecinos de la ciudad y por eso desde 1602 y hasta 1618 se otorgaron autorizaciones para exportar harina, cecina y sebo a Brasil, Guinea e islas vecinas y para importar manufacturas extranjeras y azúcar. Con estas medidas se pretendía evitar la salida del metal altoperuano autorizando la exportación de otros productos al tiempo que se trataba de ayudar al abastecimiento del puerto. El derecho a obtener los permisos estaba reservado únicamente a los vecinos de la ciudad y perseguía también la intención de consolidar un grupo de mercaderes residentes para contrarrestar a los portugueses, quienes poco después del descubrimiento del yacimiento de Potosí ya estaban presentes en el espacio. Los portugueses ocuparon un lugar destacado en la vida comercial de Potosí y Lima y en los últimos años del siglo estaban también en Buenos Aires, Córdoba y Tucumán. Aunque España y Portugal tuvieron reyes comunes entre 1580 y 1640, la unión de las dos coronas no alcanza a explicar la amplitud del fenómeno, que por otra parte es anterior. Los territorios del Brasil y del Río de la Plata, por su lado —colonias respectivas de Portugal y España—, no podían comerciar legalmente entre sí a no ser que existieran licencias o permisos especiales que lo autorizaran.

En la última década del siglo XVI, la actividad comercial en Buenos Aires estaba a cargo de mercaderes portugueses atraídos por la economía minera del Alto Perú. Entre 1590 y 1640 el comercio intercolonial con el Brasil y las colonias portuguesas de África occidental representaba la mayor parte de esa actividad; sin embargo, también llegaban grandes navíos portugueses, holandeses y españoles directamente desde Europa. Los productos importados consistían en azúcar y aguardientes, esclavos, hierro, papel y manufacturas europeas. Por su parte, las exportaciones se integraban —principalmente— con la plata altoperuana que alcanzaba al 90% del total, pero también con harinas del Tucumán y cueros, cecina y sebo.

La posibilidad de acceder al mercado potosino y las importantes ganancias que podían obtenerse por las diferencias entre los precios en Brasil y España y los de Potosí alentaron la presencia del comercio directo o contrabando en Buenos Aires. Éste se realizaba particularmente en la forma de "arribadas forzosas", es decir, de los navíos que reclamaban el derecho a entrar en el puerto para cobijarse de los azares de la navegación.

Durante la segunda mitad del siglo XVII las preocupaciones de la corona con respecto a la permanencia y subsistencia de Buenos Aires motivaron el establecimiento permanente de funcionarios reales y de una guarnición militar. El conjunto era sobredimensionado para las posibilidades demográficas y económicas de la ciudad y sólo podría sostenerse con una comunicación regular con el exterior. Así, la corona debió recurrir a la autorización de los navíos de registro para sostener al puerto y al aparato estatal. Estas embarcaciones navegaban fuera del sistema de las flotas y los galeones y debían obtener la autorización de la corona y nunca abandonaron el carácter de prerrogativa real. Cada licencia podía comprender una o varias naves y se otorgaban tanto a los vecinos de Buenos Aires como a residentes en la península. Además del pago en metálico para obtener la licencia, los viajes de los navíos de registro estaban asociados a la prestación de algún servicio a la corona, tales como transporte de autoridades, tropas, armas, etcétera.

Las licencias incluían también otras concesiones para el beneficiario. Entre las más importantes estaban las que aludían al permiso para introducir las mercancías al Tucumán, Paraguay y a veces también al Perú pagando previamente los derechos correspondientes, aquellas relativas a la cantidad de plata que podían transportar como retorno, o bien la autorización para internar hierro hasta Charcas cuando las necesidades de la minería lo requerían.

Un aspecto notable en la operación de los navíos de registro es la presencia del fraude. Este fenómeno explica el aumento de las sumas pagadas como "indulto" —esto es la compra del perdón anticipado por los delitos de contrabando antes de que fueran descubiertos— durante la segunda mitad del siglo XVII, que no guardan relación con el valor registrado de las mercancías transportadas.

Junto con los navíos de registro, el contrabando se prolonga en la segunda mitad del siglo XVII, época en que las "arribadas forzosas" al puerto se convirtieron casi en un hecho consuetudinario, permitiendo la entrada de navíos holandeses, portugueses, españoles, ingleses y franceses. A partir de 1680 se agregaron a estos tráficos los contactos regulares con el establecimiento portugués de la Colonia del Sacramento fundada en la ribera oriental del Río de la Plata.

La vitalidad e intensidad de los intercambios interregionales a lo largo del siglo XVII plantean la hipótesis de una creciente autonomización de zonas productoras y circuitos mercantiles respecto de los mercados mineros del espacio. En efecto, desde las primeras décadas de ese siglo la producción minera de Potosí inició un lento y prolongado descenso que no se revirtió hasta la tercera década del siglo XVIII. Sin embargo, es en la segunda mitad del siglo XVII cuando la producción yerbatera paraguaya se expande en el espacio peruano. Y en esa época también se observa el incremento de la cantidad de mulas comercializadas desde la jurisdicción de Córdoba. Por su parte, el análisis del tráfico transatlántico como suma del movimiento "legal" y del contrabando señala que la segunda mitad del siglo presenta una cierta expansión, lo cual apuntaría a una circulación interna creciente de mercancías europeas ante una producción de mineral decreciente.

A lo largo del siglo XVII los tráficos interregionales presentan numerosas señales de ajustes y cambios pero, en conjunto, la cantidad de bienes y servicios puestos en circulación con destino a los mercados interiores ha ido en aumento.

LA ATLANTIZACIÓN DE LA ECONOMÍA Y LAS REFORMAS IMPERIALES

A mediados del siglo XVII la balanza del poderío económico se había trasladado hacia el norte de Europa, mientras se producía el descenso de la supremacía marítima de España y Portugal y el relevo fue quedando en manos de holandeses, ingleses y franceses. A su vez, la presencia de la Europa no ibérica en la América española ya había comenzado a perfilarse desde el siglo XVII. En el setecientos esa penetración mercantil estuvo estrechamente vinculada al relanzamiento económico que por aquellos años tenía lugar en algunas regiones del occidente europeo. El proceso supuso modificaciones en las pautas de producción y consumo y planteó demandas crecientes de materias primas. Aunque la hegemonía de la plata se mantuvo, las cambiantes necesidades europeas condujeron a las regiones que conformaban los espacios coloniales a iniciar una actividad comercial directa o indirecta con Europa. La atlantización se planteó como una necesidad de la corona española para reforzar el flanco más débil de su imperio cada vez más sometido a fuertes presiones por parte de los otros países de Europa.

El siglo XVIII se inauguró en España con la llegada al trono de los Borbones. La nueva dinastía implementará una serie de reformas destinadas a "modernizar" el país. En los documentos de la administración borbónica aparece diseñado un modelo económico, el de un complejo España-América que hará posible un progreso conjunto en beneficio de la metrópoli. Se trataba de dar un nuevo contenido a las colonias con el fin de adaptarlas a las nuevas necesidades y ellas debían colaborar con el desarrollo metropolitano. Los reformadores proponían acelerar el ritmo del crecimiento económico a través del poder y de los ingresos del Estado. En este contexto el comercio marítimo era visualizado como la clave del desarrollo económico.

El sistema comercial español se había manifestado incapaz tanto de defender las posesiones americanas como de abastecerlas de productos europeos desde una época tan temprana como la primera mitad del siglo XVII. La situación se deterioró más aún en la primera mitad del siglo XVIII a raíz de los avatares de la guerra por la sucesión del trono de España y de los compromisos de Felipe V con la corona francesa. La concesión de un asiento a la Compañía Francesa de Guinea para abastecer de esclavos a la América española y la autorización de la entrada de barcos franceses al Pacífico para practicar el comercio con Chile y Perú significaron modificaciones al comercio de las flotas y galeones. El Tratado de Utrecht puso fin a la guerra y otorgó a Gran Bretaña un asiento de negros y el derecho de enviar un navío de 500 toneladas a las ferias que se realizaran en América.

En 1717 se trasladó la Casa de Contratación de Sevilla a Cádiz y se estableció un servicio de avisos o buques correo con el fin de mantener una comunicación regular entre España y sus dominios americanos. Finalizada la guerra, la corona osciló entre los intentos de restaurar el sistema de flotas y galeones y las vacilantes aproximaciones al nuevo sistema. El Real Proyecto para Galeones y Flotas del Perú y Nueva España y para Navíos de Registro y Avisos de 1720 fue un intento de regularizar las relaciones comerciales entre España y las Indias. La corona consideraba que esto era esencial para estimular a las nacientes industrias peninsulares y al mismo tiempo aumentar las rentas reales. Entre las disposiciones del Real Proyecto merece señalarse, por su incidencia en el aumento del volumen del comercio, la generalización del uso de los navíos de registro.

En 1740 se suprimió el sistema de flotas y galeones y en la misma década los navíos de registro comenzaron a fletarse a los puertos del Pacífico a través de la ruta del estrecho de Magallanes o por el cabo de Hornos para activar los tráficos en el Atlántico Sur. El uso frecuente de esta ruta alternativa después de 1748 resultó en la creciente incorporación de los puertos del Atlántico y del Pacífico en el tráfico imperial a pesar de estar excluidos de él.

En la segunda mitad del siglo XVIII el ritmo de las reformas comerciales se intensificó para culminar con la sanción del "Reglamento y aranceles reales para el comercio libre de España a Indias", del 12 de octubre de 1778. Éste reunía todas las disposiciones emitidas en los años anteriores, ampliaba el número de puertos habilitados en España y en América, simplificaba el sistema tributario manteniendo sólo los derechos de almojarifazgo y alcabala. El arancel adjunto rebajó los derechos de algunos productos y anuló otros. Los objetivos del Reglamento de 1778 eran proporcionar la combinación de libertad y protección que fomentaría la colonización de territorios vacíos o escasamente poblados, eliminar el contrabando, generar el aumento de los ingresos aduaneros y una expansión del volumen del comercio.

Los cambios en el sistema comercial se completaron con reformas fiscales. Estas últimas incluían una simplificación de los derechos que debían pagar las mercancías al salir de los puertos españoles y un nuevo sistema en la recaudación y administración de las cargas impositivas que desde entonces estuvieron a cargo de los oficiales reales.

En el territorio americano las reformas se concentraron en defender las posesiones de las agresiones extranjeras y se completaron con una serie de reformas administrativas. Éstas incluyeron la creación de dos nuevos virreinatos desgajados de los territorios del antiguo virreinato peruano, el de Nueva Granada en 1739, que incluía la región norte, y el del Río de la Plata en 1776, que se extendía desde el Alto Perú hasta la Tierra del Fuego, con capital en la ciudad de Buenos Aires. También se crearon nuevas Audiencias en Buenos Aires, Cuzco y Caracas. Finalmente, se instaló el sistema de intendencias primero en el Río de la Plata para extenderlo más tarde al Perú y a México.

La producción minera era de vital importancia para toda la vida económica de los territorios americanos. A diferencia de lo que ocurría en Nueva España, en el Perú la producción estuvo prácticamente concentrada en un centro, el cerro de Potosí, por lo menos hasta la segunda mitad del siglo XVIII. En esa época, aunque Potosí ya no era ni la sombra de lo que había sido en su momento de esplendor, representaba todavía el 40 por ciento del total de la producción peruana. La seguían en importancia las minas de Oruro, que producían el 14 por ciento, y las de Pasco con el trece por ciento. Si bien Potosí no ocupaba un lugar de primer orden en la economía colonial en su conjunto, su producción seguía siendo fundamental para la articulación del extenso espacio sudamericano ubicado al sur del Alto Perú y en torno a 1770 la plata potosina equivalía al 65 por ciento de la que se producía en los territorios que integrarían el Virreinato del Río de la Plata.

La producción de metálico en Potosí sufrió un prolongado descenso todo a lo largo del siglo XVII y hasta el primer tercio del siglo XVIII, cuando se define una tendencia alcista que se prolonga hasta la última década del siglo. Probablemente la producción de plata en Potosí comenzó a recuperarse a principios del siglo XVIII, pero las cifras de la producción legalizada mediante el pago de impuestos a la corona sólo marcan la inflexión ascendente desde 1736, fecha que coincide con la rebaja de esos impuestos del 20 al 10 por ciento. Desde entonces la curva marca un crecimiento regular hasta la década de 1790. Sin embargo, al comenzar el nuevo siglo, varios factores confluyeron en precipitar la baja en la producción minera que se extendería hasta el final del período colonial. En primer lugar, fue el agotamiento de los restos de antiguas explotaciones mineras que habían permitido a los empresarios contar durante todo el siglo XVIII con la ventaja de una explotación que rendía poca plata pura por unidad de mineral refinado pero que era rentable por la escasa inversión que requería y por la disponibilidad de trabajo forzado —los "mitayos"— de bajo costo y alta productividad. El segundo fue la suspensión del abasto del mercurio proveniente de Europa, a causa de las guerras en las que estuvo envuelta España desde 1796. Por último, la crisis general que afectó al Alto Perú entre 1800 y 1805 con su secuela de falta de alimentos, enfermedades y sequías intensas y repetidas, provocaron la escasez de trabajadores y la falta de agua a las lagunas artificiales de Potosí, fuente exclusiva de energía para las máquinas de molienda de los ingenios.

Aunque en el siglo XVIII aumentó su producción minera, la ciudad de Potosí no recuperó el papel articulador que había alcanzado a finales del siglo XVI y comienzos del XVII. Por una parte, el alza de la producción minera en su momento culminante sólo alcanzaría el 50 por ciento de los valores del primer auge. Además, es necesario señalar que este crecimiento no se debió a la introducción de innovaciones tecnológicas en los métodos de producción, ni a la expansión numérica de la fuerza de trabajo, sino que se basó en las mayores cantidades de mineral procesado y, sobre todo, en el incremento de las tareas impuestas a los mitayos.

EL SISTEMA FISCAL COLONIAL

La corona castellana impuso su presencia fiscal en el Nuevo Mundo desde los primeros tiempos y exigió que los funcionarios de la Real Hacienda acompañaran a las expediciones de los conquistadores con la misión de registrar la parte del botín perteneciente al rey y remitirla a la península.

Aunque las cargas fiscales existían en la tradición occidental desde tiempos inmemoriales, el establecimiento de las colonias americanas representó para la monarquía una oportunidad sin precedentes para diseñar una estructura de impuestos racional y eficiente sin los límites que establecían la costumbre y la tradición en Europa. En la España del siglo XVI coexistían jurisdicciones fiscales paralelas, además los reinos, las ciudades, las villas, la Iglesia y la nobleza defendían tenazmente sus derechos a la exención fiscal concedidos por la corona durante las distintas etapas de la reconquista.

El sistema fiscal establecido en la América española trató de evitar esos condicionamientos. La Real Hacienda aseguró a la corona una parte de las riquezas producidas en sus posesiones ultramarinas y, más aún, los impuestos recaudados en las Indias sirvieron para pagar todos los costos de la defensa y la administración de las colonias, así como una porción de los gastos para sostener a las instituciones sociales, religiosas y educativas, las expediciones científicas, las misiones y la ayuda a los sacerdotes de las parroquias. Durante los tres siglos coloniales la metrópoli nunca asumió estas cargas. Además, los ingresos de los impuestos americanos enviados a España pagaron parte de los costos de las guerras europeas, del mantenimiento de la corte, de la construcción de palacios y conventos en la península.

La unidad del sistema fiscal colonial era la caja real, oficina responsable de la recaudación y el registro contable de los ingresos provenientes de los impuestos. Las principales fuentes de ingresos estatales provenían de los derechos que pagaban la producción de metales (quintos y diezmos, tres por ciento del oro, ensaye), el comercio internacional y local (el almojarifazgo y la alcabala, respectivamente) y el tributo que pesaba sobre la masa de la población rural indígena.

Además, la Real Hacienda obtenía considerables ingresos de una variedad de fuentes. Existían diversos gravámenes sobre los funcionarios de la burocracia real como la venta de oficios públicos y la "media anata" o tributo de la mitad del salario durante el primer año en cualquier cargo nuevo en la administración civil y religiosa.

Los impuestos eclesiásticos también ingresaban en las cajas reales. El diezmo —impuesto sobre los frutos de la tierra que abarcaba casi todos los productos agrícolas y los animales domésticos— era recaudado por la corona, que retenía para sí el 11% del total percibido y el resto lo destinaba al mantenimiento del clero secular y de los templos, hospitales y escuelas de la Iglesia Católica. En cambio, lo obtenido por la venta de indulgencias o "Santa Cruzada" era recaudado por el clero pero administrado por la Real Hacienda. Finalmente estaban los ingresos provenientes de los monopolios controlados por el Estado tales como la venta de nieve, sal, naipes, papel sellado, tabaco, mercurio.

Las jurisdicciones de las tesorerías coincidían con los territorios de las regiones económicas. A medida que se extendía su control sobre las Indias, la corona establecía cajas en los puertos, en las zonas mineras, en los centros administrativo-comerciales regionales y en las avanzadas militares. En cada virreinato, audiencia o capitanía general había una caja principal que era responsable de una serie de cajas regionales o subordinadas. Esta red de tesorerías reales era administrada por numerosos burócratas rentados pertenecientes a la Real Hacienda y complementada por recaudadores privados de impuestos.

Una vez establecido el Virreinato del Perú, hacia 1542, la corona organizó una serie de distritos fiscales en su territorio, todos ellos dependientes de la caja principal de Lima. Pocos años más tarde, la región de la Audiencia de Charcas o Alto Perú fue transformada en una región administrativa autónoma con su correspondiente caja real establecida en la ciudad minera de Potosí. A fines del siglo XVII y como resultado del crecimiento de nuevas regiones económicas, se instalaron nuevas tesorerías en las zonas mineras de Oruro, Carangas y Chucuito y en dos centros comerciales neurálgicos, Arica —puerto natural de Potosí— y la ciudad de La Paz.

En el extremo sur, la caja real establecida en la ciudad de Buenos Aires recibía los ingresos fiscales generados en la región provenientes en su mayor parte de la actividad mercantil del puerto. Los modestos excedentes producidos en sus primeros años de vida se remitían a la Real Hacienda de Potosí.

En el siglo XVII, a medida que la región del Río de la Plata se transformó en un espacio importante para el Imperio español, la tesorería de Buenos Aires empezó a depender del subsidio —conocido como situado— que todos los años remitía el Alto Perú. En esta época los recursos fiscales provenientes de la producción de ganados en la campaña bonaerense no eran suficientes para el sostén de la burocracia y de la guarnición militar permanente instalada allí en 1631. Entre 1650 y 1660 el situado se fijó en 35.000 pesos anuales y en el último cuarto del siglo ascendió a un promedio de 121.315 pesos por año, cifra equivalente al 12% de los ingresos fiscales en las cajas reales de Potosí. A su vez, estos valores representaron el 71 por ciento de todos los ingresos de la caja de Buenos Aires durante el período.

Las reformas borbónicas implementadas en la segunda mitad del siglo XVIII introdujeron algunas modificaciones en las técnicas recaudatorias. La corona abandonó la práctica de arrendar impuestos en favor del cobro directo de los derechos por agentes reales, revisó el nivel de algunas contribuciones para estimular la producción y simplificó la percepción de otras para evitar la evasión. En el último cuarto del siglo los oficiales peninsulares establecieron aduanas en los puertos de mar para cobrar los impuestos que gravaban el comercio de importación y exportación y en todas las ciudades del imperio para recaudar las contribuciones que pesaban sobre la circulación de mercancías.

A principios del siglo, mucho antes del establecimiento del Virreinato del Río de la Plata, el Alto Perú cambió su orientación fiscal desde Lima hacia Buenos Aires, y la Real Hacienda de Potosí se convirtió desde entonces en la tesorería central intermediaria para las cajas del Alto Perú, proporcionando los fondos requeridos por la creciente presencia española en el Río de la Plata.

La caja real de Buenos Aires enviaba sus cuentas anuales a Lima hasta 1767. En este año se estableció en la ciudad una contaduría general para administrar la contabilidad de los distritos fiscales de Buenos Aires y de las provincias del Tucumán y Paraguay; desde entonces sus cuentas dejaron de enviarse a Lima.

A fines del siglo XVIII los territorios de la Audiencia de Charcas pasaron a depender del nuevo Virreinato del Río de la Plata. La riqueza de la nueva jurisdicción política radicaba en los ingresos fiscales provenientes del puerto de Buenos Aires y de la explotación minera en las tierras del Alto Perú. La región del Paraguay, la costa patagónica y las Malvinas y el fuerte de Maldonado en la Banda Oriental no producían ingresos; por el contrario, para sobrevivir necesitaban de importantes subsidios de la Real Hacienda de Buenos Aires.

Aunque los ingresos provenientes de los monopolios reales aportaban un ingreso directo a la corona, los impuestos sobre la explotación minera, el comercio y la población indígena producían escasos excedentes para remitir a España, una vez descontados los gastos de administración y defensa del virreinato. Sin embargo, los Borbones pudieron mantener el dominio de esta importante región del imperio sin afectar los recursos metropolitanos.

En las últimas décadas del siglo XVIII las finanzas estatales siguieron dependiendo, en gran medida, de los recursos fiscales generados en las cajas reales de Charcas. El Virreinato del Río de la Plata tuvo un costo muy alto para el Alto Perú. Esta región no necesitaba de los servicios político-administrativos establecidos en la ciudad de Buenos Aires. Además, en su territorio tenía su propia audiencia, su casa de moneda en Potosí, sus funcionarios del tesoro, sus ejércitos y también su propio arzobispado. Tampoco necesitaba de las instalaciones portuarias de Buenos Aires o Montevideo ya que podía embarcar sus metales e importar mercancías europeas a través de los puertos del Pacífico en Lima o en Arica.

En la última década del siglo XVIII más del 70% de las entradas de la caja de Buenos Aires eran transferencias de la Real Hacienda de Potosí. En la primera década del siglo XIX, cuando la crisis general afectó a la minería y los ingresos estatales se requerían para auxiliar sus dificultades, el situado de Buenos Aires se hizo más pesado. Sin embargo, los fondos remitidos a la capital entre 1801 y 1810 afectaron el 43% de los ingresos fiscales de las cajas del Alto Perú.

Puede sostenerse entonces que el costo de formar parte del Virreinato del Río de la Plata fue tan alto que en 1810, al iniciarse el movimiento de independencia, el Alto Perú se desprendió de su relación tan onerosa con la región del Río de la Plata.

CONTINUIDAD Y REORIENTACIÓN EN EL RÍO DE LA PLATA

Con la apertura comercial de mediados del siglo XVIII y el paulatino incremento de los tráficos mercantiles que alcanzaban al puerto de Buenos Aires, cada región del espacio reorganizó y reajustó sus orientaciones de acuerdo con las nuevas posibilidades. El resultado del desarrollo del mercado interno del siglo XVIII implicó en el largo plazo el crecimiento de fuerzas económicas regionales, donde nuevos circuitos y ordenadores complementarios a los centros mineros entraron en el juego.

Hacia 1740 se acentúa el proceso de atlantización del sector meridional del espacio peruano. Las regiones del Tucumán, Cuyo, Paraguay y Río de la Plata orientarán sus producciones hacia la ciudad-puerto de Buenos Aires en la medida en que ésta participa en los beneficios de una de las corrientes ilegales del metálico altoperuano. Es a partir de mediados del siglo XVIII que se reafirma el papel de Buenos Aires como mercado y centro de redistribución para un vasto conjunto regional.

La población de la ciudad de Buenos Aires pasó de 11.600 habitantes en 1744 a 26.100 en 1778 y a 42.250 en 1810, en tanto que la de la ciudad y su zona rural en conjunto habría aumentado de

Buenos Aires, 1790. De Voyages dans l'Amérique méridional, *Félix de Azara.*

37.100 a 92.000 almas entre las dos últimas fechas. Este crecimiento se explica en gran parte por las migraciones provenientes de las regiones del espacio interior, en particular del Paraguay, Cuyo, Córdoba, Santiago del Estero, atraídas por las oportunidades laborales surgidas tanto del incremento de las actividades comerciales del puerto como de la campaña bonaerense.

Sabemos poco sobre el movimiento del tráfico entre Buenos Aires y Europa durante la primera mitad del siglo XVIII. Pero, en la etapa que se inicia en 1760 el análisis de las exportaciones de cueros y de metales preciosos, incluyendo el comercio legal, el contrabando y el tráfico intercolonial, muestra que los metales preciosos —plata y oro— acumulados en el puerto de Buenos Aires a través de los intercambios regionales y las transferencias de las cajas reales constituyeron entre el 90 y el 85 por ciento de las exportaciones. La plata provenía, en su mayor parte, de Potosí, pero también es importante la participación del oro. Entre 1772 y 1795 la presencia de este metal alcanzó un tercio del valor de los metales que salieron de Buenos Aires. Más allá de las proporciones variantes de este metal en el conjunto de los metales exportados, estaría señalando una intensificación de las relaciones comerciales con Chile y otras regiones del Alto y Bajo Perú. A fines del siglo XVIII —igual que a principios del siglo XVII— el comercio atlántico de Buenos Aires requería recoger en el puerto los metales preciosos que se producían en zonas muy alejadas de él. Por su parte, en el período 1760-1778 los cueros representaron entre el 10 y el 12 por ciento de las exportaciones y, después de la sanción del Reglamento de Libre Comercio, entre 1779 y 1796 los productos locales alcanzaron en los mejores años el 16 por ciento del total.

Las estimaciones disponibles para evaluar el contrabando con las posesiones portuguesas, en particular con Colonia de Sacramento, nos acercan a las dimensiones reales del comercio atlántico en la segunda mitad del siglo XVIII. Hacia 1766 entraban a Colonia entre 10 y 18 embarcaciones por año y entre 1769 y 1771 lo hicieron 80 buques. Este tráfico suponía una importación de esclavos estimada en 600 hombres por año además de las consabidas manufacturas europeas y una salida de metales estimada en más de 2.000.000 de pesos anuales. Asimismo, los comisos se extienden a lo largo de todo el período y constituyen otro indicador para estimar las navegaciones en el Río de la Plata antes de 1778. En 1770 se confiscaron 30 embarcaciones del tráfico fluvial y los secuestros constituyen una muestra de las mercancías intercambiadas entre ambas ciudades, es decir, manufacturas eu-

Aduana de Buenos Aires, *de Emeric Essex Vidal.*

ropeas, azúcar, aguardiente del Brasil y esclavos, y las exportaciones se integraban con plata, cueros y subsistencias para la travesía.

Aunque no contamos con los valores de las importaciones de efectos ultramarinos a través del puerto de Buenos Aires durante la segunda mitad del siglo XVIII, las estimaciones realizadas permiten un acercamiento a sus movimientos. Desde fines de la década de 1750 y hasta mediados de la siguiente el comercio atlántico mostraba síntomas de depresión, seguida por una recuperación a partir de 1765. A comienzos de la década del setenta el comercio sufrió cierta desaceleración para recuperar su ritmo ascendente desde de 1775. El volumen y el valor de las mercancías aumentaron de forma regular durante el período retomando una tendencia anterior; sin embargo, las características de los productos y la participación relativa de los distintos rubros no cambiaron. Entre las manufacturas europeas importadas predominaron los textiles durante todo el período. Sin embargo, después de 1780 aumentó la presencia relativa de productos agrícolas de origen español, especialmente de vinos y aguardientes de la región andaluza.

BUENOS AIRES Y EL COMERCIO DE ESCLAVOS

El mundo mediterráneo había mantenido viva una tradición esclavista desde la Antigüedad hasta los tiempos modernos. Por otra parte, en la península ibérica moros y cristianos se hicieron mutuamente esclavos siglo tras siglo. A principios del siglo XVI todavía había esclavos moros en Portugal y en Andalucía, pero desde el siglo anterior los esclavos negros, procedentes de las actividades comerciales de los portugueses en la costa africana, ya eran un grupo considerable tanto en Lisboa como en las ciudades de Andalucía. En esta época la mano de obra esclava se empleaba, principalmente, en las tareas domésticas y urbanas, las mujeres en la casa y los hombres acompañando y ayudando a sus amos, y eran un símbolo de prestigio. En Sevilla la posesión de esclavos negros estaba muy difundida entre la población, incluyendo a los artesanos quienes los entrenaban en la práctica de los oficios.

La colonización ibérica de las islas del Atlántico (Azores, Madeira, Canarias y Santo Tomé) fue acompañada y fomentada por la expansión de la agricultura del azúcar. Los portugueses en Madeira y los castellanos en Canarias establecieron plantaciones de caña e ingenios azucareros gestionados por europeos con el empleo de mano de obra esclava. La combinación de la industria azucarera y la expansión portuguesa a lo largo de la costa occidental de África supuso cambios importantes en la conformación de la población esclava de la península ibérica. A lo largo del siglo XV Portugal recibió una media anual 800 a 900 esclavos destinados a trabajar tanto en los ingenios azucareros del Algarve como en los de las islas del Atlántico, además de desempeñar los tradicionales papeles de artesanos y criados domésticos.

Las dos tradiciones, la esclavitud doméstica ibérica y la esclavitud dedicada a las explotaciones tropicales, estaban firmemente instaladas en la península ibérica a fines del siglo XV. A principios del siglo XVI los esclavos africanos negros acompañaron a sus amos españoles en las expediciones militares de conquista. Algunos de ellos fueron liberados e, incluso, obtuvieron encomiendas en América.

En el Nuevo Mundo, en términos generales, la esclavitud africana prosperó únicamente en las regiones con población nativa escasa o dispersa y en aquellas donde la drástica caída de la población aborigen obligó a los europeos a emplear formas de trabajo alternativas en sus empresas.

La corona de Castilla tenía vedado el acceso a las costas de África en virtud del tratado de Alcaçovas (1479) que reconocía la exclusividad de los derechos de Portugal sobre esos territorios; en consecuencia, en los primeros tiempos concedió licencias exclusivas o mercedes a particulares para introducir esclavos en América. Este sistema es abandonado a fines del siglo XVI, cuando la corona acudió al "asiento", término que designaba todo arreglo contractual entre el rey y un particular, para la importación de negros. El asiento era un contrato monopólico por el cual el beneficiado se comprometía a introducir cierta cantidad de esclavos por un determinado número de años en un puerto americano. Este sistema permitiría tanto evitar el contrabando como obtener el máximo beneficio fiscal.

Es difícil conocer el número de los esclavos negros introducidos en la América española. Las estimaciones señalan que entre principios del siglo XVI y 1810 llegaron casi un millón de africanos. Muchos de ellos desembarcaron en el puerto de Buenos Aires.

La región del Río de la Plata no era apta para el desarrollo de

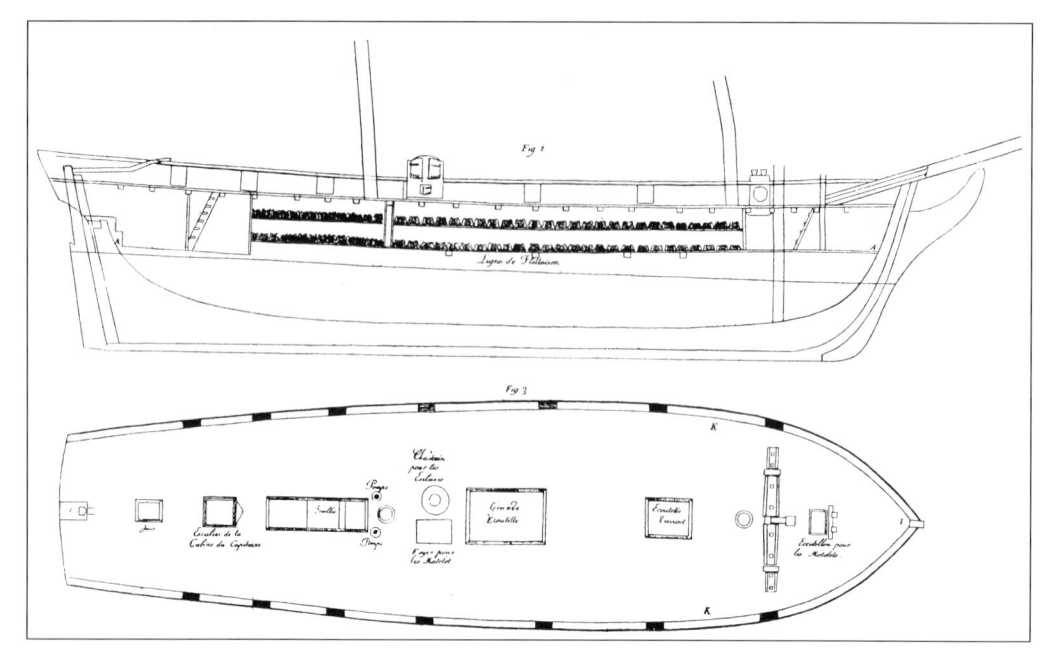

Corte del navío negrero "La Vigilante".

economías de plantación; sin embargo, en 1534, la corona concedió el primer permiso real para introducir esclavos en la zona. En 1595, y respondiendo a los pedidos de esclavos por parte de los colonos, se firmó el primer asiento con un comerciante portugués para traer cautivos africanos al puerto de Buenos Aires, práctica que se mantuvo con algunas variantes hasta bien entrado el siglo XVIII.

El comercio de esclavos por el puerto de Buenos Aires era apenas un aspecto del comercio ultramarino e intercolonial más amplio y estaba sujeto a las mismas prácticas.

Un recurso común durante el siglo XVII era que los barcos esclavistas entraran al puerto de Buenos Aires manifestando una arribada forzosa para realizar reparaciones antes de seguir viaje. Mientras se arreglaban las embarcaciones, generalmente al amparo de la noche, se desembarcaba la carga de esclavos. Se los sacaba de la ciudad y luego se los volvía a traer como "negros descaminados", es decir, negros que se habían perdido en su camino. Después estos esclavos podían venderse de una manera semilegal en remates públicos, aunque no tenían licencia de importación ni estaba registrada su entrada. Este desembarco subrepticio de una carga de gente y su salida de la ciudad sólo podían realizarse con la cooperación de los funcionarios y de los vecinos. Pero también llegaban navíos esclavistas españoles, algunos venían directamente de Angola o de Lisboa, así como una multitud de embarcaciones más pequeñas que había zarpado de puertos del Brasil. Además había barcos que eran propiedad de españoles o portugueses residentes en Buenos Aires y que venían directamente de los puertos de Europa o de África.

La existencia de estas prácticas hace difícil determinar con alguna exactitud el número de esclavos entrados por Buenos Aires durante el período colonial. Las estimaciones señalan que entre 1586 y 1665 se importaron en la región entre 25.000 y 30.000 esclavos distribuidos de la sigiente manera: unos 6.000 autorizados, unos 7.000 sin autorización pero legalizados en remates públicos y el resto entró en forma clandestina. Un testigo contemporáneo afirmó que en Potosí entraban anualmente unos 450 esclavos provenientes del Brasil.

Buenos Aires y sus alrededores no tenían necesidad de la gran cantidad de africanos que llegaron a su puerto durante el siglo XVII. La pequeña ciudad dependía casi exclusivamente de las actividades mercantiles del puerto y de cierta agricultura, no requería grandes flujos de mano de obra esclava esenciales para las economías de plantación del Brasil o del Caribe. Pero la ciudad era la puerta de entrada de los esclavos y también de productos ultramarinos que abastecían el conjunto del espacio peruano y puerta de salida del metálico del Alto Perú. La mayoría de los africanos llegaba a Buenos Aires para seguir viaje hacia el norte para ser comercializados en los centros urbanos del espacio.

Durante el siglo XVIII la corona combinó la concesión de asientos a compañías de comercio con las otorgadas a particulares en un intento por

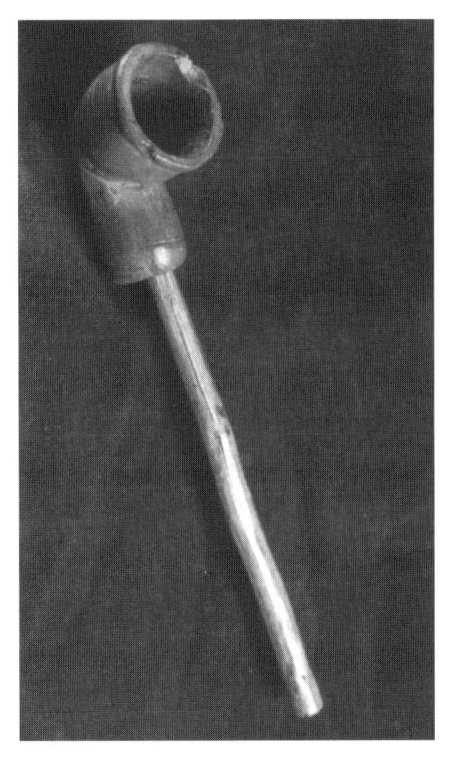

Pipa perteneciente al grupo afro de Buenos Aires rescatado por el Arq. Daniel Schavelzon.

regularizar la introducción de esclavos que pasaba por la ciudad de Buenos Aires hasta que el Reglamento de Comercio Libre de 1778 autorizó a las naves españolas a entrar sin inconvenientes en los puertos hispanoamericanos. Sin embargo, las antiguas prácticas se mantuvieron hasta 1810.

A lo largo del siglo XVIII la ciudad de Buenos Aires tuvo tres mercados de esclavos. El primero era propiedad de la Compañía Francesa de Guinea, concesionaria del asiento de esclavos entre 1701 y 1715, y estaba ubicado en la zona sur de la ciudad, donde hoy está el parque Lezama. El segundo, perteneciente a los británicos, se instaló al norte de la ciudad, en la zona del Retiro, y se mantuvo activo hasta 1750 cuando concluyó el asiento que se había firmado en 1715 con la British South Sea Company. A principios de la década de 1790 el gobierno creó un nuevo mercado de esclavos junto a las instalaciones de la Real Aduana y cerca de los muelles.

El comercio de esclavos después de 1780 significó la continuidad del tráfico intercolonial con el Brasil y África. Con los conflictos de 1779 este tráfico adquirió diversas formas incluyendo la autorización para el comercio con puertos neutrales, la "arribada forzosa" y también concesiones otorgadas por órdenes reales a particulares. Finalizado el conflicto, las autorizaciones para comerciar con Brasil no se interrumpieron, el sistema se generalizó ya que en 1784 una real orden otorgó la facultad para autorizarlo al virrey o al intendente y a fines de 1791 la corona concedió a Buenos Aires la libertad del comercio negrero. Después de 1796 las guerras europeas perpetuaron los intercambios semiclandestinos.

BUENOS AIRES, EL INTERIOR Y EL COMERCIO ATLÁNTICO

El comercio atlántico en el puerto de Buenos Aires seguía dependiendo de la capacidad de la ciudad para atraer la corriente de metales preciosos que se producían en el lejano interior del espacio. Desde el siglo XVII una fuente de plata eran las transferencias fiscales desde las cajas de Potosí, el situado. Entre 1791 y 1795 estas remesas sumaron un promedio anual de 1.631.000 pesos, de los cuales se enviaron a España unos 556.000 por año. A su vez, por medio del abastecimiento de las guarniciones militares y del adelanto de salarios a los soldados, los comerciantes vinculados al comercio atlántico accedían directamente a esos recursos. Sin embargo, la fuente más importante de metales preciosos para los mercaderes porteños seguía siendo su participación en la compleja red de intercambios que articulaban las regiones productoras, las economías regionales y el puerto.

Un análisis de los flujos mercantiles que llegaron a Potosí en 1793 muestra que las mercancías europeas, incluyendo el azogue y el hierro destinados a la minería, representaron el 24% del total de las importaciones, casi el 80 por ciento del conjunto habían llegado previamente al puerto de Buenos Aires. Sin embargo, éstas representaron apenas el 34% de los efectos de Castilla enviados hacia los mercados del interior desde la capital del virreinato.

En lo que respecta a las producciones americanas, al igual que a principios del siglo XVII, Potosí confirma su posición como gran centro minero cuya producción atrae a los comerciantes del conjunto del espacio peruano que acuden a su mercado con el objetivo de trocar sus mercancías por dinero. Sin embargo, aunque Potosí mantiene a grandes rasgos el tipo de vínculo con el espacio económico peruano que desarrollara en sus días de auge productivo, debe observarse que sus efectos de arrastre disminuyeron y ocasionaron la paulatina desaparición de algunas de las conexiones de larga distancia establecidas a fines del siglo XVI, manteniendo, en cambio, aquellas fijadas con las regiones ubicadas dentro de los límites del Alto Perú y el Bajo Perú. Las mercancías europeas que se despacharon desde Buenos Aires hacia las provincias del interior entre 1779 y 1784 se distribuyeron de la siguiente manera:

Provincias de Cuyo	17,00%
Provincias del Tucumán	30,10%
Potosí	12,27%
La Plata y La Paz	1,00%
Santa Fe y Corrientes	11,40%
Paraguay	21,15%

Es preciso señalar la importancia creciente de las plazas del Pacífico para los tráficos mercantiles originados en Buenos Aires en las décadas finales del siglo. Entre 1780 y 1784 el 21 por ciento de los envíos salidos de la ciudad puerto se dirigió a los centros trasandinos y durante el período 1798-1801 ascendieron al 47% del conjunto distribuido hacia el interior del espacio. Las mercancías comercializadas eran efectos europeos en general y esclavos pero también efectos de la tierra: yerba mate, sebo, cueros curtidos, productos de talabartería, botas, textiles de algodón. La contrapartida chilena de los productos importados se integraba con cobre en barra y manufacturado, metales preciosos, jarcias, hilos y sogas. Hasta fines de la década de 1800 el comercio entre Buenos Aires y el reino de Chile se realizaba en un 95 por ciento por vía terrestre y el resto por la ruta del cabo de Hornos. La ruta terrestre salía de Buenos Aires y, pasando por Mendoza, cruzaba la cordillera hasta Santiago de Chile-Valparaíso y desde allí se dirigía a los otros puertos del Pacífico. Otro camino de menor uso para Buenos Aires pero de suma importancia para centros del interior del virreinato era la ruta sanjuanina: los pasos cordilleranos de San Juan conectaban el Plata con las zonas mineras del norte de Chile.

A fines del siglo XVIII, al igual que en los primeros años del siglo XVII, las principales regiones proveedoras recibían a cambio de sus productos la proporción más importante de la plata potosina y allí se dirigían los comerciantes del espacio. Aunque las cifras son incompletas, es claro que la expansión del comercio atlántico después de 1780 presentaba una continuidad estructural con la trama de intercambios articulada durante el siglo XVII.

En Salta el comercio de mulas para abastecer la demanda de animales de carga del Alto Perú adquirió un volumen considerable. Las mulas provenían desde las regiones cercanas pero también de Buenos Aires, Cuyo, Córdoba, invernaban en los valles que rodeaban a la ciudad y una vez recuperadas partían hacia el Alto Perú. Aunque la gran rebelión indígena de 1780 provocó una sensible disminución del tráfico en los años posteriores, a finales del siglo el comercio de mulas recuperó su vitalidad.

La ciudad de Tucumán, emplazada en un lugar privilegiado en la ruta entre Buenos Aires y el Alto Perú, se vio favorecida por la expansión de los intercambios mercantiles durante el período colonial tardío. En el siglo XVIII la ciudad siguió siendo un centro de intermediación hacia el norte exportando al mismo tiempo los excedentes agrarios de su *hinterland* al Alto Perú. Buenos Aires y todo el interior consumían la producción de su ebanistería y las carretas que allí se fabricaban abastecían las necesidades crecientes del transporte de mercancías entre el puerto del Atlántico y Jujuy.

En la segunda mitad del siglo XVIII Córdoba siguió vendiendo sus mulas y ganado en pie en las ferias de Salta y Jujuy. La recuperación en el comercio se evidenció hacia mediados de la década de 1740 y la bonanza de las décadas de 1760 y 1770 se interrumpe en la de 1780 para recuperarse otra vez en la última década del siglo. A principios del siglo XIX más de la mitad de las mulas que se vendían en las ferias salteñas se producían en la jurisdicción de Córdoba. En términos generales, el comercio de mulas cordobesas es floreciente durante el período.

La reactivación de los intercambios comerciales de Córdoba con el puerto de Buenos Aires, que se insinúa desde mediados de la década de 1740, se hace más clara en la década de 1760 para aumentar más aún en las últimas décadas del siglo. Sin embargo, el incremento de estos intercambios no alteró sus vínculos mercantiles con el norte altoperuano. Los comerciantes cordobeses diversificaron sus transacciones y ello les permitió sortear las dificultades en el mercado altoperuano cuando se producían caídas en la demanda de mulas o en sus precios. A su vez, Córdoba encontró en el mercado de Buenos Aires una salida para los textiles de lana elaborados en los hogares de la campaña. Ésta era una producción de antigua data, a cargo de las mujeres y destinada al consumo familiar, reactivada a partir de mediados de la década de 1760.

Asimismo, Córdoba siguió atrayendo los tráficos de los vinos, aguardientes y frutas secas originados en la región de Cuyo como de los caldos y los tejidos rústicos de algodón que se producían en La Rioja y en Catamarca.

El clima comercial de la segunda mitad del siglo XVIII se reflejó de manera ambigua en la producción de vinos y aguardientes de la región de Cuyo. Son bien conocidas las quejas, representaciones y memoriales de cosecheros y funcionarios coloniales con respecto a los efectos negativos del comercio libre sobre los principales bienes exportables de la región. Sin embargo, los estudios disponibles sobre el volumen de las exportaciones de los caldos cuyanos contradicen esa imagen decadente de la producción vitivinícola cuyana. En efecto, en esta época las exportaciones de vino mendocino no sufrieron contracción alguna, en tanto que las de aguardiente sanjuanino muestran un claro crecimiento.

Los productores de Cuyo emplearon distintas estrategias para alcanzar los principales mercados de la región. En San Juan éstos apelaron a convertir la mayor parte del vino producido en aguardiente; en cambio, los mendocinos se especializaron en la elaboración de vino y dedicaron sólo un tercio de su producción para transformarlo en aguardiente. Las diferencias climáticas entre ambas regiones, la pobre calidad de los vinos y las condiciones del transporte seguramente influyeron en la opción elegida. San Juan, alejada de las rutas principales del espacio, producía un vino con mayor contenido alcohólico que el mendocino, por eso era más apto para convertirlo en aguardiente. Mendoza, centro comercial importante al que llegaban las carretas con las mercancías destinadas a los mercados del Pacífico, tenía mayor flexibilidad para decidir la producción final según la calidad de la uva de cada cosecha, la disponibilidad de transporte año a año y el estado de los mercados.

Las deficientes condiciones del traslado alteraban la calidad del vino. Los precarios barriles cubiertos con cueros en sus extremos que lo contenían se cargaban en carretas tiradas por bueyes que demoraban más de 45 días en hacer el viaje desde Mendoza hasta Buenos Aires. En algunas oportunidades el vino mendocino se transportaba a lomo de mula, siendo éste el medio empleado generalmente por los productores de San Juan porque los desniveles del camino dificultaban el tránsito de las carretas.

Los vinos y aguardientes de San Juan y Mendoza dependían casi exclusivamente del gran mercado en que se había convertido Buenos Aires en la segunda mitad del siglo XVIII y de los más pequeños de Córdoba y Santa Fe. En esta época los caldos cuyanos sólo ocasionalmente y en cantidades ínfimas llegaban a Potosí. Éste y los otros mercados altoperuanos consumían los aguardientes provenientes de los valles de Arequipa y el vino de Cinti en tanto que Chile se autoabastecía de ambos productos.

Santa Fe verá perder el acceso a casi todas sus vías de comunicación terrestre entre 1715 y 1737. En 1740 los santafesinos habían obtenido el privilegio de la corona de ser "puerto preciso". Esta disposición obligaba a las embarcaciones de la carrera fluvial del Paraná que bajaban de Asunción a tomar el puerto en la barra del Colastiné, para continuar en carrera hacia el interior o hacia Buenos Aires. Con este sistema se intentaba obligar a los traficantes a dejar una parte de sus beneficios en mano de los comerciantes santafesinos; sin embargo, ello no impidió que Buenos Aires se transformara en el punto más importante para la redistribución de la yerba paraguaya hacia los mercados chileno y altoperuano. En la segunda mitad del siglo se hicieron más importantes sus relaciones comerciales con el Atlántico tanto para la importación de efectos europeos como para la exportación de los cueros. Santa Fe estaba orientando su economía hacia la producción de ganado vacuno.

La indudable expansión del comercio atlántico durante la época del comercio libre se mantuvo asociada a la trama de tráficos interregionales conformada durante el siglo XVII que integraba el espacio y al mismo tiempo posibilitaba la acumulación del metálico en los puertos de mar. A fines del siglo XVIII los metales preciosos también constituyeron la principal mercancía de exportación y a la sombra de los intercambios descriptos se desarrolló la exportación de productos locales provenientes de diversas regiones del espacio, principalmente cueros de vacuno pero también lana de vicuña y cobre, sin alterar sus rasgos esenciales. Este espacio económico estructurado en torno a la minería altoperuana y el puerto de Buenos Aires comenzará a desintegrarse bajo el doble efecto de la Revolución y de las transformaciones de la economía mundial.

BIBLIOGRAFÍA

Amaral, Samuel, "Comercio libre y economías regionales. San Juan y Mendoza, 1780-1820" (mimeo).

Arcondo, Aníbal, *El ocaso de una sociedad estamental. Córdoba entre 1700 y 1760*, Universidad Nacional de Córdoba, Córdoba, 1992, 290 págs.

Assadourian, Carlos Sempat, "La producción de la mercancía dinero en la formación del mercado interno colonial", en Florescano, Enrique (comp.), *Ensayos sobre el desarrollo económico de México y América Latina (1500-1975)*, Fondo de Cultura Económica, México, 1987, págs. 223- 273.

——— *El sistema de la economía colonial. El mercado interior. Regiones y espacio económico*, Nueva Imagen, México, 1983, 367 págs.

Díaz, Marisa M., "Las migraciones internas a la ciudad de Buenos Aires, 1744-1810", *Boletín del Instituto de Historia Argentina y Americana "Dr. Emilio Ravignani"*, N° 16-17, Buenos Aires, 1998, págs. 7-31.

Garavaglia, Juan Carlos, *Mercado interno y economía colonial*, Enlace-Grijalbo, México, 1983, 507 págs.

García-Baquero González, Antonio, *Andalucía y la carrera de Indias (1492-1824)*, Biblioteca de la Cultura Andaluza, Sevilla, 1986, 218 págs.

Klein, Herbert, "Structure and Profitability of Royal Finance in the Viceroyalty of the Río de la Plata in 1790", *Hispanic American Historical Review*, 53 (1973), págs. 440-469.

——— *The American Finances of the Spanish Empire. Royal Income and Expenditures in Colonial Mexico, Peru and Bolivia, 1680-1809*, University of New Mexico Press, Albuquerque, 1998, 221 págs.

Korol, Juan Carlos, y Tandeter, Enrique, *Historia económica de América Latina: problemas y procesos*, Fondo de Cultura Económica, Buenos Aires, 1998, 117 págs.

Lynch, John, *España bajo los Austria. Imperio y absolutismo, 1516-1598*, Península, Barcelona, 1975, 459 págs.

——— *España bajo los Austria. España y América, 1598-1700*, Península, Barcelona, 1975, 429 págs.

Malamud, Carlos, *Cádiz y Saint Malô en el comercio colonial peruano (1698-1725)*, Diputación de Cádiz, Cádiz, 1986, 364 págs.

Moutoukias, Zacarías, *Contrabando y control colonial. Buenos Aires y el espacio peruano en el siglo XVII*, Ceal, Buenos Aires, 1989, 267 págs.

——— "Una forma de oposición: el contrabando", en Ganci, Massimo, y Romano, Ruggiero (comps.), *Governare il mondo. L'Impero Spagnolo dal XV al XIX secolo*, Società Siciliana per la Storia Patria. Istituto di Storia Moderna-Facoltà di Lettere, Palermo, 1991, págs. 333-367.

——— "El crecimiento en una economía colonial de Antiguo Régimen: reformismo y sector externo en el Río de la Plata (1760-1796)", *Arquivos do Centro Cultural Caluste Golbenkián*, volume XXXIV, Mélanges offerts à Frederic Mauro, Lisboa-París, 1995, págs. 771-813.

Palomeque, Silvia, "La circulación mercantil en las provincias del interior, 1800-1810", *Anuario IEHS*, N° 4, Tandil, 1989, págs. 131-210.

Piana de Cuestas, Josefina, *Los indígenas de Córdoba bajo el régimen colonial, 1570-1620*, Universidad Nacional de Córdoba, Córdoba, 1992, 362 págs.

Punta, Ana Inés, *Córdoba borbónica. Persistencias coloniales en tiempo de reformas (1750-1800)*, Universidad Nacional de Córdoba, Córdoba, 1997, 336 págs.

Rosal, Miguel Ángel, "Transportes terrestres y circulación de mercancías en el espacio rioplatense, 1781-1811", *Anuario IEHS*, N°3, Tandil, 1988.

Sánchez Albornoz, Nicolás, "La extracción de mulas de Jujuy al Perú, 1778-1808", *Anuario de Investigaciones Históricas*, N° 8, Rosario, 1965, págs. 261-312.

Studer, Elena, *La trata de negros en el Río de la Plata durante el siglo XVIII*, Buenos Aires, 1958.

Tandeter, Enrique, "El eje Potosí-Buenos Aires en el Imperio español", en Ganci, Massimo, y Romano, Ruggiero (comps.), *Governare il mondo. L'Impero Spagnolo dal XV al XIX secolo*, Società Siciliana per la Storia Patria. Istituto di Storia Moderna-Facoltà di Lettere, Palermo, 1991, págs. 185-202.

——— "El papel de la moneda macuquina en la circulación monetaria rioplatense", *Cuadernos de Numismática*, IV, N° 14, Buenos Aires, 1975.

——— "Crisis in Upper Peru, 1800-1805", *Hispanic American Historical Review*, 71, 1, febrero 1991, págs. 35-71.

——— *Coacción y mercado. La minería de la plata en el Potosí colonial, 1692-1826*, Sudamericana, Buenos Aires, 1992, 332 págs.

———— et al., "El mercado de Potosí a fines del siglo XVIII", en Grosso, Juan Carlos, y Silva Riquer, Jorge (comps.), *Mercados e Historia*, Instituto Mora, México, 1994, págs. 165-206.

TePake, John Jay, "La crisis de la fiscalidad colonial", en Tandeter, Enrique (comp.), *Historia general de América Latina*, vol. IV, UNESCO, Madrid (en prensa).

Wentzel, Claudia, "El comercio del litoral de los ríos con Buenos Aires: el área del Paraná, 1783-1821", *Anuario IEHS*, N° 3, Tandil, 1988, págs. 161-210.

VI

El mundo rural colonial

por RAÚL O. FRADKIN

Trabajo agrícola, *de Guamán Poma de Ayala.*

Tras casi tres siglos de dominio colonial el mundo rural albergaba múltiples y diversas situaciones. Ante todo, las diferencias que presentaban las tierras más altas, áridas o semiáridas del centro, el norte y el oeste y las tierras de las llanuras fértiles del litoral rioplatense. Pero, también, las que ofrecían los diferentes ámbitos ecológicos en cada región. Más que un mundo rural, entonces, se trataba de varios y diferentes mundos en los cuales las condiciones de aislamiento y desigual poblamiento no impidieron una profunda articulación.

LA ESTRUCTURACIÓN SOCIAL DEL ESPACIO

Los espacios rurales se estructuraron en torno a las ciudades que constituyeron los mercados para sus productos. Pero el desarrollo de las ciudades no estuvo exento de dificultades y durante mucho tiempo la mayor parte de los escasos centros urbanos no eran más que pequeños poblados. En esas condiciones, la diferenciación entre ciudad y campo fue lenta y tardía salvo Buenos Aires, Córdoba o Salta.

Por lo tanto, las sociedades que se conformaron fueron básicamente sociedades agrarias. Ello se pone en evidencia también en los productos que la red de asentamientos urbanos hacía circular a través del espacio pues eran primordialmente productos agrarios a excepción de los efectos importados, los metales preciosos y algunas pocas artesanías de origen urbano. Incluso, las diferentes producciones textiles eran en su mayor parte realizadas por unidades sociales agrarias como obrajes, pueblos de indios y, especialmente, por los hogares campesinos.

La constitución del sistema colonial —impregnado de una lógica económica excedentaria, extractiva y mercantilista— supuso una profunda innovación en los ecosistemas y trajo consigo implicancias sólo amortiguadas por la reducida densidad de los primeros centros de colonización. Junto con la difusión de nuevas especies animales y vegetales tuvieron lugar profundos cambios en la utilización de los recursos y en la estructuración del espacio. Ante todo —y ello era una innovación sustantiva en muchas regiones— se introdujo un patrón de asentamiento concentrado en áreas donde antes de la conquista primaba uno intinerante o disperso. Ello tendió a valorizar los cursos de agua y las tierras cercanas a las futuras ciudades y mejor irrigadas, produciendo una reasignación de los recursos por la vía de la apropiación compulsiva: así, en Córdoba, por ejemplo, la implantación colonial despojó a las poblaciones indígenas de sus mejores tierras agrícolas, que fueron convertidas en tierras destinadas a cultivar un cereal introducido por los europeos, el trigo.

La nueva agricultura no sólo suponía la introducción de especies diferentes sino también de nuevas técnicas de producción como las herramientas de hierro (azadas, azadones, arados) y nuevos animales de tiro. Donde la disponibilidad de agua era más limitada, como en Mendoza, la agricultura colonial supuso la apropiación de las obras de regadío previamente existentes y sólo a fines del siglo XVII se encaró su ampliación, a medida que se acrecentaba la demanda urbana de productos rurales.

Una mirada a largo plazo de la estructuración de los espacios coloniales y la conformación de los mundos rurales permite reconocer tres fases principales. Durante la primera, la estructuración de las relaciones sociales agrarias se efectuó en torno a los intentos de apropiación de los recursos, de la fuerza de trabajo y de los excedentes generados por la población indígena. La conformación de las estructuras agrarias se operó mediante la implementación del sistema de *mercedes de tierra* —donaciones oficiales a cambio de servicios prestados a la corona— y *encomiendas de indios* que sustentaron los sucesivos y variados intentos de poner en producción las tierras utilizando fuerza de trabajo indígena. Pero, por detrás de esta matriz inicial común, se operaron procesos regionales muy diferentes. Mientras ello permitió organizar la mayor parte de las primeras economías del interior, su eficacia fue mucho menor en el litoral donde rápidamente la encomienda evidenció sus límites y su imposibilidad de sostener la estructura agraria y urbana en formación.

Entre 1650 y 1750 puede reconocerse una segunda fase. Aunque es el período menos conocido de nuestra historia agraria, parece bastante claro que durante él tomaron sus formas características las sociedades rurales regionales, se estabilizó la relación ciudad/campo y se operó un progresivo proceso de conformación de áreas de frontera con las sociedades indígenas que no pudieron ser conquistadas. Durante este período se fue produciendo una serie compleja de transformaciones —muchas de ellas todavía opacas a la observación histórica— entre las que cabe destacar dos procesos muy relacionados entre sí, aunque no pueden subsumirse uno con otro: por un lado, el proceso de mestizaje, que es mucho más amplio y abarcativo y que tiene en las ciudades y pueblos un escenario privilegiado; por otro, la conformación de un campesinado colonial, en buena parte mestizo.

La implantación de la nueva agricultura no significó la desaparición completa de la antigua: no sólo en los pueblos de indios se siguieron utilizando las viejas especies y técnicas sino que el conjunto del dispositivo tecnológico (saberes, herramientas y procedimientos de trabajo) se fue haciendo crecientemente mestizo. Este proceso de "mestización" abarcó al conjunto del dispositivo tecnológico de las diferentes ramas de la actividad económica —tanto agrícolas como ganaderas o textiles—, los medios y los modos del transporte y buena parte de las pautas del consumo. De este modo, los campesinos del siglo XVIII utilizaban técnicas, materias primas y motivos indígenas en la confección de sus textiles y aun entre labradores de la pampa era utilizado el palo cavador. A su vez, muchos de los productos que se integraban en las redes mercantiles de intercambio cruzaban y superaban las barreras étnicas y regionales: así, la yerba mate se convirtió en una mercancía extremadamente difundida en el espacio económico.

La nueva ganadería, por su parte, también implicó profundas transformaciones en los ecosistemas. Las especies de ganado mayor introducidas alteraron la cubierta vegetal e incorporaron a la dieta alimentaria de las sociedades la carne como componente fundamental. El proceso también afectó a las sociedades indígenas que permanecieron fuera del dominio colonial pero crecientemente integradas en sus circuitos de intercambio: en ellas, el fenómeno más evidente fue la adopción del caballo pero fue mucho más abarcativo; entre los pueblos del Chaco, la introducción del hierro produjo profundas alteraciones: entre los cazadores se generalizó el intercambio de ganado y de prisioneros por artículos de hierro y entre los horticultores se acrecentó la capacidad para reproducir su agricultura de desmonte.

A partir de mediados del siglo XVIII puede reconocerse una tercera fase: desde entonces se evidenciaron signos de incremento de la producción rural regional, una creciente mercantilización de las relaciones sociales, se ampliaron las áreas territoriales de colonización y tendieron a endurecerse las condiciones y las relaciones interétnicas en las áreas de frontera. En esta fase se acentuó la reorientación de los circuitos de intercambio hacia el Atlántico y se evidenciaron signos de creciente actividad, prosperidad y enriquecimiento urbano que acrecentaron la demanda de productos agrarios. Fue, en ese contexto, donde se introdujeron las reformas administrativas que llevaron a la organización del Virreinato del Río de la Plata y a una mayor liberalización del comercio exterior y, de este modo, abrieron mayores oportunidades comerciales a algunos productos agrarios, desde los cueros de vacunos a los textiles de lana de vicuña.

Un mosaico de diferencias regionales

De este modo, las estructuras agrarias coloniales no surgieron directamente de las condiciones que impuso la conquista, aunque su impronta fue indudable. En el norte y el oeste el asentamiento hispano se estructuró principalmente en los valles y buscó asegurarse el control de los cursos de agua. La implantación del dominio colonial hispano convirtió a los valles en epicentro de la estructuración del espacio, a diferencia de las sociedades indígenas que —en muchos casos— lo habían organizado en torno a las tierras altas. Con el tiempo, el ordenamiento territorial tendió a organizarse en torno a las tierras que podían comunicarse mejor con las rutas del intercambio a larga distancia.

En las llanuras del litoral, en cambio, el patrón de asentamiento fue esencialmente costero, conformando pequeñas franjas fuera de las cuales el territorio estaba débilmente hispanizado. Aquí, antes de la invasión europea, el patrón de asentamiento indígena había sido en mayor parte costero e isleño o era una de las estaciones a las que se desplazaban los grupos nómades en sus extensos recorridos. Pese a que se trataba en su mayor parte de planicies poco pobladas, el dominio colonial efectivo no se alejó demasiado de las costas y se conformaron reducidos enclaves portuarios como Corrientes, Santa Fe o Buenos Aires. Entre ellos y hasta Asunción circulaba una amplia gama de pequeñas embarcaciones de tonelaje reducido (balsas, barcazas y canoas) que también incursionaban en los riachos que desembocan en el Paraná y el Plata y entre las islas del delta en busca de maderas y facilitando el intercambio de productos. Más tarde, esta red de transporte sostuvo el fluido tráfico con Colonia del Sacramento.

El amplio espacio sobre el cual habría de conformarse la Argentina presentaba diferencias cruciales en cuanto a sus patrones de poblamiento. En el centro, el norte y el oeste, el poblamiento fue más denso y concentrado y las sociedades regionales que se conformaron incluían una importante proporción de población indígena, especialmente en algunas zonas como la Puna salto-jujeña, la quebrada de Humahuaca, los valles Calchaquíes o las áridas tierras santiagueñas; en las llanuras del litoral, en cambio, el poblamiento rural fue más disperso y mucho menos denso y en ellas la proporción de población indígena fue significativamente menor. A su vez, la colonización hispana encontró límites hacia fines de siglo XVI que no se alteraron sustantivamente a lo largo de todo el período colonial: tanto en las llanuras del Chaco como en las planicies pampeano-patagónicas la capacidad de resistencia indígena frente al avance de la sociedad hispano-criolla se mantuvo —y aun se incrementará— hasta fines del siglo XIX y las fronteras coloniales sólo tuvieron variaciones locales.

Pero esta imagen de dos bloques regionales diferentes debe matizarse reconociendo la complejidad del mosaico que incluía cada uno, dado que cada zona ofrece particularidades muy signifi-

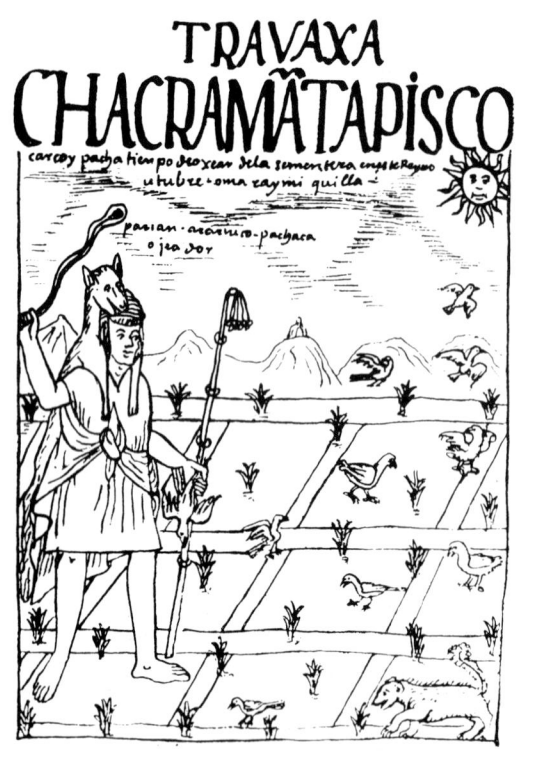

Trabajo agrícola, *de Guamán Poma de Ayala.*

cativas. En Salta, por ejemplo, la importancia de la población indígena era muy variable en las diferentes zonas de la jurisdicción, pues mientras hacia 1778 en el valle Calchaquí ella era cercana al 80 por ciento, en el valle de Lerma no alcanzaba al 30 por ciento y en las tierras de la frontera chaqueña apenas llegaba a ser de un 10 por ciento. En estas condiciones, el peso de los afromestizos y españoles era también muy diferente en cada zona. En la campaña bonaerense la mayor parte de la población rural —en proporciones que pueden superar el 80 por ciento en algunas zonas— era catalogada como "española" y la proporción de afromestizos era superior a la de indígenas. Sin embargo, es muy probable que buena parte de estos "españoles" hayan sido mestizos migrantes de diferentes áreas del interior.

También había importantes diferencias en las relaciones ciudad/campo entre el interior y el litoral y variaciones significativas en cada zona. Estas diferencias tienen que ver con las condiciones previas a la conquista y con las mismas modalidades que tuvo que adoptar en cada región. En el Tucumán colonial —aquel vasto y diverso espacio situado al norte de Córdoba— el mecanismo inicial para poner en funcionamiento las unidades agrarias de producción fue la encomienda. El Tucumán fue una de las zonas donde más perduración tuvo esta institución en la América española, al punto que se mantuvo en vigencia hasta bien entrado el siglo XVIII. A su vez, esta institución estuvo —pese a todas las disposiciones oficiales— asociada a la prestación de servicios personales.

Pero la encomienda no pudo mantenerse como institución básica de la conformación de las estructuras agrarias y su decadencia estuvo asociada a la crisis demográfica indígena, a la reorientación ganadera que sustituyó a la primera orientación predominantemente textil de la encomienda temprana, a los movimientos de la población y al crecimiento del número de mestizos. Estos procesos contribuyeron a conformar relaciones sociales más laxas y diversas que las que se tramaban en la encomienda inicial e incluso —pese a que el tributo se siguió cobrando— no impidió el crecimiento del conchabo y la realización de *conciertos* mediatizados por encomenderos, administradores, mayordomos y pobleros. Con ello fue llegando a su fin el monopolio encomendero sobre la fuerza de trabajo indígena.

En el litoral, los intentos de organizar la producción agraria en torno a la institución de la encomienda fueron infructuosos y su decadencia fue mucho más temprana que en el interior, ante todo por la ausencia de núcleos indígenas sedentarios y el fracaso de las relocalizaciones. En consecuencia, se produjo una generalización más temprana de las relaciones sociales más flexibles. En un contexto de mayor disponibilidad de tierras fértiles y de menor presión demográfica sobre la tierra, la erosión temprana de la encomienda abrió paso a una variedad de formas de trabajo que implicó una mayor difusión del conchabo y diferentes formas de asociación entre propietarios y productores directos cuando no a la ocupación de hecho de tierras baldías realengas. Las unidades de producción más grandes, por su parte, debieron recurrir en mayor medida a la utilización del trabajo esclavo complementado con la contratación de peones.

Sin embargo, no conviene limitar la comparación a registrar sólo las diferencias entre estos dos grandes espacios; es preciso retener que también eran notorias las que había entre las distintas áreas de una misma jurisdicción. En San Miguel de Tucumán, por ejemplo, la persistencia del pueblo de indios fue débil y muchas encomiendas formaban una unidad con las estancias y haciendas; las tierras de valle y del pie de monte más cercanas a la ciudad terminaron siendo dominadas por un próspero grupo de mercaderes en una región donde la propiedad de la tierra estaba relativamente dividida; a su vez, el modo característico de organización de la producción rural era la pequeña producción campesina que se basaba en el trabajo familiar y que podía hacerse más amplia mediante la inclusión de agregados. Por lo tanto, los peones conchabados y los esclavos eran una porción muy reducida de la fuerza de trabajo.

En Santiago del Estero, en cambio, perduró mucho más firmemente la estructura de pueblos de indios. En esta zona, que se convirtió hacia fines del período colonial en una región extremadamente pobre, las tierras más fértiles estaban en el territorio irrigado y si bien estuvieron en su mayor parte en manos de la elite mercantil urbana su propiedad llegó a estar sustancialmente dividida, mientras la población indígena en buena medida sustentaba su reproducción en los recursos del bosque y en sus cultivos tradicionales; los bañados y las tierras de pastoreo fueron de usufructo comunal para los pueblos y reducciones.

En Salta la situación fue diferente de la de Santiago y Tucumán: se conformó una estructura agraria con mayor predominio de la gran propiedad y era frecuente la presencia de arrenderos indígenas. Este sector terrateniente estuvo constituido ante todo por empresarios especializados en la producción mular que utilizaron sus tierras de los valles de Lerma y secundariamente Calchaquí y la frontera oriental para las invernadas; a su vez, la población indígena a fines del siglo XVIII contenía un importante segmento de forasteros, sin propiedad de la tierra. De este modo, en Salta la perduración de los pueblos de encomienda fue menor y ello no llegaba a ser compensado por la instalación de reducciones en el área de frontera chaqueña, cuyos miembros fueron compulsivamente reducidos a la condición de peones obligados a trabajar en la producción azucarera; sólo había en Salta, por entonces, dos grandes encomiendas en tierras de grandes propietarios como la del Marquesado del valle de Tojo o la de Isas-

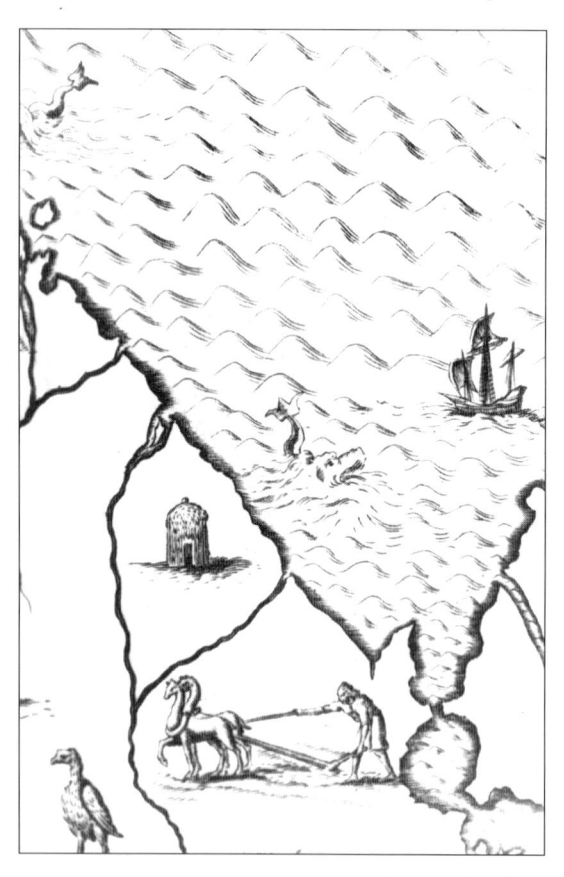

Detalle del mapa de Alonso de Ovalle, con tareas agrícolas.

mendi en el valle Calchaquí y, salvo unos pocos indios que vivían en los dos pueblos, el resto se instalaba como arrenderos, agregados o en condición más imprecisa e inestable. A su vez, como en Tucumán, los esclavos eran muy poco numerosos en estancias y haciendas y la mayor parte de la población rural se encontraba en calidad de arrenderos, agregados y pobladores en tierras ajenas.

Diferente también era el panorama de Jujuy, donde la encomienda perduró con vigor en la Puna mientras que en la quebrada las comunidades mantuvieron más tiempo sus tierras; en las tierras bajas, por su parte, el peso de la población mestiza era mucho mayor y se concentraba dentro de las haciendas. En Catamarca la densidad del poblamiento de los valles dio lugar a una estructura de la propiedad más dividida que en las tierras altas, mientras que en La Rioja se conformaba una estructura basada en propiedades más grandes y una mayor perduración del pueblo de indios. Por último, en Córdoba, estos pueblos de indios perdieron su significación inicial con relativa rapidez y en las tierras llanas se conformaron propiedades mucho más grandes que en la sierra, donde la propiedad estaba más dividida.

Importantes diferencias también pueden reconocerse desde un comienzo en las áreas del litoral rioplatense. En Buenos Aires, el reducido espacio rural inmediato a la ciudad tenía como funciones básicas proveer de abastos a la ciudad y servir al funcionamiento del sistema de transportes; con el tiempo se extendió hacia la otra banda del Río de la Plata, especialmente en torno a la zona de Colonia del Sacramento, fundada por los portugueses hacia 1680. De este modo, las áreas rurales litorales presentaban muy diferentes antigüedades de asentamiento ya que mientras en torno a Buenos Aires se conformó desde fines del siglo XVI un espacio rural, la verdadera colonización hispana de la Banda Oriental fue primordialmente un fenómeno del siglo XVIII.

La atracción de la actividad mercantil y portuaria de la ciudad de Buenos Aires y la cercana presencia de la frontera indígena limitaron la extensión de la colonización, y el escaso valor de la tierra y el rango claramente secundario de las producciones rurales para el comercio porteño hicieron que los intereses de la elite local no se concentraran en la propiedad de la tierra; de esta manera, las mercedes entregadas en grandes extensiones dieron lugar más a una apropiación de títulos antes que a una ocupación y apropiación efectiva de los recursos y, de este modo, las grandes propiedades fueron más la excepción que la regla.

Fue en la Banda Oriental, en cambio, donde la elite porteña conformó grandes propiedades dado que el proceso de colonización fue más tardío y cuando comenzaban a valorizarse los recursos pecuarios; pero estas grandes estancias no eran mucho más que campos de faena para extraer cueros. En la Banda Oriental, en consecuencia, se desarrolló una colonización pionera atraída por la existencia de tierras fértiles y bien irrigadas, por la presencia de ganado vacuno sin apropiar y por un intenso tráfico comercial con el Brasil. Esta colonización fue conformando un sustrato campesino que en el siglo XVIII tuvo que lidiar con las apetencias crecientes de las elites bonaerense y montevideana de apropiarse de las tierras y los ganados. En Santa Fe, Entre Ríos o Corrientes el poblamiento y el afincamiento de la población tuvieron un marcado carácter fronterizo y, en buena medida, escaparon al control oficial y a las formas institucionales establecidas. En estas campañas litoraleñas fracasaron los intentos de organizar la producción rural en torno a la institución de la encomienda así como de las reducciones.

Las fronteras coloniales

En todo caso, la dependencia de las unidades agrosociales hispanas de la fuerza de trabajo indígena convirtió en crucial a las áreas de frontera. El caso del Tucumán es un claro ejemplo al respecto pues tuvo una doble frontera. Por un lado, hasta la década de 1660, los valles Calchaquíes no pudieron ser incorporados al dominio hispano. Estos valles, que ya antes de la conquista eran un área heterogénea étnicamente, vieron cómo en la era colonial llegaban nuevos migrantes indígenas buscando refugio del régimen de la encomienda. La conquista definitiva de los valles fue seguida por la relocalización en pequeños grupos hacia diferentes zonas de la jurisdicción del Tucumán y aun muy lejos de ella. Ello contribuyó a la recuperación de la población indígena a fines del siglo XVII en áreas donde su disminución había sido dramática y permitió la perduración de la encomienda y el servicio personal y hasta su revitalización. En general, los pueblos reducidos no obtuvieron tierras y en varios casos fueron los mismos encomenderos quienes cedieron parcelas de sus tierras para fundar las reducciones; en otros casos la situación fue distinta: así, mientras los colalaos recibieron tierras en los valles tucumanos a cambio de ser indios amigos, en otros casos —como los amaichas— obtuvieron la cesión de sus antiguos territorios en el valle Calchaquí.

Por otro lado, la frontera del Tucumán en las llanuras del Chaco recién se estabilizó en la primera mitad del siglo XVIII, en buena medida gracias a la acción de las reducciones jesuitas. En estas tierras el avance hispano no respondía sólo a necesidades defensivas sino que una de las funciones básicas de las "entradas" españolas al Chaco era obtener indios para las decadentes encomiendas y es probable que cerca de la tercera parte de los indios encomendados a fines del siglo XVII tuviera este origen. En esta frontera la situación se fue haciendo crecientemente belicosa entre mediados del siglo XVII y mediados del XVIII, cuando la presión indígena fronteriza se había extendido espacialmente y se hacía sentir de manera evidente en Córdoba y Santa Fe, hacia donde ya se habían desplazado con anterioridad otros grupos indígenas alejándose de las áreas de colonización hispana.

La colonización hispana tuvo que desarrollar un sistema defensivo que abarcó la constitución de una serie de reducciones y fortines y los jesuitas, por ejemplo, llegaron a instalar al menos siete reducciones en las fronteras de Jujuy, Salta y Santiago del Estero y otras tres en la frontera santafesina. El peso de la guerra descansó sobre la población pobre de la campaña que debía afrontar las alternativas de enrolarse o ponerse bajo protección y llegó a generar diversas formas de resistencia que fueron desde la huida y la migración a tierras lejanas hasta las deserciones colectivas, como las producidas en los contingentes reclutados en Catamarca y Santiago del Estero para integrar las milicias durante la primera mitad del siglo XVIII. Esta presión militar enroladora abarcó al conjunto de la población campesina e incluyó a muchos indios que a cambio del servicio estaban eximidos de tributar. Así, entre los efectos de la conversión de los pueblos de indios de Santiago del Estero en una reserva de soldados, puede señalarse que contribuyó a su despoblamiento y a una militarización creciente de la vida rural convirtiendo a los jefes militares locales en verdaderos señores de los pueblos.

En las tierras de las pampas del sur, las fronteras mantuvieron una relativa tranquilidad hasta las primeras décadas del siglo XVIII.

Hasta entonces las relaciones hispano-indígenas habían sido no sólo relativamente pacíficas sino a veces esporádicas. Las "entradas" españolas, en este caso, tenían sobre todo la forma de expediciones de reconocimiento y para cazar ganado cimarrón. Pero desde comienzos del siglo XVIII las transformaciones operadas en las sociedades indígenas y la extinción del ganado cimarrón comenzaron a hacer más tensas y conflictivas esas relaciones. De este modo, en los años 30 se produjo la formación de los primeros fortines y en la década de 1740 se intentó fijar reducciones jesuíticas en tierras indígenas al sur de Buenos Aires, pero no tuvieron más que efímera existencia. Junto a ello comenzó lenta y débilmente la conformación de una estructura militar fronteriza en la década de 1750 y de una serie de fortines en la de 1770, que llevó a su momento más tenso las relaciones fronterizas.

Pero no sólo la guerra fue el modo de relación entre estas sociedades: antes, durante y después de los enfrentamientos abiertos una diversa red de intercambios las conectó entre sí y con las sociedades indígenas de Chile. Los intercambios y la relativa paz establecida entre mediados de la década de 1780 y 1820 acrecentaron los vínculos e intercambios y favorecieron el establecimiento de pobladores hispanocriollos más allá de la llamada línea de fortines. En consecuencia, los fortines fueron centros de comercio y estuvieron por detrás del movimiento colonizador mucho más profundo de la población rural hispanocriolla. El radio de acción de los mercachifles rurales se extendió hacia el interior del área dominada por las sociedades indígenas y, a su vez, estas sociedades comenzaron a participar del mercado colonial llegando con sus productos a los fortines y poblados y hasta la misma Buenos Aires y algunos de ellos —como los ponchos— circulaban ampliamente.

Si bien la paz ampliaba la disponibilidad de tierras para los pequeños productores, estos movimientos eran provocados también por el desplazamiento muchas veces forzado de pequeños productores, en especial a partir de la década de 1790, cuando se acrecentó notoriamente el interés por la tierra. Dado que en las fronteras la ocupación solía preceder el proceso de apropiación de las tierras, su avance y consolidación solían implicar expulsiones de pobladores hacia tierras más alejadas. Estos movimientos también eran producidos por las transformaciones en la estructura de producción: así, por ejemplo, la expansión de la agricultura cerealera en las tierras de estancia de los alrededores de Luján, en Buenos Aires, suscitó en los últimos 30 años del siglo XVIII agudos conflictos entre estancieros y pequeños agricultores, a los que se intentó forzar a instalarse en las fronteras. Pero estos movimientos no eran sólo de avance: los continuos reflujos de la frontera ocasionaban fuertes movimientos de retracción de población.

Estancias, fortines y reducciones constituyeron mecanismos mediante los cuales la colonización hispanocriolla avanzaba sobre las fronteras. Pero probablemente el proceso básico aunque más opaco estuvo constituido por movimientos pioneros de colonización agraria efectuados por parte de la población campesina. Estos movimientos pueden reconocerse en áreas muy diferentes de las fronteras chaqueña y pampeana así como en las tierras de la Banda Oriental y Entre Ríos, estas últimas verdaderos focos del movimiento colonizador en la segunda mitad del siglo XVIII.

Si muchos de los mecanismos de expansión eran análogos, ello no puede oscurecer las profundas diferencias. Las reducciones tuvieron mayor importancia y eficacia para afirmar la frontera chaqueña que la pampeana. Si en ambos casos puede reconocerse la relevancia de la participación campesina en su ampliación, en el caso de las pampas del sur —y particularmente en Buenos Aires— este asentamiento era realizado en tierras muy fértiles y relativamente cercanas al más importante mercado regional, mientras que en las llanuras chaqueñas las tierras eran de mucho menor fertilidad y estaban alejadas de los mercados de consumo. Por otra parte, la estructura del poder militar también presentaba diferencias pues mientras en las fronteras chaqueñas pareciera haber dado lugar a la formación de verdaderos poderes locales y a una militarización muy acentuada de la sociedad rural fronteriza, en la campaña bonaerense —demasiado cercana al poder virreinal y al cabildo de la capital— la estructura militar no cobró gran autonomía de decisión. De este modo, mientras en las áreas de la frontera chaqueña los conflictos entre indios y españoles y entre autoridades y propietarios con la población campesina pueden haber actuado para incentivar la emigración, la frontera pampeana se configuró como un área de recepción de migrantes de muy diverso origen.

POBLACIÓN Y PRODUCCIÓN

Si se comparan a nivel demográfico estas sociedades agrarias regionales puede reconocerse que presentan, al menos, dos rasgos relevantes. Por un lado, la existencia de zonas de poblamiento denso, especialmente el Tucumán —y en particular la jurisdicción de San Miguel— y el área del Paraguay —en especial, hasta 1767, el área de las reducciones guaraníes—; dichas zonas coexistían con grandes espacios muy desigualmente poblados, entre los que se destacaban las tierras de las llanuras del litoral y el Chaco. Pero, por contrapartida, el otro rasgo por destacar era la movilidad espacial de buena parte de esa población en movimientos de diferente naturaleza y amplitud geográfica.

Los movimientos de la población rural

Uno de los movimientos más importantes fueron los procesos de migración temporaria o definitiva desde el Tucumán y Cuyo —en especial desde Santiago del Estero, Córdoba y San Luis— hacia las tierras del litoral y en particular hacia Buenos Aires. Estos desplazamientos, evidentes y significativos en el siglo XVIII, reconocen —sin embargo— precedentes de menor magnitud en el siglo anterior. El área de origen por excelencia de estos migrantes fue la jurisdicción de Santiago del Estero: en una primera fase, el movimiento de la población santiagueña era empujado por mecanismos de coacción y estaba asociado a "la saca de indios" y a las obligaciones impuestas por los encomenderos que también caracterizaron la ocupación temprana del área cuyana. Durante el siglo XVIII, en cambio, estos movimientos poblacionales adquirieron la forma de migraciones que tenían una orientación bien diferente: se dirigían en busca de conchabo y tierras hacia las campañas del litoral y Buenos Aires. Estos movimientos migratorios eran tanto estacionales como definitivos. En los primeros, predominaban los hombres jóvenes y solos que iban a conchabarse especialmente en la siega bonaerense; en los segundos, primaba el movimiento de parejas con o sin hijos, que iban a instalarse en las nuevas tierras de las pampas del sur. De este modo, no es de extrañar que en ellas gran parte de los jornaleros fueran jóvenes solteros provenientes del Tucumán y Cuyo y, ante todo, de Santiago del Estero.

Estos movimientos no tenían una sola dirección ya que, por ejemplo, era frecuente encontrar peones conchabados de origen cuyano en las haciendas y estancias cordobesas. Sin embargo, es probable que no fueran los más pobres entre los pobres los que iniciaban la aventura migratoria pues para afrontarla se requería la disponibilidad de algún tipo de recursos. Estos procesos de migración hacia el litoral también se dieron desde el Paraguay y se incrementaron notoriamente con la desarticulación de las reducciones jesuitas hacia 1767, desde las cuales buena parte de su población se dispersó por todo el litoral hasta la Banda Oriental para constituir un componente significativo del poblamiento rural del área.

Procesos tan amplios y complejos no tienen por cierto un solo factor que pueda explicarlos. Un factor que puede haber incidido es que a fines del siglo XVIII los salarios en las campañas del litoral eran más altos que en el Tucumán. Pero el problema es más complejo. En las campañas del área rioplatense el acceso a la tierra fértil aparecía más abierto, en la medida que se encontraba parcialmente apropiada y se trataba además de tierra de frontera; incluso en los alrededores de la capital virreinal era posible acceder a fines del siglo XVIII a parcelas de tierra mediante diferentes acuerdos con los propietarios. El trabajo en el litoral, además, estaba menos vinculado a mecanismos compulsivos que en el Tucumán y es posible que el área rioplatense haya atraído —ya en el siglo XVII— a población fugada de las encomiendas del Tucumán, contribuyendo de este modo a erosionar la solidez de esta institución. Por último, una mirada de más corto plazo sugiere que la incidencia de algunos fenómenos meteorológicos, como la extensa sequía de comienzos del siglo XIX, puede haber incitado a activar y/o acelerar movimientos migratorios de larga distancia.

Sin embargo, para que estos factores adquieran valor explicativo es preciso considerar que entre las ocupaciones más características de la población campesina del Tucumán —y también en Cuyo— estaba desde el siglo XVII, su intervención como arrieros, reseros, troperos y carreteros. Los campesinos que se dedicaban a estas actividades integraban las tropas y las arrias con algunos pocos animales de su propiedad o bien eran remunerados con animales en el mercado de destino. En la medida que los flujos de los circuitos del intercambio fueron crecientemente captados por la ciudad de Buenos Aires, es posible pensar que esta experiencia haya sido uno de los mecanismos que alimentaron la circulación de la información entre las poblaciones rurales del interior acerca de las posibilidades existentes en el litoral. Las características mismas del sistema de transportes hicieron que en esta actividad se consumiera una importante proporción de la fuerza y del tiempo de trabajo y por ello la hicieron más dependiente de la mano de obra que de la innovación técnica y es probable que el incremento de la circulación de mercancías en la segunda mitad del siglo XVIII haya acentuado la incidencia de este factor en las migraciones. Junto con ello, el crecimiento demográfico y económico de Buenos Aires fue de tal rapidez que cuadruplicó su población entre mediados del XVIII y principios del XIX hasta alcanzar unos 40.000 habitantes y se convirtió en el mayor mercado regional. Este crecimiento incrementó notablemente la demanda de productos agrarios locales y de otras regiones y con ello acrecentó la demanda de brazos en la ciudad y su *hinterland*.

Junto a los migrantes —definitivos o estacionales— y a los trabajadores que se conchababan en el transporte de larga distancia, se fue conformando también un sector de población flotante que las autoridades calificaban de vagabunda. Aunque no hay acuerdo entre los historiadores acerca de la magnitud del vagabundaje, el fenómeno puede comenzar a registrarse con cierta amplitud, ya en la segunda mitad del siglo XVII, en el Tucumán asociado a la huida de la encomienda y en Córdoba vinculado a la crisis de la economía regional. En la centuria siguiente aparece como un fenómeno recurrente en las tierras del litoral y que las autoridades asociaron al cuatrerismo; a fines de siglo, desde Tucumán a Buenos Aires se pueden registrar los intentos no siempre eficaces por conformar un dispositivo legal represivo contra el vagabundaje. Sus víctimas predilectas serán los habitantes más pobres de las campañas: los jóvenes solteros generalmente migrantes entre los que se reclutaba la mayor parte de los peones, los agregados y los ocupantes de hecho de tierras ajenas o realengas.

Sin embargo, esta visión no debería llevar a considerar al interior como un enorme espacio estancado que sólo expulsa población. Por el contrario, algunas de estas regiones eran también receptoras de movimientos migratorios y entre diferentes zonas del interior existían diferencias salariales de modo que eran algo más altos en Córdoba o Salta que en Santiago del Estero o Catamarca y hacia ellas también se registraban movimientos poblacionales. A Salta y Jujuy se dirigían movimientos migratorios provenientes del Alto Perú que acrecentaron la proporción de la población indígena durante la segunda mitad del siglo XVIII. También había movimientos de sentido inverso: el Marquesado de Tojo, por ejemplo, movía parte de su población —que había migrado a la Puna y se instalaba allí como arrendera— a trabajar en sus haciendas de Tarija. Al mismo tiempo, cabe tener en cuenta que el proceso de poblamiento de la frontera chaqueña del Tucumán durante el siglo XVIII fue en gran medida realizado por población campesina criolla, a la inversa del siglo anterior en que hubo también movimientos forzados de población chaqueña para reconstituir encomiendas en el Tucumán o de la atracción que ejercieron las reducciones fronterizas.

Los movimientos de la población campesina fueron, así, tanto temporarios como definitivos y de larga como de corta distancia. Estos últimos, los menos conocidos aún, es probable que constituyeran verdaderos procesos de colonización pionera como los desarrollados en el valle tucumano de Choromoros, que conformaron una estructura campesina en tierras sin efectiva apropiación, los que realizaban los pobladores de los pueblos de indios de Santiago que ampliaban su control territorial o la movilidad de los labradores bonaerenses.

El área rioplatense, además de los movimientos desde el interior, fue receptora de contingentes provenientes desde España y África. La llegada de esclavos tuvo incidencia diferencial pues con la excepción de las haciendas y estancias jesuitas, la evidencia disponible parece indicar una mayor presencia de la población afromestiza en las áreas rurales del litoral —y en particular en Buenos Aires— que en el interior; a su vez, la misma campaña bonaerense incluyó entre sus componentes de fines del siglo XVIII agricultores y hortelanos hispanos. A su vez, hubo movimientos más circunscriptos en las campañas rioplatenses. Desde principios del siglo XVIII hubo una reducida colonización santafesina del norte de la campaña bonaerense y durante este siglo se registraron movimientos en dirección a la Banda Oriental y Entre Ríos de pobladores provenientes de Buenos Aires y Santa Fe. A ello hay que agregar la movilidad de la población dentro de una misma jurisdicción, a veces, las escalas finales de movimientos más amplios. La compulsión no fue un elemento ajeno tampoco en estas zonas aunque no tuvo la misma eficacia y significación que en el Tucumán, y así hubo varios intentos de localizar y relocalizar población en torno a los fortines de la frontera o de expulsar a los productores agrícolas sin títulos hacia las tierras más alejadas.

El registro de estos movimientos de poblaciones es una clave ineludible para enfocar los rasgos básicos de las estructuras agrarias, de las relaciones sociales establecidas y las formas de tenencia de la tierra y apropiación de los recursos desarrolladas. Invita a despojarnos de cualquier imagen estática y fija de estas sociedades rurales, dado que es por lo menos dudoso que sociedades dotadas de tal grado de movilidad espacial en su población campesina hayan sido sociedades inmóviles. Y permite advertir las intensas articulaciones entre ellas y evita considerarlas como si fueran entidades aisladas y la construcción de imágenes dicotómicas y simples entre litoral e interior.

Haciendas, estancias y chacras en el interior y en el litoral: condiciones y modalidades del trabajo rural

Aunque las formas de trabajo eran básicamente las mismas, la gravitación de cada una y las modalidades efectivas de implementación variaban mucho entre el Tucumán y el área rioplatense. En ambas regiones se combinaban en un mismo establecimiento diferentes tipos de trabajadores: peones libres, esclavos y arrenderos, agregados y arrendatarios. Sin embargo, pueden marcarse algunas diferencias significativas. En general, en el Tucumán la importancia del trabajo esclavo en estancias y haciendas fue menor que en las campañas occidental u oriental del Río de la Plata. Una excepción al respecto fueron las haciendas jesuitas aunque no todas pues, por ejemplo en Salta, ellas disponían de muy pocos esclavos al igual que sus congéneres laicas.

En el Tucumán buena parte de los arrenderos o arrendatarios eran indígenas y, en cambio, su proporción entre los del Río de la Plata pareciera haber sido mucho menor. Los agregados existían en todos los espacios, aunque es posible que en el Tucumán estuvieran forzados a realizar prestaciones laborales gratuitas que no han podido ser constatadas fehacientemente en el litoral en forma generalizada, donde eran mayores las posibilidades de acceso a la tierra y las oportunidades que abría el mercado.

Los peones eran remunerados en especies, raciones y metálico, pero en el Tucumán la proporción de metálico era mucho menor y varios de los elementos incluidos en la remuneración en especies podían utilizarse como "monedas de la tierra"; en el litoral, en cambio, la proporción de metálico era mayor, así como los salarios y jornales algo más elevados. Un fenómeno importante es que pese a ello se ha podido constatar una amplia variedad de remuneraciones para el mismo tipo de trabajo, lo que sugiere la existencia de instancias de negociación y una serie de normas sociales que lo regulaban. Entre ellas cabe destacar que los peones podían reclamar y obtener un plus salarial por realizar tareas que no habían sido pactadas previamente o por trabajar en horarios y días que las costumbres reconocían como no laborables. La remuneración en especies permitía a las haciendas que contaban con pulpería efectuar una deducción real sobre los salarios y ello ha sido constatado desde Tucumán a la Banda Oriental; de este modo, la administración de la propiedad podía reducir significativamente su erogación monetaria en salarios (el principal gasto de una unidad de producción agraria) y equilibrar sus cuentas. El componente metálico del salario no sólo era menor en el interior sino que generalmente pareciera haber sido sobrevalorado. Si bien en el Tucumán muchas veces los peones quedaban endeudados con las haciendas, la deuda no era ni un mecanismo que abarcara al conjunto de los peones ni hay evidencia firme de que haya sido eficaz como mecanismo de retención de la mano de obra. En el área litoral la deuda pareciera haber estado menos extendida y, obviamente, su eficacia para retener trabajadores era todavía menor.

La estructura agraria colonial —y aun la formación de las grandes unidades territoriales— no derivó simple y directamente de la conquista; por lo tanto, los sectores terratenientes criollos del si-

Enlazando baguales, de Florián Paucke.

glo XIX no pueden ser vistos como si fueran simplemente los descendientes de los primeros conquistadores, las grandes propiedades una derivación mecánica de las primeras mercedes y las formas de trabajo campesino una adaptación de la encomienda. Si bien es cierto que en el Tucumán colonial inicial el principio de vecindad estaba restringido prácticamente a los encomenderos (que, a su vez, eran los poseedores de las tierras obtenidas por merced sobre la base de los mismos principios), la actividad comercial tuvo desde un comienzo un lugar destacado en sus actividades y de ello dependió más su capacidad de reproducción que de la misma propiedad de la tierra. Esta misma combinación de encomienda y actividad mercantil les podía permitir a las mismas elites regionales tucumanas durante los siglos XVI y XVII residir en las ciudades y poseer tierras en varias jurisdicciones, tal como las disponían los encomenderos de San Miguel en el valle catamarqueño.

Pese a ello, ni en la jurisdicción de San Miguel ni en la de Santiago del Estero a fines del período colonial la propiedad de la tierra estaba muy concentrada; por el contrario —y sobre todo en la primera—, la tenencia se había fragmentado manteniendo muy poco de la distribución original de las mercedes. En Córdoba, a su vez, si bien había zonas de gran propiedad, el área serrana en cambio había también presenciado un proceso de fragmentación y puede reconocerse un sustrato de pequeños y medianos productores. Quizá sea Salta la única jurisdicción en que se llegó a conformar una verdadera clase terrateniente pero aun aquí este sector social se vio renovado e integrado durante el siglo XVIII por la llegada de mercaderes y comerciantes provenientes de otras zonas o de la misma España y, además, había zonas de pequeña y mediana propiedad.

En Buenos Aires, en cambio, la situación fue radicalmente distinta de Salta. Como la combinación de mercedes y encomiendas no pudo sustentar la conformación de una elite regional, ya en las primeras décadas del siglo XVII era una elite polifuncional que combinaba actividades mercantiles, burocráticas y, sólo de manera muy secundaria, las rurales. La escasa diferenciación de funciones se mantuvo como un rasgo distintivo de esta elite hasta bien entrado el siglo XVIII, cuando se acentuó notoriamente su carácter mercantil y burocrático con la renovación de sus miembros gracias —ante todo— a la migración peninsular. Por entonces, la propiedad terrateniente no era un componente decisivo de sus patrimonios y en su mayor parte los grandes mercaderes no poseían grandes extensiones de tierras salvo algunas valiosas chacras en las afueras de la ciudad y aquellos que habían adquirido grandes superficies en la Banda Oriental. En otras zonas, como Santa Fe, en las cuales el crecimiento urbano era mucho más moderado, se conformaron linajes poseedores de grandes extensiones pero su capacidad de acrecentamiento patrimonial y de reproducción dependía ante todo de sus actividades comerciales, de las cuales la producción rural era una extensión; más que como verdaderas estancias de cría de ganados muchas de estas tierras eran usadas como campos para efectuar faenas de cueros o recogidas de ganado en las tierras entrerrianas.

Si la observación se realiza a una escala más reducida pueden reconocerse otras formas de organización de la producción en una misma zona. Así, las diferencias notables que presentaban los valles de Lerma y Calchaquí en Salta, o de los curatos de Choromoros y Los Juárez en San Miguel de Tucumán, indican la existencia de zonas donde la gran propiedad se había afirmado junto a otras aledañas donde primaba la pequeña producción y se había confor-

Introducción del vacuno en tareas agrícolas.

mado un sustrato de pequeños propietarios. Del mismo modo, en el área rioplatense la gran propiedad parece haber tenido un desarrollo más firme en la Banda Oriental que en la occidental del Río de la Plata, pero aquí también conviene atender a las variaciones por zonas. En la Banda Oriental, el área de Colonia presentaba a fines del período colonial una estructura de la propiedad más parecida a la campaña bonaerense, con una importante presencia de pequeños productores sobre todo en la composición de la producción agrícola; en la ganadera, si bien la incidencia de los productores más grandes era mucho más notoria, también coexistían con un espectro amplio de pastores; en cambio, hacia el norte se había conformado una estructura con mayor peso de la gran propiedad de modo análogo al área de más antigua colonización de Entre Ríos. En Buenos Aires, en las tierras más alejadas de la ciudad hacia el sur y el norte, también había una mayor presencia de propiedades grandes, pero la forma de organización predominante de la producción eran las unidades basadas en el trabajo familiar. Junto a unas pocas propiedades particulares, los más grandes establecimientos pertenecían a las órdenes religiosas, especialmente jesuitas y betlemitas, aunque ellas también poseían unidades mucho menores, y otras órdenes, como los dominicos o los mercedarios, sólo tenían estancias menores.

Por lo tanto, la historia agraria colonial no puede ser vista como idéntica y subsumida en la historia de la gran propiedad. En muchas zonas este predominio no fue tal y donde la gran propiedad logró una implantación sólida coexistía con otras y muy variadas formas de tenencia de la tierra y de organización de la producción rural. Esta perspectiva más compleja del mundo rural supone considerar formas agrosociales que se desarrollaron al margen de la gran propiedad. Por ello conviene observar el problema a escala regional y atender a sus variaciones. Estas comparaciones permiten advertir la variedad de contextos en que se desenvolvía la vida agraria colonial y poner en evidencia dos fenómenos decisivos. Por un lado, la existencia de toda una gama de universos campesinos. Por otro, la construcción y desarticulación de un régimen de gran propiedad en torno a los establecimientos jesuitas.

Las unidades del sistema jesuita

En la mayor parte de las jurisdicciones, la Compañía de Jesús fue un actor decisivo en la configuración de las estructuras agrarias y sociales regionales. La implantación jesuita en el mundo agrario, que fue favorecida por la corona y también por los vecinos, tuvo una cronología muy desigual: si en Córdoba, Mendoza o Buenos Aires se remonta a las primeras décadas del siglo XVII, en Catamarca en cambio recién se produce a mediados del XVIII. Mediante mercedes reales, donaciones particulares, compras e hipotecas, los jesuitas desarrollaron una activa y persistente política que les permitió conformar el mayor patrimonio territorial que se conoció en el período colonial, hasta su expulsión en 1767.

Mejor administradas y equipadas que las propiedades laicas, las unidades de explotación agraria de los jesuitas conformaban en cada zona un complejo productivo en cuya cima se situaba un colegio urbano. De este modo, del Colegio de San Ignacio de Buenos Aires, por ejemplo, dependían dos grandes estancias (una en la campaña bonaerense y otra en la oriental), otras estancias menores y una gran chacra cerealera; del Colegio de Salta dependían dos grandes haciendas, unas seis estancias y tres chacras; del de Catamarca, una hacienda destinada a producir algodón y aguardiente, otra especializada en aguardiente y dos estancias ganaderas; del Colegio de Mendoza, una importante hacienda vitivinícola y al menos dos estancias ganaderas.

A su vez, estos complejos se interrelacionaban entre sí y conformaban un sistema que se había implantado en todas las jurisdicciones. Sin embargo, estas unidades no estaban aisladas del medio social rural en que se inscribían sino que los rasgos de estas unidades respondían a las condiciones ecológicas, sociales y mercantiles de su localización. En consecuencia, su organización productiva no respondía a un único modelo aunque pueden reconocerse algunos rasgos comunes.

Uno de esos rasgos —y probablemente el más decisivo— era la tendencia a combinar una fuerte inclinación a la especialización de cada unidad en su "sector externo" y una tendencia muy marcada a la mayor diversificación posible de su "frente interno". De esta manera, el sector productivo externo de cada unidad era el encargado de proveer aquellos bienes que se destinaban a abastecer su complejo regional y que podían ser comercializados en los mercados regionales y/o interregionales: así, mientras en el área de las misiones guaraníticas el principal producto para la comercialización era la yerba mate —en especial, la llamada yerba *caaminí*, de mayor calidad y precio—, que se comercializaba a lo ancho de todo el espacio colonial, en las reducciones situadas más al sur —en Yapeyú, por ejemplo— este lugar lo ocupaban los productos ganaderos, de igual modo que las principales estancias que poseían en Santa Fe, la Banda Oriental o Buenos Aires. Las haciendas y estancias cordobesas se especializaron, en cambio, en la cría de mulas y las que poseían en Mendoza, La Rioja o Catamarca en vino o aguardiente, mientras en Tucumán tenían haciendas especializadas en la producción de quesos o azúcar.

El sector orientado a la producción de bienes para el consumo interno tendía a estar lo más diversificado posible. No había establecimiento que no contara con su carpintería o herrería y, en la mayor parte de los casos conocidos, se combinaban agricultura cerealera, producción frutihortícola y cría de diferentes tipos de ganado, así como no solían faltar molinos y hornos para fabricar ladrillos. A su vez, en muchas haciendas se había desarrollado un importante sector de producción manufacturera, como las curtiembres en las de Tucumán o los obrajes textiles en las de Córdoba, e incluso en la hacienda cerealera que los jesuitas tenían en las afueras de la ciudad de Buenos Aires. Estas ramas de la producción podían tener, según los casos y las épocas, destino mercantil, de autoabastecimiento de la unidad o contribuir a resolver ambas necesidades. De esta manera, la estrategia administrativa que buscaba incrementar la capacidad de autosuficiencia de cada unidad no excluía la inserción mercantil, sino que se operaba a nivel de los insumos y, por lo tanto, sostenía su especialización mercantil reduciendo significativamente los costos monetarios de la producción. Pero esta autosuficiencia era —ante todo— una tendencia de la administración jesuita y no una realidad efectiva en todos los casos, de modo que si era muy desarrollada en las más grandes haciendas de Córdoba o en las reducciones del Paraguay, había avanzado muy poco en las de Salta o en las que se encontraban en las campañas santafesina o bonaerense.

Esta mayor complejidad de la estructura organizativa y del equipamiento de las unidades jesuitas estaba vinculada a dos rasgos que las distinguían de la mayor parte de las grandes propiedades laicas. Por un lado, su mayor facilidad de financiamiento, que provenía de la misma capacidad comercial y financiera que tenían los colegios. Por otro, su disponibilidad de mano de obra. Obviamente, en las reducciones la fuerza de trabajo era básicamente indígena pero en las haciendas y estancias, en cambio, fue principalmente esclava. La diversificación productiva de las unidades jesuitas estaba asociada a la utilización plena de la capacidad productiva de la mano de obra esclava y la combinación de actividades agrícolas, ganaderas y manufactureras en un mismo establecimiento permitía combinar las tareas estacionales y permanentes.

Estas unidades recurrían también al trabajo asalariado, sea temporario o permanente. El trabajo de los esclavos permitía producir buena parte de los bienes que se incluían en la remuneración de los peones contratados y, al mismo tiempo, de los necesarios para el mantenimiento de ellos mismos. Pese a ello, y ni siquiera en los establecimientos jesuitas, el endeudamiento de los trabajadores no parece haber sido un mecanismo eficaz de control y sometimiento de la mano de obra libre. Junto a estos trabajadores —y muchas veces vinculados al trabajo asalariado— solía haber en las propiedades jesuitas toda una gama de poseedores precarios de tierras, agregados y arrendatarios. Si en Salta los arrenderos eran indígenas, en Córdoba, Buenos Aires o la Banda Oriental eran en su mayor parte arrendatarios mestizos o blancos pobres. Los agregados estaban generalmente obligados a realizar diferentes prestaciones laborales a cambio de una parcela en usufructo, probablemente más intensas y generalizadas en el Tucumán que en el litoral.

Esclavos, trabajadores conchabados o arrendatarios no conformaban grupos con situaciones homogéneas de modo que no sólo había fuertes diferencias entre estas tres categorías. También, en cada una de ellas, coexistían situaciones muy distintas que iban desde el ejercicio de tareas de control y supervisión —como era el caso de muchos capataces esclavos— hasta el desempeño de tareas con cierta autonomía, como los puesteros esclavos o aquellos que podían cultivar su sementera y poseer su pequeña tropilla en la Banda Oriental o en Buenos Aires. A su vez, entre esclavos y asalariados había importantes diferencias en cuanto a la calificación del trabajo y su grado de especialización. Por último, la situación de los arrendatarios era muy diferente no sólo entre distintas unidades o regiones sino dentro de una misma unidad. Los arrendamientos solían pagarse de dos modos muy diferentes: en sumas anuales fijas en dinero (que era el modo en que generalmente se fijaba a los que arrendaban para criar ganado tanto en Buenos Aires como en Paraguay), o por sumas fijas o variables de productos cosechados. Lo importante es que parecía haber una práctica frecuente entre los administradores jesuitas de fijar montos convencionales fijos de fanegas por arrendatario —lo más frecuente unas cuatro fanegas anuales— muy parecidas entre establecimientos situados en áreas diferentes y que en sus cuentas solían aparecer los llamados arrendatarios "de gracia", eximidos del pago del canon.

De esta manera, rasgos relevantes de las unidades jesuitas fueron el desarrollo de una persistente estrategia de acrecentamiento patrimonial y la reunión en sus unidades de un importante conjunto de pobladores, especialmente significativo en aquellas zonas con muy baja densidad de población.

No sólo había fuertes diferencias entre las haciendas y estancias de la Compañía sino que tampoco las reducciones conformaban un único modelo, y se adaptaron y modificaron de acuerdo con los contextos regionales. En algunos casos, como la reducción de Yapeyú en Corrientes, del pueblo dependían más de una veintena de estancias con sus puestos, unas orientadas a la cría de vacunos y otras a la de equinos y mulares; el complejo de actividades en este caso incluyó la realización de extensas vaquerías y faenas y la cría de ganado bajo rodeo, así como la agricultura cerealera y del algodón y la elaboración artesanal de textiles. En otros casos, las reducciones operaban como auténticas haciendas o contribuyeron a su formación, como sucedió con las reducciones jesuitas de la frontera chaqueña del Tucumán; en esta zona, en algunos casos, existió una verdadera complementariedad entre fortines, misiones y establecimientos de haciendas en las tierras de frontera, y estas misiones no llegaron a constituirse realmente en verdaderas unidades de producción agraria sino que subsistían a través del conchabo de los indios en las haciendas vecinas, cuyo ingreso era recibido por el cura doctrinero. En otros casos, en cambio, las reducciones se convirtieron en unidades de producción ganadera y azucarera, una verdadera avanzada del sistema agrario colonial en una zona que todavía no estaba dominada por haciendas.

A partir de 1767 este enorme conjunto patrimonial pasó primero a manos del Estado —bajo el control de la Administración de las Temporalidades— y luego, en su mayor parte, a manos privadas. Uno de los primeros efectos de este traspaso fue que rompió la coherencia interna del sistema y de cada complejo regional afectando sustantivamente su capacidad de autosubsistencia. Otro de sus efectos fue desatar la ambición de burócratas, comerciantes y terratenientes para controlar los bienes, recursos y fuerza de trabajo de las antiguas reducciones y, finalmente, apoderarse de las extensas tierras que había acumulado la Compañía.

Producciones, mercados y relaciones sociales: la mercantilización

La mercantilización de la producción y de las relaciones sociales agrarias fue un proceso diverso y complejo que abarcó tanto la esfera de las relaciones laborales —muchas veces en forma combinada con otras formas de trabajo— como la participación de los productores en el mercado de los productos agrarios. Esta mercantilización en toda su diversidad reconoce un mecanismo central: la subordinación de los productores y aun de los propietarios a la acción de los comercializadores.

Ello puede reconocerse en las diferentes ramas de la producción rural. Por ejemplo, en la producción textil, el destino por excelencia del trabajo en la encomienda temprana. En Córdoba —así como en todo el Tucumán— en un primer momento la producción se inclinó hacia el cultivo del algodón y la actividad textil se desarrolló como artesanía doméstica urbana y en los pueblos de indios y los primeros obrajes rurales. Esta producción textil se proveía de algodón en Santiago del Estero mientras, en cambio, se autoabastecía de lana, por lo que los propietarios de obrajes se convirtieron en criadores de ovinos. Pero, a partir de 1630, entró en decadencia y las campañas cordobesas reorientaron su producción a la cría de mulas, un fenómeno que abarcó al conjunto de la encomienda tucumana. Sin embargo, la crisis del obraje no significó la desaparición definitiva de la artesanía textil rural en la campaña cordobesa y a mediados del siglo XVIII puede registrarse nuevamente una importante presencia de la producción textil rural cordobesa, que en su mayor parte se destinaba al mercado de Buenos Aires, de modo que, a principios del siglo XIX, casi la totalidad de los productores de textiles cordobeses eran mujeres campesinas. Esta forma de producción textil —rural, doméstica y femenina— había caído bajo el dominio de los mercaderes por la

Iglesia y convento en Alta Gracia, dibujo de Juan Kronfuss.

vía del endeudamiento y en la misma situación se encontraban las productoras diseminadas en ranchos y aldeas desde San Luis hasta Santiago del Estero.

Fenómenos análogos pueden ser reconocidos en otras ramas de la producción regional tanto en la ganadería como en la agricultura. El ejemplo de las vaquerías permite advertirlo. La explotación del ganado vacuno cimarrón se realizó en un amplio y variado espacio y su radio de acción abarcó desde Córdoba hasta Santa Fe, Entre Ríos, la Banda Oriental y Buenos Aires. La vaquería no tenía como único fin la extracción de cueros sino que también se organizaba para la exportación de ganado en pie, como la que Córdoba realizaba ya en 1590 hacia Brasil y Potosí o la que se dirigía hacia el norte. En Santa Fe, fue la actividad económica predominante y las tierras entrerrianas fueron recorridas por las expediciones santafesinas y las reducciones jesuitas del sur del litoral mesopotámico llegaron a tener campos de vaquear hasta las costas del Atlántico.

Pero esta forma de explotación pecuaria fue llegando progresivamente a su fin entre fines del siglo XVII y principios del siguiente en un amplio espacio, desde Tucumán y Cuyo hasta Córdoba y desde Corrientes y Santa Fe hasta Buenos Aires. De este modo, durante el siglo XVIII el área principal de la vaquería quedó circunscripta a Entre Ríos y la Banda Oriental, donde la actividad cobró tal intensidad que fue necesario realizar operaciones de repoblamiento ganadero. La vaquería era una empresa dirigida por el capital mercantil a veces de manera directa, siendo un comerciante el que organizaba y montaba la expedición; y otras muchas veces de manera indirecta, mediante una verdadera tarea de recolección de cueros en pequeña escala que eran canjeados a los pobladores dispersos en las campañas y las fronteras por efectos y los llamados "vicios" (aguardiente, tabaco o yerba). Su desarrollo implicó nuevas formas de trabajo que generalmente eran remuneradas a destajo y que permitían a los trabajadores rurales obtener salarios algo más altos y canalizar parte de los recursos que se apropiaban de manera directa hacia el mercado. A su vez, las exportaciones de ganado en pie hicieron surgir un sector de fleteros especializados que eran retribuidos con parte del ganado transportado y dieron lugar a otros usos de la tierra y formas de organizar la producción, como los potreros de invernada que jalonaban la ruta mendocina a Chile.

La cría de ganado vacuno no vino a suplantar a la vaquería sino que empezó desde épocas tempranas. Las estancias mejor conocidas son las del siglo XVIII, y en particular las de Buenos Aires, y no eran siempre grandes propiedades sino que había estancias muy diferentes y en su mayor parte no ocupaban grandes superficies. Por un lado, había verdaderas empresas rurales de dimensiones muy variables que empleaban trabajo esclavo y peones contratados; las más grandes contaban con varios rodeos y con el tiempo fueron generando unidades menores de explotación, los puestos. Por otro lado, también esta producción fue desarrollada por campesinos pastores en unidades de producción que empleaban básicamente trabajo familiar y complementariamente trabajo asalariado, a veces aun esclavo, y que recurrían a diversas formas de ayuda mutua entre parientes y vecinos. Más aún, entre los pastores bonaerenses eran una porción significativa los que no tenían la propiedad de la tierra y criaban en tierras ajenas o realengas.

La participación de los campesinos pastores era decisiva en otro destino de esta producción: el abasto urbano de carne. A fines del siglo XVIII, un rasgo relevante de las estancias bonaerenses era que combinaban la cría de diferentes tipos de ganado y una agricultura en pequeña escala. Por eso, otro rubro importante era la cría de mulas, cuyo desarrollo ya puede encontrarse en Córdoba a partir de la década de 1610 con la formación de compañías. La cría de mulas, mucho más compleja que la del vacuno, era desarrollada por medianos y grandes propietarios (encomenderos, grandes estancieros, criadores-comerciantes y establecimientos religiosos) que permitían a mayordomos y peones tener sus propias manadas de yeguas reproductoras. Pero también fue una actividad desarrollada por criadores de poca monta en potreros situados en la sierra.

En un principio, los comerciantes altoperuanos bajaban a comprar las mulas a mercaderes locales que adquirían la producción en forma anticipada a los pequeños productores. El desarrollo de este tráfico a larga distancia impulsó la contratación de fleteros especializados y la formación de campos de invernada en Salta donde se realizaba la feria anual. A su vez, dado que las mulas constituyeron un componente clave del sistema de transportes, ello impulsó la formación no sólo de empresas dedicadas al flete sino que esta actividad fue un complemento importante de los ingresos de campesinos y pequeños mercaderes, tanto cuyanos

Mulas, *de Emeric Essex Vidal.*

como norteños. De este modo, la cría de mulas fue un poderoso impulso para la difusión de relaciones salariales —tanto en su producción como en su traslado— y para la participación en el mercado de pequeños criadores campesinos. Las mulas fueron un componente clave de la circulación mercantil y por ello las explotaciones ganaderas eran extremadamente sensibles a las oscilaciones del mercado; al menos ésta era una característica de las estancias de los criadores bonaerenses, que cuando la crisis social de 1780 sacudió al mundo andino muy rápidamente redujeron su stock para reconstruirlo luego hasta la crisis de comienzos del siglo XIX.

En torno a las ciudades se conformó un cinturón de quintas destinadas a la producción frutihortícola, de forraje para alimentar a los animales que se usaban para el transporte y de leña para el abasto cotidiano. Algo más alejadas estaban las chacras en las que predominaba la producción cerealera y en las cuales solía haber arrendatarios que pagaban sus rentas con parte de la cosecha. Había también establecimientos más completos —las haciendas— en los que primaban los cultivos aunque también solían combinarse con cría de ganados y en algunos casos con producción artesanal. Asimismo existía otro tipo de haciendas que producían bienes que podían ser integrados en los circuitos interregionales del intercambio, como algodón, vino, aguardiente y azúcar.

En las tierras más alejadas se situaban las estancias de producción principalmente ganadera, salvo las especializadas en la invernada, que se ubicaban en tierras cercanas a las ciudades; pero en las estancias también había una combinación de actividades y así, tanto en Córdoba como en Salta o Buenos Aires, la estancia ganadera contenía fracciones de tierra destinadas al cultivo de cereales. Entre ellas, en sus fondos o tierras que no se utilizaban directamente, se instalaban labradores con diversos *status* de tenencia, cuya producción agrícola era básicamente destinada al autoconsumo y al pago de los arriendos, y que combinaban esta actividad con una pequeña tropilla, rodeo o manada y el trabajo conchabado.

La producción agrícola era destinada generalmente al mercado local dadas las condiciones y los costos del transporte. Sólo muy ocasionalmente se producían exportaciones o importaciones de harinas pues estos mercados locales eran regulados por los cabildos; junto a ello la agricultura tenía una importancia decisiva en la recaudación fiscal y el diezmo —una carga que gravaba genéricamente a un 10% de la producción— pesaba gravemente sobre la economía de los agricultores. El carácter estacional de la agricultura, las dificultades técnicas de almacenamiento y la condición local de los mercados agrícolas favorecían la acción de los comercializadores y elaboradores de pan y harinas, que buscaban monopolizar estos mercados y especular con los precios, y que, a cambio de financiamiento y la compra anticipada de las cosechas, solían someter al endeudamiento a los agricultores. Esta dependencia alcanzaba aun a los establecimientos agrícolas más grandes, salvo cuando eran propiedad de los mismos comerciantes urbanos o de una orden religiosa pues, entre las haciendas jesuitas, los colegios urbanos suplían esta dependencia y permitían a su vez contar con una red de redistribución y comercialización propia en la ciudad o en otras regiones; sin embargo, aun en algunos casos, como en las haciendas jesuitas catamarqueñas productoras de aguardiente, este acceso al mercado era mediatizado por comerciantes laicos.

Las posibilidades especulativas de los elementos mercantiles aumentaban cuando la recaudación del diezmo se remataba: de este modo, mediante una inversión inicial —muchas veces disminuida en su magnitud por los lazos que unían a la administración con el sector comercial— un comerciante anticipaba al Estado la recaudación en dinero y asumía su cobro en especies a los productores, con lo cual se convertía en un factor decisivo de la estructura de los mercados. Un mecanismo semejante aplicado a la producción ganadera, en la cual el diezmo se cobraba sobre las crías, permitía a grupos mercantiles poblar nuevas estancias con un amplio stock inicial.

Visto regionalmente, el proceso de mercantilización no fue homogéneo. En primer lugar, por las diferencias de magnitud de los mercados regionales, pues ninguno podía en el siglo XVIII compararse al de Buenos Aires. En segundo término, porque el grado de monetización de las economías rurales era muy variado: así, mientras el Paraguay hasta muy entrado el siglo XVIII tuvo su economía interior muy débilmente monetizada, en la campaña rioplatense la situación era radicalmente distinta. En las regiones más directamente vinculadas al circuito de la plata la mercantilización y la monetización no dejaron de sufrir fuertes altibajos y, de este modo, en Córdoba, por ejemplo, durante la segunda mitad del siglo XVII se asistió a una profunda desmonetización de la economía rural.

Los diferentes grados e intensidades de monetización de las economías agrarias regionales se manifestaban también en la composición de los salarios rurales, pues quizá más importante que el nivel nominal del salario sea que los salarios bonaerenses estaban más monetizados que en el interior, donde generalmente se abonaban en especies o en "monedas de la tierra"; esta mayor monetización se expresaba en que era frecuente que parte del salario de los peones fuera anticipado en monedas de plata, como sucedía para la contratación de peones changadores para las recogidas de ganado en la Banda Oriental, que eran reclutados en la otra orilla del Plata.

Si la observación se realiza a nivel de las unidades de producción, el resultado es análogo: las mayores, especialmente las grandes estancias y las haciendas, tenían una autosuficiencia mucho menor en el litoral que en el Tucumán o el Paraguay y, por lo tanto, dependían mucho más del mercado para proveerse de insumos, sea en medios de producción o de subsistencia; a nivel de las unidades campesinas, la artesanía textil doméstica se difundió muy poco entre los labradores y pastores y parte de su producción de trigo o ganado se canalizaba hacia los mercados locales de los que eran activos partícipes.

Formas de tenencia de la tierra y acceso a los recursos

Esta heterogeneidad y discontinuidad de los procesos de mercantilización y monetización rural tuvieron su contrapartida en la tenencia de la tierra. Pese a que eran frecuentes las operaciones de compra-venta y la hipoteca de bienes raíces, no se llegó a conformar un verdadero mercado de tierras. Aun en Buenos Aires, en las transacciones mecantiles de tierras predominaban las operaciones por superficies pequeñas, su número total era bastante reducido y su precio hasta fines de la colonia muy estable.

La valorización de los recursos fue impulsada por el crecimiento de los mercados urbanos y empujó el proceso de apropiación efectiva. Pero este proceso de valorización no fue simultáneo en todos los recursos de una misma zona y se desarrolló a través de toda una amplia secuencia histórica. De este modo, la tierra no fue

Gauchos del Tucumán, *de Emeric Essex Vidal.*

necesariamente el primer recurso en valorizarse ni siempre el primer componente del valor de inventario de los establecimientos agrarios. Si bien, en principio, la encomienda y la merced de tierras eran dos instituciones diferentes y pese a que la legalidad colonial tendía a mantenerlas separadas, en la práctica, en amplias zonas la encomienda fue una de las primeras y más decisivas formas de acceso a la tierra. Por eso, en una primera fase, antes que el control de la tierra, más decisivo fue el control de la fuerza de trabajo.

Sin embargo, en la medida que los mecanismos compulsivos como la encomienda perdieron significación, el control sobre la tierra se fue convirtiendo en un mecanismo que podía ser utilizado para ejecer control sobre los trabajadores. En las zonas áridas y semiáridas más que el control de las tierras el factor clave fue, en cambio, el control del uso del agua que se regulaba entre aquellos a los que se reconocían derechos de vecindad. A su vez, en las zonas de producción ganadera, antes que la tierra se valorizaron los ganados, que eran el componente principal de los patrimonios de las estancias si no se consideran los esclavos.

En la medida que la mercantilización de la vida rural y la valorización de los recursos no fueron procesos lineales sino esencialmente discontinuos, la distinción de sectores sociales agrarios sobre la base de su condición de propietarios o no propietarios de la tierra permite sólo una primera aproximación analítica. Por un lado, porque el espectro de propietarios era muy diverso y se dio la formación de un segmento de pequeños propietarios en zonas muy diferentes, como los alrededores de Buenos Aires o entre la población indígena del curato de Los Juárez en Tucumán. Por otro lado, porque esta sociedad reconocía otras formas de tenencia de la tierra además de la propiedad y, además, también reconocía diferentes y hasta contrapuestas formas de propiedad.

No toda la propiedad privada era idéntica y existían tanto propiedades particulares como corporativas. A su vez, la propiedad privada estaba sometida a una serie de cargas, como las obligaciones milicianas de los vecinos, y en aquellas tierras que se valorizaban —en especial las tierras urbanas y suburbanas— solía estar cargada de otro tipos de obligaciones como los diferentes tipos de censos que limitaban el dominio a cambio de un canon o las capellanías, una fundación piadosa que ataba la propiedad al cumplimiento de obligaciones religiosas.

Junto con estas formas de propiedad existían otras de naturaleza muy diferente. La propiedad realenga, es decir, las tierras de la corona que no habían pasado a dominio particular y sobre las cuales los súbditos tenían derechos de usufructo, se mantuvo a lo largo de todo el período colonial. En un principio, el sistema normativo había establecido que el conjunto de tierras y recursos eran realengos, pero fue durante el siglo XVIII —y en especial luego de 1754— cuando la corona desarrolló una política destinada a regularizar situaciones de tenencia y favorecer la compra de tierras realengas, pero este proceso no estaba completado al comenzar el siglo XIX.

A su vez, las ciudades tenían sus propias tierras, los ejidos, establecidas desde su fundación. Incluidas dentro del ámbito jurisdiccional de los cabildos buena parte de las tierras ejidales fue entregada a particulares como modo de obtener ingresos para la administración urbana o fue apropiada de hecho por los vecinos. Por último, los pueblos de indios también tenían propiedad jurídicamente reconocida sobre sus tierras: en el Tucumán, una parte de la población indígena pudo mantener el control de las tierras comunales, especialmente los que pasaron a ser tributarios reales después de 1771, cuando se operó la anulación legal definitiva de la encomienda; la mayor parte, en cambio, se vio sometida al servicio personal y algunos se convirtieron en conchabados, arrenderos o agregados. En ocasiones las dimensiones de estas tierras comunales no eran reducidas: así, la comunidad de Colalao y Tolombón, que llegó desnaturalizada a la campaña tucumana de los valles Calchaquíes, llegó a disponer de 40 leguas, parte de las cuales las solía arrendar a personas ajenas al pueblo. Pero, como ya se vio, más allá de las disposiciones oficiales, su historia fue muy diferente en cada región.

Sin embargo, un rasgo característico de amplias zonas era que la mayor parte de las familias apareciera con derechos inciertos en el plano legal sobre las tierras y ello explica por qué el arrendamiento no fuera siempre la forma generalizada de tenencia aun donde la propiedad se había afirmado. Complementariamente, es preciso distinguir dos procesos que no corren necesariamente de modo paralelo: apropiación y ocupación.

En vastas zonas, la apropiación de títulos de propiedad precedió —y a veces por mucho tiempo— el proceso efectivo de ocupación, tal como sucedió con muchas mercedes de tierra de los siglos XVI y XVII en Córdoba, los valles tucumanos o en algunas zonas antiguas de la campaña bonaerense. En otras zonas, la ocupación fue anterior a cualquier forma de propiedad legal de la tierra como, por ejemplo, en las tierras de la frontera sur bonaerense, en la Banda Oriental o la frontera chaqueña, donde la ocupación se hizo sobre tierras baldías y realengas y luego de ocupadas se inició un conflictivo proceso de denuncias para su apropiación. En una u otra situación, sin embargo, la propiedad jurídica no impedía el acceso y usufructo a otros sectores sociales y no son pocos los casos en que las superficies apropiadas inicialmente se fraccionaron por diversos mecanismos como la herencia, la venta o el endeudamiento.

Pero, además, la propiedad de la tierra no llevaba de suyo a la propiedad efectiva sobre todos los recursos. Diferentes disposiciones oficiales y una serie de costumbres rurales de muy diverso origen, pero no por ello menos arraigadas, favorecían el usufructo de diversos recursos naturales escasamente valorizados y menos firmemente apropiados. Entre ellos cabe señalar especialmente los derechos vecinales de paso y pastoreo, el uso de las aguas y los montes de árboles. La propiedad efectiva sobre los ganados tampoco estaba plenamente afirmada y el ganado cimarrón era disputado por los vecinos de las diferentes ciudades y entre ellos por aquellos que tenían o no acciones de vaquear; a su vez, dado que ante la carencia de cercos y la escasez de aguadas artificiales, el ganado continuamente se alzaba, las disputas por su propiedad entre quienes aludían títulos legítimos eran frecuentes, como las que se entablaban con los pobladores rurales que habían desarrollado toda una tradición cultural basada en su derecho a la apropiación directa.

DINÁMICAS Y TRANSFORMACIONES DE LAS ECONOMÍAS Y SOCIEDADES REGIONALES

Para trazar un cuadro más o menos ajustado de la situación a fines del período colonial es preciso dar cuenta de esta diversidad regional y de sus articulaciones. Ese panorama deberá tener en cuenta los impactos regionalmente diferenciados de la reorientación general hacia el Atlántico de los circuitos de intercambio (operada desde el siglo XVII pero acentuada notoriamente en el XVIII a través de la creciente capacidad del mercado de Buenos Aires para controlarlos) y los impactos diferenciales de las llamadas "reformas borbónicas". Ello permite superar una imagen simplista según la cual el último cuarto del siglo XVIII habría significado una fase de ascenso y crecimiento en el litoral y de estancamiento —cuando no de decadencia— en el interior. Las cosas parecen haber sido bastante más complejas.

La recaudación de los diezmos permite obtener un panorama de la diversidad regional. Si bien es cierto que hacia fines de la década de 1780 las dos áreas más importantes eran claramente Buenos Aires y la Banda Oriental, también lo es que, a principios del XIX, Córdoba había pasado a ocupar claramente un segundo lugar después de la Capital y que el Tucumán en su conjunto era claramente la región con más rápido crecimiento. Pero esta respuesta cordobesa era, a su vez, muy reciente pues tres décadas atrás compartía la situación del conjunto regional. Vista la región en su conjunto, Córdoba expresa el caso de una zona en muy rápido y decisivo crecimiento, que a fines del XVIII tiene varios renglones exportables: las mulas, que buscaban los mercados norteños hasta la crisis de 1806, los cueros y los tejidos, que se orientaban al litoral y Buenos Aires, y el crecimiento de la cría de vacunos, que se dirigía hacia Chile, con una escala previa para el engorde en Mendoza; por el contrario, Santiago del Estero era la zona de menor importancia económica en el conjunto regional y Catamarca, Salta y San Miguel de Tucumán representaban la situación intermedia.

El impacto de las medidas liberalizadoras del comercio y la circulación se hizo sentir en las zonas productoras de textiles que utilizaban el algodón como materia prima, pero ello no puede ser atribuido sólo a esas disposiciones sino que hay que recordar que en el Tucumán su crisis es muy anterior y se vincula a la lenta pero persistente erosión de la encomienda y, en el Paraguay, se explica más por la desarticulación del sistema misional jesuita que por el "libre comercio". Menos afectados que los tex-

Gauchos en una estancia, *de Emeric Essex Vidal.*

tiles de algodón parecen haber sido los de lana de Córdoba, San Luis y Catamarca e, incluso, de las sociedades indígenas de la pampa, que siguieron participando activamente de los mercados, incluido el porteño. Las importaciones crecientes de vinos hispanos —y probablemente de aguardientes brasileños— a través del mercado porteño afectó la participación cuyana en este mercado pero con efectos bastante diferenciados; por lo cual, Mendoza y San Juan constituyen un claro ejemplo de esta diversidad interna de las regiones, pues mientras los productores de vinos de la primera deberán buscar alternativas en la ganadería, los de aguardiente de la segunda pudieron mantener importantes cuotas de sus mercados tradicionales.

En el litoral las evoluciones también son diferenciales dentro de una clara tendencia general al crecimiento de las producciones agrarias incentivado por las nuevas oportunidades que se abrían a las exportaciones y por el aumento de la demanda urbana. Las áreas rurales de más antiguo asentamiento —la campaña bonaerense, Montevideo o el área de Colonia del Sacramento— contaban con una importante producción agrícola además de la ganadera. En las campañas de reciente colonización —el sur de Corrientes, Entre Ríos, el norte de la Banda Oriental pero también en Santa Fe— predominaba netamente la producción ganadera. El crecimiento de la ganadería en estas zonas era espectacular pero inestable y sufría fuertes oscilaciones; pese a ello eran estas zonas las que proveían la mayor parte de los cueros que exportaba el puerto de Buenos Aires, cuya campaña inmediata no era aún la principal área ganadera del Virreinato. Todavía la ganadería vacuna no estaba afirmada en su fase netamente expansiva, para ello habrá que esperar a las primeras décadas del siglo XIX.

Visto en conjunto el panorama general es de crecimiento, tanto de la producción como de la población. En algunas regiones el ritmo de crecimiento de la población superaba al de la producción, pero lo que en Buenos Aires evidenciaba la creciente prosperidad del centro mercantil y burocrático virreinal, en Cuyo expresaba los obstáculos de la producción agrícola. En otras regiones —como Córdoba o el nuevo litoral fronterizo—, en cambio, el ritmo de crecimiento de la producción es mucho mayor que el de la población. Este panorama de prosperidad es mitigado por aquellas economías regionales con dificultades crecientes: aquellas en las que primaba la agricultura algodonera o la de vino y aguardiente. El contrafuerte andino del interior se distancia así de los procesos de las sociedades agrarias de los valles y llanuras más vinculados a los circuitos que desembocan en el Atlántico o se articulan mejor con el Alto Perú.

BIBLIOGRAFÍA

Amaral, Samuel, y Ghio, José María, "Diezmos y producción agraria en Buenos Aires, 1750-1800", en *Cuadernos de Historia Regional*, N° 17-18, Luján, 1995, págs. 49-86.

Arcondo, Aníbal, *El ocaso de la sociedad estamental. Córdoba entre 1700 y 1760*, Universidad Nacional de Córdoba, Córdoba, 1992, 289 págs.

Assadourian, Carlos Sempat, "Economías regionales y mercado interno colonial: el caso de Córdoba en los siglos XVI y XVII", en *El sistema de la economía colonial. Mercado interno, regiones y espacio económico*, IEP, Lima, 1982, págs. 18-55.

Farberman, Judith, "Los que se van y los que se quedan: familia y migraciones en Santiago del Estero a fines del período colonial", en *Quinto Sol. Revista de Historia Regional*, Año 1, N° 1, Universidad Nacional de La Pampa, Santa Rosa, 1997, págs. 7-40.

Fradkin, Raúl Osvaldo (comp.), *La historia agraria del Río de la Plata colonial. Los establecimientos productivos*, 2 vols., CEAL, Los Fundamentos de las Ciencias del Hombre, N° 114 y 115, Buenos Aires, 1993.

Garavaglia, Juan Carlos, *Mercado interno y economía colonial*, Grijalbo, México, 1983, 507 págs.

——— *Economía, sociedad y regiones*, De la Flor, Buenos Aires, 1987, 260 págs.

Garavaglia, Juan Carlos, y Moreno, José Luis (comps.), *Población, sociedad, familia y migraciones en el espacio rioplatense. Siglos XVIII y XIX*, Cántaro, Buenos Aires, 1993, 187 págs.

Gelman, Jorge, *Campesinos y estancieros. Una región del Río de la Plata a fines de la época colonial*, Los Libros del Riel, Buenos Aires, 1998, 333 págs.

López de Albornoz, Cristina, *Vivir y trabajar en los campos tucumanos a fines de la colonia y comienzos de la independencia*, Tesis de Maestría, Universidad Internacional de Andalucía-La Rábida, 1997.

Lorandi, Ana María (comp.), *El Tucumán colonial y Charcas*, FFyL-UBA, Buenos Aires, 2 vols., 1997.

Madrazo, Guillermo, *Hacienda y encomienda en los Andes. La Puna argentina bajo el Marquesado de Tojo. Siglos XVII a XIX*, Universidad Nacional de Jujuy, San Salvador de Jujuy, 1982, 211 págs.

Mata de López, Sara, "Estructura agraria. La propiedad de la tierra en el valle de Lerma, valle Calchaquí y la frontera este. Siglos XVI-XVIII", en *Andes*, N° 1, Salta, 1990, págs. 47-87.

Mayo, Carlos (comp.), *La historia agraria del interior. Haciendas jesuíticas de Córdoba y el Noroeste*, CEAL, Los Fundamentos de las Ciencias del Hombre, N° 142, Buenos Aires, 1994.

——— *Estancia y sociedad en la pampa, 1740-1820*, Biblos, Buenos Aires, 1995, 202 págs.

VII

Las rebeliones indígenas

por ANA MARÍA LORANDI

Pictografías de Inca Cueva en la provincia de Jujuy. *Acuarela de Luis Pellegrini.*

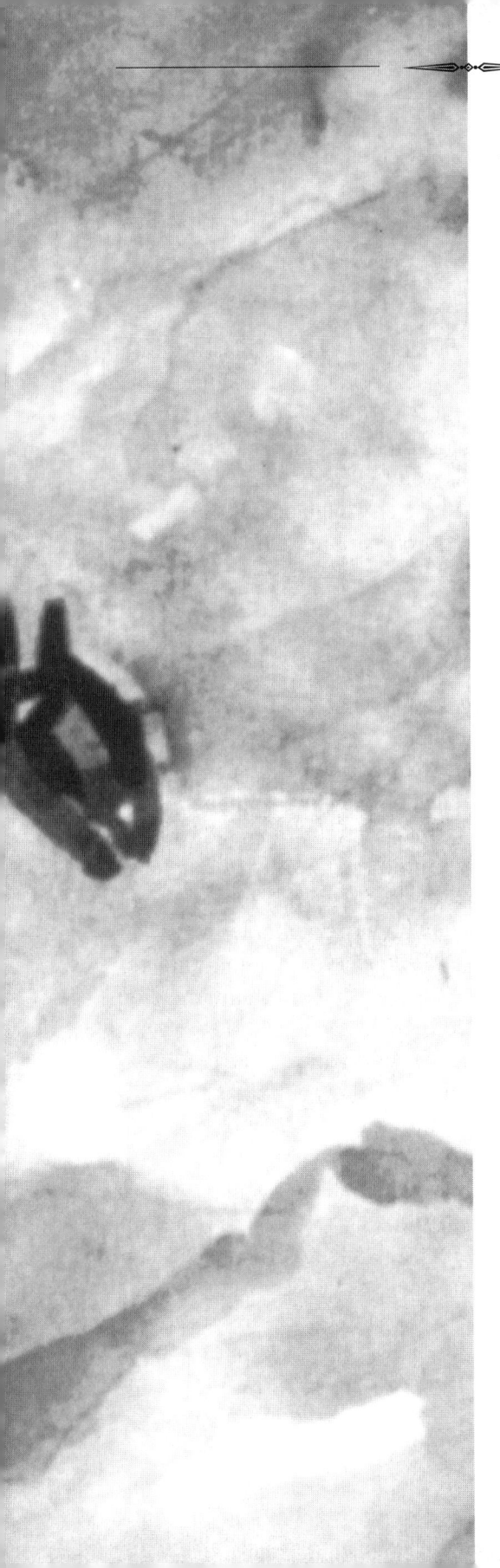

DIVERSIDAD ÉTNICA, LIDERAZGOS SUPRAÉTNICOS Y EL SISTEMA COLONIAL

Cuando en los pueblos predomina la firme voluntad de preservar su autonomía política, económica y social, hacen falta esfuerzos de siglos para conquistarlos. Ésta es la verdadera historia colonial de buena parte del territorio argentino. La penetración española se fue haciendo cargada de dificultades y miserias materiales y humanas. Cuando se lograba colonizar ciertos sectores, otros ofrecían una feroz resistencia, como por ejemplo, los valles Calchaquíes en el corazón demográfico y económico del noroeste. El Chaco y la Patagonia no fueron ocupados hasta el siglo XIX. La colonización costó ríos de sangre, agotó los recursos e inundó los corazones de amarguras, desazones y rencores, tanto de los indígenas como de los españoles. Muy pocas cosas se consiguieron negociando; la mayoría se obtuvo a golpe de armas, una y otra vez. A mediados del siglo XVIII los hispano-criollos que poblaban el territorio del Tucumán colonial sentían agotadas sus fuerzas. Ya nadie les reconocía méritos por sus últimas conquistas y, sin embargo, siempre se les presentaba un nuevo frente de guerra. En este capítulo contaremos la historia de la colonización del noroeste, pero el lector no debe olvidar que la resistencia de las poblaciones chaqueñas y las de la Pampa y Patagonia fueron más prolongadas y tal vez más costosas.

La colonización española del extremo noroeste del territorio argentino debió enfrentar la hostilidad de los indígenas desde la época de las primeras "entradas" o expediciones descubridoras. Diego de Almagro en 1535 y Diego de Rojas, diez años después, realizaron penosas travesías acosados por frecuentes ataques y escaramuzas. Es más, Diego de Rojas murió en Santiago del Estero por una herida causada por una flecha envenenada. Desde su inicio, entonces, los indígenas conspiraron para impedir y hostigar a los nuevos invasores, con prácticas ya experimentadas durante la conquista incaica.

El norte argentino estuvo poblado por numerosos grupos organizados en distintos rangos de complejidad política y, por lo tanto, con diferentes niveles de estratificación social. Posiblemente también acreditaron patrones de conducta y experiencias culturales diferentes o parcialmente diferentes entre sí. Las poblaciones vecinas al actual sur boliviano participaban más intensamente de las prácticas corrientes en el mundo andino central y se adaptaron con mayor facilidad a situaciones de dominio estatal. A medida que se avanzaba hacia el sur, aumentaba el rechazo a las imposiciones extracomunitarias provenientes de un poder hegemónico y paralelamente se acrecentaba la vocación de conservar la autonomía política y cultural acompañada por un aumento de la fragmentación política. En general los grandes valles y las pampas interserranas alojaban cacicatos con base demográfica y territorial que comprendía solamente sectores de esos valles o de las quebradas que desembocan en esas pampas. O sea, en ningún caso hemos comprobado la existencia de jefaturas que controlaran directamente la totalidad de un valle geográficamente considerado. Los caciques más poderosos pudieron comandar hasta 500 guerreros, pero hubo núcleos más reducidos, de no más de 50. Un cálculo grosero, sumando los restantes miembros de sus familias, nos permite estimar que se trataba de unidades políticas cuyas poblaciones comprendían entre los 2.500 y 250 individuos. Estas poblaciones habitaban pueblos conglomerados, salpicados en los territorios que controlaban directamente y que muchas veces comprendían varios pisos ecológicos. En los valles Calchaquíes, por ejemplo, donde residían jefaturas importantes, los pueblos se escalonaban entre la Puna y el fondo del valle, o entre los pisos altos de la sierra y las yungas —vertientes cálidas y boscosas— orientales.

Esto último parece un dato sustancial en la comprensión de las rebeliones, porque nos alerta sobre la capacidad del medio ambiente para asegurar autosuficiencia mediante la explotación de pisos ecológicos que se encuentran relativamente próximos y a los que se podía acceder mediante desplazamientos que no superaban los dos días de viaje. Mercedes del Río ha sugerido que, por contraste, el control de distintos pisos ecológicos a grandes distancias, que caracterizaba a las poblaciones del altiplano y de los valles bolivianos, favoreció el desarrollo de los mecanismos de negociación y alianza y con ello la ampliación de la base demográfica y territorial de las unidades políticas o señoríos. Como consecuencia, encontramos señores muy poderosos que controlaban un amplio número de *curacas* o caciques de menor jerarquía. Vistas desde esta perspectiva comparativa, en el norte argentino, en cambio, las condiciones ecológicas parecen haber favorecido la autonomía de núcleos políticos de reducido rango demográfico y territorial. Los caciques del Tucumán habrían disfrutado de un poder más débil, aunque no por eso carecían de legítima autoridad.

El tema es bien conocido en la literatura histórica y antropológica: a mayor fragmentación del poder, mayores dificultades tiene el invasor para dominarlos. A falta de un gobierno unificado o centralizado, era necesario conquistar jefatura tras jefatura, lo que obligó a redoblar los esfuerzos y, por cierto también, multiplicó los fracasos.

Las jefaturas o cacicazgos más fuertes del noroeste argentino se encontraban en la quebrada de Humahuaca, en los valles Calchaquíes (que incluían el actual valle de Santa María), en el valle de Hualfín, que formaba una unidad política con la cuenca de Londres y Belén y tal vez el norte y oeste de La Rioja. En el resto de la región la fragmentación era mayor y muchas veces se reducían a caciques de linajes. Cada grupo se autoidentificó o fue identificado por los demás con nombres particulares, lo que les permitía reconocerse a sí mismos y diferenciarse de los otros, y simultáneamente desarrollar un sentido de pertenencia y adscripción étnica bien definido en términos generales. Sin embargo, los españoles tardaron bastante tiempo en reconocerlos y en comprender que frente a esa fragmentación política no podían aplicar los mismos recursos de dominio y colonización que habían utilizado en los Andes centrales.

La fragmentación política dio por resultado una notable multietnicidad a lo largo y ancho del territorio del noroeste. Multietnicidad que se vio acrecentada porque, durante el período de dominio inca, el Cuzco instaló en la región varios miles de colonos o *mitimaes* que controlaban a las poblaciones locales y a la vez las reemplazaban en muchas de las actividades productivas que tenían por destino las rentas estatales. Estos *mitimaes* recibieron tierras sustraídas a los originarios y muchos de estos colonos, a veces por la distancia, otras por las buenas condiciones de su nueva instalación, nunca regresaron a su tierra tras el colapso del imperio. Esta situación multiplicó los conflictos en tiempos coloniales, porque los originarios trataban de recuperar los territorios que el inca les había mutilado y provocaba constantes guerras interétnicas.

Ni la fragmentación política, ni la multietnicidad con sus consecuentes conflictos, impidieron que emergieran liderazgos capaces de convocar a varios grupos diferentes e incluso a los colonos, aquí llamados "advenedizos", para participar mancomunadamente en una resistencia orgánica. Por eso la existencia de estos liderazgos supraétnicos es otro de los temas clave para comprender este proceso. Como lo veremos en detalle oportunamente, en cada época y región surgieron líderes cuya eficacia para la convocatoria trascendía los límites de su dominio tradicional. Estos "caciques más principales" provocaron no pocas confusiones tanto en los coprotagonistas europeos de esta historia como en los que pretendieron escribirla. Unos y otros consideraron que estos líderes ejercían dominio o control sobre amplísimos territorios, y así como los españoles esperaban que una vez abatidos estos caciques todos los pueblos sujetos a ellos entregarían sus armas, así algunos investigadores "fabricaron" grandes señoríos según el modelo de los Andes centrales. Pero unos y otros tuvieron que comprender, cada uno a su tiempo, la falacia de esta interpretación. Los españoles porque se dieron cuenta de que la aceptación de la convocatoria no implicaba una comandancia unificada y que cada jefe aliado tomaría sus propias decisiones. Los investigadores porque nunca lograron reunir datos suficientemente confiables para sostener sus hipótesis.

Y esto es lo que sucedió en esta historia de rebeliones que prolongó durante más de un siglo una situación de crítica inestabilidad en la región. Ya sabemos que todo territorio imperfectamente colonizado era considerado una frontera. Una frontera que es necesario sectorizar claramente para entender qué es lo que sucedió durante los siglos XVI al XVIII en el Tucumán colonial.

Entre 1550 y 1593 se lograron instalar varias ciudades que, a pesar de su precaria existencia en los primeros decenios, permitieron organizar un arco de fundaciones que abarcaba desde San Salvador de Jujuy en el norte hasta La Rioja en el sur. En el centro del territorio quedaba una importante región sin conquistar: los valles Calchaquíes, que serán el foco de las preocupaciones de los invasores hasta mediados del siglo XVII. No obstante, desde esas ciudades se comienza ya en 1550 a organizar la tributación de los indígenas otorgados en encomiendas.

Cada ciudad fue construyendo su jurisdicción respectiva y los encomenderos tenían la obligación de residir en ellas si querían conservar los beneficios de sus encomiendas otorgados por merced real. Por lo tanto era imprescindible que todo el territorio que correspondía a cada ciudad fuera convenientemente "pacificado". O sea, que todos los indígenas fueran sometidos al nuevo vasallaje. Sin embargo, sobre todo las ciudades de Salta y San Miguel, cuyas jurisdicciones se extendían hacia el oeste incorporando sendos sectores de los valles Calchaquíes, vieron seriamente frustradas sus apetencias tributarias. Los indígenas de esos valles resistieron la nueva imposición tributaria e impidieron sistemáticamente que los españoles se instalaran entre ellos.

Esta historia de la conquista, aunque presentada con grandes pinceladas, revela que hacia fines del siglo XVI la provincia de "Tucumán, Juríes y Diaguitas" quedó dividida en dos grandes sectores. Un sector donde la colonización comenzaba a consolidarse, aunque con evidentes dificultades, y otro, en el corazón del territorio, integrado por el complejo de los valles Calchaquíes, que conservó su autonomía hasta mediados del siglo XVII. Es sustancial comprender la importancia de esta situación. Un territorio que encerraba en su seno un área autónoma que por más de un siglo resistió todos los intentos de conquista y puso en crisis el poder de las autoridades de la provincia y del virreinato.

Para culminar el trazado del escenario en el cual se desenvolvieron las rebeliones es necesario considerar también las particularidades del sistema regional de la encomienda. La legislación de Indias preveía que el tributo que los indígenas debían al rey fuera cedido por éste a los beneméritos de la conquista en pago de los servicios prestados a la corona. Dicho tributo se materializaba en bienes y/o dinero, según las épocas. Estaba expresamente prohibido que los encomenderos utilizaran los servicios personales de los indios, salvo que les pagaran los correspondientes salarios, aunque estas leyes no siempre fueron totalmente respetadas. Es más, el sistema que se impuso en el Tucumán fue predominantemente el de servicio personal. Esta desviación a la norma, condenada pero tolerada por las autoridades virreinales, fue una respuesta adaptativa de los nuevos ocupantes a las condiciones imperantes en la región.

En trabajos anteriores he sostenido que las comunidades indígenas de los sectores centrales del Tucumán colonial no producían el excedente suficiente para cumplir con la tributación en bienes y que por eso se había adoptado el tributo en energía personal. No obstante, una mejor evaluación de la información sugiere que la hipótesis de la falta de excedentes debe ser matizada y que no puede, probablemente, ser aplicada a todas las comunidades, en particular las del extremo norte (Puna y Quebrada de Humahuaca), donde existió tributo mixto, en especie y en trabajo e incluso en dinero. En cambio, lo que sí parece generalizable es el hecho de que en la mayor parte de los casos los caciques carecían de autoridad suficiente para asegurar que sus sujetos se organizaran para producir los bienes destinados al tributo colonial. Las fuentes nos dicen que, interrogados sobre el tributo que pagaban al inca, respondían que nunca lo habían hecho. Y es probable que esto sea al menos parcialmente cierto, ya que el Cuzco debió instalar en la región miles de *mitimaes* para lograr producir los bienes necesarios para el Estado, y si los originarios realizaron prestaciones en energía como era la norma incaica, pudo haber sido discontinua y bajo un control y presiones muy estrechas. O sea, nos encontramos frente a grupos sociales que no tenían tradición previa sobre tributación en beneficio de un Estado hegemónico supraétnico.

El modelo de encomienda de servicio personal produjo notables alteraciones en las comunidades indígenas, a diferencia de lo que sucedía en los Andes centrales, donde la organización del trabajo comunitario para producir el tributo ayudaba a consolidar la unidad del grupo y reforzaba la autoridad del cacique, que era el responsable de su cumplimiento frente a las autoridades y al encomendero. Caso contrario el cacique podía ser encarcelado. En el Tucumán hubiera sido ocioso tomar este tipo de medidas coactivas. El cacique no podía reemplazar con su trabajo, además de estar exento por ley, a cada uno de los varones adultos tasados que no cumplieran con sus obligaciones tributarias. No es que no existieran presiones sobre los caciques para asegurar que todos participaran en los servicios al encomendero, en realidad

Indios moxos figurando un combate, *siglo XVII*, de Lázaro Rivera.

los castigos fueron frecuentes y muy crueles, pero particularmente se aplicaban a los propios tributarios que eludían sus obligaciones, según el criterio del encomendero. Pero aun así la desestructuración de la comunidad fue un proceso irreversible porque no se pudo impedir que los indios abandonaran sus pueblos o escaparan cada vez que eran convocados para cubrir sus turnos. Proceso que se acrecentó por los traslados de indios en viajes comerciales hasta Potosí o Chile, donde eran abandonados una vez alcanzado el destino. En otros casos la comunidad fue tentada por el encomendero a dejar sus tierras originales para instalarse en sus propiedades, donde se les reservaba parcelas para la subsistencia. Como consecuencia, si luego esa propiedad era vendida, como ellos carecían de derechos sobre sus parcelas por no ser tierra originaria de la comunidad, podían ser nuevamente desplazados. Un tercer factor de desestructuración provenía lisa y llanamente de que los hombres eran enviados con frecuencia a trabajar en las haciendas del encomendero que estaban alejadas de su pueblo, y que sus mujeres e hijos quedaban abandonados por lapsos muy prolongados. Por último, las Ordenanzas de Abreu de 1576 reglamentaban la tributación femenina, que aunque estaba prohibida en la legislación general de Indias, en esta región se las obligaba a hilar y tejer cuatro días a la semana, en jornadas completas, de sol a sol. Esta medida fue el golpe de gracia por sus nefastas consecuencias, al afectar el normal proceso de reproducción social de los indígenas encomendados.

La situación que hemos descripto predominaba en las actuales provincias de Salta, Catamarca, La Rioja, Santiago del Estero y Córdoba, quedando parcialmente exentas la Puna y quebrada de Humahuaca. De esta manera y como dijimos al comienzo de este capítulo, las diferencias en la solidez de los cacicazgos y en las prácticas culturales prehispánicas reflejaban también las diferencias en los comportamientos coloniales. El norte de nuestra región se asimilaba más a los patrones andinos centrales, mientras que a medida que avanzamos hacia el sur aparecían factores que al aumentar la segmentación política cercenaban también la autoridad cacical, con sus paralelas consecuencias frente a la coacción hispana.

En suma, el panorama étnico-social del Tucumán presentaba contrastes muy marcados. Los indígenas encomendados, sometidos en su mayor parte al servicio personal, sufrieron una progresiva erosión demográfica acompañada por un creciente proceso de desestructuración que produjo, al principio del siglo XVII, el Gran Alzamiento Diaguita.

Para comprender estos procesos y diferenciarlos fue necesario elaborar conceptos que permitieran identificarlos con claridad. Es así que he definido la *resistencia* sostenida por las poblaciones de los valles Calchaquíes como *la capacidad para organizar el rechazo de las fuerzas invasoras durante lapsos muy prolongados en el que intervienen varias generaciones. De ese modo se logra evitar que se cercenen la independencia política y la autonomía en el control de las normas vigentes de una determinada sociedad.* El rasgo esencial en este caso es una resistencia cuya organización se prolonga durante varias generaciones. Es más, las poblaciones del valle Calchaquí pudieron continuar sin mayores interferencias extrañas sus propios juegos en las alternativas de poder entre los diferentes cacicazgos.

Por el contrario, una *rebelión*, como la palabra lo sugiere, se gesta en una sociedad previamente dominada. La población se rebela *contra* una determinada forma de opresión. De ese modo, la *rebelión puede ser entendida como una reafirmación retrasada de la conciencia colectiva de autonomía, al punto de incitar a organizarse con objeto de lograr determinados objetivos. Estos objetivos pueden ser el de revertir totalmente las condiciones de dominación y recuperar el poder, o pueden ser parciales, tratando de atenuar las condiciones de sometimiento y lograr un cierto margen de autonomía en la toma de decisiones.*

TIEMPOS DE RESISTENCIA. LAS INVASIONES DE LOS ESTADOS HEGEMÓNICOS

Ya he mencionado brevemente que las poblaciones del noroeste argentino acreditaban experiencias variadas en las relaciones con los Estados hegemónicos. Los incas habían invadido su territorio desde comienzos del siglo XIV. Los caminos troncales y los secundarios ponían en comunicación un gran número de centros estatales desde donde miles de colonos, o *mitimaes*, controlaban a los originarios y realizaban los trabajos destinados a engordar las rentas estatales, al tiempo que defendían la frontera oriental de las invasiones de lules y chiriguanos. La multiplicación de los establecimientos estatales y el traslado de miles de *mitimaes* traídos desde distintos puntos del Tawantinsuyu o imperio de los incas, e incluso desde las mismas fronteras en peligro, sólo tienen explicación si aceptamos la generalizada opinión de que los originarios no habían podido ser incorporados plenamente al modelo de explotación impuesto por el Cuzco.

Aparentemente los indígenas enfrentaron la conquista cuzqueña con diferentes respuestas, según la situación específica de cada grupo. Los juríes, que ocupaban la frontera entre la sierra y las llanuras boscosas del este, y que forma la restringida región que los incas llamarían provincia del Tucumán, les ofrecieron su vasallaje, según los relatos muy conocidos de los cronistas Garcilaso de la Vega y de Cieza de León. Eran poblaciones sedentarias, intermediarios culturales entre los grupos serranos y los de llanura, que optaron por someterse al Inca a fin de quedar protegidos de las oleadas depredadoras de lules y chiriguanos. En retribución les prestaron especiales servicios controlando simultáneamente la frontera oriental y a los indómitos pobladores de la sierra. Como ya he dicho, cumplían al mismo tiempo con prestaciones tributarias en los centros estatales en aquellas actividades en las cuales mostraban mayores habilidades. Cultivaron la tierra, hilaron y tejieron profusamente y fabricaron alfarería de gran calidad, como lo han demostrado las excavaciones realizadas, por ejemplo, en Potrero-Chaquiago al norte de Andalgalá.

Por el contrario, las poblaciones de los valles Calchaquíes ofrecieron una feroz resistencia. Los incas debieron realizar tres campañas para dominarlos. Finalmente, en la última optaron por una gran matanza que hizo posible un prolongado control de la región. Sus cacicazgos fueron probablemente desarticulados o fragmentados y quedaron bajo el estrecho control de los *mitimaes*. La arqueología también ha probado que algunos centros, como Potrero de Payogasta en Salta, fueron construidos, abandonados y luego reconstruidos, lo que permitiría verificar los datos aportados por las fuentes etnohistóricas.

En el extremo norte del territorio es probable que las poblaciones de Puna y quebrada de Humahuaca hayan ofrecido escasa resistencia. Carecemos de información concreta, pero si extrapolamos la conducta posterior, durante el dominio español, esta aseveración es verosímil. Tampoco sabemos nada acerca de la conducta colaboracionista o resistente del resto de las poblaciones del centro y sur de Catamarca, La Rioja o Cuyo, totalmente ocupadas por los incas. Los juríes tucumano-santiagueños fueron instalados en una franja que abarca el sur de los valles Calchaquíes (en el tramo propiamente llamado Yocavil, hoy Santa María) y en el resto de la actual Catamarca. El segmento norte fue ocupado por *mitimaes* que provenían de distintos puntos, desde Canas al sur del Cuzco, hasta el sur de Bolivia, aunque es probable también que los

Vaso de piedra con grabado, Catamarca.

de estas regiones hayan sido instalados en algunos centros de Catamarca especialmente destinados a labores mineras, tareas que los juríes, por ser gente de tierras bajas, no podrían cumplir. El segmento sur, La Rioja y Cuyo, fue la zona adonde fueron trasladados *mitimaes* provenientes de Chile central.

La región fue entonces profundamente alterada, tanto en el aspecto demográfico como político. Y si bien aun los más rebeldes fueron finalmente sometidos, estas guerras les permitieron acumular experiencia sobre dos aspectos fundamentales. Por un lado, que una hábil resistencia podría dar sus frutos, demorando, tal vez por decenios, el desenlace final. Por otro lado, pudieron comprender la esencia de los mecanismos de tributación destinada a un Estado hegemónico y supraétnico al tiempo que sufrían las consecuencias negativas que estas políticas de extracción de energía y excedentes producían en las economías locales. Experiencias que estaban frescas en la memoria de los nativos que las reprodujeron cuando tuvieron que enfrentar a un nuevo invasor.

Como ya vimos antes, los españoles tardaron 65 años en lograr la ocupación efectiva del noroeste, aunque en el corazón del territorio, los valles Calchaquíes conservarían su autonomía durante otros 65 años. En 1550 Juan Núñez del Prado, desde la ciudad de El Barco instalada en el pie de monte tucumano, encadenaba a los indígenas para llevarlos en nuevas expediciones de conquista, provocando dura resistencia y constantes hostigamientos. Para eludir la jurisdicción chilena que Valdivia quiso imponerle, Núñez del Prado buscó refugio en el valle Calchaquí, cerca de San Carlos, en las proximidades de un antiguo asiento de *mitimaes* juríes o tucumanos que habían sido fieles servidores del inca, suponiendo que con estos antecedentes sería bien acogido. Sin embargo, la respuesta de estos grupos no fue la esperada. Ya no aceptaron la imposición de un nuevo invasor y fueron expulsados luego de ocho meses de difícil convivencia.

Por esta época, 1552, Francisco de Aguirre era enviado desde La Serena a recuperar para la jurisdicción chilena las fundaciones en el Tucumán. Creyendo que Núñez del Prado se encontraba todavía en el valle Calchaquí, se internó en su busca y fue entonces cuando por primera vez se hizo visible la presencia de Juan Calchaquí, cacique de Tolombón. Éste era un jefe carismático que, como se dirá más adelante, "era tenido por guaca" o sea que probablemente se le atribuían poderes chamánicos y se lo consideraba de alguna manera como jefe fundador de linaje. Es probable que haya sido el artífice de la expulsión de Núñez del Prado y por eso ofreció resistencia al avance de Aguirre, que no obstante logró apresarlo. Pero el recientemente bautizado don Juan (como lo llaman en las fuentes documentales) era capaz de combinar muy hábilmente la fuerza con la negociación y obtuvo su liberación a cambio de ambiguas promesas de paz y de cumplimiento con las prestaciones tributarias.

Aguirre se dirigió finalmente al asiento de El Barco III y apresó a Núñez del Prado, quien fue remitido a Chile. Luego, en 1553 trasladó por cuarta vez a El Barco hasta la ribera del río Dulce con el nombre definitivo de Santiago del Estero. Aguirre regresó después a Santiago de Chile, donde Valdivia había sido muerto tras un ataque araucano. La ciudad de Santiago del Estero quedó al mando de su teniente, Juan Gregorio Bazán. Hostigados por los juríes, los aislados colonos pasaron años muy duros, a pesar de alguna ayuda enviada desde Chile. Finalmente en 1557, llegó Juan Pérez de Zurita con 70 hombres e importantes socorros. En 1558 fundó Londres en el valle Quinmivil (cerca de Belén) y luego se internó en el valle Calchaquí. En esta ocasión Zurita aprisionó a Chumbicha, hermano de Juan Calchaquí, y una vez más éste consiguió liberarlo a cambio de promesas de prestaciones que jamás cumpliría. En 1559, fundó Córdoba de Calchaquí, otra vez cerca de la actual San Carlos, y al año siguiente Cañete en el valle del cacique Gualán "que dicen de Tucumán", cerca de Ibatín, donde años después de instalaría San Miguel.

Las asientos de españoles no se hicieron sin inconvenientes. Zurita trató de empadronar y encomendar a los indios pero la eficacia de las prestaciones es muy dudosa. Además mientras Zurita dejaba Santiago los juríes aprovecharon para acosarla. En la sierra salteña, cerca del Bermejo, los lules produjeron un alzamiento peligroso que fue dominado con dificultad. Juan Calchaquí se mantuvo a la expectativa. Por indicación de Zurita, Pedro de Zárate fundó la ciudad de Nieva en el valle de Jujuy, pero debió ser rápidamente abandonada.

En 1561 Juan Pérez de Zurita fue reemplazado por Castañeda, que a todas luces era poco hábil para conservar el difícil equilibrio logrado por su antecesor. Los desacuerdos entre españoles, que fueron constantes en buena parte de este siglo, debilitaban la capacidad de resistir la presión indígena. Los diaguitas de Londres, confederados con Juan Calchaquí, intentaron asediar Londres, pero viendo sus fuertes defensas el líder prefirió atacar Córdoba de Calchaquí, más próximo a su residencia. Tras las primeras escaramuzas los indígenas abandonaron el cerco y se refugiaron en lo alto de sus cerros, táctica que utilizarán constantemente en los años siguientes. No obstante, don Juan fue de nuevo apresado y luego liberado, dando una vez más muestras concretas de su habilidad para la negociación.

Ruinas en el valle Calchaquí, provincia de Catamarca.

Poco después de estos sucesos, un español, Juan Sedeño, que viajaba de Londres a Santiago del Estero, fue asesinado en el camino y ésta es la señal de nuevos aprestos en el valle. Se renueva el sitio de Córdoba, y Castañeda, que pretendía acudir en ayuda de sus pobladores, encontró una fuerte resistencia, que dio como resultado la muerte de varios de sus hombres. Hacia fines del año 1561 logró llegar hasta Córdoba en una nueva entrada, pretendiendo hacer efectivos los tributos que los indios escamoteaban. Luego se retiró a Londres, con lo cual se inició la fase final del sitio al asiento español. A principios de 1562, en una carta de la Audiencia de Charcas a Su Majestad, se relata que los calchaquíes les cortaron el agua que abastecía el fuerte y al fin

"...una noche determinaron el riesgo de salirse huyendo llevando consigo sus hijos y sus mujeres y siguiéronlos los indios y mataron quince españoles y de treinta y uno que eran y tres mujeres españolas, y muchos indios criados suyos y indias y mestizos prendieron y mataron y algunos por no se detener dejaban caer los hijos de los caballos que fue la mayor lástima del mundo; vinieron diez y seis destrozados con veinte flechazos cada uno que fue milagro escapar vivos y de

> camino llegando a un pueblo que se dice Nieva y viendo que los indios se querían allí rebelar se despobló y retruxéronse a Omaguaca y de allí también se han salido porque se querían rebelar como los demás..."

El relato es elocuente por sí mismo y describe no sólo la situación en Córdoba de Calchaquí sino la expansión de los alzamientos hacia el norte. En el mismo documento se atribuyen estas rebeliones al temor de los indios a ser enviados a Chile, aduciendo que en el paso de la cordillera morían muchos por el frío. Por cierto este argumento era propio de la Audiencia de Charcas, que reclamaba la jurisdicción sobre el Tucumán, pero no parece correcto en cuanto a las verdaderas causas de la rebelión, que en realidad intentaba impedir que sus territorios fuera invadidos y ellos quedaran sometidos a la subsiguiente coacción tributaria, que ya se ejercía con toda fuerza en buena parte del Perú, sumada a la mita potosina y a sus secuelas, de las que estaban perfectamente informados.

Mientras esto sucedía en el norte, un poco más al sur los diaguitas continuaban hostigando a los pobladores de Londres que decidieron abandonarla. Lo mismo resolvieron hacer los de Cañete, que temían con razón la expansión incontrolada de la rebelión y todos juntos se refugiaron nuevamente en Santiago del Estero. Fue en esa época cuando el liderazgo de Juan Calchaquí adquirió una dimensión regional. Las autoridades de Charcas estaban preocupadas y temían que la convocatoria para la rebelión se extendiera hacia el norte. Propusieron negociar con Juan Calchaquí, "cacique y señor principal de aquella tierra", pidiéndole que entregase rehenes en prenda de paz. A cambio aceptaban conservarle la vida, aunque

> "lo podrán tener preso hasta que muera en una jaula y allí le obedezcan los indios como si estuviese en su libertad porque le tienen por guaca y no se hace en la tierra más de lo que él manda y a los demás principales que en ello andan y están culpados por cualquier ocasión por liviana que fuese les podrían castigar y enviar a esta ciudad si Vuestra Majestad lo comete a esta Audiencia proveer sea de manera que sin costa de Vuestra Majestad se vuelva a recobrar la tierra con el menor daño que se pueda..."

La carta continúa afirmando que el liderazgo de Juan Calchaquí incluía a otros grupos de la Puna, como los casabindos, apatamas, algunas parcialidades de chichas y que trataba de ganar para su partido al cacique de los charcas. Se temía incluso una alianza con los chiriguanos, y esto puso en guardia a todo el altiplano, en especial a las ciudades de La Plata y Potosí, que construyeron nuevas defensas. En la sierra de Santiago del Estero, los juríes de Silipica también se alzaron contra los abusos de los españoles y se amurallaron con terraplenes de tronco y tierra, resistiendo firmemente durante un tiempo la arremetida de las tropas que finalmente lograron vencerlos.

Mientras tanto Francisco de Aguirre fue enviado nuevamente desde Chile. Al penetrar en los valles fue acosado por los indios que le mataron un hijo, y como su situación se hizo muy difícil optó por refugiarse en Santiago del Estero. En la Audiencia creían que don Francisco había muerto puesto que quedaron incomunicados durante un tiempo. Al fin decidieron enviar a Martín de Almendras en socorro de los asediados, pero a poco de entrar por Humahuaca lo mataron los indios. Su gente continuó sin él hasta Santiago del Estero, último bastión español en este año de 1563. Ese mismo año, Felipe II, por cédula real, organizaba la provincia de "Tucumán, Juríes y Diaguitas", incorporándola al distrito de la Audiencia de Charcas. En 1564, Francisco de Aguirre fue nombrado primer gobernador de la nueva provincia.

A partir de ese año se inició un interregno de inestable equilibrio político, pero de relativa paz. Se pudieron fundar el resto de las ciudades y establecer un cordón de ocupaciones que rodeaba a los valles Calchaquíes, que continuaban resistiendo su incorporación al sistema colonial. Pero, ya vimos, la estabilidad era precaria. Los caminos continuaban inseguros, y esto impedía llevar adelante el proyecto de unir el Alto Perú con Buenos Aires para facilitar la salida comercial por el Atlántico. Como típica región de frontera, el control de las instituciones centrales alcanzaba sus objetivos con gran dificultad. Y es posible que éstas tampoco se interesaran demasiado en la suerte de una región en la que no había minas, a pesar del afán puesto en encontrarlas. Al mismo tiempo, la colonización se estabilizaba un tanto y los indígenas eran incorporados al régimen de encomiendas de servicio personal. En los primeros años el principal producto de exportación hacia Potosí y Chile fue el hilado y tejido de algodón, al mismo tiempo que ante la falta de circulante se convertía en la "moneda de la tierra". La escasez de otros recursos más rentables impulsaba a los encomenderos a forzar el trabajo de los indios y los "alzamientos" que preocupaban a los españoles no siempre estaban asociados con la seguridad de las ciudades, sino con la resistencia de los naturales a ser explotados con trabajos personales. De allí que se organizaran "malocas", o sea empresas punitivas destinadas a apresar a los indios que no cumplían con las prestaciones y se refugiaban al abrigo de sus inaccesibles cerros. Es evidente que la coyuntura local empujó a los españoles a imponer la ley por mano propia, en contradicción con expresas disposiciones reales, creando una típica frontera de colonización.

El gobernador Gonzalo de Abreu había llegado con estricto mandato del virrey Toledo para fundar una ciudad en el valle de Salta, repoblar Londres y tratar de pactar la rendición de Juan Calchaquí "bajo amenaza de que si no la aceptaba le sería impuesta por las armas". Abreu no pudo cumplir estas órdenes. Su soberbia y crueldad jugaron en su contra, haciendo infructuosas casi todas sus acciones. Al mismo tiempo, Toledo encargaba a Pedro de Zárate una nueva fundación en Jujuy a la que se le impuso el nombre de San Francisco de la Nueva Provincia de Alava, pero muy pronto fue atacada por los indios y rápidamente despoblada. Los indios de la Puna y quebrada quedaron otra vez en tierra de nadie, puesto que nos los alcanzaba ni la jurisdicción del Tucumán ni la de Charcas. Por su parte Gonzalo de Abreu realizó cuatro entradas al valle Calchaquí con el propósito de "pacificarlo", palabra que reemplazaba "conquista" para limpiar la conciencia del rey.

En una de esas entradas, en 1577, instaló el fuerte de San Clemente de la Nueva Sevilla, entre San Carlos y Cafayate actuales. Las circunstancias precisas de esta última expedición de Abreu ofrecen datos significativos para el tema de las rebeliones. Según parece, el gobernador obtuvo información de los aprestos de Juan Calchaquí para atacarlo. El dato se lo brindaron los pobladores de Anghinahao, grupo de "advenedizos", probables descendientes de antiguos *mitimaes* que estaban en permanente conflicto con los de Tolombón comandados por el legendario cacique. Aprovechando la entrada de Abreu, decidieron acoplarse a su expedición para castigar a sus enemigos. Con esta inesperada ayuda, el gobernador logró un triunfo momentáneo: apresó al cacique Chumbicha, yerno de don Juan, con los cual sus tropas se refugiaron en los cerros y dieron respiro al gobernador. Pero pocos días después los indígenas cargaron sobre el poblado y Abreu perdió 23 hombres en el combate. Previamente les habían inundado el fuerte desviando el agua de los ríos que lo circundaban. Y para dificultar la huida, hicieron pozos en los que colocaban estacas puntiagudas donde se clavaban los caballos que caían en ellos. Escapando con lo justo, Abreu llegó al valle de Salta donde intentó reinstalar el fuerte que sobrevivió ocho días en su nuevo asiento. Por segunda vez intentó fundar la ciudad en Salta y un feroz ataque lo desanimó definitivamente. Recién en 1582 su sucesor Hernando de Lerma logrará la instalación permanente de una ciudad en ese valle.

En 1588 el nuevo gobernador Juan Ramírez de Velasco realizó una nueva entrada al valle Calchaquí. La hace por el norte, marchando hacia Chicoana, haciéndoles avisar a los indios que si no acataban sus órdenes los reprimiría duramente. Llevaba consigo 100 hombres bien armados y 600 indios flecheros. Se dirigió hacia el sur y se instaló en las proximidades de Tolombón. Allí lo visitó un hijo de Juan Calchaquí, el viejo guerrero que había muerto en momento y circunstancias que no conocemos. Éste no sólo aceptó el vasallaje que se le imponía, sino que fue enviado a Santiago del Estero para adoctrinarlo en las formas de vida española y convencerlo de sus ventajas, aunque por los resultados finales esta estrategia tuvo muy poco éxito. En esta expedición lo acompañaba el jesuita padre Bárzana, famoso por su habilidad para aprender lenguas. Recogió un vocabulario kakano, idioma de los diaguitas, que lamentablemente se ha perdido.

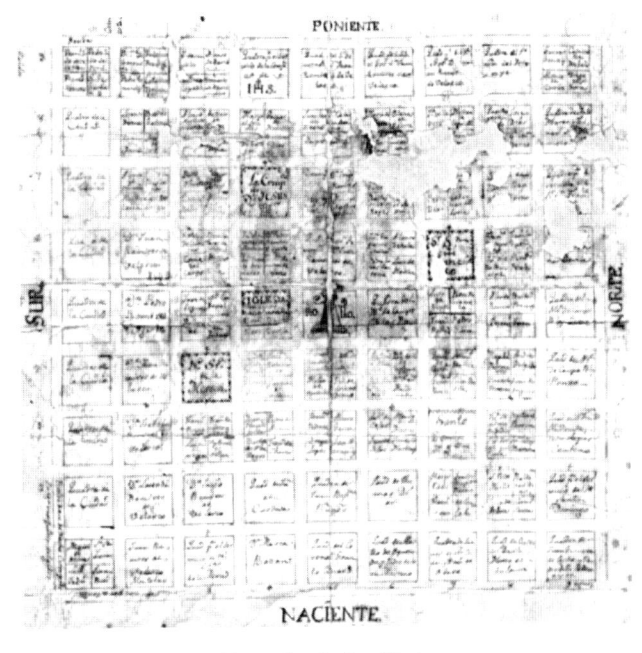

Trazado de La Rioja.

Ramírez de Velasco repartió encomiendas y salió del valle convencido de que había logrado su pacificación definitiva. Una vez más el tiempo demostraría que la tan deseada "paz" era por el momento una utopía.

Después de la fundación de La Rioja en 1591, el gobernador Ramírez de Velasco ordenó la de San Salvador en el valle de Jujuy, que se concretó en 1593. Sus pobladores pasaron momentos difíciles. El cacique Viltipoco tenía en la región de Humahuaca el mismo poder de convocatoria que Juan Calchaquí había tenido en el sur. Logró organizar bajo su mando 10.000 indios de diversas "naciones", cortando el camino hacia el Perú. No obstante, la demora provocada por ser época de cosecha resultó nefasta para Viltipoco. Fue apresado en Purmamarca, donde estaba acopiando alimentos antes del alzamiento. Con él cayeron otros caciques y la rebelión fue desbaratada. Tiempo después Viltipoco moría en prisión. Mientras tanto los calchaquíes no cejaban en su principal objetivo: impedir cualquier intento de instalación española en el valle. Mataron a dos franciscanos y atacaron San Miguel y Lerma y el nuevo gobernador Pedro de Mercado y Peñaloza envió expediciones punitivas que de todas maneras no resolvieron la situación.

A su vez, en la región colonizada, los abusos en la aplicación del servicio personal y sobre todo el hilado y tejido femeninos, comenzaron a provocar levantamientos en La Rioja, donde los indios asesinaron a varios encomenderos y fueron luego castigados por una expedición comandada por Tristán de Tejeda, teniente de gobernador de Córdoba, ciudad también constantemente hostigada por los comarcanos. Y no fueron éstos los únicos sucesos. Aquí y allá se encendían focos que, si bien eran rápidamente reprimidos, no por eso eran menos inquietantes. La vuelta del siglo trajo la visita del oidor de la Audiencia de Charcas, Francisco de Alfaro. En 1612 promulgó unas Ordenanzas que intentaban reorganizar la encomienda y suprimir el servicio personal. Pero sin éxito. El modelo tributario tradicional resultaba impracticable en el Tucumán y los encomenderos las ignoraron en su mayor parte y no cejaron en los abusos, castigos, traslados, apropiación de territorios indios, explotación indiscriminada de mujeres, niños y ancianos. La Iglesia se quejaba por la evangelización incompleta, apenas esbozada de los indios de comunidad. Los capataces o "pobleros" de los encomenderos, encargados de hacer cumplir las obligaciones tributarias, continuaron ejerciendo justicia por mano propia. Hacia 1630 se enciende la mecha de una gran rebelión.

TIEMPOS DE REBELIÓN. EL GRAN ALZAMIENTO: 1630-1643

En carta del 6 de diciembre de 1629, el por entonces gobernador del Tucumán, don Felipe de Albornoz, describe la situación del valle Calchaquí en los siguientes términos:

> "...habrá tres o cuatro mil indios y cerca de doce mil almas en todos [...] y muchos ayllos y pueblos encomendados a vecinos de la ciudad de San Miguel de Tucumán y que de ninguna manera acuden a sus encomenderos con los tributos, ni vienen con la mita si no es entrando en ella con apercibimiento de armas y golpe de gentes por ser toda la de este valle flechera y briosa y que en entrando al castigo de algún exceso se retira a la sierra..."

Por esta época los del valle asesinaron al encomendero Juan Ortiz de Urbina, que pretendía explotar algunas minas. Con él murieron otras diez personas, incluido un franciscano, y capturaron a las cuatro hijas de Urbina que fueron rescatadas por una partida enviada por el gobernador y que una vez a salvo declararon que los indios tenían temor de que se organizara otro Potosí. Poco después Albornoz organizó una gran batida en la zona norte, contando con el apoyo de los indios de la región llamados pulares, que aprovecharon para atacar a otros grupos que habitaban en las quebradas más occidentales que dan acceso a la Puna. Albornoz combatió pueblo por pueblo, incluso a los refugiados en un fuerte extrañamente llamado "Elencot", de "mucho nombre" por lo inaccesible. Esta expedición tuvo éxito si consideramos la magnitud de los castigos, que incluyeron el ahorcamiento de treinta individuos, incluidos prestigiosos caciques, cuantiosos daños materiales por haber arrasado las cosechas, y cantidad de cautivos. Antes de retirarse Albornoz dejó un fuerte en el extremo sur del segmento septentrional del valle, al que llamó Nuestra Señora de Guadalupe. Al poco tiempo sus pobladores eran obligados a abandonarlo, a pesar del envío de socorros que lo encontraron desamparado y quemado.

Hacia fines de 1631 los indios del segmento sur, o valle de Yocavil, liderados por el linaje de los Utimpa, confederados con los del centro de Catamarca, o sea los de Andalgalá y Aconquija que combatieron bajo el liderazgo del cacique Chalemín, dieron la señal de alzamiento general. Asesinaron a 10 encomenderos que estaban en sus haciendas. Con estas acciones comenzó lo que Aníbal Montes ha denominado el primer período de esta guerra que se prolongó hasta 1633 y tuvo por escenario principal el sur de la provincia del Tucumán. Desde San Miguel las autoridades enviaron una expedición punitiva a Aconquija, donde capturaron a su cacique y lo ejecutaron, exponiendo su cabeza en la plaza pública, "para escarmiento de los demás". En 1632 los españoles de la refundada Londres fueron asediados por los indios malfines que les cortaron el agua, encabezados por el bravo Chalemín. Los de Londres escaparon a duras penas de morir bajo la mano guerrera de los indios a pesar del refuerzo que les brindó Gerónimo Luis de Cabrera, nieto del fundador de Córdoba. La situación entonces se había agravado notablemente. Ya no se trataba solamente de un valle que resistía la ocupación, sino que todos los indígenas serranos de la mitad sur de la provincia del Tucumán se confederaban para expulsar a los españoles de sus ciudades y haciendas. La rebelión se extendió hasta La Rioja, donde los indios de esta jurisdicción a veces se aliaban a los restantes, a veces optaban por combatir como "indios amigos" de los españoles.

Es así que quienes habían huido de Londres buscaron refugio en La Rioja, pero la encontraron asediada y con el agua cortada por los indios famatina. También debieron abandonarla y huyeron todos hacia el oeste en 30 carretas provistas por Gerónimo Luis de Cabrera. Las matanzas de uno y otro lado continuaban, y la provincia pasaba por su período de mayor peligro general. La Rioja fue incendiada cuando sus pobladores la desampararon y Cabrera sufrió varias derrotas en combates en campo abierto. Cuando la situación se apaciguó un tanto, los pobladores regresaron a La Rioja y consiguieron defenderla de un segundo ataque. En uno de esos combates Cabrera cautivó y descuartizó a uno de los caciques. Mientras tanto los del valle Calchaquí atacaron a Salta y a San Miguel, con lo cual pudo observarse que todavía no habían abandonado el viejo sueño de Juan Calchaquí de expulsar a los invasores de todo el territorio. No solamente defendían lo suyo, sino que pretendían "limpiar" sus fronteras de sus indeseados ocupantes. Sin embargo, la situación del valle se complicó por la defección de los pulares. Viejos aliados de los incas, los pulares oscilarían entre la fidelidad a los españoles, la defensa de sus tierras y los ancestrales conflictos con los de Tolombón. En esta época abandonaron el valle y se trasladaron al de Salta al abrigo de las autoridades que los protegieron de las represalias de sus vecinos. A cambio de la alianza los encomenderos los liberaron de tributo, y por lo visto los pulares creyeron que podían obtener privilegios permanentes a cambio de la fidelidad, como ocurría en tiempos del Inca. Pero pronto se desengañaron, pues la excepción sólo se aplicó ese año y al siguiente debieron continuar con los tributos y mitas. Sintiéndose burlados, regresaron a sus tierras y los de Salta perdieron a sus recientes aliados.

Los focos de rebelión se multiplicaban. En un combate al norte del valle de Catamarca murieron más de 100 indios de pelea y se tomaron 60 cautivos. Cabrera organizó también una importante incursión en el oeste, en la zona de Tinogasta, pueblo que había sido quemado por los indios, que comandados por Chalemín le infligieron una seria y vergonzante derrota. En una tercera campaña Cabrera logró finalmente poner algunas zonas bajo su control, en particular el sur de Catamarca y La Rioja.

En 1634 se inicia el segundo período de la guerra. En esta época la crisis afectaba también las instituciones de la provincia. Felipe de Albornoz dejó el cargo y lo reemplazó interinamente Antonio de Ulloa, que estableció un nuevo fuerte al norte de Tolombón en el sitio de Samalanao. Pero también dejó el cargo y subdividió las responsabilidades de la guerra, encargando a Alonso de la Rivera la comandancia de Jujuy, Salta y Esteco y a Cabrera Santiago, Tucumán, Catamarca y La Rioja. Pero finalmente este último abandonó La Rioja, sintiéndose aparentemente derrotado. Poco después Albornoz, que había permanecido en Salta, recibió orden de socorrer a los del fuerte y realizó una nueva expedición duramente punitiva. Segó cultivos, capturó varios caciques principales y pudo contar por cientos los muertos y cautivos. En el verano de 1635 Albornoz hizo otra entrada al valle Calchaquí, afirmando que lo pacificaba completamente, con excepción del cacique Utimpa del sector Yocavil. En esta época los yocaviles eran los más fuertes del valle y estaban aliados con Chalemín. Por otra parte, como lo demostrará el correr del tiempo, la pacificación no era tal puesto que no se obtuvo el objetivo principal, o sea que los indios cumplieran con los servicios a sus encomenderos.

A su vez Ramírez de Contreras, reemplazante de Cabrera, comandaba el sector sur. Chalemín había atacado a los de Famatina, que en el ínterin se habían transformado en "indios amigos" y el capitán español que acudió en su socorro fue derrotado en un combate en Abaucán. Esto no le impidió tomar represalias contra otros caciques de la región. Intentaron atacar a los indios malfines del valle de Hualfín sin éxitos definidos y entre tanto se funda el fuerte de Andalgalá que será el primer núcleo de la ciudad moderna. Albornoz, a su vez, atacó nuevamente Calchaquí e infligió un duro castigo a tolombones y a paciocas, ejecutando a dos de sus caciques y tomándoles además caballos, mulas, carneros y muchos arcos y flechas, con lo que se muestra que en sus correrías contra las estancias de las fronteras del valle, los indígenas se apropiaban de bienes europeos, que usaban en la medida de sus posibilidades técnicas y ambientales.

Finalmente Contreras hizo una nueva entrada a Hualfín y a Andalgalá y prendió al bravo Chalemín

> "...haciendo cuartos en su propio pueblo y horca y clavó su cabeza en el rollo de la Ciudad de La Rioja y en el de esta [Londres] así mismo mandó clavar su brazo derecho para escarmiento y ejemplo de otros..."

Esta derrota tuvo frutos inmediatos para los españoles. Atacaron a todas las poblaciones vecinas y produjeron el primer gran extrañamiento o desnaturalización de indígenas. Trasladaron a 800 andalgalaes confinándolos al norte de La Rioja en el fuerte del Pantano. El resto de los indígenas se refugiaron en sitios mejor protegidos y se inició una tregua. En este año de 1637 termina el segundo período de la guerra.

A partir de esta época el comando sur quedó en manos del capitán Francisco de Nieva y Castilla. Hizo incursiones en el sur de Catamarca y La Rioja y obligó a los de Abaucán a ofrecer una paz que era indudablemente precaria porque la tranquilidad relativa estaba cargada de tensiones. La Rioja, permanentemente amenazada, fue abandonada por sus vecinos por cortos períodos. Además eran frecuentes las negativas a participar en nuevas expediciones punitivas. Los de Córdoba también habían agotado sus fuerzas y recursos. Nieva y Castilla refleja con claridad en sus cartas la muy crítica situación de la provincia. Tampoco era fácil reunir indios amigos, porque los mayordomos y pobleros trataban de impedir que los pocos que estaban cumpliendo con sus mitas abandonasen el trabajo; sobre todo trataron de retener a tejedores y calceteros. Los efectos de la guerra se reflejaron en un descenso general de la producción. Por esta época varias pestes asolaron a las poblaciones que, además, carecían de alimentos por las incursiones contra sus cultivos.

Hacha ceremonial de bronce, cultura Santamarina.

La alianza de los yocaviles (sur del valle Calchaquí) con los de Hualfín y otros grupos de Catamarca se hizo más firme. En 1642 se tuvieron noticias de aprestos en gran escala para Semana Santa. Se descubrieron indios de Yocavil en la zona de Andalgalá y uno de sus caciques fue tomado como rehén. Nieva y Castilla finalmente logró desbaratar la conjura, más por efecto de una traición, provocada por conflictos por la sucesión de un cacicazgo, que por la efectividad de su reducida tropa. Tropa que sólo pudo reunir tras ofrecer que los cautivos serían entregados a sus captores para servicio personal. El resto de los indios fue confinado primero en el fuerte del Pantano en 1643. En 1647 cuatrocientos malfines y abaucanes fueron trasladados a Córdoba y más adelante una parte de ellos reinstalados en La Rioja, en tierras de su encomendero.

Esta guerra costó muy caro a los españoles; se estima que murieron 150 personas, incluidos niños, mujeres y sacerdotes. La cifra es alta si consideramos la escasa densidad de europeos en las ciudades de la región por esa época. Los indígenas sufrieron gravísimas pérdidas, tanto los "amigos" como los rebeldes, como ha sido demostrado para el caso de los famatinas. Un número considerable logró huir al valle Calchaquí y refugiarse tras sus protectoras cadenas montañosas. A su vez, los nuevos estudios sobre esta rebelión han probado que la solidez de alianzas corría paralela con el grado de parentesco que mantenían los grupos involucrados. En efecto, puede observarse que los yocaviles, malfines y andalgalaes, que eran considerados como "parientes y amigos" entre sí, sostuvieron una resistencia más coordinada y permanente. En cambio las alianzas de éstos con los abaucanes y famatinas, con quienes aparentemente no mantenían lazos de parentesco, fluctuaban según se desarrollaban los acontecimientos y tanto atacaban a los españoles como actuaban como "indios amigos" colaborando en las represalias contra los rebeldes.

TIEMPOS DE UTOPÍA.
EL ÚLTIMO LÍDER: EL INCA DON PEDRO BOHORQUES Y GIRÓN

Mientras tanto y a pesar de las graves derrotas infligidas por el gobernador Felipe de Albornoz, el valle Calchaquí continuaba en su negativa a servir a sus encomenderos. La incomprensible resistencia había instalado un profundo temor en los corazones de los hispano-criollos, pero también insólitas fantasías. Si los pobladores del valle defendían tan fieramente sus fronteras, mucho oro debían ocultar, encerrado en minas y tesoros. No había otra explicación. En 1657, en este contexto de incertidumbres y fracasos, llegó al Tucumán un andaluz, llamado Pedro Bohorques, diciendo que había descubierto el Paytiti, fabuloso país de maravillas oculto en el corazón verde de la América del Sur. Contaba que había dejado su reino bajo la autoridad de un hijo suyo, relato que convenció a los ingenuos vecinos del Tucumán. Bohorques ingresó en el valle Calchaquí al amparo del cacique de los paciocas, del pueblo de Tolombón, de nombre Pivanti, descendiente de antiguos *mitiames* incaicos. Desde el comienzo se presentó con un doble discurso: a los indios diciendo que era descendiente de Paulo, el último Inca "coronado" por los españoles, y a éstos que si le permitían usar el título de rey de los incas les arrancaría a los indios los secretos sobre sus minas y tesoros. A cada uno lo que deseaba escuchar.

Bohorques había llegado a Lima hacia 1620 y luego de una vida poco edificante entre los indígenas serranos del centro del Perú, donde aprendió el quechua y recogió vitales informaciones para su vida posterior, decidió emprender la aventura de localizar el Paytiti, uno de esos reinos dorados tan afanosamente buscados desde mediados del siglo XVI. El Paytiti, imaginariamente ubicado en tierra de los mojos en el oriente boliviano, tenía la particularidad de ser considerado un lugar de refugio de tropas incas desprendidas del ejército imperial cuando intentaban la conquista de las poblaciones de la selva. Pedro Bohorques afirmaba que llegando a este sitio se había hecho reconocer como descendiente de los incas y que gracias a eso había sido obedecido y agasajado como tal. La apropiación de una doble utopía, la de tener conocimientos precisos sobre la localización del Paytiti y la de autotitularse descendiente de los incas para cumplir con las profecías contenidas en el mito de *inkarrí*, formará la urdimbre sobre la cual tejerá distintas estrategias a lo largo de los aproximadamente 46 años que permanecerá en el Virreinato del Perú.

El mito de *inkarrí*, que comenzó a elaborarse después de las ejecuciones de los reyes incas Atahualpa (1533) y Túpac Amaru I (1572), recupera el pasado incaico, que tras borrar las aristas más irritativas del sistema imperial, lo cristaliza en una memoria idealizada que pronostica que su restauración se producirá cuando se vuelvan a reunir las cabezas decapitadas y los cuerpos de esos reyes. El mito sostiene la esperanza de que cuando las figuras completas de sus reyes se hayan recompuesto, habrá llegado el momento de recuperar el poder y sacudirse el yugo impuesto por España. Además del mito, que tiene su propia lógica de reproducción y que se conservó hasta el presente, Bohorques pudo

Túpac Amaru, anónimo, siglo XVIII.

informarse de los combates jurídicos que los auténticos descendientes de los incas entablaban ante los tribunales y autoridades reales, con el objeto de conservar sus ancestrales privilegios en el nuevo espacio social de la colonia y evitar que se los enumerara en la categoría de indios tributarios. Para ello debieron recurrir a la memoria genealógica y a los hechos heroicos de sus antepasados. El parentesco y la historia del imperio proveyeron a estos hombres de los argumentos necesarios para no ser degradados de sus posiciones de prestigio en la nueva escala jerárquica instaurada por los conquistadores, así como para conservar parcialmente sus bienes e incluso acrecentarlos, en virtud de ser miembros legítimos de la elite indígena. Mucha gente conocía en el Perú los entretelones de los litigios que de tanto en tanto se ventilaban en los tribunales del Rey, ya sea en Lima, ya sea en el Consejo de Indias o ante el mismo monarca y también sabían que muchos de estos descendientes eran mestizos, circunstancia que otorgaba una cierta credibilidad al discurso con que Bohorques se presentaba ante los indios.

Tras largas aventuras en el oriente peruano en busca del Paytiti, aventuras en muchos aspectos ilegales y que en realidad buscaban una alianza con los indios, Bohorques fue apresado y enviado al fuerte de Valdivia en Chile. El fuerte defendía la frontera colonizada de los ataques araucanos, y Bohorques cumplió una honrosa misión en la defensa del mismo. El amparo de las autoridades le permitió encontrar la oportunidad para escapar y atravesando la cordillera llegó a Mendoza, y subió luego hacia el norte. En su trayecto mostraba a los sorprendidos hispano-criollos su mapa del Paytiti y los seducía con su discurso convincente y carismático, aunque probablemente nunca se presentó ante ellos como descendiente de los incas.

A mediados del siglo XVII la resistencia de las poblaciones de los valles Calchaquíes se prolongaba por más de cien años y los españoles de la provincia y las autoridades virreinales estaban dispuestos a darle término definitivo. Sin embargo, la llegada de Pedro Bohorques fue providencial para los indios, dado que notaban la ausencia de un líder capaz de oponerse a los redoblados esfuerzos de conquista. De todas maneras sabemos muy poco de lo que los indios pensaban acerca de Bohorques, aunque la mayoría de los caciques aceptaron aliarse con él y considerarlo como un inca. El cacique Pivanti lo protegió y alojó en su casa.

La presencia de Bohorques en los valles rebeldes produjo gran conmoción en la provincia. No obstante, el gobernador don Alonso de Mercado y Villacorta decidió invitarlo a un encuentro en una población del centro de Catamarca, llamada Pomán, nuevo asiento apenas construido de la errática ciudad de Londres. Antes de que se produjera la cita, Bohorques y el gobernador intercambiaron cartas donde el primero se manifestaba como un leal vasallo del rey y le prometía que haciéndose pasar por Inca podría arrancar a los indios los secretos que guardaban celosamente sobre la localización de minas y tesoros, utilizando para ello un discurso embebido de providencialismo

> "... *lo más cierto es que Dios como principal autor de todo rodeo [favoreció]* este viaje por alguna cosa muy de su servicio que a esto sólo se puede atribuir semejante acaecimiento...."*

Este argumento fue decisivo para alentar la confianza del gobernador. Como ya dijimos, la resistencia alimentaba el anhelo de oro, cuya abundancia crecía en el imaginario a medida que transcurrían los años y se reiteraban las frustraciones. Mercado y Villacorta vio en Bohorques el vehículo para desarticular esta obstinada conducta que ni los jesuitas habían podido vencer con sus dos misiones en los valles y que por ese motivo se asociaron al proyecto.

Negociaciones mediante, y a pesar de la oposición del obispo de Tucumán, Melchor Maldonado, el encuentro tuvo lugar en julio de 1657. Se convocó para ello a unos 80 vecinos de los más respetables de la región, para que expusieran las razones y conveniencias de aceptar el pacto con Bohorques. El jesuita Hernando de Torreblanca, que luego relataría todo lo sucedido en una extensa *Relación,* dice que el paraje tenía muy poco de ciudad, apenas el casco de una estancia, con plaza y rollo de justicia y que, como se pudo, se previnieron moradas para los visitantes. Éste es el escenario donde se desarrollarán las ceremonias para agasajar y negociar con el extraño personaje que había hecho irrupción en el Tucumán. La aspereza de la geografía y la pobreza de un paisaje

---

* La bastardilla destaca el énfasis de la autora.

urbano apenas dibujado prestaron un marco contrastante con las solemnidades del drama que allí se habría de representar. Pero pongamos a los actores en acción.

El 30 de julio de 1657 Bohorques, su séquito de calchaquíes, y el jesuita Hernando de Torreblanca entraron en Pomán. El primer acto transcurrió en una estancia situada en el paraje de Pilciao, unos kilómetros antes de llegar a Pomán. El cortejo de indios, seguramente vestidos con sus mejores galas, plumas vistosas y con los rostros pintados, fue recibido con grandes muestras de regocijo. Un arco de flores fabricado para la ocasión fue el portal por el cual Pedro Bohorques ingresó a sus únicos días de gloria. Allí le fue entregado un obsequio enviado por el gobernador que, según uno de los testigos interrogados en el proceso incoado posteriormente, consistía en

> "... un vestido y un capote colorado y un coleto guarnecido y un caparazón para la silla. Dijo que el dicho coleto que se refiere se lo dio el cap. Hernando de Pedraza que como alcalde ordinario lo había ido a recibir en el pueblo de su encomienda donde le festejó [con] muchas danzas y arcos que se le pusieron y pasando de dicho pueblo llegó donde estaba el dicho gobernador..."

El segundo acto tuvo como escenario a Pomán, donde dos hileras de hombres que *batían banderas y con salvas de arcabuces* le ofrecieron una bienvenida triunfal. Torreblanca lo relata de esta manera:

> "... Como a las cuatro de la tarde se dispuso la entrada, estando Don Pedro y los que le acompañaban de frente con los indios, y puestos en dos alas, así los españoles como la demás gente. El Gobernador montó en un caballo blanco, vestido de gala, y de frente, donde estaba Bohorques, esta prevenido el coche de Su Señoría quien, dando una carrera abierta como un regocijo, llegó adonde le aguardaban. Desmontó, se saludan y entró en el coche, y desta manera entraron al pueblo, y estuvieron en casa del Gobernador en conversación larga, y de aquí llevaron al huésped a la casa que le tenían preparada..."

La escena del recibimiento culminó en la Iglesia, donde Bohorques y Mercado se instalaron en sillas y cojines a ambos lados del altar para escuchar una misa solemne consagratoria de los pactos que irían a firmar. A partir de ese momento las escenas se sucedieron sin interrupción. De día y de noche, durante 15 días alternaron las juntas integradas por los vecinos, los sacerdotes y el gobernador, con los rituales de vasallaje y los torneos y juegos con los que se festejaban los acontecimientos y se daba aliento a las esperanzas de obtener las riquezas prometidas. Quince días en los que la ficción ocupó el lugar de la realidad. Las esperanzas borraban las dudas, teñían de oro el rostro de la desconfianza y sepultaban el temor bajo el peso de las ambiciones.

Cada acto jurídico, ritual o festivo tuvo una especial significación. Los resultados colmaron con creces las expectativas de Bohorques, pues regresó a los valles Calchaquíes ungido como *Teniente de Gobernador y Capitán General, consagrado con un solemne Pleito Homenaje,* ofrecido públicamente con la rodilla hincada en tierra a los pies del Gobernador. Al mismo tiempo obtuvo expresa *autorización para usar el título de Inca.* Rey de los indios y funcionario de la corona de España, los dos títulos y poderes que su fantasía había buscado por años. Los sucesos de Pomán fueron de tal envergadura, fue tanta la complacencia de Bohorques por los resultados y la complicidad de las autoridades y vecinos con su proyecto, que se convirtió en tema de escándalo en todo el virreinato.

Y Bohorques no se privó de organizar sus propios rituales. El mismo día de su llegada o el siguiente, hizo sacar una silla a la puerta de su alojamiento y, "haciendo señal de gran magestad", presidió una reunión con todos sus caciques. Les hizo larga plática, tras lo cual los indios conferenciaron entre sí y luego se dirigieron hacia Bohorques e hincados de rodillas lo llamaron su Inga y le besaron las manos y él les tocaba las cabezas en aceptación o confirmación del vasallaje que le ofrecían. Más tarde se les trajo vino y todos bebieron "con mucho regocijo". Durante esos quince días la fiesta fue total; en el transcurso de esas jornadas se hicieron *juegos de sortijas, toros, torneos, juego de cañas y en general muchos festejos.* Por las noches hubo *saraos* ofrecidos por los vecinos. Lo que parece una simple enumeración de las diversiones que se organizaron en la ocasión, tres años después fue tema reiterado en los interrogatorios con el propósito de juzgar la conducta del gobernador. Los juegos, torneos y saraos se hacían, como sabemos, en ocasiones muy especiales. Que se hubieran hecho en honor de Pedro Bohorques fue motivo de grave escándalo. Se estaba honrando a un nuevo rey, al Inca, y esto era inadmisible para las autoridades del virreinato. Por su parte, el destinatario de tales homenajes, español al fin de cuentas, que podía decodificar perfectamente el significado de tales lides de raíz medieval, debió sentir que su persona y figura se engrandecía hasta alcanzar las dimensiones de un héroe. Bohorques supo leer estas manifestaciones de júbilo y destreza y alimentar con ellas su poder. No se le escapaba, sin embargo, que en el fondo eran máscaras cuyo objetivo era impresionar a los indios y congraciarse con quien habría de aportarle riquezas a manos llenas. ¿Qué mezcla de sentimientos pasarían por el espíritu de Bohorques en esos momentos? ¿Jactancia porque se reconocían sus méritos, o sorna por las secretas intenciones y apetitos que adivinaba detrás de los homenajes que recibía?

Y no faltó tampoco el *banquete* que Mercado ofreció a Bohorques, a cuya mesa se sentaron unos pocos convidados (Torreblanca entre ellos), mientras que el resto, incluso los caciques, "a usanza de palacio", como dice el autor jesuita Constatino Bayle, asistió de pie, mirando a los comensales. Durante esas fiestas y banquetes, y también en la iglesia, se cantaron *chansonetas* o coplas cuyos originales se mostraron a los testigos del juicio solicitando que verificaran su autenticidad. Se las cantó acompañadas de "arpas, bigüelas, y cítaras y raveles".

Una vez que se agotaron las tratativas y los homenajes al Inca, Bohorques y sus indios regresaron a Calchaquí el 13 de agosto de 1657. De la misma manera en que fue recibido, tuvo honras especiales al par-

El falso inca Bohorques y su séquito.

tir. El gobernador lo acompañó fuera de la ciudad y *lo corrió con un caballo blanco en que iba,* gritando, *¡viva el Inga!* El otro gran tema del cuestionario fue comprobar la veracidad acerca de los regalos que se entregaron a Bohorques. Entre ellos un traje de inca que uno de los testigos del proceso describía de esta manera:

> "...dos camisetas labradas y bordadas y una manta camisa labrada y unos calzones a modo y traje de indio y un llaito [llauto — "corona" o vincha real] hecho de plata con un sol hecho de plata y sus orejeras de lo mesmo y unas manijas [manillas] que se llama chipana para los brazos, y un cintillo para la cabeza y unos corales para la garganta para que representase ser Inga, y el dicho Bohorques en los festejos y bailes que los dichos indios hacían [en el valle Calchaquí] se vestía de dichas vestiduras [...] y así mesmo sabe este declarante que las dichas vestiduras y preseas se las llevó y entregó Gonzalo de Barrionuevo vecino de dicha Rioja y oió decir que las camisetas se había hecho en casa del Cap. Juan de Ibarra Secretario Mayor de Gobierno y asimesmo la diadema con el Sol encima y el cintillo de oro le había enviado el cap. Hernando de Pedraza..."

Además Hernando de Pedraza le obsequió

> "...un apretador de esmeraldas y otras joyas para el adorno de la cabeza y manillas de los brazos..."

¿Qué más decir sobre todo esto? Los testimonios hablan por sí mismos. Fantasía o realidad, ¿cuál era el plano en el que todos se colocaron? Durante el encuentro en Pomán se levantaron muchos documentos donde se consignaban las obligaciones y prerrogativas que incumbían a Bohorques como funcionario español y también la amplia jurisdicción que se le otorgaba y que incluso se superponía a la de algunas ciudades ya fundadas, con el propósito de que descubriese las minas que los indios, supuestamente, ocultaban. Bohorques prometió inducir a los indios para que cumplieran con las mitas a sus encomenderos, revelar los tesoros y minas que descubriese y en general poner a los indios "en policía". Se establecieron también otras obligaciones y las prerrogativas que incumbían a Bohorques como funcionario español. En todos estos documentos se observa que los testigos se ampararon en el providencialismo para conceder estas honras. No eran ellos, sino Dios quien estaba obrando para proveer esta solución y acabar con las repetidas frustraciones, tanto de los sacerdotes como de los burlados encomenderos. La obediencia que los indios daban a Bohorques en su calidad de Inca garantizaba el éxito de la operación. En esto, repetido hasta el cansancio en los documentos, se basó la mayoría de las argumentaciones y por lo tanto todos estuvieron de acuerdo con que se lo debía autorizar a usar el título de Inca.

A esta altura de los acontecimientos ya es claro que a Bohorques no le interesaba incorporarse al sistema colonial, sino usar estas prebendas y autoridad para ponerlas al servicio de su proyecto de liberar a los indios del dominio peninsular. Todo lo que hará después no dejará duda acerca de su consustanciación con el papel de Inca, aunque conservó hasta los últimos días de su vida una evidente doblez en su trato con los españoles. No obstante, calculando el enorme riesgo de los acuerdos firmados, los hombres de Pomán, y en particular el gobernador, trataron de no dejar ningún cabo suelto, en previsión de futuros inconvenientes, y exigieron incluso a los jesuitas de los valles que lo vigilaran constantemente.

Apenas culminado el encuentro de Pomán, el gobernador recibió carta del virrey Conde de Alba y Aliste por la cual le reprochaba que hubiera iniciado negociaciones con el ex presidiario y le ordenaba que lo apresase, de modo que Mercado decide borrar con el codo lo que había firmado con su mano. De allí en más se dispuso a cumplir la orden mediante diversas tratativas y argucias. En dos ocasiones se encontró con Bohorques pero no se atrevió a apresarlo por la custodia con que se presentaba a la cita y porque temía un levantamiento general. También envió emisarios para que lo asesinaran. Pero todos los intentos fracasaron.

Mientras el gobernador tramaba la mejor manera de expulsarlo del valle, Bohorques realizó al menos un viaje para recorrer su jurisdicción. La mayor parte de los datos proviene de su estancia en dos localidades de La Rioja, donde dirigió violentos discursos a los indios, siempre vestido con su traje de Inca, incitándolos a una rebelión general. Pero salvo un grupo que decidió acompañarlo y refugiarse con él en los valles Calchaquíes, comandado por el mestizo Enríquez, el resto no aceptó el convite. En estas comarcas estaba muy fresca la represión sufrida como respuesta al Gran Alzamiento. Sólo habían pasado quince años desde que las comunidades rebeldes fueran desnaturalizadas, y en 1658 los indios de la región ya no tenían fuerzas para intentar una nueva rebelión. Los discursos de Bohorques fueron durísimos; les decía a los indios que los españoles los esclavizarían y marcarían a hierro, que violarían a sus mujeres y que debían obedecerlo sólo a él como a su autoridad natural:

> "...Porque soy vuestro Inga verdadero que compadecido y estimulado de amor vuestro y de mi propia obligación, he venido a liberaros de la esclavitud de los españoles, que os hacen reventar con tan desmedidos trabajos".

A comienzos de 1659 las relaciones entre Bohorques y el gobernador habían llegado a su punto de máxima tensión. Se sucedieron varios episodios muy graves, entre otros el ataque e incendio de las dos misiones que los jesuitas tenían en los valles. A su vez, Bohorques pidió negociar directamente con la Audiencia de Charcas o con el virrey. Los mensajes se cruzaban entre unos y otros, y a pesar de lo sucedido, los intermediarios fueron muchas veces los mismos misioneros. Las cartas de Bohorques fueron subiendo de tono, mostrando un creciente descontrol de sus emociones, incluso contra los propios jesuitas a quienes acusa de haberlo traicionado:

> "...que no sé que haya religión donde haga más fuerza la política y razón de estado que la ley de Dios..."

Y con respecto al obispo Maldonado, a quien considera su peor enemigo, dice:

> "...harto mejor fuera que el Obispo se recogiera a lo que Dios manda mirando por sus ovejas y no contrapunteando la jurisdicción real, en que tiene muy de costumbre meterse, haciendo autos y papeles falsos, descomulgando a diestra y siniestra emparejando hermanas, madres e hijas *teniendo en su casa putería, academia de ladrones y borrachos*, pintando con la pluma lo no imaginado, que por estar de pendencias y enemigos con el Gobernador ha padecido mi presunción y

manchado mi lealtad, pero yo la lavaré a costa de su sangre..."

En medio de todas estas diatribas, se produjo un encuentro armado entre los indios comandados por Bohorques y las fuerzas del gobernador. El combate tuvo lugar en el fuerte de San Bernardo, ubicado en la entrada de uno de los pasos que comunican el valle de Salta con los Calchaquíes. Los españoles lograron desbaratar las fuerzas enemigas, pero Bohorques continuó refugiado en el valle, hasta que finalmente llegó al Tucumán un oidor enviado por la Audiencia de Charcas. Don Juan de Retuerta, ministro togado como había solicitado Bohorques, lo convence de deponer las armas y entregarse, previo indulto por los delitos de los que se lo acusa, incluido su abandono de la prisión de Valdivia. En estas condiciones fue conducido a Lima.

También se otorga un perdón a los indios pulares del norte de los valles Calchaquíes, mediante la promesa que de allí en más cumplirían con sus mitas tributarias. Pero el resto de las poblaciones de los valles continuó en su rebeldía y Mercado organizó una expedición, que se prolongó durante seis meses, con el propósito de someterlos y erradicarlos definitivamente.

En el invierno de 1659, el gobernador invadió Calchaquí. Ingresó al valle por la quebrada de Escoipe y desembocó en el antiguo asiento incaico de Chicoana. A partir de allí fue necesario conquistar pueblo por pueblo y concertar las paces con cada uno de ellos. Cada noche el gobernador escribía en los Autos los acontecimientos del día. Por ellos sabemos de las dificultades y de las estrategias de los indios y de las tropas. Algunos pueblos se acercaron al ejército a ofrecer la paz, pero Mercado reconocía la táctica y trataba de forzar paces, aunque sin contar para ello con recursos concretos. Al llegar a las proximidades de Tolombón, los caciques también ofrecieron paz. Pero a poco de avanzar hacia el sur el ejército fue duramente atacado por fuerzas combinadas, reconocidas por los símbolos que identificaban a sus flechas.

Poco después las huestes se encontraron con la columna que avanzaba desde el sur, comandada por Francisco de Nieva y Castilla. Su suerte fue similar a la del gobernador. Al entrar al valle, don Juan Camisa, cacique de los ingamanas, antiguos *mitimaes* tucumanos, le avisó que se estaba preparando una emboscada para atacarlos cuando ambas columnas se hubiesen reunido. A pesar de la alerta, Nieva continuó su rumbo hacia el norte y a poco de andar los yocaviles le infligieron una dura derrota. El general debió regresar al asiento de los ingamanas para restañar las heridas y de paso envió a esos indios, transformados en "amigos", a Andalgalá para protegerlos de las represalias de los rebeldes.

Una vez repuesta la hueste de sus heridas, Nieva retomó su ruta y se encontró con Mercado. Poco después fueron nuevamente atacados con grandes pérdidas de hombres. A pesar de ello intentaron someter a los quilmes, que resistieron de tal manera que obligaron al ejército a iniciar su retirada. Al regresar hacia Tolombón obtuvieron por primera vez una victoria definitiva. Uno de sus caciques fallece en el combate y a partir de este momento resolvieron aliarse con el enemigo y colaborar con ellos. Juntos lograron romper las defensas del fuerte de Elencot y de otros grupos que fueron inmediatamente trasladados para instalarlos fuera del valle. También sufrieron el mismo destino los pulares del sector norte de Calchaquí, a pesar de haber pactado la paz anteriormente con el oidor Retuerta. La campaña había durado seis meses y las fuerzas de la hueste estaban agotadas y en estado de sedición. En el balance del gobernador se cuentan 400 indios degollados, 400 mujeres muertas en batalla, 1.000 prisioneros, 600 familias desnaturalizadas. En el sector pacificado quedaban 250 indios "amigos" (3.000 almas). La columna de Nieva había apresado otros 400 indios. Mercado calcula 1.400 muertos y reducidos y 6.000 almas "que han perecido y tenemos debajo de nuestra sujeción". Quedaban sin reducir más de 1.000 familias. En consecuencia, concluye Mercado, conviene proseguir la guerra.

En esta campaña sólo se logró dominar a la mitad de las poblaciones, mientras la porción del sur permaneció sin conquistar. Al finalizar la campaña Mercado debió asumir la gobernación de Buenos Aires pero fue designado nuevamente en el Tucumán al término de su mandato en 1664 para que finalizase su obra de sometimiento de las poblaciones calchaquíes. Otra vez con la ayuda de tolombones y paciocas, Mercado ingresó al valle y se dirigió directamente hacia los quilmes a quienes cercaron y rindieron por hambre. Su cacique, Martín Iquín, debió admitir la derrota y pactar su rendición. Se les perdonó la vida a cambio de aceptar el traslado masivo fuera de su territorio. Después de esta victoria el ejército atacó a los anguinahao y a los restantes grupos del valle Yocavil.

Una vez cumplido su cometido, el gobernador vació el valle de la totalidad de su población, dispersándola en toda la jurisdicción de la provincia bajo la custodia de sus encomenderos. Los que habían colaborado fueron menos fragmentados e instalados en Salta, Choromoros (en la jurisdicción de San Miguel) o Jujuy. Los quilmes y acalianes fueron trasladados al puerto de Buenos Aires, cuyo cabildo había financiado buena parte de la campaña a cambio de obtener la mano de obra que faltaba en la región. Los del sector Yocavil, por haber resistido más tiempo, fueron dispersados en grupos de 5 o 6 familias y entregados a encomenderos y hacendados de La Rioja y Catamarca que también reclamaban por mano de obra, aunque para obtenerla habían debido colaborar con el ejército, enviando hombres o pertrechos. La cantidad de indios recibidos estuvo en relación con la cuantía de sus contribuciones. Fue lo que en los documentos de la época se llamó "composición de indios" y que en términos modernos podríamos calificar de remate. Tantos recursos aportas, tantos indios recibes. Todas las provincias fueron premiadas con este trágico tributo humano. El valle quedó totalmente despoblado.

Mientras tanto Pedro Bohorques continuaba prisionero en la cárcel de corte en Lima. Con la excusa de que había intentado fugarse durante su traslado, no se le respetó el indulto. El juicio seguía el lento camino de los tribunales españoles, y los papeles circulaban desde la Audiencia al Consejo de Indias y viceversa. Nadie se atrevía a tomar una decisión definitiva. Hasta que a finales de 1666 se tuvieron noticias de una conjura de los curacas de Lima y se sospechó que, aun desde la cárcel, Bohorques podía estar involucrado. En ausencia del virrey, la Audiencia gobernadora resolvió ejecutar a ocho curacas y a Pedro Bohorques, que murió por garrote vil, luego fue colgado y más tarde decapitado. Su cabeza fue expuesta públicamente en el barrio indígena de Lima para escarmiento de los conjurados.

Hacia finales del siglo XVII el valle Calchaquí era lentamente repoblado. Se instalaron haciendas y algunos encomenderos trajeron ilegalmente a parte de sus antiguos pobladores para que trabajasen en las propiedades recién adquiridas. Pero de ninguna manera se recompusieron las comunidades originales. Grupos de pocas familias se instalaron en cada una de las haciendas. Solamente los de Tolombón tuvieron permiso para continuar cultivando parte de las tierras que les habían pertenecido. Pero este repoblamiento se realizaba en condiciones de dependencia de los nuevos propietarios, sin autoridades indígenas y sin control sobre la vida política o la reproducción cultural y social. Simultáneamente la escasez de mano de obra atrajo a atacameños y a otros habitantes del altiplano que buscaban nuevas oportunidades de trabajo. Una vez más el valle se va a caracterizar por su multietnicidad, pero esta vez formando grupos que carecían de vínculos étnicos y que por el contrario se encontraban en franca y lisa dependencia de los grandes propietarios, ya sea en condición de arrendatarios, medieros o jornaleros. Comenzó así a gestarse una nueva sociedad, criolla, mestiza, deculturada, en buena parte aislada, y carente de derechos sobre las tierras que trabajaban.

De zambo y de india, albarazado, cuadro de la serie de mestizaje de Miguel de Cabrera.

TIEMPOS DE INCERTIDUMBRE. LA EXPANSIÓN DEL FRENTE CHAQUEÑO Y LOS ECOS DE LA REBELIÓN DE TÚPAC AMARU

Desde el comienzo del siglo XVIII el perfil social y demográfico del Tucumán colonial mostraba claros síntomas de cambios sustanciales. Después de tantos conflictos y alteraciones en la segunda mitad del XVII, cada región fue adquiriendo un perfil mucho más diferenciado. El extremo norte conservaba una estructura social y cultural más afín con sus vecinos septentrionales. Los valles Calchaquíes reiniciaban una vida nueva, repoblados en buena parte por migrantes atacameños y altoperuanos, y comenzaban a aparecer algunos centros aldeanos. Las ciudades en general recibieron mayor aporte de indígenas desarraigados y crecía notablemente el mestizaje entre distintos grupos étnicos, entre indios y criollos o españoles, y de todos estos con negros. Se forjaron las castas. El comercio se activaba mientras la ganadería adquiría mucha más importancia y en algunas zonas reemplazó a otras actividades productivas menos rentables. Llegaron nuevos migrantes europeos que aportaron capital comercial e impusieron nuevas pautas de conducta. Se observaba una cierta tendencia a un mayor consumo de bienes suntuarios y sobre todo a acrecentar la distancia social entre los de origen europeo, las castas y los indios. La relativa "comensalidad" que había caracterizado la convivencia en siglos anteriores se deterioraba en beneficio de una mayor diferenciación.

Las encomiendas, ya muy reducidas, tenían cada vez menor importancia económica. Era más fácil para un productor agropecuario contratar mano obra asalariada que preocuparse por conservar una encomienda. Además había aumentado el número de indios desarraigados de sus comunidades que, sumados a los individuos de casta, proveían la mano de obra en los períodos en que se necesitaba, y luego eran licenciados sin mayor problema.

Estos síntomas que años atrás pudieron ser leídos como tendencias hacia el progreso tienen su cara oculta mucho menos positiva. El proceso de desarticulación de las comunidades indígenas aumentó la individuación y en consecuencia la dificultad o directamente la imposibilidad de adoptar decisiones consensuadas, amparadas por autoridades naturales y legítimas. Cada persona debía responsabilizarse de su destino y en muchos casos la unidad familiar, o a lo sumo la vecindad, constituía el único marco de referencia colectiva. Por lo tanto, mientras más se diluía el perfil indígena del Tucumán, menores opciones existían en los grupos subalternos para enfrentar la coacción colonial. Además, si bien las reformas borbónicas llegaron muy tardíamente, todo el siglo XVIII muestras algunos síntomas de "modernidad" expresados justamente en estos perfiles diferenciales de la población de origen europeo que se refugiaba tras barreras cada vez más altas o espesas y, por lo tanto, apartaba no sólo social sino culturalmente al resto de los habitantes del territorio. Cada vez se fue haciendo más difícil compartir los códigos de comunicación cultural o incluso jurídica entre los segmentos dominantes y los dominados de la sociedad.

También el cambio se advierte al interior de la sociedad hispano-criolla. El ascenso social podía obtenerse por medio de la riqueza, y el heroísmo fue perdiendo la centralidad que había motorizado la conquista y los primeros siglos de colonización. Para construir privilegios todavía era necesario recurrir a la memoria histórica, pues las glorias de los antepasados continuaban otorgando lustre a sus descendientes. Sin embargo, el lustre sin recursos ya no era suficiente, y la riqueza era tan honrosa como el heroísmo. Es así que la nueva guerra que debieron soportar los vecinos del Tucumán contra las poblaciones chaqueñas que asolaban sus fronteras orientales los encontró agotados y desalentados. No habría premios en esta guerra, los indígenas capturados no podían ser encomendados; además eran poblaciones sin hábitos sedentarios y en la mayor parte de los casos sólo se prendían mujeres y niños que integraron los núcleos de mano de obra ligados a las haciendas en condiciones serviles.

La guerra del Chaco encontró en muchas ocasiones una cerrada resistencia de los vecinos para integrar las huestes. El gobernador don Esteban de Urízar realizó entre 1710 y 1711 una de las pocas campañas ofensivas que pudieron organizarse. Sólo casi cuarenta años después otro gobernador, Martínez de Tineo (1747-1752), pudo realizar otra campaña similar. El resto del tiempo fueron sólo medidas defensivas para que los malones no asolaran los establecimientos agrícolas, las ciudades y los caminos entorpeciendo el comercio sobre todo con Buenos Aires y Santa Fe. Los malones llegaban hasta Córdoba y el litoral y sus consecuencias en la vida económica y social impedían, entre otros efectos, ampliar la frontera agropecuaria hacia el oriente. En la década de los sesenta el gobernador Juan Manuel Campero realizó, sin embargo, dos campañas muy exitosas reduciendo numerosos grupos de indígenas. Los cabildos de las ciudades expresaron su alivio con encendidos elogios hacia el gobernador, que además, tal vez como una excepción en tiempos de tanto cambio cultural, mostraba un perfil virtuoso y hacía gala de una impecable ética cristiana dirigida a conservar y fomentar el concierto social.

Muy poco tiempo antes de la creación de las Intendencias, pero cuando ya se hacían notar los efectos de las reformas borbónicas, se produjeron las rebeliones del Alto Perú, de la cual la más conocida y extendida fue la que comandaba José Gabriel Condorcanqui, llamado Túpac Amaru. Los ecos de estas conmociones fueron relativamente débiles en nuestra región pero no por ello menos preocupantes. Los movimientos que conmocionaban el altiplano central y sur se extendían peligrosamente hacia la frontera de la provincia de Tucumán. El 28 de marzo de 1781 un contingente de indios de las reducciones tobas cercanas a la ciudad de Jujuy, bajo la jefatura de José Quiroga, se propuso atacarla, proclamando que ya tenían rey "Inga". Incluso los chiriguanos de la frontera de Tomina reclamaban conocer a su rey Túpac Amaru. Las tropas llegadas desde Buenos Aires lograron desalentar e impedir esos ataques. Sin embargo, toda la provincia estaba conmocionada, y el resto de los indígenas del Tucumán temía verse envuelto en una nueva rebelión. El teniente de gobernador de Salta, don Nicolás Severo de Isasmendi, alertaba al gobernador diciendo que los indios que trabajaban en sus propiedades de Luracatao (en las quebradas occidentales del valle Calchaquí) huían hacia los cerros temiendo represalias indiscriminadas de los españoles. Es muy probable que por la proximidad geográfica y por los atacameños que se habían instalado en el valle, éstos hayan intentado sumarlos a la rebelión. En esa provincia un cacique que no aceptó la convocatoria fue ejecutado por los insurrectos. La mayor proximidad y las relaciones más estrechas de los indígenas de Atacama con los del Alto Perú hicieron que en esa zona fueran más intensas las repercusiones de la rebelión. Por lo tanto, la preocupación de las autoridades del virreinato no era ociosa. Desde el Río de La Plata se habían enviado dos contingentes militares al Alto Perú que sumaban en total 600 hombres. La orden era que todas las milicias provinciales (incluido el Paraguay) se movilizaran. Con los antecedentes que hemos comentado en relación con la guerra del Chaco, es lógico que estas nuevas levas causaran gran conmoción en las ciudades. Los de La Rioja y San Miguel de Tucumán se habían negado a participar sublevándose contra la orden del virrey y los de Córdoba decían que la ciudad se había quedado sin pertrechos para defenderse porque todo había sido remitido al Alto Perú. La noticia del apresamiento de Túpac Amaru fue festejada con gran alivio en esa ciudad.

El gobernador Mestre se vio obligado a atender varios focos que se abrieron entre Jujuy y Salta y que si bien fueron finalmente controlados por junio de 1781, recrearon una vez más una profunda sensación de desasosiego en la población. Para colmo en Chichas un sargento criollo, Luis Laso de la Vega, se había proclamado gobernador de las provincias de Chichas, Lipez y Cinti en nombre de Gabriel Túpac Amaru. A su vez Dámaso Catari, otro de los rebeldes altoperuanos, había remitido convocatorias a los pueblos de Rinconada, Casabindo, Cochinoca y Santa Catalina en la Puna, que fueron decomisados por las autoridades. En Santa Catalina incluso fue publicado un edicto de Túpac Amaru. En un documento de la época se afirma que en Atacama se apresó a un indio tucumano que distribuía las proclamas del líder peruano, y que decía además que éste no había sido ejecutado, y que por el contrario los españoles se habían rendido. Domingo Lorenzo, tal era el nombre del frustrado líder local, fue condenado a diez años de prisión en uno de los fuertes chaqueños del Tucumán. Se tomaron además otras medidas sobre sospechosos de alentar la sublevación. Incluso en Mendoza se encontraron proclamas y atisbos de sublevación.

Los efectos ideológicos de las rebeliones altoperuanas se prolongaron mucho más que las acciones armadas. En general se había tomado conciencia de que se estaban produciendo grandes cambios. De manera difusa, llena de ambigüedades y contradicciones, la noción de que los americanos habían formado una nueva sociedad, distinta de la metrópoli, iba adquiriendo perfiles más evidentes. Por cierto los intereses de cada sector raramente coincidían con el de los restantes y esta complejidad quedó al desnudo durante el largo proceso de las guerras de independencia. El liberalismo del siglo XIX introdujo cambios sustanciales que rompieron los pactos de convivencia entre indígenas y españoles que tan dramáticamente se habían construido durante los tres siglos precedentes. Los cambios en las reglas de interacción social aceleraron los procesos de ruptura cultural en buena parte del actual norte argentino, donde los que mejor resistieron fueron los grupos que habitaban la Puna y la quebrada de Humahuaca, más ligados a los patrones comunitarios del altiplano. En los valles y las tierras bajas de la antigua provincia del Tucumán colonial se definía un nuevo proceso de etnogénesis, en el que emergía una sociedad biológica y culturalmente mestiza.

BIBLIOGRAFÍA

Acevedo, Edberto O., "Repercusión de la sublevación de Túpac Amaru en Tucumán", *Revista de Historia de América*, N° 49, México, 1960.

Bayle, Constantino, "Historia peregrina del inca andaluz", *Revista Razón y Fe*, Madrid, s/f.

Boixadós, Roxana, "Indios rebeldes-indios leales. El pueblo de Famatina en la sociedad colonial (La Rioja, siglo XVII)", en Lorandi, A.M. (comp.), *El Tucumán colonial y Charcas*, Facultad de Filosofía y Letras, Universidad de Buenos Aires, Buenos Aires, 1997.

Garavaglia, Juan Carlos, *Mercado interno y economía colonial*, Grijalbo, México, Barcelona, Buenos Aires, 1983.

Hidalgo, Jorge, "Amarus y Cataris: aspectos mesiánicos de la rebelión indígena de 1781 en Cusco, Chayanta, La Paz y Arica", *Chungara*, N° 10: 117-138, Instituto de Antropología, Universidad de Tarapacá, Arica, 1983.

Larrouy, Antonio, *Documentos del Archivo de Indias para la historia del Tucumán*, 2 tomos, L. Rosso y Cía., Impresores, Buenos Aires, 1923.

Levillier, Roberto, *Nueva crónica de la conquista del Tucumán (1542-1563)*, 3 tomos, Ed. Nosotros, Buenos Aires, 1926.

Lewin, Boleslao, *Túpac Amaru en la Independencia de América*, Plus Ultra, Buenos Aires, 1979.

Lorandi, Ana María, "Mitayos y mitmakuna en el Tawantinsuyu meridional", *Histórica*, N° 7 (1): 3-50, Pontificia Universidad Católica del Perú, Lima, 1983.

——— "La resistencia y las rebeliones de los diaguito-calchaquí en los siglos XVI y XVII", *Cuadernos de Historia*, N° 8: 99-124, Departamento de Ciencias Históricas, Facultad de Filosofía, Humanidades y Educación, Universidad de Chile, Santiago de Chile, 1988a.

——— "El servicio personal como agente de desestructuración en el Tucumán colonial", *Revista Andina*, año 6, N° 1: 135-173, Centro Bartolomé de las Casas, Cusco, 1988b.

——— "Los diaguitas y el Tawantinsuyu. Una hipótesis de conflicto", *43° Congreso Internacional de Americanistas (Bogotá, 1985)*, BAR International Series 442: 235-259, Oxford, 1988c.

——— "Mestizaje interétnico en el noroeste argentino", en Tamoeda, H., y

Millones, L. (eds.), *500 años de mestizaje en los Andes*, Osaka, Japón, Senri Ethnological Studies, 33: 133-167. Reeditado en Lima por el Museo Etnológico de Osaka, Biblioteca Peruana de Psicoanálisis y Seminario Interdisciplinario de Estudios Andinos, 1992.

——— comp., *El Tucumán colonial y Charcas*, Facultad de Filosofía y Letras, Universidad de Buenos Aires, Buenos Aires, 1997.

——— *De quimeras, rebeliones y utopías. La gesta del Inca Pedro Bohorques*, Pontificia Universidad Católica del Perú, Lima, 1997.

Lozano, Pedro, *Historia de la conquista del Paraguay, Río de la Plata y el Tucumán*, Imprenta Popular, Buenos Aires, 1874.

Madrazo, Guillermo, "Historia de un despojo: el indigenado del noroeste argentino y su transformación campesina", *Andes*, N° 6: 127-156, CEPIHA, Facultad de Humanidades, Universidad Nacional de Salta, Salta, 1994.

Mata de López, Sara, "Estructura agraria. La propiedad de la tierra en el valle de Lerma, valle Calchaquí y la frontera este (1750-1808), *Andes*, 1: 47-88, CEPIHA, Facultad de Humanidades, Universidad Nacional de Salta, Salta.

Montes, Aníbal, "El gran alzamiento diaguita (1630-1643)", *Revista del Instituto de Antropología*, N° 1: 81-159, Facultad de Filosofía y Letras, Universidad Nacional del Litoral, Rosario, 1959.

Ottonello, Marta, y Lorandi, Ana María, *Introducción a la arqueología y a la etnología. 10.000 años de historia argentina*, EUDEBA, Buenos Aires, 1987.

Schaposchnik, Ana, "Aliados y parientes. Los Diaguitas rebeldes de Catamarca durante el gran alzamiento", en Lorandi, A.M. (comp.), *El Tucumán colonial y Charcas*, Facultad de Filosofía y Letras, Universidad de Buenos Aires, Buenos Aires, 1997.

Torreblanca, Hernando de, *Relación histórica de Calchaquí*, editado por Teresa Piossek Prebisch, Ediciones Culturales Argentinas, Secretaría de Cultura, Ministerio de Educación y Cultura, Buenos Aires, (1696) 1984.

Vitar, Beatriz, *Guerra y misiones en la frontera chaqueña del Tucumán. 1700-1767*, Consejo de Investigaciones Científicas, Madrid, 1997.

VIII

Formas y estrategias familiares en la sociedad colonial

por RICARDO CICERCHIA

De castizo y española, español, cuadro de la serie de mestizaje de Miguel de Cabrera.

En la sociedad colonial hispanoamericana, la familia era considerada como la columna vertebral de todo el armazón social, y un elemento central en la dinámica de la redes sociales hegemónicas. La divulgación y promoción del matrimonio y de la familia como unión consagrada fue una de las principales preocupaciones del Estado y de la Iglesia. Al tiempo que el Estado ofrecía una base legal a la familia y a relaciones familiares, la Iglesia vigilaba y controlaba los aspectos morales y culturales del matrimonio, de las relaciones intrafamiliares y aun de sus bienes. Los tribunales eclesiásticos fueron, hasta avanzado el siglo XVIII, poder absoluto y exclusivo en tales asuntos.

El honor era de suprema importancia para la consideración social. El honor familiar reposaba en la virtud sexual de la mujer y en el poder económico del varón como sostén material de la familia. La honorabilidad implicaba castidad premarital y fidelidad marital en las mujeres como piedra angular de la moral familiar. La deshonra masculina se asociaba a la pobreza.

Los valores familiares se sometieron de una u otra forma a las normas y moral prescritas para la familia y en particular para la institución matrimonial. Y los hijos debían ser el fruto de esa unión conyugal enmarcada por la rigidez de las resoluciones del Concilio de Trento (1545-1563).

Sin embargo, en la práctica, la existencia de una parte considerable de la sociedad colonial que no seguía estas convenciones es la evidencia de cierta coexistencia de diferentes modelos familiares y de los matices sociales acerca de la influencia de los postulados de la Iglesia sobre la sociedad matrimonial. Éstos remiten a una larga historia previa. Durante el Medievo tardío la Iglesia Católica decidió emprender una profunda reforma para purificar la sociedad entera. La familia, piedra fundamental de este reordenamiento, adquirió entonces una forma muy precisa. Su naturaleza y estructura nacía de la unión solemne, oficial, regulada e indisoluble: el *legitimum matrimonium*.

La moral matrimonial predicada se ajustaba a tres preceptos: monogamia, exogamia y represión del placer. Esa "vuelta al orden" exigía por tanto su reafirmación a través de un pacto conyugal concretado en una ritualidad (civil y profana), que culminaba el "trámite matrimonial". Así, el vínculo quedaba establecido según las "leyes del mundo" en una asociación en la que los partícipes eran desiguales: una relación sentimental bajo la dirección del varón y la sumisión de la mujer. Con una envoltura laica, la moral evangélica se afirmaba cada vez con más rigor. La Iglesia de la Contrarreforma tuvo por vocación exaltar este carácter sacramental del matrimonio.

En el Nuevo Mundo este modelo familiar seguía manteniendo su carácter monogámico y patrilineal, combinando, en teoría, la tradición medieval con una detallada discriminación cromática. Las Leyes de Indias hicieron referencia explícita al matrimonio de indios y africanos. Mientras que para los primeros disponía la libertad absoluta en materia nupcial, para la población de color se recomendaba mantener la endogamia étnica. Desde finales del siglo XVI, las regulaciones respondieron inequívocamente, salvo algunas adaptaciones étnicas propias del espacio colonial, a los rígidos preceptos del Concilio de Trento. El ritual impuesto era la garantía de sometimiento al modelo. El proceso matrimonial debía iniciarse con la promesa y aceptación mutua del futuro enlace: los esponsales; luego del compromiso contraído se llevaban a cabo dos procedimientos para confirmar la voluntad de las partes y la inexistencia de impedimentos: la información de soltura y la lectura de proclamas; y desde aquí se accedía al sacramento que obligatoriamente debía realizarse ante la autoridad religiosa, quien lo asentaba en los libros respectivos en presencia de testigos. La ceremonia matrimonial practicada en el Río de la Plata entre las familias comerciantes, por ejemplo, consistía en una misa nupcial seguida de una velación. La misa se ofrecía en la Catedral por el obispo, y la velación también incluía la participación de testigos que a veces actuaban como padrinos de bodas.

El matrimonio como institución creaba tanto una sociedad económica como una alianza política entre familias y grupos de parentesco. Esta unión edificaba lazos y relaciones de vital importancia para el funcionamiento social de los dominios españoles. En otras palabras, el matrimonio fue uno de los dispositivos más efectivos para la transferencia de la propiedad y la distribución del poder.

Sin embargo, no debe sorprender la convivencia de un rígido código moral y jurídico que gobierna las relaciones familiares, y las prácticas y hábitos domésticos de los propios actores, en particular de las mujeres, imbuidos de altos niveles de transgresión cotidiana. Algunas veces se trató de verdaderos desafíos a la autoridad, otras, de actos de supervivencia frente a las circunstancias económicas, y las más, meras estrategias que segmentos importantes de la sociedad colonial desplegaron en torno al pragmatismo de su "buen sentido".

Las estrategias matrimoniales, en particular, constituyeron un campo fundamental de negociación social capaz de otorgar márgenes de beneficios aprovechando los fallos y desajustes de la propia dinámica social. En la América colonial, por medio del matrimonio, se elaboraron complejas tramas y redes que favorecieron el control de los mecanismos de poder locales y regionales. Para las elites, el mecanismo producía que un alto número de peninsulares accediera a una posición de prestigio mediante el casamiento con las hijas de sus pares, transformándose ellos mismos a su vez en personajes hidalgos y sosteniendo la continuidad de la empresa familiar.

Los modos en que una sociedad define sus formas y estrategias familiares se inscriben en un conjunto de tradiciones, creencias y valores que se realizan en el marco sociohistórico en el que se configuran las relaciones sociales. Para el mundo colonial, el tras-

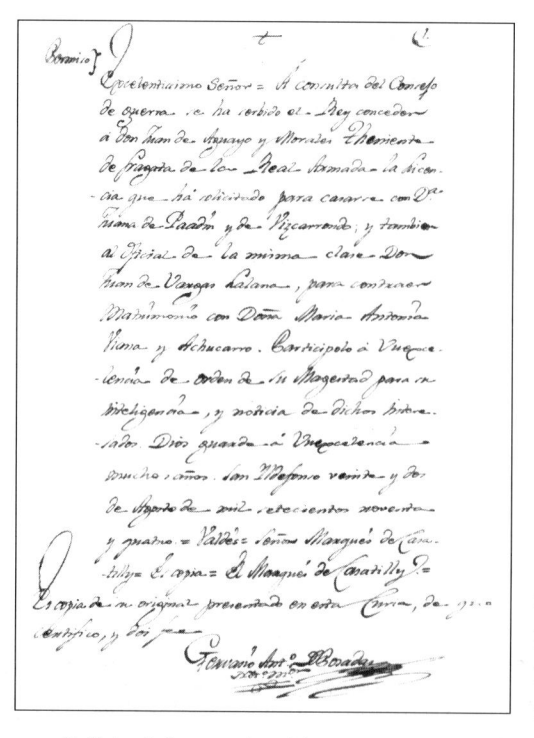

Solicitud de autorización para casarse.

fondo español, la Iglesia Católica y las leyes de Indias con respecto al caracter del matrimonio, los mecanismos hereditarios y la filiación ejercieron una notable influencia. Sin embargo, para las poblaciones indígenas eran importantes su propias costumbres y valores comunitarios, así como las tradiciones vinculadas a la economía rural que desarrollaban. Y es cierto también que las tradiciones africanas relacionadas con las uniones consensuales, el parentesco ritual y la circulación de menores ejercieron un impacto en las formas familiares de la comunidad negra y mulata.

Para estos sectores populares las pautas de comportamiento alternativas al modelo familiar hegemónico demuestran un grado de alteridad con alto grado de permisibilidad social. Su función estabilizadora no fue desconocida por el poder. La certeza de que los diferentes grupos étnicos representaron diversas escenas familiares a comienzos del siglo XIX implica entonces la evidencia de prácticas familiares alternativas autorizadas socialmente, cierta desobediencia natural a la autoridad, y la continuidad de patrones culturales preexistentes en permanente tensión y adaptación con el nuevo medio colonial-mercantil.

LOS SEÑORES DE LA GUERRA: CASA POBLADA Y HERENCIA

En el comienzo de la conquista las costumbres y las leyes españolas permitían uniones sexuales no formalizadas, cuyos hijos, también sujetos de derecho, eran denominados "naturales". Dichas uniones eran relativamente comunes en España, y esto explica de alguna forma los altos niveles de concubinato y de ilegitimidad. La normativa se originó en el derecho romano medieval y fue legitimada para el Nuevo Mundo por las Siete Partidas. El énfasis se ponía en que los sacerdotes y los hombres casados tuvieran concubinas y que los solteros sin impedimento pudiesen vivir juntos. Aquí la famosa institución de la *barraganía*. La ley también permitía que los hijos ilegítimos de tales uniones quedaran automáticamente legitimados si sus padres consagraban en matrimonio su unión consensual.

Los señores de la guerra en la conquista dieron una importancia central a la transmisión de sus bienes, honra y fama. La descendencia fue la preocupación de aquellos protagonistas. Aparece claramente el deseo de "perseverar" en la tierra. La familia deseada incluía como consecuencia un abultado número de hijos para poder aspirar a la casa poblada. El alto número de ilegítimos, la mayor parte de ellos mestizos, mostraba las consecuencias de la guerra de una primera etapa violenta y desordenada en la cual las relaciones familiares respondieron más a las circunstancias que a los cánones. El problema de la sucesión entre mestizos legítimos y blancos de madre española y el mayor número de hijas que de hijos, obligó a la búsqueda de adecuadas relaciones matrimoniales que potenciaron la endogamia como estrategia de conservación o supervivencia del grupo. En otras palabras, en los primeros años, la descenden-

Española de Perú, *de M. Frezier.*

cia de los conquistadores —sus herederos y continuadores— quedó reducida a la de estos mestizos y pocos hijos de españolas.

Por este mismo proceso puede deducirse que el hecho de ser mestizo no era considerado un estigma. La ilegitimidad, en cambio, en la medida que dependía de la decisión personal del padre (reconocer o no a sus descendientes mestizos), sí se nos presenta como un demérito de importantes efectos sociales. En realidad, durante la primera época, el trato que recibieron estos hijos mestizos de los primeros conquistadores por parte de estos mismos y por el resto de la sociedad colonial fue el que les correspondía como tales hijos herederos, con todos los derechos y preeminencias de sus padres. Esta generación fue, casi naturalmente, educada en el seno de sus familias y receptora de encomiendas y propiedades.

Es ésta la visión general de las relaciones entre padres e hijos durante los primeros años; un tipo de relaciones en que los hijos blancos y los hijos mestizos aparecen criándose juntos, en un universo regido por la mano directa de sus progenitores, donde todavía no han estallado los conflictos que surgirán posteriormente. Por entonces, estos hijos estaban recibiendo una formación en el seno de un particular mundo familiar, que los identificaban como los continuadores de la saga y de las tradiciones propias del grupo conquistador. La crianza y la educación en este imaginario familiar fue una de las responsabilidades más importantes de sus padres y, seguramente, la actividad principal de sus madres. No así en el caso de madres indígenas, pues, salvo raras excepciones, buena parte de los niños mestizos fueron separados de sus madres y colocados en hogares españoles para su crianza. Otros descendientes fueron enviados a España para su formación. De hecho, la educación que recibieron fue superior a la de sus antecesores y más acorde con los desafíos de su posición social.

El nuevo orden que se avecinaba imponía una toma de conciencia por parte de las primeras generaciones de españoles en América acerca de la preparación que sus hijos debían tener. No bastaban sus méritos y antigüedades para asegurarse el futuro. No se trataba, según el viejo modelo medieval, de dar a sus hijos una educación cortesana-caballeresca, sino de ofrecerles una más sólida formación que les permitiera competir con la nueva nobleza burocrática. Y ello empezó a tener una especial importancia en la medida que las transmisiones patrimoniales no se realizaron con

Casamiento de don Martín García Oñez de Loyola con la princesa Beatriz Coya.

toda la fluidez y seguridad que deseaban. Las leyes imponían formas que no siempre se ajustaron a sus intereses.

Si grandes fueron los problemas de herencias para los hijos varones, para las mujeres, cuyo número era cada vez más elevado, representaron otra dificultad en este terreno, y en particular en el caso de las mestizas. En el tránsito de hija a esposa se producía una importante diferenciación en el *status* social de la mujer, ya que, conociendo su origen como mestizas, aparecen ya casadas como españolas, la mayoría de ellas con el título de doña, siendo desde luego legitimadas.

Para estas hijas casamenteras, de todos los caminos de ascenso social, el más utillizado para hallar un lugar en la primera fila de la sociedad colonial fue la dote.

Gracias a la dote, o con el aporte de estos bienes, normalmente en metálico, el capitán Martín García Loyola, casado con una sobrina de Túpac Amaru y titular de un importante repartimiento, logró un interesante partido para su hija. Poco tiempo después de morir en la conquista de Chile, su hija mestiza, María, fue enviada a España con su familia paterna donde, merced a una generosa dote que le dejó su padre, se casó con el caballero principal Juan Enríquez de Borja. Serían, gracias a una merced real, el futuro marqués y marquesa de Oropesa.

En los casos en que hubieran muerto los progenitores antes de realizarse los arreglos pertinentes, los tutores, parte integrante de la organización familiar, se ocupaban de tales menesteres. Siguiendo el modelo de la nobleza castellana, se trataba de una persona muy de la confianza del *pater*, que debía formar a los niños dejados a su custodia en los ideales familiares. En las clases populares el padrinazgo y sobre todo el madrinazgo cumplían esta función y se lo entendía como un tipo de parentesco ritual pero con funciones familiares bien específicas.

TRADICIONES PREHISPÁNICAS

Las comunidades indígenas aparecen como sujetas a los españoles por los mismos lazos que debían a sus señores naturales. Los estudios de las tradiciones indígenas parecen sugerir que, con excepción de ciertos miembros privilegiados de la sociedad, el pueblo seguía un comportamiento de estricta monogamia. Las mujeres estaban sometidas a sus padres y luego a sus esposos. Se esperaba que llegaran vírgenes al matrimonio, el adulterio era castigado y las mujeres podían ser rechazadas por sus maridos. Era aceptada la separación por consentimiento mutuo y cada uno de los cónyuges recibía de regreso lo que había aportado a la unión.

Aun considerando las grandes diferencias regionales, el matrimonio era casi universal, las mujeres nativas se casaban por primera vez relativamente jóvenes, menos de veinte años, y los partos premaritales fueron escasos. Entre los rasgos excepcionales de las comunidades, figura la posibilidad de casamiento para los viudos y viudas. Incluso las viudas jóvenes se casaban con varones solteros con la misma frecuencia con que los viudos se casaban con mujeres solteras. Indirectamente, este fenómeno confirma que las mujeres indígenas poseyeron cierto control sobre los recursos, lo que les daba mayor poder en el mercado matrimonial.

Aunque el divorcio acaso produjera hogares dirigidos por mujeres, y ciertamente mujeres con una importante cuota de independencia, todas las comunidades parecen haber tenido un gran respeto a la ley y al ritual matrimonial. No es clara aún la valoración social que dichas comunidades tenían de los nacimientos ilegítimos, ni tampoco de las uniones libres, aunque sí de su existencia. Sin embargo, la observancia formal del matrimonio y la concepción se mantenía como base de la estructura comunitaria.

Por fuera de la comunidad, el mestizaje, fracaso de la política de segregación, sigue en marcha y se acentúa durante el siglo XVIII. El notable incremento de los mestizos es correlativo a la disminución de los grupos indígenas. A mediados de esta centuria la cantidad de indios sigue en baja. El visitador Gálvez permite en Nueva España, por ejemplo, que españoles y mestizos se radiquen entre las comunidades. Sin embargo, los criterios tradicionales siguieron procurando que las leyes de segregación se cumplieran.

LA COMUNIDAD AFROAMERICANA

Las tendencias que aspiraban a integrar al nativo alcanzan mucho menor fuerza para los afroamericanos. Y esto se debió en parte a que el componente africano de la población colonial hispanoamericana de estas latitudes fue relativamente pequeño. Sin embargo, la estridente tasa de masculinidad le dio mucha importancia al proceso de misegenación. Las pautas de casamiento y procreación entre las tribus de África occidental incluían la poligamia, una insistencia en la familia o el linaje extenso, y en un rol sumamente independiente para las mujeres dentro de sus familias individuales.

El excedente de varones europeos blancos y de varones africanos negros era tal que las uniones interraciales fueron casi una necesidad, si estos varones querían procrear. El derecho canónico estaba marcadamente en favor de la libertad de matrimonio entre los fieles, y no establecía nada en contra de las uniones interraciales. Sin embargo, la política real hacia el matrimonio de mezcla iba desde la ambigüedad hasta la lisa y llana prohibición. Los mismos padres conciliares mexicanos se lamentaban de que continuase la introducción de negros en Nueva España. Sentenciaban que el resultado de las mezclas en que ellos intervenían producían "un compuesto del más perverso y denigrante de la familia".

Rápidamente la corona afirmó el derecho de los indios a casarse con españoles. Sin embargo, al mestizo ilegítimo, producto de uniones informales de españoles e indios, se le asignaba un *status* más bajo. Aunque los hijos naturales pudiesen ser legitimados por acción legislativa, el Consejo de Indias se oponía con frecuencia a las mismas. Asimismo, la corona siempre se mostró desfavorable a las uniones entre españoles y africanos o castas, y se opuso contundentemente a los matrimonios entre indios y negros o mulatos. A este respecto las audiencias recomendaban que se dieran órdenes especiales a los curas párrocos para que, en caso de que algún indio deseara contraer matrimonio con una persona perteneciente a las castas, dicho individuo y toda su familia recibieran una advertencia y una explicación del grave daño que tales uniones causaban a la comunidad y de la incapacidad de sus descendientes de ejercer cargos públicos.

Si el matrimonio entre grupos étnicos diferentes fue un problema, la corona identificó como un delito más grave al concubinato interracial. El concubinato afro-indio era perseguido por todos los medios, aun los más brutales. En algunas ciudades virreinales, el negro de la pareja (las más de las veces el varón) era castigado con la castración, aunque un decreto real había prohibido tal tormento.

Tales percepciones culturales y normativas sobre los matrimonios interraciales y los hijos de tales uniones derivan del concepto de "limpieza de sangre", que había cobrado relevancia en España a partir de la segunda mitad del siglo XVIII, y que rápidamente se expandió en América. Esta idea sostenía que las castas necesariamente eran de personas menos dignas que los españoles de "pura sangre". La corona siguió una política de segregación para mantener a los españoles limpios de sangre oscura y para proteger a los indios de la influencia maligna de las castas. Persisten a lo largo de la centuria las leyes que prohíben la convivencia de los naturales con individuos de sangre total o

India moxa, *según Lázaro Rivera.*

parcialmente africana; y la presencia en algún contrayente de dicho componente racial es causal de oposición por parte de los padres a un eventual matrimonio.

El mundo blanco se hallaba culturalmente separado del de los individuos de castas, con excepción de la cercanía que producían los servicios domésticos prestados por éstos. Éste era el mundo colonial del setecientos. Sin embargo, algunos grupos profesionales de clase popular, como los batallones de pardos y morenos, los artesanos y los servidores urbanos, comenzaron a dar cuenta de una interacción capaz de desafiar las fronteras legales y morales que condenaban a los afroamericanos a la marginación. Ya durante las últimas décadas de dominación colonial algunas disposiciones reales habilitaron a determinadas gentes de color para ejercer cargos honoríficos en atención a sus méritos y existieron audiencias y cabildos indianos que retocaron las ordenanzas gremiales para abrir a las castas la práctica de los oficios y los obradores. Importante fue la Real Cédula sobre "gracias al sacar" de 1795, por la que se reglamentaban para toda América las concesiones que en materia de blanqueamiento legal habían venido haciéndose a lo largo del siglo.

Cholo del Tucumán.

En el marco de este desarrollo, existió de todos modos una marginación de los negros e individuos de castas del círculo matrimonial de los españoles y aun de los naturales. El patrón racial y moral con que fueron medidos los descendientes de las uniones mixtas fue más riguroso respecto de los mulatos que de los mestizos. Las cuentas y las fantasías cromáticas mandaban. Mientras se entiende que éstos se blanquean entre la primera y la tercera generación, se cree que con aquéllos ocurre sólo en la quinta.

HACIA LA CIUDAD SECULAR

La normativa y las costumbres españolas desembarcaron en el Nuevo Mundo, acompañando las prescripciones del Concilio de Trento, que adoptaron una línea más rigurosa en favor del sacramento matrimonial y en contra del concubinato. La cohabitación sin consagración por la Iglesia era considerada pecaminosa y de hecho los Reyes Católicos condenaron el concubinato. Aunque este tipo de delito no era perseguido de oficio por la Inquisición, sí fue condenado por los tribunales eclesiásticos y por las judicaturas laicas.

El matrimonio en las clases acomodadas era un medio de conservación de las jerarquías sociales. En él convergían algo de elección personal, según el propio mandato de la Iglesia, y fundamentalmente los intereses familiares. Los miembros de las elites y de las capas medias solían casarse dentro de su grupo. Este modelo endogámico y de sesgo patriarcal encerraba un problema congénito: la lucha generacional. En momentos de crisis de autoridad del *pater* y del poder establecido, la desobediencia

Españoles, mulata y negro en el Perú, *de Juan y A. Ulloa, 1806.*

a los mandatos familiares y la libre elección de la pareja fue erosionando el modelo familiar desde la misma cúspide de la pirámide social.

Precisamente sobre estos asuntos de Estado, los eventuales matrimonios mixtos que corrompían las calidades sociales, legislaba la Pragmática sobre matrimonios de hijos de familia comunicada a Indias en 1778. La obligatoriedad del consentimiento paterno para la formalización de los matrimonios de menores de 25 años evidencia la intención del Estado de ampliar su jurisdicción sobre los asuntos familiares, recortando las atribuciones hasta entonces exclusivas de la Iglesia. En teoría, la secularización de las relaciones familiares se apoyaba en el reforzamiento de la autoridad del *pater*, creando un ámbito doméstico de poderes absolutos libre de miradas exteriores. Sin embargo, dado que el objetivo de tal negociación era el mantenimiento del orden social, aquellos incidentes que lo alteraban se instalaban automáticamente en la órbita de lo público. Pero es esta misma reglamentación la que denuncia la coexistencia de diversas pautas matrimoniales entre las que la "calidad de raza" era sólo uno de los elementos de la decisión y no el más importante.

La frontera difusa entre lo público y lo privado caracterizó las sociedades mercantiles. La organización familiar era el escenario privilegiado de esta tensión entre las facultades de intervención de un nuevo Estado y la intimidad de una compleja lógica doméstica. Mientras la moral matrimonial predicaba monogamia, heterosexualidad e indisolubilidad del vínculo, las prácticas sociales reflejaron vocaciones en un proceso de permanente negociación con una autoridad cada vez más secular.

LA VIDA MARIDABLE

Como tantas otras sociedades del pasado, las colonias hispanoamericanas prefirieron a la familia como forma primaria de vida en común. Así, la organización familiar, marco inevitable de toda definición de lo social, fue la opción asociativa más popular.

Desde un punto de vista demográfico, el aumento general de la población a partir de las últimas décadas del siglo XVIII y, en el caso de las principales ciudades, el crecimiento de los barrios al

De albarazado y mestizo, barcino, de la serie de mestizaje de Miguel de Cabrera.

recibir migrantes tanto europeos como nativos fueron los fenómenos más relevantes. Y la organización familiar cumplió un papel clave en tales tendencias.

El tamaño de la familia y su estructura son muchas veces indicadores del grado de modernización de una sociedad. Si pensamos lo engañoso de toda teoría evolucionista de la historia, podemos afirmar que en el caso que nos ocupa tradiciones e innovación se encuentran coexistiendo en la vida familiar. La región rioplatense combinó familias nucleares (cónyuges con hijos) y familias extensas (cónyuges con hijos y otras personas) en proporciones, a grandes rasgos, iguales. De todos modos, los datos existentes sobre la población argentina para el período colonial tardío demuestran la hegemonía de familias con pocos miembros.

La corresidencia es uno de los rasgos de sistemas familiares patriarcales: como estrategia de consolidación de las relaciones familiares y como garantía de orden social. En las elites, esta estrategia fue muy funcional a los intereses empresarios familiares. En las clases populares, sin embargo, las familias extensas corresidentes parecen haber sido más que extraordinarias.

Si bien la estructura familiar determina patrones de conducta diferentes porque entre otras cosas anuncia "continentes" familiares disímiles, el tamaño de la familia en ambos casos sugiere la "voluntad general" por constituir familias pequeñas. Si tomamos, por ejemplo, algunas de las zonas más tradicionales del virreinato como Córdoba o Jujuy, vemos que en el primer caso el promedio va de algo más de cuatro miembros en las familias extensas a tres en las familias nucleares, y para Jujuy, de casi cuatro miembros en las primeras a tres y medio en las nucleares. Los datos censales también sugieren una correlación positiva entre riqueza y extensión de la familia. Más hijos, más parientes, más huéspedes, más sirvientes y más esclavos fueron frecuentes entre las familias acomodadas.

¿Quién conducía estas familias? Para el siglo XVIII, América Latina en su conjunto presenta la peculiaridad de altos porcentajes de mujeres jefas de hogar, en comparación con los datos europeos. En el caso de los territorios argentinos, aunque las cifras son parciales y más representativas de las áreas urbanas, el porcentaje de jefaturas femeninas ronda el 22%. La estructura mercantil del país, la violencia política y las diferencias de edad entre los cónyuges son las determinantes de tal fenómeno social.

Mujeres solteras, separadas, abandonadas o viudas adquieren paradójicamente en los fríos números censales una visibilidad, hoy por hoy, inocultable. Estas imágenes tan modernas de las formas familiares de nuestros antepasados correspondieron a valores también transgresores de ese espíritu barroco que aún imperaba en la sociedad.

La existencia de una variedad de discursos familiares fue el resultado de un modelo de dominación abierto a la negociación social. Las novedades de un nuevo Estado organizador del juego definieron los márgenes de una intimidad tutelada. El "contrato social" garantizaba su legitimidad. A cada sistema familiar corresponde entonces un tipo particular de estructura ideológica.

Españoles, mulatos y negros en el Perú, de J. y A. Ulloa, 1806.

Las *formas de vivir* de la familia son un aspecto central de la mentalidad de una época. En ellas, se expresan las normas que regulan la transmisión de riquezas, los ordenadores de la actividad sexual, las pautas morales y éticas que dominan las relaciones entre los géneros, los hábitos y estrategias sociales. El instrumental mental de los actores procesa los mensajes prescriptivos de coerción con las necesidades y expectativas familiares.

UN RELATO FAMILIAR RIOPLATENSE

A mediados de 1785, el mulato sin oficio conocido Raymundo Chazarreta decide viajar desde Tucumán hasta la ciudad de Buenos Aires para "probar fortuna". María Isabel Alzogaray, convencida por el tal Raymundo, abandona la casa de sus padres, y ambos emprenden el "periplo" desde San Miguel hacia la capital virreinal.

Llegados a la ciudad, Doña Juana Carrizo les alquila una de las piezas de su casa, en donde la pareja se instala. La dueña de casa decide alojarlos en el "cuarto más amplio que daba al patio", a cambio de que uno de los hijos de la familia Chazarreta, el mayor, "le sirviera en las tareas domésticas".

Un incidente familiar "determinó" a la Alzogaray a acudir al alcalde. En noviembre de 1787, María Isabel presentaba una demanda criminal contra Raymundo. En la víspera del domingo de Ramos, el demandado, "que no tenía con que mantenerla porque andaba sin oficio", había jugado y perdido en la pulpería un par de hebillas de plata y un sobrecama de María Isabel, "todo lo cual había traído consigo de la casa de sus padres". Además, denuncia la querellante que el demandado le había quitado una pollera de sarguilla y un rebozo que él mismo le había regalado. Por sus quejas, el acusado, "esa misma noche, le propinó una brutal paliza, que no era la primera".

Después de haberlo encarcelado, el sargento Sayos le toma declaración a Chazarreta. El "reo" confiesa que María Isabel era en verdad hermana de su esposa, soltera con dos hijos, "quien huida de su casa accedió a hacer vida maridable con él, y viajar juntos a la ciudad". Preguntado acerca de si sabía que "amancebarse con su propia cuñada era pecado y delito más grave", respondió que no entendía fuese más serio que si lo hubiera hecho con otra mujer. Al pronunciar su sentencia, el juez de primera instancia aclaraba que "delitos de adulterio e incesto y amancebamiento tenían en la antigua legislación pena capital para desagravio de la vindicta pública", pero que respondiendo a la súplica del defensor de pobres sólo condenaba al reo a "paseo público a la vergüenza a caballo, a un año de prisión por vago y vicioso, y al pago de cuotas en concepto de alimentos, reclamados por su amancebada... y que todo lo resuelto no llegue a noticia de su mujer."

María Isabel, por su parte, fue condenada a "un fuerte apercibimiento, residencia por el tiempo que ella considere conveniente y más digno a las circunstancias de su torpeza, y la recomendación de regresar a su ciudad natal".

La ilegalidad de su situación familiar parece, en el caso de las mujeres, no ser un obstáculo para requerir la acción judicial. Es la "irresponsabilidad" de la pareja masculina el detonante principal de este tipo de demanda. El descuido de sus obligaciones abre el mundo íntimo familiar para exigir, a través de la presión pública, una reparación "justa". La acción judicial fue un mecanismo de represión del "escándalo público" pero también una forma de resarcimiento y de distribución de riqueza hacia los sectores más desaventajados.

La "legitimidad" alcanzada por la voz femenina en este tipo de desorden doméstico es producto de la búsqueda de una estabilidad familiar —social— que los demandados han alterado de una u otra forma. No es el acto violento en sí mismo, como lo declara María Isabel, lo que daña el honor, sino el engaño. Aunque las responsabilidades del *pater* son privadas, deben ser garantizadas por el "Estado". La situación de legalidad precaria de la relación poco obstaculiza la decisión de reclamar. Se trata del orden público y el *pater* no puede escapar a las cargas que impone su propio dominio. Detrás de la crisis, asoma el escenario cotidiano de formas familiares con rasgos propios.

En la afirmación de que una mayor intervención estatal en los asuntos privados y la consecuente disminución del poder de la Iglesia significaron un duro golpe para el "libre ejercicio" de la conyugalidad y afectaron cierto "equilibrio entre los sexos", hay sólo una parte de verdad. Dicho argumento parece poco funcional para explicar algunos fenómenos domésticos de la Argentina temprana. Paradójicamente, aunque las tendencias secularizantes sobre la vida familiar refuerzan su privacidad y el poder patriarcal, el escándalo se hace cuestión de Estado, y los actores, todos, adquieren más visibilidad. Alguien debía hacerse cargo del desamparo, y esto implicaba fundamentalmente una reparación económica. Si se asumió el riesgo de ventilar públicamente las "miserias familiares", fue porque la justicia ofrecía una vía apropiada de compensación de los más débiles.

Las demandas por malos tratos implicaron, como en este caso, una eventual sanción penal —prisión en general— para el acusado hallado culpable. La violencia doméstica combinaba agresión física con injurias y algún tipo de exceso. Las víctimas eran, en su gran mayoría, mujeres. Los juicios de divorcio reconocían en los malos tratos una de las figuras que habilitaban a las mujeres a solicitar la separación que la Iglesia autorizaba en caso de matrimonios legítimos. El silencio, como hoy, debió ser la norma. Sólo se encuentran denuncias en aquellos casos en que la violencia desencadenada se "justificaba" por la sospecha de conductas deshonrosas por parte de las mujeres. Si el honor familiar, pieza clave del imaginario de la época, estuvo ligado a la virtud femenina y ésta a su vez a su sexualidad, cualquier actitud atentatoria de la honorabilidad no sólo afectaba a la mujer sino también la reputación familiar y la tranquilidad pública. Golpeadas pero sobre todo humilladas, las mujeres trataron de defenderse. Denunciar era para estas mujeres de carne y hueso exponer su intimidad a la mirada del poder.

En muchos casos la denuncia criminal por malos tratos precedía a un juicio por divorcio. Los tribunales eclesiásticos consideraban delito gravísimo los comportamientos violentos, generalmente atribuidos a "conductas viciosas". Se consideraba "jugadores, borrachos y violentos" a quienes abusaban de "mujeres honestas". Y en un escalón inferior, se hallaban las injurias. Delito de "deshonra" con independencia de la objetividad de los hechos. Nuevamente son las mujeres, pero sobre todo en su condición de madres-esposas, el blanco de los insultos. Expresiones como "puta arrastrada, puta alcahueta, oveja puta" son de las más populares y ofensivas a la honorabilidad.

El nuevo tipo de intervención del poder público en la vida civil (en especial, un sistema judicial caracterizado por una mayor preferencia por la "razón" y menos vulnerable a la autoridad y la tradición) comenzaba a descubrir un mundo doméstico de prácticas

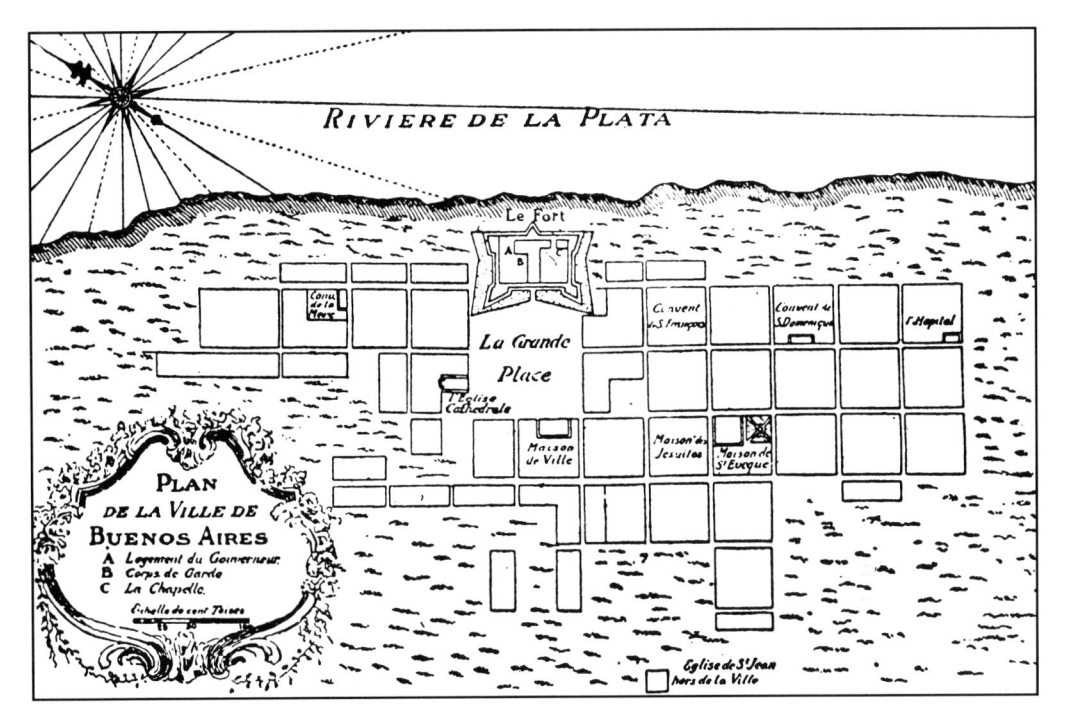

Plano de la ciudad de Buenos Aires, de la obra del padre Charlevoix.

y representaciones sociales que manifiestamente poco encajaba con los valores familiares tradicionales.

Si bien, según los estudios sobre la estructura demográfica de la ciudad de Buenos Aires, se produjo un aumento de las tasas de fertilidad en las clases populares durante fines del siglo XVIII y comienzos del XIX, y se registraron altos porcentajes de ilegitimidad (inferidos del aumento de mujeres solteras jefas de hogar), los frutos de tales uniones no acarrearon el estigma impuesto por la moral pública. El *hit and run* (uniones inestables) parece haberse transformado en concubinatos más o menos estables. El reconocimiento de derechos y obligaciones para este tipo de amancebamientos demuestra cierto consenso social frente a tales relaciones ilícitas.

Aunque las voces femeninas se encontraban sujetas al poder patriarcal, los cuadros familiares demuestran que las mujeres de los sectores subalternos, doblemente excluidas por su situación de clase y de género, en una sociedad cromáticamente jerarquizada, pudieron sortear los estrechos límites de acción impuestos por su condición legal. Ni siquiera la "soledad femenina" impidió que se convirtieran en sujetos de derecho. Desde su condición organizadora del mundo familiar, alcanzaron un poder capaz de denunciar y exigir.

Padres y madres naturales, concubinos e hijos ilegítimos fueron actores habituales de la representación familiar. Entre éstos, las mujeres fueron las que peticionaron con mayor frecuencia y éxito. Los varones y sus irresponsabilidades familiares autorizaban la intervención estatal. El primer paso de privatización del universo doméstico fue el que marcó el desplazamiento del control religioso por uno más laico —y por lo tanto más racional— de las prácticas familiares. El escándalo fue el límite político a la esfera de los arreglos privados. Se trató, sobre todo, de un cambio cultural. Las guerras domésticas fueron los indicadores de una tendencia: la secularización de los espacios privados y la falacia de un mito, el de la sagrada familia.

BIBLIOGRAFÍA

Cicerchia, Ricardo, "Vida familiar y prácticas conyugales. Clases populares en una ciudad colonial, Buenos Aires, 1800-1810", *Boletín del Instituto de Historia Argentina y Americana "Dr. Emilio Ravignani"*, N° 2 (primer semestre de 1990), págs. 91-109.

———, "The Charm of Family Patterns: Historical and Contemporary Change in Latin America", en Elizabeth Dore, *Gender Politics in Latin America. Debates in Theory and Practice*, Monthly Review Press, Nueva York, 1997.

———, (comp.), *Formas familiares, procesos históricos y cambio social en América Latina*, Abyayala, Quito, 1998.

———, *Historia de la vida privada en la Argentina*, Troquel, Buenos Aires, 1998.

Duby, Georges, *Le chevalier, la femme et le prêtre. Le mariage dans la France féodale*, Hachette, París, 1981, pág. 31. (Hay versión en castellano.)

Foucault, Michel, y Farge, Arlette, *Le désordre des familles. Lettres de cachet des Archives de la Bastille*, Gallimard, París, 1982.

Lockhart, James, *El mundo hispanoperuano, 1532-1560*, FCE, México, 1982.

McCaa, Robert, *Marriage and Fertility in Chile: Demographic Turning Points in the Petorca Valley, 1840-1976*, Westview Press, Boulder, 1983.

Rípodas Ardanaz, Daisy, *El matrimonio en Indias. Realidad social y regulación jurídica*, Fundación para la Educación, la Ciencia y la Cultura, Buenos Aires, 1977.

Seed, Patricia, *To Love, Honor and Obey in Colonial Mexico: Conflicts over Marriage Choice, 1574-1821*, Stanford University Press, Stanford, 1988.

Socolow, Susan, *The Merchants of Buenos Aires, 1778-1810. Family and Commerce*, Cambridge University Press, Cambridge, 1978, pág. 45 (Hay versión en castellano.)

Szuchman, Mark, *Order, Family, and Community in Buenos Aires, 1810-1860*, Stanford University Press, Stanford, 1988.

IX

Gobierno y sociedad en el Tucumán y el Río de la Plata, 1550-1800

por ZACARÍAS MOUTOUKIAS

Plano de la Catedral de Santiago del Estero, 1678, Archivo de Indias.

LAS GOBERNACIONES DEL TUCUMÁN Y DEL RÍO DE LA PLATA EN LOS SIGLOS XVI Y XVII

Hacia mediados del siglo XVI la conquista se extendió al territorio situado entre el Río de la Plata y el Alto Perú, y produjo, al igual que en el resto de América, la emergencia de las formaciones estatales propias del período colonial. Entre esa fecha y principios del siglo XVII, se fueron consolidando las principales circunscripciones administrativas de la región, las gobernaciones del Tucumán y del Río de la Plata, objeto de este capítulo. Pronto adquirieron características que las distinguirían, así como otras que las aproximaban al resto de las posesiones castellanas. Ambas nacieron condicionadas por su situación doblemente periférica, respecto del Reyno del Perú del que formaban parte y respecto de la corona de Castilla a la cual aquél se había integrado. Ambas dependerían de la jurisdicción de un mismo tribunal de apelación, la Audiencia de Charcas, que desempeñaba asimismo importantes funciones políticas.

Los vecinos y sus ciudades, una comunidad aristocrática

Las acciones y las actitudes de algunos de los actores permiten comprender las principales características de dichas formaciones estatales. En 1582 o 1583, Pedro Sotelo de Narváez envió al presidente de la Audiencia de Charcas una relación en la que describía la gobernación del Tucumán. Su texto comenzaba señalando simplemente que "hay en aquella gobernación al presente cinco ciudades pobladas de españoles llamadas Santiago del Estero, Nuestra Señora de Talavera, San Miguel de Tucumán, Córdoba y otra la ciudad de Lerma (Salta)... La cabeza destas ciudades y gobernación es la ciudad de Santiago del Estero, donde reside siempre el gobernador". El escrito no tenía nada de excepcional. Interesa detenerse sobre éste, como sobre cualquier otro de su especie, para subrayar lo que contiene de más obvio. En primer lugar su fecha. A los ojos de alguien que había participado en la conquista, hacia 1582 se estaba consolidando la lenta instalación de los europeos comenzada 30 años atrás. Para designar los asentamientos españoles, cada uno de los cuales no pasaba de varios centenares de habitantes en el mejor de los casos, nuestro testigo usaba el término "ciudad", pues se refería a la forma política que se habían dado. El conjunto de esas "ciudades" constituía una unidad administrativa con sede permanente en la más antigua de ellas. Finalmente, Sotelo de Narváez dirigió su informe al presidente de la Audiencia de Charcas, por el cual ponía de manifiesto la amplitud de las funciones de dicho tribunal.

El documento estaba principalmente dedicado a describir los recursos naturales de la región y las características de la población indígena, así como los productos que sus habitantes podían transportar a Potosí y La Plata en la actual Bolivia, a cambio de los metales preciosos con los cuales adquirían los bienes necesarios a la vida "europea". Para cada una de las ciudades se estimaba el número de "vecinos encomenderos" y de indios de servicio. Es decir, el número de residentes permanentes que disfrutaba de dos privilegios, la vecindad y el derecho a obtener el trabajo forzado o el producto del trabajo de los naturales. La primera suponía que los jefes de familia tenían casa poblada en el trazado urbano y formaban parte de la comunidad política con plenitud de obligaciones y derechos. Entre éstos estaba el de ser miembro del cabildo o, eventualmente, participar en su elección, así como el de ejercer oficios en cualquiera de las magistraturas y en el cuerpo de milicias.

Así, para Santiago del Estero se estimaba en 48 el número de vecinos y en 12.000 el de indios de servicio; 25 y 3.000, respectivamente, para San Miguel de Tucumán; en 40 los vecinos encomenderos y 7.000 u 8.000 los indios de servicio o de repartimiento de Talavera, y 40 y 12.000 los de Córdoba. Salta carecía en ese momento de residentes propios y asistían a su población vecinos de otras comarcas. Poco interesa aquí la precisión de las estimaciones y la organización de las encomiendas, cuyo tema no corresponde al presente capítulo. En cambio, sí es importante destacar lo que realmente cuenta a los ojos de dicho testigo: un orden institucional dentro del cual una comunidad de vecinos se atribuye derechos legítimamente reconocidos sobre una población sometida. Dicha comunidad constituía la base de esas ciudades, y la existencia de un cabildo distinguía una ciudad de un simple pueblo.

Sin duda la formación de un hábitat concentrado era una respuesta a condiciones locales dentro de las tradiciones urbanas peninsulares. Pero la corona también ayudó con toda suerte de disposiciones que incitaban a sus súbditos en América a agruparse en pueblos, en lugar de dispersarse entre las poblaciones sometidas. Iba esto de par con el principio de separación residencial de indios y españoles, cada una de cuyas comunidades formaba su respectiva república. Esto, la existencia de la república de españoles y la república de indios, debe entenderse como el conjunto de leyes e instituciones propio a cada grupo. Pero la vecindad no sólo distinguía a los indígenas de los españoles, también servía para diferenciar a los españoles que la poseían de sus compatriotas u otros europeos que no la tenían. Es decir, que trazaba una línea jurisdiccional respecto de los transeúntes o blancos de más baja condición. Dentro del conjunto que reunía a españoles de toda condición, nacidos en Europa o en América, y más tarde también a mestizos, los vecinos constituían un grupo aristocrático pues poseían unos derechos y tenían unas obligaciones que les eran propios.

Por otra parte, la jerarquía interna de la comunidad de vecinos se organizaba sobre la base de criterios de fuerte contenido nobiliario: los méritos y las distinciones personales de un individuo o de sus antepasados, en los cuales reposaba su pretensión al reconocimiento de derechos sobre la población sometida. Dichos méritos y distinciones nacían de las proezas en la conquista, los servicios al monarca, las cualidades nobiliarias heredadas o todo al mismo tiempo. Es por ello que toda petición de los vecinos se acompañaba de una información en la que se detallaban las acciones propias o de los antepasados, la condición de hijo de primer poblador, el ejercicio de empleos honrosos, la estirpe y la condición de cristiano viejo. Eran éstos los mismos méritos que fundamentaban toda demanda de mercedes al rey o a sus representantes locales, desde la tierra hasta los oficios. La idea según la cual "en los cargos, y provisión de oficios, sean proveídos y preferidos los primeros descubridores, pacificadores y pobladores, siendo hábiles y a propósito para ello", no debe entenderse como una norma de aplicación automática, pero sí como un principio que podía invocarse con cierta fuerza en los inicios de la instalación europea. Más tarde las fuentes del mérito se irían ampliando, aunque conservando su carácter de distinción aristocrática.

En numerosos textos legales se disponía que la vecindad se reservara a los encomenderos o feudatarios, cuyas obligaciones militares constituían al principio uno de los fundamentos de la organización de las milicias. Sin embargo, a medida que la dominación europea se consolidaba, se hacía más complejo el esquema inicial y los grupos dominantes adquirían una primitiva diversificación. En realidad los textos legales no eran homogéneos en sus detalles. Ya una ley de 1554 establecía que "el que tuviere casa poblada, aunque no sea encomendero de indios, se entienda ser vecino", o sea elegible para un cargo en el cabildo. La misma idea se repitió en distintos momentos. Como quiera que sea, la vecindad aparecía asociada a una posición social. De hecho, y acorde con los ideales señoriales de la época, la noción de "casa poblada" suponía una residencia importante, capaz de albergar y alimentar huéspedes, parientes y criados, así como sirvientes —esclavos africanos o indios de servicio—. O sea que suponía tanto la distinción social como los medios para sostenerla. El grupo de vecinos fue constituyendo entonces una red de familias notables, que controlaban una variedad de recursos. Dentro de dicha red, quienes podían ostentar el título de vecino encomendero o el ejercicio de algún puesto u oficio podían pretender una mayor preeminencia, aunque en permanente negociación entre competidores.

La formación de una jurisdicción territorial: Charcas y el Tucumán en la segunda mitad del siglo XVI

La formación de aquel modesto conjunto de asentamientos organizados en cabildos de vecinos fue el resultado de un lento proceso de fundaciones, destrucciones y traslados de ciudades, que en realidad habría de continuarse aun durante el siglo XVII. Comenzó con Santiago del Estero en 1553, la cual durante más de una década constituyó el único centro permanente en medio de tanteos e intentos de corta duración. Con San Miguel en 1565 y Talavera del Esteco en 1567, comienza la serie de fundaciones destinadas a durar. Córdoba se fundó en 1572 y Salta diez años más tarde. La Rioja y Jujuy se establecieron en 1591 y 1593, respectivamente, tras el repoblamiento de Londres no muy lejos de su actual sitio en La Rioja. Por otra parte, Talavera se unió en 1609 a la villa de Nueva Madrid, creada poco antes. Ambas se trasladaron de su emplazamiento primitivo y se fundó así la ciudad de Nuestra Señora de Talavera de Madrid, finalmente destruida por un terremoto en 1692.

Esta cronología muestra las principales etapas del proceso de invasión y asentamiento de los europeos en la región, de cuya secuencia aquí sólo interesa destacar los aspectos que contribuyeron a la delimitación

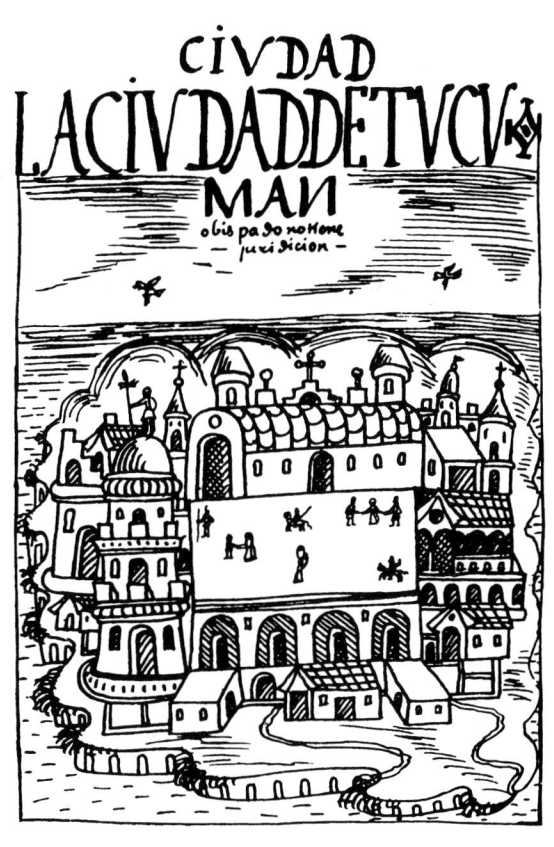

Ciudad de Tucumán, *por Guamán Poma de Ayala.*

de un territorio. Las distintas formas de hostilidad de la población indígena condicionaron naturalmente dicho proceso. Pero fueron igualmente importantes las disputas y luchas entre distintos grupos de conquistadores. En realidad, en la delimitación del territorio aquellas rivalidades se conjugaron con los esfuerzos que los miembros de la Audiencia de Charcas desplegaron para crearse su propio espacio. Con el descubrimiento en 1545 de minerales de plata en Potosí, el Alto Perú o Charcas comenzaba a adquirir una nueva importancia. Para la misma época, desde la ciudad de La Plata, su capital y futura sede del tribunal o audiencia, las regiones del sur, el Tucumán, aparecían como una vasta frontera cuya dominación era indispensable, tanto para la supervivencia del conjunto como para la apertura de una ruta hacia el Atlántico. Pero, como veremos, todo movimiento en ese sentido habría de esperar la derrota en 1548 de la rebelión señorial contra la autoridad de la corona.

Entonces, a instancias de importantes personajes de La Plata, entre los cuales había futuros miembros de la audiencia, en 1550 el gobernador del Perú, licenciado La Gasca, otorgó a Juan Núñez del Prado una provisión que le daba el título de gobernador y lo autorizaba a internarse en dicha región y a fundar ciudades. El primer campamento, Barco I, se estableció efectivamente ese mismo año. Pero la reacción de los jefes de la conquista de Chile, Valdivia y sus lugartenientes, fue inmediata. Por la fuerza lograron imponer se reconociese la pertenencia de las nuevas poblaciones a su propia jurisdicción. Se inició así una serie de tensiones y roces, incluyendo frecuentes enfrentamientos armados entre bandos de un mismo grupo de colonizadores, por el reconocimiento de los límites de una autoridad local. Entre los detalles de dichos conflictos podemos discernir mecanismos de control de territorios, donde se compite tanto por la población indígena como por reclutar a los hombres que podían someterla y encuadrarla. Obtener el reconocimiento de legítimos derechos feudales sobre la población indígena, suponía previamente el reconocimiento de una autoridad sobre una jurisdicción. Para controlarla se requerían hombres dispuestos a integrar las bandas de conquista y a obedecer a sus jefes, los cuales no abundaban. Para mantener la cohesión de la banda se requería de las posibilidades de premios que ofrecía el territorio. Esta dinámica creaba su propia fuerza centrífuga. Hacia fines de la década de

1550, los vecinos del Tucumán iniciaron ante la Audiencia de Lima, único tribunal entonces existente, acciones judiciales para obtener su separación de las autoridades de Chile. Pero éstas beneficiaron de un primer dictamen contrario a los demandantes.

Entre tanto habían comenzado las consultas para la creación de una nueva audiencia. En realidad se trataba de un período en que distintas camarillas y personalidades pugnaban por influir en la configuración de lo que sería la organización del Virreinato del Perú, que comprendía la totalidad de las posesiones españolas en América del Sur. Las primeras disposiciones para la creación de la Audiencia de Charcas se tomaron en 1561, en medio de dichas rivalidades. La jurisdicción sumamente reducida que se le adjudicó en un principio expresaba tanto el clima general como cierta resistencia a su creación. Sin embargo, algo más tarde, el Consejo de Indias en Madrid comenzó a ocuparse de este asunto, así como del proceso relativo al Tucumán, en presencia de personajes que habían estado en el Perú. Como consecuencia de esas deliberaciones, una Real Cédula de 1563 creaba la gobernación de Tucumán, que en lo judicial pasaba a depender de la Audiencia de Charcas. Ésta se benefició, por lo mismo, de una ampliación de su jurisdicción, pero también de una jerarquización de sus funciones. Recibió la calidad de audiencia pretorial, es decir, que ejercía la capitanía general en su provincia, el Alto Perú. Hemos visto que tres años más tarde comenzarían las nuevas fundaciones en el Tucumán.

La formación de las gobernaciones mencionadas suele presentarse como resultado casi exclusivo de la actividad de los repre-

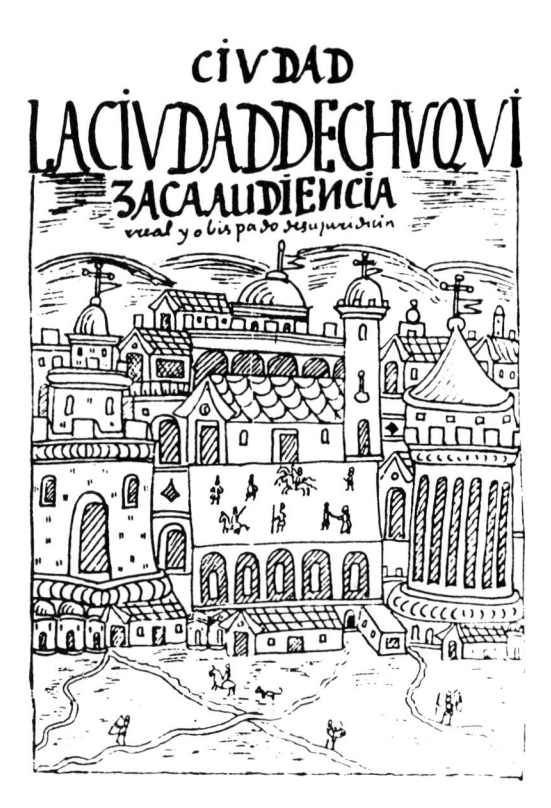

Ciudad de Chuquisaca, Audiencia, *de Guamán Poma de Ayala.*

sentantes directos de la corona. Según esta visión, funcionarios de nuevo tipo habrían logrado establecer una adaptación de las instituciones castellanas a las condiciones locales, impidiendo así que los señores de la conquista formaran principados autónomos. Su acción habría creado una forma moderna de centralización política, un Estado moderno, cuya existencia requería el disciplinamiento de los grupos dominantes nacidos de la conquista. En cambio, el orden elegido en el presente relato intenta subrayar que el proceso tomó con frecuencia la dirección opuesta. La configuración que adquirieron las formas estatales nació sobre todo de la acción y la conformación local de los grupos dominantes. Fue el resultado de una compleja trama de interacciones, conflictos y negociaciones entre diferentes actores, coaliciones e individuos. Las comunidades de vecinos nacidas de las bandas de conquistadores, transformadas en oligarquías gracias al control de otros hombres y de nuevos territorios; la reacción o resistencia de esas poblaciones indígenas; los agentes de la monarquía, cuya acción estaba lejos de obedecer a un cuerpo coherente de objetivos e intereses; la propia corona y su corte, que debemos distinguir de los anteriores; todos esos elementos confluyeron localmente en un mismo espacio social.

Pero no formaban unidades claramente delimitadas. Entre el magistrado que se entregaba a toda suerte de actividades económicas y se aliaba a alguna familia local, el conquistador que se casaba con una princesa indígena y el encomendero-hacendado-comerciante que adquiría oficios, toda una red de relaciones sociales atravesaba dichos elementos. Quienes se enfrentaban o negociaban eran grupos o coaliciones de personas que pertenecían a diferentes categorías, y muchos a más de una al mismo tiempo. Pugnando por dar diferentes respuestas a imperativos inmediatos, seleccionaban las soluciones institucionales que se iban adoptando. Claro que no podemos entender esta afirmación como la construcción de formas estatales sin precedentes. Las Indias de América se integraban a la monarquía castellana, sus regiones eran tierras de realengo de la corona castellana, o sea, territorios en los cuales ésta administraba la justicia a partir del derecho existente; y lo hacía directamente a través de sus agentes, por lo tanto exenta de toda jurisdicción señorial. Es obvio que casi todos los actores mencionados compartían una misma cultura jurídica y tradición institucional. Sin embargo, dicha tradición ofrecía diferentes soluciones institucionales y la posibilidad de innovar sin romper con ella. La principal fuente de innovación fueron los modos de adaptación o la resistencia de la población indígena. Desde el caballo hasta la capacidad de instruir pleitos en justicia, las comunidades indígenas reutilizaron desde temprano elementos de la cultura material e institucional del invasor europeo a fin de construir su propio espacio. De esa manera también modelaban el conjunto.

En este proceso local, la corona y sus agentes actuaron como un actor más. Ante una eventual oposición global a su política por parte de las oligarquías surgidas de la conquista, la monarquía carecía de los medios para imponer coactivamente una centralización sobre la base de recursos externos, es decir, de la utilización masiva de un inexistente cuerpo de funcionarios profesionales civiles y militares. Tampoco formaba parte de sus objetivos hacerlo. Correspondería esto a concepciones políticas que se abrirían paso lentamente durante la segunda mitad del siglo XVIII. Así nos lo muestra la principal prueba que atravesó el poder real: el desafío a su autoridad provocado por la oposición a la aplicación de las Leyes Nuevas de 1542, las cuales suprimían el régimen de encomiendas. La rebelión de Gonzalo Pizarro comenzó a cobrar cuerpo en 1544 y culminó a comienzos de 1546, con una confrontación militar en las cercanías de Quito donde fueron vencidas las tropas del gobernador del Perú Vaca de Castro y él mismo ejecutado. Su sucesor llegó a los Andes al año siguiente con algunos hombres. Pero lo principal de las fuerzas que logró reunir fueron otros encomenderos y jefes locales. La mayor parte de sus capitanes eran antiguos compañeros de Pizarro. En realidad, gracias a su habilidad, el gobernador La Gasca restauró la autoridad real poniéndose al frente de una contrarrebelión, que se organizó desde 1547 y triunfó al año siguiente. O sea que restauró la autoridad real gracias a la acción de otra coalición de vecinos feudatarios y no a la movilización de recursos externos a las facciones enfrentadas.

Una de las consecuencias de este enfoque sobre la articulación entre grupos locales y poder central dentro de esas formaciones estatales es que afecta nuestra visión de los sectores dominantes, de su proceso de formación y de sus relaciones con dichas formaciones estatales. Habitualmente se considera como cosa obvia que, por definición, la potencia del poder central depende de su capacidad de someter o disciplinar los grupos locales. Sin embargo, las cosas estaban lejos de ser tan claras. En primer lugar la centralidad del poder central era problemática. ¿Dónde se situaba? ¿En el rey y sus validos? ¿Los consejos? En segundo lugar, y esto es lo más importante para nosotros, servir al rey, buscar oficios, podía constituir una estrategia (en realidad fue la más frecuente de las estrategias) de movilidad ascendente de quienes construyeron las nuevas oligarquías en América. Con lo cual, la consolidación de éstas afianzó también a la corona, articuló al imperio.

Todo lo expuesto nos permite interpretar la cronología de la formación de la gobernación del Tucumán como una movediza tensión local entre soluciones en conflicto. En 1545 se descubrieron los yacimientos de plata en Potosí que modificaron la importancia relativa de Charcas. En 1548 La Gasca derrotó y ejecutó a Gonzalo Pizarro. En 1550 comenzó la ocupación del Tucumán, que los de Chile reclaman y obtienen para su jurisdic-

Fundación de Córdoba, *por Pedro Sujetiosak.*

ción. Más tarde los vecinos de aquél comenzarían las acciones judiciales para la creación de una gobernación independiente, mientras en 1561 se tomaban las primeras disposiciones para la creación de una audiencia en La Plata. En 1563 se creó la gobernación del Tucumán y, simultáneamente, la Audiencia de Charcas adquirió un nuevo estatuto. En 1565 comenzó una nueva serie de fundaciones, esta vez encabezadas por verdaderos gobernadores. Dos años más tarde se reforzaron los poderes del virrey del Perú. Esto debilitó en parte la posición de la Audiencia de Charcas, pero habría de conservar su carácter de principal organismo político en el territorio de la actual Bolivia y, hasta la creación del virreinato, máximo tribunal de un espacio que incluía al Río de la Plata (exceptuando el breve período de la primera Audiencia de Buenos Aires), con competencia en importantes aspectos de gobierno.

De Asunción a la gobernación del Río de la Plata: adelantados y lugartenientes

Volviendo a 1582, en las cartas y documentos redactados hacia la época en el Tucumán, se hacían frecuentes menciones a Santa Fe, fundada en 1572, y al puerto de Buenos Aires, repoblada o refundada en 1580, como salidas hacia el Atlántico. Es más, desde antes gobernadores y miembros de la audiencia se venían refiriendo a la región como sitio donde se debían efectuar fundaciones, a fin de comunicar directamente con el Brasil y España al conjunto político que se formaba entre Charcas y el Tucumán. El oidor Matienzo, el célebre autor de *Gobierno del Perú*, escribió en ese sentido una conocida carta al rey en 1566. Ese mismo año, el gobernador del Tucumán, Aguirre, visitó la costa Paraná-Plata durante sus expediciones de reconocimiento. Circulaba la idea de crear una gobernación que incluyera al Río de la Plata o de fundar algún puerto sobre dicha línea costera, bajo la autoridad del Tucumán. Tras fundar Córdoba, Cabrera creó el puerto de San Luis sobre el río Paraná, casi en el mismo momento en que Garay hacía lo mismo con Santa Fe. Sin embargo, la gobernación del Río de la Plata surgió de otra secuencia. Entre tanto, otro juego de fuerzas acabó integrando las ciudades de La Plata y Potosí al eje andino de Lima, constituyéndose así el centro sudamericano del imperio, del cual dicha gobernación fue la periferia hasta mediados del siglo XVIII. Otro ejemplo, entonces, del juego de alternativas dentro del cual cristalizaba una configuración territorial e institucional.

La gobernación del Río de la Plata se separó de la más vasta del Paraguay y Río de la Plata en 1617. En ese momento comprendía cuatro ciudades: Buenos Aires, Santa Fe, Corrientes y Concepción del Bermejo, que acabaría abandonándose. Con la llegada de Pedro de Mendoza en 1536 comenzó la lenta y penosísima colonización de la región. En principio, dicha colonización se encuadró en la figura del adelantado y sus lugartenientes. Se trataba de una dignidad o título recibido por concesión feudal y asociado al ejercicio de una jefatura militar, de gobierno y de justicia en nombre del rey, con el fin —en el caso de América— de realizar la conquista y poblamiento de una región por descubrir. El acto por el cual el rey transfería las atribuciones del adelantazgo era la capitulación. En ésta quedaban estipulados los términos de la empresa así como los derechos y obligaciones del beneficiario. Las capitulaciones solían incluir importantes transferencias de prerrogativas, justificadas por el hecho de que dicha empresa corriese por cuenta del adelantado. Entre las prerrogativas del adelantado se encontraban su grado de autonomía en lo judicial, el carácter vitalicio de algunas de sus funciones y la posibilidad de transferir otras por herencia. Los términos acordados en la capitulación se referían también a los oficios que acompañaban al título de adelantado, como gobernador, capitán general y justicia mayor que no deben confundirse con la primera dignidad. Por ejemplo, el nieto de Juan Ortiz de Zárate, cuarto adelantado del Río de la Plata, siguió disfrutando del título en España sin ninguna relación con el oficio de gobernador.

Ese sistema existió realmente entre 1536 y 1592. Durante esos años hubo en total cuatro adelantados, aunque sólo tres trataron de ejecutar la capitulación. A la cabeza de una red de parientes, allegados y clientes, el adelantado debía actuar consultando en consejo a religiosos y oficiales reales, a la manera de un príncipe en miniatura. En realidad esos tres adelantados estuvieron poco tiempo presentes en la región. En su nombre actuaban lugartenientes para toda la gobernación o para una de sus ciudades. Además, en 1537 se autorizó que en caso de vacancia las autoridades locales —cabildo, religiosos y oficiales de la Real Hacienda— pudiesen nombrar un gobernador o lugarteniente, hasta tanto el cargo fuera provisto por el rey. Como vimos, el primero de los adelantados, Mendoza, llegó al Río de la Plata en 1536 al frente de un contingente de 1.200 personas, cuya organización había agotado sus recursos. Tras la primera fundación de Buenos Aires y ante las enormes dificultades encontradas, regresó a España en 1537, dejando a Juan de Ayolas de lugarteniente. Éste debía negociar con Diego de Almagro la transferencia del adelantazgo. Murió al poco tiempo y designó para sucederlo a Irala. Éste, a instancias de los oficiales encargados de las finanzas, acabó moviendo en 1541 a los sobrevivientes del intento porteño hacia Asunción, fundada poco antes.

Entre esa fecha y la nueva fundación de Buenos Aires hecha por Garay en 1580, la penosa instalación europea en la región con base en el Paraguay estuvo marcada por una sucesión de intentos fallidos y otros logrados, acompañada de importantes conflictos internos. La lógica de esos vaivenes es simple. Donde se podían establecer "alianzas" con grupos indígenas, accediendo así a su fuerza de trabajo, se podía por lo mismo controlar un territorio y crear nuevos recursos sobre los cuales apoyar nuevas instalaciones. Dos factores favorecían la formación de facciones y la competencia o los conflictos entre ellas: la dificultad de establecer nuevos dominios y la lentitud con la cual se organizaba la explotación de algún bien primario exportable generador de rentas. Esas tensiones entorpecían aun más la extensión de la dominación española. Sería la segunda generación de conquistadores, hombres nacidos en la tierra como Garay, con recursos acumulados en Asunción, la que completaría así la instalación de los principales centros de la gobernación. En 1569 se capituló el cuarto adelantazgo con Ortiz de Zárate. Pero éste no llegó sobre el terreno hasta 1576. Entre tanto la empresa de Garay estaba lista y éste actuó por título y comisión del teniente general del adelantado. En realidad Ortiz de Zárate sólo permaneció dos años, pues murió en 1578. Según los términos de su testamento y de su capitulación, heredaría el adelantazgo quien se casara con su hija mestiza.

Lo hizo un oidor de la Audiencia de Charcas, Juan Torres de Vera y Aragón, en cuyo nombre gobernaron lugartenientes, entre ellos Garay, quien como tal fundó Buenos Aires en 1580. Torres de Vera se hizo directamente cargo de la gobernación en 1587,

Escudo nobiliario de Juan Torres de Vera y Aragón.

pero para permanecer sólo un año antes de volver a partir hacia España. Nuevamente dejó lugartenientes. En realidad éstos y los anteriores constituían una camarilla de parientes y allegados. La Audiencia de Charcas, a la que pertenecía, utilizó en su contra este hecho así como su mismo matrimonio con una heredera local, cosa que los oidores tenían prohibido. De modo que, tras su proceso, el tribunal anuló la transmisión del oficio de gobernador y autorizó a los cabildos a elegir uno. El primero fue Hernandarias en 1592. Esto ilustra tanto la separación entre el oficio efectivo del gobernador y el título de adelantado —que siguió en la familia según vimos— como la movediza aplicación de los asuntos acordados en las capitulaciones.

Pero sobre todo, lo que más interesa destacar de los detalles relatados es, una vez más, los movimientos, tanteos y tensiones que hacían surgir un orden institucional. Éste se negociaba dentro de relaciones de fuerzas locales, con agentes de la corona, como el oidor Torres de Vera, que actuaban gracias a sus alianzas locales y basándose en intereses localmente cristalizados. Así podemos entrever una historia social del poder y de las instituciones que todavía está por hacerse.

Gobernadores y cabildos

La formación de las gobernaciones se completó, entonces, con la división en 1617 de la del Río de la Plata entre la que continuó llevando el mismo nombre y la del Paraguay. Una trilogía compuesta por el gobernador, los responsables de las finanzas del rey y el cabildo constituía lo esencial de sus estructuras administrativas; o, para evitar esa expresión algo anacrónica, dicha trilogía constituía la estructura de la autoridad jurídica, militar y política. El término gobernador estaba sumamente extendido en América y en distintas situaciones designaba a la máxima autoridad de una región. En ese sentido el virrey o el presidente de una audiencia eran gobernadores de sus distritos, tanto como podía serlo el comandante de una guarnición fronteriza. Las características de los que actuaron en el actual territorio argentino fueron producto de las circunstancias en las cuales habían surgido sus jurisdicciones como del hecho que sus territorios eran zona de frontera, lo cual les daba una gran autonomía en asuntos políticos y militares.

A partir de principios del siglo XVII los gobernadores del Tucumán y del Río de la Plata recibían casi siempre su nombramiento directamente del rey, en algunas ocasiones del virrey del Perú y, más raramente, de las autoridades locales ante vacancia por muerte u otras circunstancias. En general designaban un lugarteniente en las ciudades en las que no residían. Su mandato solía durar cinco años, con casos en que se extendía a diez o se reducía a tres cuando el nombramiento era local. Su autoridad en el gobierno de lo temporal abarcaba una variedad de aspectos que iremos viendo a continuación. Algunos de éstos incluían poderes de nombramiento y autoridad para informar o recomendar al rey o al virrey. El ejercicio del gobierno político en lo temporal estaba indisolublemente vinculado, como en todo oficio de Antiguo Régimen, a sus funciones judiciales: máxima autoridad de la justicia civil y criminal, juez de primera instancia en asuntos de cierta gravedad y tribunal de apelación en los procesos instruidos por los alcaldes del cabildo. Sus sentencias se apelaban, según los casos, a la audiencia de Charcas o directamente al Consejo de Indias. Para el ejercicio de dichas funciones en general nombraba un teniente letrado.

En todos los casos, el gobierno, la justicia y la jefatura militar estaban estrictamente separados de la administración de las finanzas del rey. La Real Hacienda estaba a cargo de oficiales especiales, los oficiales reales o de Real Hacienda, en general un contador y un tesorero, pero en ocasiones había también otros como el veedor o el factor. Todos gozaban de real autonomía. Ya vimos su papel en el abandono de la primera Buenos Aires. Otro ejemplo: junto con el adelantado Ortiz de Zárate llegó al Río de la Plata el contador Montalvo, directamente nombrado por el rey, cuya actuación independiente en la región se prolongó por más de veinte años. Conforme a la lógica mencionada, los oficiales reales eran jueces en su esfera, lo cual generaba las obvias disputas de jurisdicción con el gobernador. Aun si era este quien los nombraba, la independencia y las características del cargo mantenían las fricciones que encontramos a lo largo de todo el período considerado.

Las formalidades seguidas en las fundaciones de ciudades revela muchas de las características que el oficio de gobernador habría de conservar. Cualquiera fuera el título con el cual actuaban, como comisionados del virrey del Perú —Santiago del Estero, Córdoba, Salta, La Rioja—, como tenientes de estos comisionados —Jujuy—, como tenientes de los gobernadores de Asunción o de los adelantados —Garay en Santa Fe y Buenos Aires— o directamente como adelantado —Torres de Vera en Corrientes—; en cualquiera de estos casos habían recibido privilegios semejantes a fin de efectuar la fundación. En primer lugar el derecho a determinar "los términos y jurisdicción que viere conviene" a dichas ciudades. De extensión variable, estos términos comprendían en realidad territorios más grandes que el de las actuales provincias. A continuación podían nombrar a los miembros del cabildo y a sus escribanos "y demás oficiales y cargos necesarios a la real justicia y buen gobierno". Entre los cuales "los oficiales reales para la cobranza, cuenta y razón de la Real Hacienda", si éstos no habían sido ya nombrados por alguna autoridad superior. Finalmente estaban autorizados a proceder a la distribución de "solares, tierras, huertas, chacras, estancias y caballerías y otros aprovechamientos de la tierra" como las encomiendas.

Los rituales de fundación, que tenían pocas variaciones de un caso a otro, señalaban la preeminencia de la función como juez tanto del gobernador como del soberano en cuyo nombre actuaba. Plantar el árbol sin ramas señalando el sitio donde se administraría públicamente la justicia era el primer acto de ejercicio del imperio y la soberanía en nombre de Su Majestad. Otros gestos, como cortar ramas, indicaban posesión de la ciudad fundada. Esto legitimaba la distribución de los derechos que regulaban el acceso a los recursos, hecha en nombre del rey como señor eminente de dichos recursos. El reparto de tierras, encomiendas y otros derechos duró varios años, aun en su fase inicial. En Córdoba, como en otros lugares, la concesión de una encomienda no significaba necesariamente un control efectivo de la población afectada, sino el traspaso de un derecho que debía hacerse efectivo por la acción militar del beneficiario. O sea que se concedía el derecho a hacer efectivo el control de la población indígena, incluso organizando expediciones armadas si fuera necesario. Por otro lado, la partida de una parte de los pobladores europeos originales contribuyó a la inestabilidad de unas encomiendas caracterizadas por su fragmentación y el pequeño tamaño de las unidades. De hecho, el permanente cambio de beneficiario caracterizó la posesión de encomiendas en Córdoba durante sus primeros veinte años de existencia.

Las posibilidades de reducir a la población indígena a encomienda eran todavía menores en Buenos Aires, debido al tamaño, movilidad y características de dicha población. Muchas de esas encomiendas apenas contaban con algunos individuos frecuentemente traídos de otras regiones. Sus vecinos se beneficiaron, en cambio, con la asignación de otro derecho que respondía a principios similares: explotar el ganado cimarrón, teóricamente producto de la reproducción de los animales traídos por Mendoza. Los beneficiarios recibían el nombre de vecinos accioneros, y la acción de vaquear, como se llamaban a las licencias para cazar y explotar dichos animales. El número de aquellos fue aumentando hasta alcanzar unos 52 en 1630. También el reparto de tierras se prolongó durante varios años. En 1602 se efectuó una nueva redistribución y en 1607 se volvieron a repartir las que se declararon vacantes.

En cuanto al gobierno de la ciudad, el cabildo como organismo colegiado estaba constituido por una estructura de base: los alcaldes ordinarios o jueces de primera instancia y los regidores o consejeros municipales, secundados por un grupo de funcionarios especiales. Los primeros eran dos en todo el ámbito hispánico, el alcalde de primero y segundo voto. En las gobernaciones que nos ocupan, los regidores eran seis y el número de funcionarios especiales, entre seis y ocho. Algunos solían ejercer dos o varias funciones simultáneamente. Formaban entonces un cuerpo de unas doce a dieciséis personas, colectivamente responsables de la justicia y del gobierno de la ciudad. Como jueces de primera instancia, los alcaldes actuaban en lo civil y criminal, con apelación ante el gobernador o la audiencia. El de primer voto podía reemplazarlo en caso de vacancia. Si bien todos participaban de la deliberación sobre los asuntos de la ciudad, éstos eran ámbitos específicos de los regidores y de los otros funcionarios. Los primeros tenían un orden de prelación similar al de los alcaldes: regidor de primer, segundo, tercer voto... Entre los funcionarios especiales, algunos tenían misiones evidentemente municipales, como el fiel ejecutor: controlar la aplicación de las normas sobre precios, pesos y medidas, abasto y pulperías; el depositario general: recibía y cuidaba bienes en depósito por muerte sin heredero, procesos, secuestros judiciales y comisos.

Había también dos funciones que iban más allá del ámbito de la administración local, el alférez real y el alguacil mayor. El primero llevaba el estandarte real en ceremonias y acciones militares. Si bien su papel puede parecer estrictamente protocolar, la importancia que los contemporáneos le otorgaban ayuda a comprender estas instituciones. El término alférez designaba antiguamente al caudillo y lugarteniente local, es decir, un noble caballero que en virtud de sus méritos llevaba estandarte de su jefe o capitán. Su presencia expresa la sujeción al rey como señor de la ciudad y su comarca. Por eso, en orden de precedencia, se situaba delante de los regidores y detrás de los alcaldes (preeminencia de la justicia), a los cuales sucedía en caso de vacancia. El alguacil mayor estaba encargado de ejecutar las decisiones de justicia y era el jefe de la cárcel local. En principio, a ambos cargos los nombraba el rey, la audiencia o el gobernador. Esto los diferenciaba de los demás oficios municipales que eran cooptados por los miembros del cabildo saliente. En efecto, tras la primera elección ejecutada por el gobernador fundador de la ciudad, el cabildo se reunía anualmente para designar sus sucesores. Pero, como veremos, en uno y otro caso, los procedimientos de designación se vieron profundamente afectados por la venta de cargos públicos. Los oficios hasta aquí mencionados constituían el cuerpo capitular y participaban todos en sus deliberaciones (acuerdos) con voz y voto.

Había otros cargos designados por el cuerpo a los que se les asignaba diferente grado de participación. Los principales eran el alcalde de la Santa Hermandad y los dos procuradores, el de los vecinos ante el cabildo (en principio sólo tenía voz) y el de la ciudad ante la corte, la audiencia u otras autoridades, que no debía ser miembro del cabildo. El primero actuaba como juez y policía de las zonas rurales. Los demás cargos concernían a una variedad de ámbitos de la vida local, desde el juez de menores hasta el maestro, pasando por el encargado de las obras (alarife). Finalmente toda esfera de la autoridad formalmente constituida tenía su escribano.

Resumir las funciones de este organismo oligárquico requeriría un capítulo aparte. La lista de sus oficios puede sugerirnos una idea de la diversidad de ámbitos en los que intervenía. También podemos detenernos en el propio título de la institución: "cabildo, justicia y regimiento de la ciudad", lo cual puede expresarse como congregación o deliberación, justicia y buen gobierno de la ciudad. Nunca se insistirá demasiado sobre su papel como tribunal de primera instancia, pero en el estado actual de nuestros conocimientos es difícil establecer dónde se situaba la separación con la juris-

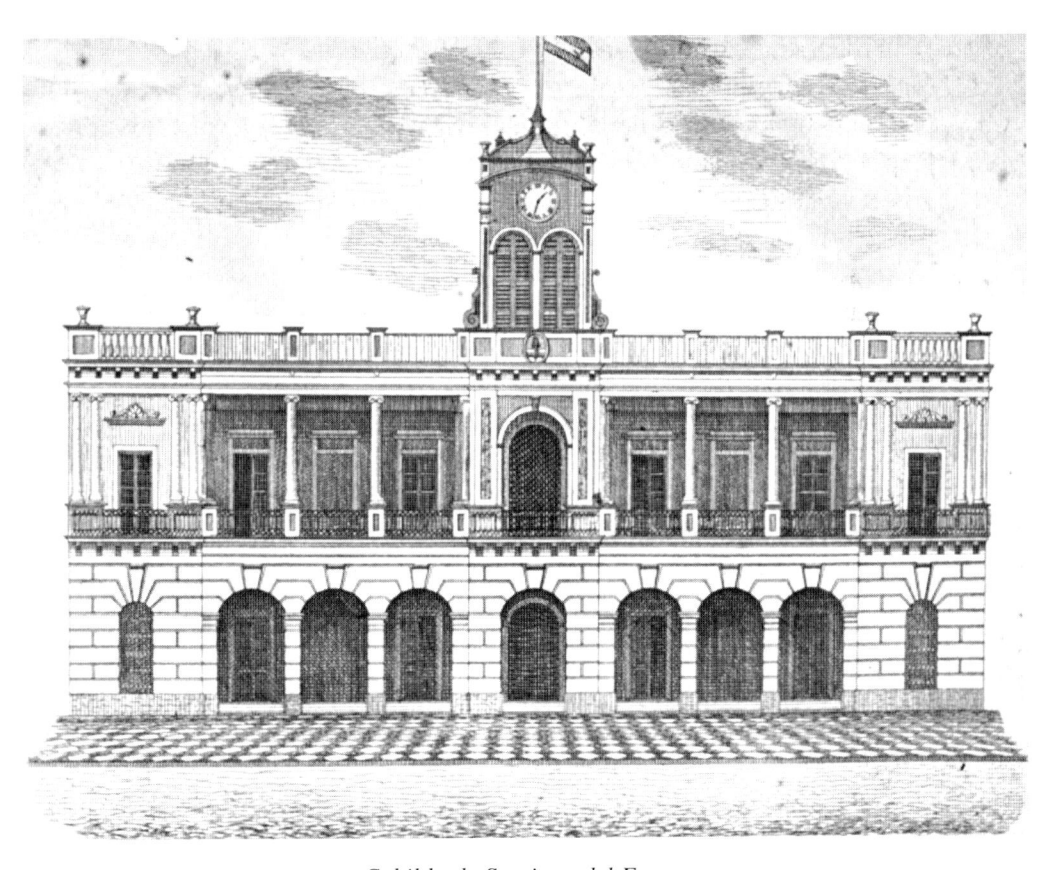

Cabildo de Santiago del Estero.

dicción del gobernador. Todo hace pensar que en la gravedad de las penas. Por otra parte representaba, claro, la comunidad de vecinos como cuerpo de la monarquía y por lo tanto los representantes de ésta debían registrar, justificar sus títulos y jurar ante el cabildo. Respecto del buen gobierno de la ciudad, éste iba desde las regulaciones económicas hasta la organización de las celebraciones indispensables a la vida comunitaria, pasando por la policía. Esto último debe entenderse como la vida en buena urbanidad. Sus intervenciones en la vida económica eran en sí mismas variadas: otorgar licencias para vaquear, regular precios y asegurar el abasto de carnes, autorizar la apertura de pulperías, entre otras. En una sociedad en la cual la desigualdad estaba jurídicamente sancionada, las regulaciones económicas del cabildo procuraban asegurar un principio aristocrático de equidad según los ordenes y estados de la comunidad.

El funcionamiento y la acción del cabildo, los oficiales reales y los gobernadores no puede comprenderse considerando a cada uno por separado. Por un lado, el modo como los tres se vinculaban entre sí y, por el otro, el entrelazamiento entre los dos primeros y las oligarquías locales creaba una peculiar dinámica que daba forma a la vida política. En principio, la institución de las relaciones sociales que hacían funcionar las estructuras de la autoridad nació de la propia experiencia de la conquista y de su primer corolario: la distribución de derechos que regulaban el acceso a recursos —indios, tierras, ganado cimarrón— de los cuales el rey era señor. Mas esto no generó un patriciado estable. Como veremos a continuación, la emergencia de una relación estable entre grupos dominantes y las estructuras formales de la autoridad fue resultado de un complejo proceso, cuyos orígenes estaban tanto en las acciones de los representantes de dicha autoridad como en las estrategias de los personajes más poderosos de las comunidades locales.

Oligarquías indianas y estructuras administrativas

A medida que la instalación europea se consolidaba, iba surgiendo un sector comercializado de las economías comarcales, el cual fue uniendo las distintas ciudades entre sí y con el centro regional de Charcas. Se crearon así las condiciones para el funcionamiento de una ruta comercial que, a través del Río de la Plata, unía Potosí con las ciudades del Tucumán y éstas con el Atlántico, es decir, el Brasil, África y Europa. Las nuevas oportunidades así creadas fueron aprovechadas en distinto grado por diferentes miembros de la comunidad de vecinos. Algunos de los primeros pobladores y sus descendientes mantuvieron o se sumergieron en una mediocre dignidad entre urbana y rural. Otros aumentaron su riqueza y poder. La distancia entre ambos aumentaba mientras llegaban nuevos migrantes cuyo éxito a la cabeza de importantes redes comerciales les abría, no sin tensiones, el camino del grupo de familias notables.

Esta progresiva articulación económica creaba el ámbito en el cual los miembros de las diferentes estructuras de gobierno ejercitaban sus actividades empresariales, los miembros del cabildo, por definición, así como oficiales reales y gobernadores. En el otro sentido, toda estrategia de movilidad ascendente comprendía el acceso a algún cargo en cualquiera de los ámbitos, incluida la milicia. Así se fue constituyendo en esas minúsculas comunidades el tupido tejido social compuesto de individuos que, unidos entre sí por lazos de sangre, alianza y lealtad personal, controlaban simultáneamente la dirección de los asuntos políticos y la explotación de los recursos económicos.

En la articulación de esa configuración, la venta de oficios y cargos desempeñó un papel fundamental. La política de vender oficios que no tenían jurisdicción comenzó a aplicarse desde principios del reinado de Felipe II y se aceleró a partir de 1581. Semejante política se fundaba en la concepción según la cual los oficios formaban parte del cuerpo de la monarquía y crearlos era una de las regalías del soberano. Se vendía un oficio como podía concederse un feudo. Los cargos que no intervenían en la administración de justicia o lo hacían escasamente pasaron a denominarse oficios vendibles y renunciables, es decir, transferibles a un tercero, en general por herencia: escribanos, regidores, alguaciles y algunos otros. En nuestro ámbito, la aplicación del sistema está registrada desde principios del siglo XVII. Las ventas se efectuaban por remate público casi siempre en Potosí o en La Plata, sede de la audiencia.

En 1603 aparece en Buenos Aires un escribano de cabildo y Real Hacienda propietario perpetuo. Lo mismo ocurrió con un alférez real en Córdoba al año siguiente. Poco más tarde la Audiencia de Charcas comenzaría a ordenar que no se procediese a elecciones de regidores donde todos fueran perpetuos o de beneficio (como se llamaba a los cargos comprados). En 1608 lo hizo para Santiago del Estero, unos diez años más tarde para Buenos Aires y Córdoba y en 1651 y 1662 para Santa Fe y Corrientes. En la segunda mitad del siglo XVII la práctica se extendió a magistraturas de jurisdicción como el cargo de gobernador mismo. En esos casos no se compraba el cargo sino el nombramiento, que aparecía como recompensa de un servicio en metálico. Hubo cuatro casos en el Tucumán entre 1683 y 1727 y dos en el Río de la Plata a principios del siglo XVIII. El sistema se fue estabilizando, pero no sin algunas dificultades y evoluciones. Muchos cargos capitulares volvían a la corona por falta de pago de derechos por parte de sus propietarios. A fines del siglo XVIII la venta de oficios capitulares era menos atractiva aunque conservaba su importancia.

Algunos ejemplos nos ilustran el papel de estas prácticas en el entrelazamiento de familias notables y oficios. Entre principios y mediados del siglo XVII se vendieron para Buenos Aires unos treinta oficios, entre regidores, escribanos de gobierno, Real Hacienda y cabildo, alférez real, alguacil y depositario. Entre éstos se incluyen los que compró Juan de Vergara. Llegó a Buenos Aires como escribano de un visitador de la Audiencia de Charcas enviado a Buenos Aires para investigar denuncias sobre contrabando. Rápidamente se vinculó con importantes personajes de la ciudad, entre los cuales se hallaba el propio gobernador y futuro adversario Hernandarias, que lo nombró teniente de justicia. Sus lazos de amistad y alianza con el obispo le valieron acceder a los cargos de tesorero de la Santa Cruzada y escribano de la Inquisición.

Desde esa posición Vergara alcanzó rápida preeminencia como comerciante y terrateniente. En 1617 compró seis regimientos en Potosí, que distribuyó entre distintos parientes. Así articuló una importante parentela de yernos, cuñados, sobrinos, ahijados y otros aliados, que movilizó en diferentes acciones y conflictos. A su vez, ésta formaba parte de una camarilla más amplia, dos de cuyos cabecillas eran Diego de Vega, un conocido contrabandista portugués, y el tesorero Simón Valdés. Los dos se encontraban en España en 1617 cuando se nombró al primer gobernador del Río de la Plata, Diego de Góngora. Por algún medio establecieron con él una compañía para efectuar operaciones comerciales. Obviamente esa asociación dio fuerza y poder a toda la red de Vergara, Vega y Valdés. Pero no deben verse estas alianzas como casos de corrupción, al menos no en el sentido que el término tiene hoy en día. En realidad, tales asociaciones eran un aspecto de las relaciones interpersonales que hacían funcionar y limitaban al mismo tiempo la autoridad de la corona. El ejercicio de las funciones de gobernador no se concebía sin alianzas con redes sociales de esa naturaleza. Cuando el gobernador Céspedes se enfrentó al grupo de Vergara lo hizo apoyándose en la facción opuesta, cuyos miembros tenían las mismas características socioeconómicas.

En cuanto a la participación de los más altos magistrados en la vida económica, la actuación del tesorero Valdés nos muestra algunas de sus modalidades. Su asociación con el gobernador no constituía ninguna excepción más o menos frecuente, sino una práctica sistemática. El propio Valdés era capaz de organizar y financiar toda suerte de operaciones de importación de esclavos y mercancías así como de su reexpedición hacia el Alto Perú. Durante la segunda mitad del siglo XVII todos los contadores y tesoreros, sin excepción, intervenían en actividades comerciales similares. Ocupaban en relación con el contrabando una obvia posición central. Secundados por el alguacil mayor como ejecutor de sus dictámenes, la jurisdicción de los oficiales reales los llevaba a intervenir en toda suerte de asuntos relacionados con los derechos de Su Majestad: inspección de navíos autorizados o ilegalmente entrados al Río de la Plata, comisos y remates, recaudación de derechos de mercancías registradas o vendidas en remates públicos.

Eran por lo tanto verdaderos árbitros de una vida mercantil marcada por la inseguridad jurídica en la medida que los negocios realmente legales constituían una estricta minoría del volumen total. A esto se sumaba su control de las finanzas reales que les permitía participar en el crédito local. Práctica que estaba condenada al mismo título que la usura o en la eventualidad de que se disminuyeran los derechos reales, pero no como utilización privada de fondos públicos. Aunque pueda discutirse si en este contexto el término corrupción es adecuado para designar el fenómeno, lo cierto es que los oficiales de la Real Hacienda eran verdaderos empresarios, comerciantes y terratenientes. En 1662 el tesorero Hernán

Súarez Maldonado se asoció con el capitán de un navío español llegado sin autorización. Ambos organizaron el desembarco en una estancia en Magdalena de 130 esclavos provenientes de un navío holandés y su posterior reexpedición hacia el interior. En la década de 1670, el también tesorero Bernardo Gayoso no sólo intervenía junto con sus hermanos en esta clase de operaciones, sino también en la exportación de cueros hacia Europa y de ganado en pie, mulas y vacunos, hacia el interior. En 1692, Iñigo de Orieta, otro tesorero, tenía pulpería.

Lo mismo puede decirse de los gobernadores y detenerse sobre ellos sería narrar una y otra vez circunstancias similares a las de Góngora. Aunque conviene agregar que si por un lado el cargo mismo favorecía su intervención en la vida económica, en particular comercial, el ejercicio de éste y otros cargos requería un importante séquito de criados y parientes que los acompañaban a lo largo del imperio, a veces desde Flandes hasta Buenos Aires. Todos estaban sometidos a los mismos imperativos, colocar a sus sobrinos y criados para mantener la cohesión de la casa y con el fin de establecer las alianzas con redes locales necesarias para el control político de la gobernación. Y la importancia del séquito era función de rentas e ingresos, lo cual creó un círculo característico de la administración de Antiguo Régimen. Por otra parte, sería absurdo pensar que estos señores de tierras y hombres, cuya posición y riqueza facilitaban su servicio al rey, estuvieran sometidos a una interdicción explícita y coherente para intervenir en la actividad económica. Cuando lo hacían, debían respetar un conjunto contradictorio y ambiguo de disposiciones puntuales. Así, la causa de la tolerancia que la mayoría de los gobernadores manifestó ante el contrabando holandés era consecuencia de las propias órdenes de la corona, resultado a su vez del nuevo equilibrio político nacido tras las paces de 1648 entre España y Holanda, con las cuales se reconoció el triunfo de la segunda en la larga guerra que las enfrentó. Claro que no dejaron de aprovechar la ocasión; tampoco nadie esperaba que lo hicieran, aunque luego se les reprochara el delito de comercio clandestino cuando estallaba algún conflicto. Y estallaban frecuentemente. Y eran éstos mecanismos fundamentales del funcionamiento de las instituciones de gobierno y justicia.

Conforme avanzaba el siglo XVII, distintas circunstancias hacían que aumentara la importancia del Río de la Plata en el dispositivo de defensa del flanco sur del Imperio español. Así la corona resolvió que se instalasen primero una aduana en Córdoba, luego una guarnición permanente en Buenos Aires y más tarde una audiencia. La llamada Aduana seca de Córdoba se creó en 1618 junto con la concesión de franquicias comerciales a la ciudad de Buenos Aires. Tenía por objeto controlar el tráfico que se desarrollaba entre la región minera del Alto Perú y el Atlántico a través del Río de la Plata. Sin embargo, su propia instalación presentaba dificultades y sólo comenzó a funcionar en 1622. Su posterior traslado a Jujuy en 1692 revelaba su incapacidad de cumplir sus objetivos iniciales. Por su parte, la primera Audiencia de Buenos Aires tuvo una breve existencia de diez años. Fundada en 1662, funcionó realmente entre 1664 y 1674. También destinada a asegurar la represión del contrabando que otras disposiciones facilitaban, sus miembros acabaron implicados en 23 casos de comercio ilícito. Ya en el momento de su traslado a Buenos Aires dichos miembros, oidores y el presidente, al igual que los gobernadores, habían invertido importantes sumas de dinero en el cargamento de los navíos que los transportaron a Buenos Aires. Por su parte el gobernador responsable de instruir el sumario, Agustín de Robles, no fue menos que otros magistrados en su participación en la vida comercial.

Al igual que la distribución de derechos en el momento de fundación, la actitud ante el contrabando constituye un aspecto fundamental tanto del entrelazamiento de la administración con las oligarquías locales, como de nuestra comprensión de la primera. Cada uno de los oficiales y magistrados intervenía como si quisiese controlar el tráfico semiclandestino para interponerse como mediador. Pero colectivamente, los miembros de las instituciones de justicia, gobierno y defensa actuaban como integrantes de dichas oligarquías, de cuyas principales familias formaban parte por una multiplicidad de lazos personales.

Los mecanismos que financiaban la guarnición permanente de Buenos Aires completan este cuadro. El número de soldados del fuerte habría pasado de unos trescientos hacia mediados del siglo a alrededor de un millar hacia 1700. Para cubrir diferentes gastos y, sobre todo, pagar a la tropa, las cajas reales de Potosí contribuían con el llamado situado, una remesa de metales preciosos que comenzó hacia 1650 y aumentó progresivamente en valor y regularidad, hasta alcanzar desde 1670 un ritmo teóricamente anual. Las sumas eran muy importantes. El promedio anual de lo que se enviaba hacia finales de siglo permitía comprar unos 500/600 esclavos. El monto total de las remesas hechas entre 1693 y 1697 equivalía a dos veces el valor total de las exportaciones de ganado en pie hacia el interior durante esos mismos años. Pero los soldados recibían raramente metálico. Un sistema de pago en fichas o vales por el cual terratenientes comerciantes adelantaban bienes de subsistencia y vestidos permitía suplir los supuestos retrasos. A la llegada del situado, los abastecedores del fuerte cambiaban los vales por plata. Se beneficiaban así de un sistema monetario y de una posición de fuerza que les permitía devaluar el vale cuando lo recibían del soldado y mantener su valor nominal cuando lo cambiaban por metálico. Pero lo que nos interesa subrayar aquí es que un solo personaje podía ser al mismo tiempo responsable de transportar el situado, comerciante-terrateniente abastecedor y oficial del fuerte. De modo que los mecanismos del situado reforzaban la posición relativa de los comerciantes locales, mientras la acción de éstos aseguraba la continuidad en el mantenimiento de una tropa, que algunos de ellos también encuadraban.

Los Roxas Acevedo, entre otros, expresan adecuadamente la continuidad de la dinámica que he intentado presentar hasta aquí, fundamento de un sistema que habría de durar hasta la ruptura de la independencia. Don Pedro de Roxas y Acevedo había llegado a Buenos Aires a principios del siglo XVII. Casado con una hija de Diego de Vega, aquel contrabandista que actuaba junto a Vergara, se convirtió rápidamente en uno de los principales comerciantes y terratenientes de la naciente aldea. Paralelamente ocupaba el cargo de lugarteniente del gobernador Góngora y en 1621 compró el de escribano del cabildo y el de juez y tenedor de bienes de difuntos, y llegó incluso a desempeñarse como gobernador interino en 1641. Sus hijos, y nietos de Vega, los cinco hermanos, Tomás, Gregorio, Juan, Agustín y Amador, realizaron carreras comparables. Tomás fue capitán del fuerte, alcalde ordinario, regidor perpetuo y tesorero de la Santa Cruzada. A mediados de los años 1650 se asoció al gobernador Baygorri para realizar operaciones comerciales con el Brasil. "Expulsado" de Buenos Aires en 1662, permaneció más de seis años en Europa, actuando como agente comercial y circulando entre Madrid, Sevilla, Amsterdam y Lisboa, en donde otro hermano suyo ocupaba puestos oficiales. El menor, Amador, también oficial del fuerte, era uno de aquellos comerciantes que transportaban el situado y proveían a la tropa, en asociación con un sobrino del gobernador Agustín de Robles.

No necesariamente debe concluirse de este cuadro una suerte de desgranamiento de la autoridad estatal. Aun con las limitaciones que los mecanismos descritos nos permiten imaginar, la justicia se administraba, los derechos de Su Majestad se cobraban y la defensa se aseguraba. Esto nos lo muestran dos acontecimientos o series de acontecimientos en los cuales se manifiestan mecanismos diferentes pero complementarios. La interminable guerra de frontera en el Tucumán y los llamados levantamientos calchaquíes demandaban importantes recursos militares. Los proveyeron las milicias articuladas por la lógica del servicio y la recompensa a la persona y al linaje, como la que vimos en el período inicial. Así, notables de distintas ciudades, incluidas las del Río de la Plata, concurrían a combatir al mando de soldados reclutados de manera más o menos coactiva y de auxiliares indígenas. Los primeros asistían animados por la esperanza de servir y realizar proezas con las cuales merecer gracias en oficios y algunos indios. En el otro extremo, a pocos meses de fundarse Colonia de Sacramento, a finales de 1680, una fuerza compuesta de milicias, soldados del presidio y auxiliares indígenas de las misiones derrotó y desalojó al ocupante portugués. A su manera, el imperio funcionaba. Parafraseando libremente al escritor Octavio Paz, podemos concluir que funcionaba de manera barroca, pero no bárbara.

Cabría preguntarse entonces si dicho funcionamiento del imperio se aseguraba gracias o a pesar de los mecanismos arriba descritos de entrelazamiento entre grupos locales y aparato estatal. La respuesta afecta nuestra concepción del Estado castellano en América. La compra de cargos, la participación de agentes de la monarquía en la vida económica, el temprano acceso de terratenientes-comerciantes a toda clase de oficios; todos estos fenómenos pueden interpretarse como una progresiva pérdida de capacidad de la corona para centralizar el poder y ejecutar así sus políticas. Sin embargo, hemos visto que la propia organización del aparato estatal en la región nació de una interacción entre agentes de la monarquía y recursos locales. Sin éstas, el proceso es simplemente inconcebible.

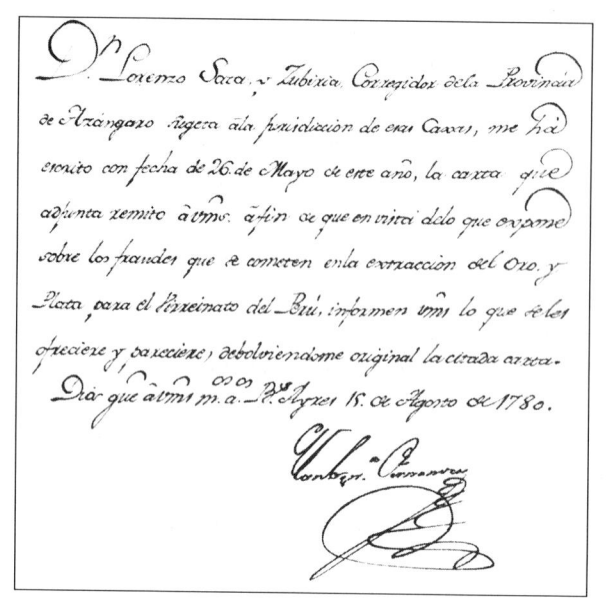

Carta sobre fraude en la extracción de oro fechada en Buenos Aires, 1780.

Ejemplos como el de los Roxas Acevedo muestran que las instituciones políticas y militares estaban imbricadas en la estratificación social y su reproducción. Un aspecto de dicha imbricación es la tenacidad con la cual los económicamente poderosos buscaban el servicio al rey y el ejercicio de oficios que conferían honor y crédito personal. Esta lógica social alimentaba la coexistencia de los objetivos generales de las instituciones con los intereses locales de aquellos poderosos. Otro aspecto estructural de ese universo político es el hecho de que quienes estaban encargados de reprimir el contrabando fueran, como vimos, sus principales protagonistas. El servicio confería distinciones que al servidor le facilitaban la búsqueda de rentas, las cuales debían teóricamente contribuir al cumplimiento del servicio. Así vistas las cosas, el hecho de que el contrabando ayudara a financiar la guarnición, uno de cuyos objetivos era reprimirlo, no constituía necesariamente una incongruencia que debilitara la capacidad de la institución para alcanzar otros objetivos.

Esos mecanismos se alimentaban en el principio de que el oficio participaba de la majestad del rey y establecía un orden de prelación en relación con su persona. Por eso confería a su titular una distinción asimilable a la de un título de nobleza. Pero otorgaba asimismo autonomía en el ejercicio de sus funciones; el titular era señor en la jurisdicción de su oficio. Esto formaba parte de la concepción del orden político como un conjunto de unidades corporativas —reinos, ciudades, señoríos, consejos y magistraturas— al mismo tiempo autónomas e integradas en una totalidad, la corona de Castilla. Sin embargo, la cultura de los actores y sus representaciones políticas y jurídicas eran sólo un aspecto de la estructura institucional. Como se ha visto, dichas unidades corporativas estaban atravesadas por una multitud de relaciones sociales, en cuyo interior se organizaban los intercambios de favores y recompensas como las interacciones que articulaban grupos de acción concretos. Esta constatación pone de manifiesto el papel de la corona como centro redistribuidor de gracias o mercedes a cambio de servicios que circulaban dentro de aquellas redes sociales. Así los órganos centrales lograban reclutar entre las oligarquías urbanas, asegurándose la fidelidad de un segmento o de la totalidad de dichos grupos para los objetivos de la monarquía. A cambio de lo cual los sectores dominantes aseguraban su predominio local. Si por un lado, las nociones de servicio y mercedes eran entonces fundamentales para comprender importantes aspectos del funcionamiento de las instituciones estatales, por el otro, las redes sociales explican la acción colectiva de grupos y coaliciones políticas. El papel de dichos lazos sociales constituye el tema central de la segunda parte.

CAMBIOS Y CONTINUIDADES EN LA CREACIÓN DEL VIRREINATO DEL RÍO DE LA PLATA

La trama del imperio

A partir de 1700, España entró en un aristocrático y autodestructivo juego de alianzas y conflictos, que duraría hasta la Revolución Francesa. En un primer momento, ésta produjo un obvio desconcierto, pero después de 1796 los dirigentes españoles retomarían una política parecida a la anterior, hasta el definitivo derrumbe del imperio. Esbozado durante el último decenio del siglo XVII, dicho sistema de alianzas se consolidó con la muerte sin herederos del último de los austrias españoles, el rey Carlos II. Al favorecer al nieto de Luis XIV de Francia, su testamento fue un intento por contrarrestar las negociaciones que buscaban dividir el Imperio español en beneficio de otras cortes, procurando en particular separar las posesiones italianas del resto. Pero la negativa de los franceses a renunciar a la eventual constitución de un poderoso conglomerado de reinos borbónicos, puso en marcha una habitual mecánica de coaliciones que se enfrentarían durante más de diez años y hasta 1713, en la Guerra de Sucesión española. Por un lado España y Francia, por el otro Inglaterra, Holanda y Austria; a quienes se agregó Portugal tras el tratado de lord Methuen en 1703. Éste prolongaba una serie de acuerdos que habían creado relaciones privilegiadas entre los reinos de Inglaterra y Portugal, y constituyeron la base de cooperación entre ambos durante todo el siglo XVIII. La confrontación favoreció a la coalición dirigida por la primera, aunque en el camino se quedaron sin pretendiente legítimo. Con lo cual, la serie de tratados que culminaron con el de Utrecht en 1713 consagró al nieto de Luis XIV, el borbón Felipe V, como titular de la corona de Castilla y Aragón, aunque imponiendo condiciones favorables a los aliados: renuncia a heredar también la corona de Francia, pérdida de las posesiones italianas, así como privilegios comerciales a los vencedores.

Desde entonces, en un contexto de creciente predominio marítimo y colonial de Inglaterra, en cada crisis Portugal aparecía junto a ésta y España al lado de Francia, aunque con duelos cruzados de intereses propios. Este juego de coaliciones y conflictos tuvo, en distintos momentos, importantes efectos sobre el funcionamiento institucional de toda América hispano-lusitana. No es que fuera, naturalmente, la causa de su evolución interna. Pero sí afectaron grandemente las decisiones cuya aplicación sobre el terreno debían negociarse con las fuerzas locales. Ya durante la Guerra de Sucesión, el gobernador de Buenos Aires desalojó a los portugueses de Colonia en 1704, gracias a la movilización del habitual ejército hispano-guaraní. Su devolución en 1714 fue una de las consecuencias del resultado de la guerra y la fundación de Montevideo un intento por contrarrestar la presencia lusitana. Entre tanto, el Río de la Plata fue escenario de los asientos para importar esclavos, concedidos a franceses primero (1703/1712) e ingleses después (1713/1749). Por otra parte, las tensiones anglo-españolas se tradujeron en enfrentamientos en distintas partes del Caribe. El sistema europeo de guerras y alianzas del siglo XVIII constituía, entonces, un marco general que no podemos dejar de tener presente.

En la región del Río de la Plata, este cuadro general se complicaba con las viejas rivalidades entre jesuitas y luso-brasileños, quienes se disputaban el control de hombres y competían por ganado más o menos cimarrón. Los descubrimientos de oro en Minas Gerais aumentaron las necesidades y los recursos de los segundos, cuya presión hacia el sur y el este se fue haciendo cada vez más fuerte. En medio de esto tuvo lugar un fracasado sitio de Colonia en 1735-37, que no modificó la situación. Paralelamente aumentaban los incidentes entre españoles e ingleses, que culminaron en guerra abierta en 1739. Si las principales operaciones de la llamada guerra de la oreja de Jenkins tuvieron lugar entre esta fecha y 1741 —con el ataque a Cartagena como punto culminante—, la tensión se prolongó hasta 1748 pues el conflicto empalmó con la Guerra de Sucesión de Austria, en la cual ambas coronas se alinearon, obviamente, en campos opuestos. Pero dos años antes que terminara, en 1746, murió el rey Felipe V. Y durante los casi trece años del reinado de su sucesor Fernando VI se realizaron los intentos más serios para cambiar el habitual juego de alianzas. Por empezar, su propio matrimonio con Bárbara de Braganza, hija y hermana de los reyes de Portugal. Luego, ella misma inició un movimiento de aproximación que buscaba eliminar las fuentes de fricciones entre ambos reinos. Esto requería resolver los conflictos fronterizos en el Río de la Plata, dándole una solución satisfactoria a la cuestión de Colonia.

Así se llegó a la firma de los tratados de Permuta y de Madrid, en 1750 y 1751, respectivamente. Los términos del primero contemplaban la devolución de Colonia a España a cambio de un vasto territorio situado al este del río Uruguay y al norte del Ibicuy. Para la ejecución de dichos términos se constituyó una comisión demarcadora encabezada por el marqués de Valdelirios, cuyas actividades comenzaron hacia 1752, durante la gobernación de Andonaegui. Pronto comenzarían también las dificultades más serias. Dentro del territorio que debía transferirse a

José de Andonaegui, *óleo del siglo XVIII perteneciente al Fuerte de Buenos Aires.*

la corona portuguesa se encontraban unos 30.000 indígenas de siete pueblos de las misiones jesuíticas. Una de las tareas de la comisión era supervisar el éxodo de dicha población, que debían organizar los regulares de la compañía. Sin embargo, los naturales, encuadrados por sus autoridades comunitarias y probablemente empujados por su antigua hostilidad a los colonizadores luso-brasileños, comenzaron primero una sorda resistencia que se fue convirtiendo en rebelión abierta. Así se inició la llamada Guerra Guaranítica, que comenzó en 1754 con una serie de hostigamientos a los ejércitos portugués y español, los cuales fueron ese año incapaces de controlar el levantamiento. Y acabó con los combates y la represión de 1756 que ese mismo ejército, reorganizado y al mando de Andonaegui, ejecutó con desproporcionada dureza. No está claro el papel de los jesuitas, quienes como mínimo no hicieron nada por impedir el levantamiento. Y aun menos se sabe sobre los mecanismos internos de la rebelión, a cuya cabeza se encontraban caciques o caudillos con capacidad para movilizar importantes fuerzas militares.

Sin embargo, no fue la Guerra Guaranítica la que hizo naufragar el tratado. Negociado por el secretario de Estado Carbajal y Lancaster, despertó rápidamente la oposición sorda de importantes facciones en las dos cortes. De hecho, una parte de los agentes encargados de ejecutarlo conspiraba en contra mientras preparaba su aplicación, así hasta su abandono en 1761. La acción de unos y otros ilustra bien el papel de dichas facciones en el funcionamiento del gobierno y en la formación de cadenas de mando político. La política de neutralidad y reformas de Fernando VI estaba al principio en manos del trío formado por Carbajal, el jesuita Rávago —confesor del rey— y el marqués de la Ensenada —secretario de Hacienda, Guerra, Marina e Indias—. Cada uno de ellos estaba a la cabeza de extensas redes de clientes y afines que constituían el único instrumento de la acción política.

Como lo hemos visto en ejemplos más modestos, por un lado dichas redes estaban articuladas por relaciones de parentesco, patronazgo, y lealtad personal y, por el otro, se alimentaban en la dinámica del clientelismo y la mediación. Es decir que una posición en la corte atraía demandas de favores, cuyos beneficiarios quedaban en situación de deuda y por lo tanto dispuestos a movilizarse tanto para satisfacer otras demandas de favores, como para asegurar apoyo político. Dentro de esos mecanismos, las piezas no eran perfectamente intercambiables. Carbajal aparecía como "pro inglés", mientras Rávago constituía el obvio punto de apoyo de los jesuitas, lo cual no había impedido que en un principio, éste y Carbajal fueran amigos. Por su parte, el marqués de la Ensenada era un personaje sumamente complejo, su oposición al tratado y por lo tanto su alianza con Rávago se acompañaban de intentos por aplicar planes de reformas, como el desarrollo de la construcción naval o la institución de un impuesto único —para lo cual ordenó la realización de su célebre catastro— que afectaba, al igual que intentos similares en Francia, al orden social del Antiguo Régimen. Junto a todo esto, también hay que recordar que en la formación de coaliciones para oponerse a alguna política como el tratado o conspirar contra alguien como el marqués de la Ensenada, cada uno de los que participaban en ella lo hacía con sus propios objetivos. Además, dichas coaliciones también solían incluir a embajadores o representantes de cortes extranjeras, como Keene, representante de asuntos ingleses y amigo de Ricardo Wall, el embajador español en Londres y futuro secretario de Estado. En cualquier caso, inmediatamente después de la muerte de Carbajal en 1754, se organizó el desplazamiento del marqués de la Ensenada a quien se le reprochaba haber comunicado, para hundirlo, el contenido del tratado al rey de Nápoles, el futuro Carlos III de España. Después de su caída, los equilibrios políticos en el nuevo equipo eran más complejos pues carecía de la concentración del anterior.

Entre tanto llegaban cada vez más noticias sobre la resistencia guaraní. De modo que en 1755 comenzó a pensarse en enviar al Río de la Plata una expedición de 1.000 hombres al mando de Don Pedro Cevallos, un protegido del secretario de Marina e Indias y presidente del Consejo de Indias, Julián de Arriaga. Aquél llegó a Buenos Aires para reemplazar a Andonaegui en 1756, cuando el levantamiento ya había sido sofocado. Rápidamente se vio envuelto en el juego ordinario de facciones y conflictos locales, como los que ya se han visto para el siglo anterior. En esta ocasión, la cuestión de los jesuitas era obviamente una de las fuentes de discordia más importantes. Por su parte, Cevallos se acercaba a las camarillas que apoyaban a la compañía, a las cuales recurría cada vez más para gobernar. Esto tornaba delicada su posición ante el marqués de Valdelirios, lo hacía entrar en conflicto con una parte del cabildo, y sobre todo con el obispo de

Buenos Aires, lo cual a su vez no deja de recordarnos fenómenos similares del siglo XVII.

La casa del gobernador, es decir, los criados, secretarios y parientes que formaban parte de su séquito, desempeñaba un papel fundamental en aquellas peripecias de la acción de gobierno y de la confrontación política. En efecto, esos personajes tejían alianzas locales que servían de punto de partida a la constitución de efectivas cadenas de mando político y militar. Fue el caso del capitán Francisco Pérez Saravia, "secretario" de Andonaegui, cuya carrera comenzó como diputado de comercio y acabó como capitán de milicias. En el medio se convirtió en un destacado comerciante-contrabandista. Su matrimonio con Sabina Sorarte, hija de otro oficial de la Real Hacienda y naturalmente destacado contrabandista, lo conectó con el acostumbrado mundo de aliados y afines. Similar fue la trayectoria de Pedro Medrano, quien llegó a Buenos Aires en 1756 como miembro del séquito de Cevallos. Su situación original de criado y secretario personal del gobernador favoreció los comienzos de su carrera como oficial de la Real Hacienda, al mismo tiempo que la más común de comerciante contrabandista. También favoreció su matrimonio con la heredera de una antigua y destacada familia, que lo introdujo en una vasta red de alianzas y conflictos. Paralelamente entabla relaciones de amistad y negocios con otros miembros prominentes de la hacienda y mercaderes diversos. Junto a algunos de ellos, jefes de otras grandes familias, formaban la camarilla que dirigía la inestable facción de apoyo a Cevallos. Nuevamente mecanismos similares a los que ya observamos para el siglo XVII.

La sucesión en 1759 de Fernando VI por su hermano Carlos III, tuvo como consecuencia el abandono de la política de neutralidad y una renovada voluntad de afirmación de los atributos regalistas de la corona, cuya primera expresión práctica fue el rápido retorno al anterior sistema de alianzas con el consecuente acercamiento a Francia, en guerra con Inglaterra desde 1756. Tras una renovación del Pacto de Familia, España también se vio envuelta en el conflicto desde 1761. Entre tanto el abandono del Tratado de Permuta había sido oficial. Sólo que los datos del juego político habían cambiado, aunque los efectos del cambio se verían unos pocos años más tarde. El abandono del tratado como parte de una voluntad de afirmación absolutista y colonial no necesariamente se acompañaba de un apoyo a los jesuitas. Al contrario, el regalismo implícito en esa voluntad sería fatal para la compañía. Mientras, Cevallos ejecutó no sin brillo las obligaciones militares nacidas de la nueva situación con la ocupación de Colonia en 1762 y el posterior rechazo del ataque inglés de enero del '63. Estas operaciones representaron la única, aunque muy modesta, satisfacción de España en su desastrosa participación en la Guerra de Siete Años, otorgándole un simulacro de moneda de cambio para recuperar La Habana y Manila de manos de los ingleses (quienes por lo demás consideraban, siguiendo a Defoe, que los costos de ocupar dichas ciudades no se compensaban con las ventajas comerciales que de todos modos se tenían gracias al control marítimo). Paralelamente, las relaciones entre camarillas y facciones se hacían cada vez más tensas. Desde 1759 el obispo Torres se venía oponiendo violentamente a la reorganización y creación de nuevas milicias. Acusaba a Cevallos, quizá con razón, de convertirlas en su instrumento personal nombrando a sus allegados como jefes y oficiales. En 1765 estalló en Corrientes un movimiento de protesta antijesuita, que tensó todavía más las relaciones entre Cevallos y los jesuitas por un lado y el obispo Torres por el otro. En 1766, en medio de este clima, llegó a Buenos Aires Don Francisco Bucareli, quien debía reemplazar a Cevallos y ejecutar la orden de expulsión de los jesuitas.

Sin embargo, diez años más tarde Cevallos habría de volver al Río de la Plata a la cabeza de otra expedición más importante y como titular del virreinato que acababa de crearse. Algunos aspectos de este segundo nombramiento ponen en evidencia la dinámica de las relaciones sociales que organizaba la acción política e institucional. El embajador de Viena en Madrid, el barón de Rosemberg, describía algo del clima en el cual se volvió a nombrar a Cevallos, quien debía partir algunas semanas después de su propio informe del 13 de agosto de 1776. Cualquiera sea la prudencia con la cual debamos tomar las afirmaciones que el embajador vertió en este documento, no dejan de ser ejemplares de la trama de relaciones sociales, incertidumbres y lógicas contrapuestas entre las cuales se decantaba un curso de acción. El diplomático resumía los reproches a la corte francesa que circulaban en la de Madrid, donde se sospechaba a la primera de querer relegar a España y de tratar de disuadirla de encarar una guerra beneficiosa, con el solo fin de impedir que recuperase algo de su fuerza y prestigio de antaño. Rosemberg también analizaba y exponía su punto de vista sobre el significado particular que en este contexto adquirirían las relaciones con la corte portuguesa. En efecto, la rebelión de los americanos del norte y la nueva guerra con Francia no sólo dificultaban cualquier eventual gesto de los británicos en favor de los portugueses —su más antiguo aliado—, también sumían a los dirigentes españoles en el desconcierto, sin que se decantara ninguna línea de acción definida. Mientras, las negociaciones sobre la frontera común a las posesiones españolas y portuguesas en la región rioplatense atravesaban nuevas alternativas de conciliación y rivalidad. Pero al final los responsables españoles se quejaban de las manipulaciones y tergiversaciones del marqués de Pombal. En medio de esto, poco antes de dicho informe, habían llegado a Madrid noticias provenientes del Río de la Plata sobre agresiones luso-brasileñas a guarniciones españolas. Estos incidentes habrían acelerado, siempre según el embajador, la decisión de enviar una expedición que venía preparándose desde hacía unos tres años.

A continuación, Rosemberg expone las razones que en su opinión explicaban la elección de Cevallos. En primer lugar, la obvia, su larga experiencia en la región y el éxito de sus anteriores acciones militares. La segunda razón era la escasez de generales con verdadera experiencia de combate. La suya lo aventajaba respecto del general O'Reilly, su principal adversario, a quien de hecho se lo consideraba como insoslayable para la jefatura de dicha expedición desde 1774. Curiosamente Rosemberg no hacía ninguna mención del estrepitoso fracaso de O'Reilly al mando de la expedición que había intentado ocupar Argel. Finalmente, la tercera razón era la propia acción de sus enemigos, en particular la de la camarilla de Francisco Bucareli —"cortesano sombrío, pérfido y embrollador"—. Tras su paso como gobernador del Plata, éste se encontraba como virrey de Navarra. En realidad la rivalidad entre ambos era anterior a la llegada de Cevallos a Buenos Aires. Según la interpretación del embajador, dado lo delicado de la situación, los adversarios de Cevallos veían en la nueva comisión una ocasión para arruinar su fortuna. En realidad, éste habría aceptado a regañadientes el servicio a la corona que se le ofrecía cuando su edad, su riqueza y el cargo de gobernador de Madrid que ocupaba le permitían disfrutar de una confortable situación.

Sin embargo, Cevallos había estado preparando su nominación desde hacía tiempo y con cierto cuidado. Entre otras cosas había logrado que en 1775 se le instruyera el proceso al que estaban sometidos los magistrados al final de su mandato, el juicio de residencia, como ex gobernador y capitán general de las tropas que habían operado en el Río de la Plata entre 1756 y 1766. En realidad no estaba obligado a ello, dada la naturaleza militar de las funciones que había ejercido. Pero también había obtenido que se nombrase como juez instructor a su cliente y amigo, el ya mencionado Don Pedro Medrano. Medrano volvió a poner en pie sus contactos instruyendo una impecable residencia.

Aunque en buena medida olvidables, los detalles de la precedente descripción nos brindan una adecuada imagen del heterogéneo conjunto de lógicas y de planos que confluían en la selección de un curso de acción. Así, el funcionamiento efectivo de las instituciones estatales, como el de cualquier organización, suponía la articulación de una multiplicidad de actores, cada uno de los cuales intervenía con sus propios objetivos pero realizando los de la institución. En nuestro ejemplo, uno entre infinitos, el espacio en que intervienen dichos actores iba desde las tensiones entre cortes europeas, hasta los enfrentamientos entre facciones en Buenos Aires, pasando, claro, por el funcionamiento del gobierno local, su estructura militar y el cabildo.

Como vimos, guerra y diplomacia marcaban las alternativas de las relaciones entre cortes europeas. Sin embargo, no debe entenderse la sucesión de conflictos y negociaciones como secuencias desconectadas que sólo nos ofrecen la ocasión de un relato edificante. En sus relaciones recíprocas, dichas cortes no actuaban como si compitieran por riquezas reproducibles sino como conjuntos que se disputaban cantidades fijas de recursos territoriales e influencia política. Los juegos eran entonces de suma cero; la grandeza de uno sólo podía alcanzarse sobre la ruina del otro. Para ampliar sus propios recursos, cada una de las cortes sólo podía contar con la guerra o la alianza dinástica, que por lo demás se usaban alternativamente. Así, la noción de equilibrio europeo que se tuvo en el siglo nació del agotamiento cíclico al cual conducía el refinado y terrible arte de la guerra aristocrática.

Pero la guerra constituía también el renglón de gastos más importante, si no el único, de los recursos fiscales directamente disponibles para la corona. Y a través de la fiscalidad se tocaba el conjunto del edificio social. Aun si rechazamos una imagen estática de éste, hemos visto que los cambiantes equilibrios de las sociedades de Antiguo Régimen suponían una compleja dinámica entre magistraturas, fueros, jerarquías sociales, mecanismos y estrategias de movilidad, corporaciones con funciones judiciales y grupos sociales. Un aspecto de esta disposición era la diferente situación ante la fiscalidad de comunidades e individuos, según sus estatutos y con arreglo a un conjunto incoherente de representaciones sobre la equidad. De modo que a medida que las repetidas crisis fiscales del siglo XVIII nacidas de la guerra se iban haciendo más graves, las tentativas por aumentar los márgenes fiscales de la corona afectaban una parte más o menos importante de las reglas de juego sociales. Ocurrió en Francia y también en España. Ése hubiera sido el caso de aplicarse el impuesto del marqués de la Ensenada y, efectivamente, fue el caso con las necesidades de financiación de la guerra después de 1796, que acabaron provocando la desamortización de los bienes de la Iglesia. Como quiera que sea, el ambicioso plan de reformas de Carlos III, del cual la fundación del Virreinato del Plata fue un capítulo, comenzó o se aceleró en respuesta al estado de cosas puesto de manifiesto con la ocupación inglesa de Manila y La Habana en 1762. La expedición de 1776 llega como culminación de un largo esfuerzo de rearme. Las reformas contenían no pocos proyectos de modificación de equilibrios políticos y sociales, aunque constituyen un serio anacronismo atribuirle a sus responsables objetivos propios de las sociedades contemporáneas.

En cuanto a las cortes en sí, éstas se nos aparecen como una compleja y dinámica configuración de relaciones interpersonales articuladas alrededor de un sistema de jerarquías nacidas de la relación con el monarca. Complejas y dinámicas no son aquí adjetivos accesorios; expresan las negociaciones y los conflictos de los cuales nacen las distintas posiciones relativas. Es en esa clase de contextos que debemos entender las rivalidades entre Bucareli y Cevallos, así como el complejo de tensiones que dio lugar a la selección del segundo. Por otra parte, en la sección anterior se ha subrayado el papel de la corona como centro redistribuidor de gracias o mercedes a cambio de servicios; mecanismo por el cual ésta se aseguraba el concurso de las oligarquías urbanas. La misma idea nos ayuda a comprender las carreras de personajes como Cevallos. Al finalizar su mandato en 1766 con el éxito que vimos, declaraba en una carta a uno de sus amigos y protectores en la corte que se encontraba en "disposición de esperar mercedes". Pero esto último constituía sólo un aspecto de dichos mecanismos políticos. El otro era que el gobernador, en nuestro caso Cevallos, reproducía la misma práctica gracias a su séquito de criados, secretarios y parientes, es decir, su casa. En consecuencia, la trama que organizaba la acción política unía a los actores sociales unos con otros por los lazos recíprocos del crédito y de la deuda, propios de la mediación. O sea, favores a cambio de apoyo político y otros favores con los cuales satisfacer nuevas demandas de favores a cambio de apoyo político. Esto de Arriaga a Cevallos y de Cevallos a Medrano. Así, una intrincada trama de relaciones personales comunicaba a los secretarios en Madrid con las tropas, cuyos mandos podían ser miembros del cabildo que se enfrentaba o cooperaba con el gobernador, cliente o adversario de tal secretario. En el interior de redes semejantes circulaban conflictos y formas de cooperación, fidelidades y recompensas. Para estas últimas es inútil tratar de encontrar códigos demasiado ritualizados como suele hacer cierta clase de antropología. En realidad, una de las competencias fundamentales para lograr una buena carrera era poder manejar con soltura una ambigua y refinada retórica social de la lealtad, la ambición y el cambio de fidelidades.

Sin embargo, esto no debe llevarnos a pensar que el único principio que regulaba aquellas instituciones de Antiguo Régimen era el contrapunto del servicio y la merced. Siempre conviene no olvidar lo obvio: Cevallos era sin duda mejor militar que el general O'Reilly y el Virreinato del Río de la Plata se creó sobre la base de un sistema de intercambios que producía excedentes fiscales desde hacía dos siglos. El valor anual medio del situado de Potosí se multiplicó por ocho después de 1776, mientras aumentaba el número de funcionarios a medida que se perfeccionaba la reorganización administrativa, en particular la instauración del sistema de intendencias (1783) y la creación de la audiencia de Buenos Aires (1785). ¿Pero se trataba realmente de funcionarios? Tampoco aquí conviene olvidar lo obvio. La noción de funcionario era reciente. Esos hombres eran oficiales y magistrados, y administrar era sobre todo administrar justicia. Es decir, que como jueces de su jurisdicción se interesaban en el respeto de la normativa vigente y

Virrey Cevallos.

en la defensa de los derechos de Su Majestad. Aun si, por su posición social, eran quienes estaban en mejores condiciones para transgredirlas y eran quienes efectivamente con más frecuencia las transgredían. Quizás eso fuera así porque concebían su actividad como un servicio a la persona del rey. Seguramente la idea se repetía de manera retórica. Sin embargo, estaba vinculada a los mecanismos sociales que aseguraban la lealtad y la recompensa necesarias al funcionamiento del sistema. Con lo cual volvemos al punto anterior.

En vista de lo dicho hasta aquí conviene concluir esta sección citando una idea de Halperin Donghi, simple y pertinente, pero insuficientemente recordada. Examinando el Buenos Aires de principios del siglo XIX y su papel en el interior del virreinato, Halperin Donghi subraya que en la creación de este conjunto: "...La voluntad de la corona había sido tanto o más decisiva que cualquier influencia del desarrollo local..." Y la corona, una vez más, estaba compuesta por un sistema complejo de vínculos entre instituciones y relaciones personales.

La institución del virreinato, una formación estatal de Antiguo Régimen

No está claro si el nombramiento de Cevallos como virrey tenía carácter permanente o si duraba sólo lo que su comisión como capitán general. Como quiera que fuese, el cargo siguió existiendo después de su partida en 1778. Entonces lo sucedió Vértiz, quien ejercía cuando llegó Cevallos y permaneció como gobernador subordinado, para ocupar luego el cargo de segundo virrey del Río de la Plata. En un primer momento el nuevo virreinato no constituyó más que la agrupación, bajo un solo mando político, de las gobernaciones del Río de la Plata, Paraguay, Tucumán y las provincias de una región algo mayor que la actual Bolivia. O sea que integraba aproximadamente las mismas ciudades que formaban parte de la jurisdicción de la Audiencia de Charcas, más los centros del Cuyo como Mendoza y San Juan. Pero desde el punto de vista fiscal la reunión era importante y expresaba realidades preexistentes. Por lo pronto reconocía el papel del eje comercial Potosí-Buenos Aires, aunque reorientando la utilización de los recursos fiscales que éste generaba. Sobre todo aseguraba que Buenos Aires pudiera controlar las cajas reales de la región minera con centro en Potosí.

Cevallos venía advirtiendo ya desde principios de 1750 que era imposible financiar localmente el esfuerzo militar sin los recursos fiscales de la región productora de metales preciosos. En 1762 propuso la formación del mismo conjunto administrativo a cuya cabeza se encontraría 15 años más tarde; y sobre todo abogó por la aplicación, sobre dicho conjunto, de las reformas comerciales que se pondrían en práctica primero en Cuba y luego en el Río de la Plata. Siempre con el mismo fin, generar excedentes fiscales para financiar la guerra y la defensa. Pero mientras Cevallos proyectaba legalizar el tráfico comercial, a fin de lograr recursos fiscales que aseguraran su obra militar, también recibía autorización para retirar fondos de la Caja de Potosí y aumentar así el monto del situado destinado a Buenos Aires. Mientras que entre 1760 y 1764 ingresaron en ese concepto 970.530 ps., durante el quinquenio de 1776-1780 lo hicieron 8.370.000 ps. Si bien la última cifra refleja algunos envíos efectivamente excepcionales, entre 1791 y 1805 el situado de Potosí representó el 60% de los ingresos de la Caja de Buenos Aires; la proporción sube a algo más del 70% si consideramos los años 1791-1800. Ya hemos tenido ocasión de ver el papel de esos subsidios y el tipo de operaciones a que daban lugar durante el siglo XVII. Entonces la importancia relativa del situado en el total de ingresos de la Caja de Buenos Aires había sido la misma: un poco más del 70% entre 1674 y 1703. Pero había una gran diferencia en Potosí mismo. Mientras que en esos años del siglo XVII representaba el 12% de los ingresos de su caja, un siglo más tarde, entre 1791 y 1800, las remesas del situado drenaban hacia

Buenos Aires un poco menos del 70% de los ingresos de las cajas de Potosí.

Entonces, gracias a la explotación fiscal de las regiones mineras del Alto Perú, se produjo una importante concentración de recursos militares y administrativos en el Río de la Plata. Así, en Buenos Aires el número de cargos administrativos, incluido el de gobernador o virrey y su secretaria, pasó de 14 a 83 entre 1767 y 1779, alcanzando a 134 en 1790. Lo cual nos da una idea de la importancia del crecimiento y, al mismo tiempo, la relatividad de las cosas. De 14 a 134 casi multiplica por diez el número de puestos en 23 años, pero no dejan de ser apenas 134 personas en total por una ciudad de unos 35.000 habitantes. En 1785 la Audiencia contaba con 12 personas, la Real Hacienda con 46, la aduana con 20 y la secretaria del virrey con 8. No se puede afirmar que una burocracia profesional haya reemplazado al servicio y las relaciones personales en la articulación del poder político, aun si con toda evidencia se multiplicaron los instrumentos de centralización administrativa. Mayor peso tenía, obviamente, la estructura militar que encuadraba, entre Buenos Aires y su frontera y Montevideo y la suya, unos 4.000 hombres. Simplificando demasiado, se puede decir que para mantener ese aparato militar y civil la Real Hacienda gastaba, hacia fines del siglo XVIII y principios del XIX, alrededor de 1.500.000 pesos anuales, de los cuales unos 750.000 eran para el pago de salarios, 600.000 de militares y 150.000 para la administración civil. Las exportaciones de cueros en esos años y para toda la región alcanzaban 1.000.000 de pesos anuales. Si bien esto no nos permite extraer conclusiones sobre el peso económico del Estado, las proporciones son elocuentes sobre la importancia de la reasignación de recursos impuesta por las decisiones políticas de la corona.

A la cabeza de este conjunto se encontraba entonces el virrey, que ejercía la jefatura militar de todo el distrito como capitán general, desde 1785 presidía la Audiencia de Buenos Aires, y como gobernador tenía a su cargo el mando político de su provincia. Tradicionalmente se lo consideraba un *alter ego* de la persona del rey y su rango social correspondía a la nobleza de su función. La existencia de una corte virreinal y algunas prerrogativas, como la de mantener una compañía de guardias personales, expresaban esa jerarquía. Pero en el Río de la Plata el ritual del cargo y la distinción de los titulares fueron más austeros o modestos, según el rango que se le reconocía a la nueva formación estatal y no como expresión de una problemática modernidad. En total hubo 12 virreyes, en su casi totalidad militares. En general llegaban al cargo tras haber realizado carreras nutridas, tanto en el ejército como en la administración imperial. Pertenecían entonces a los estratos intermedios de los grupos superiores, adonde habían accedido gracias a esas mismas carreras. Sin embargo, sería un anacronismo asimilarlos a la alta función pública moderna, como lo prueba la importancia que seguían teniendo sus casas, incluso en el ejercicio mismo de sus funciones. En general llegaban rodeados de un grupo doméstico de 12 a 19 personas, entre secretarios personales, parientes y criados, gentiles hombres, mayordomos, ayudas de cámara, caballerizos y sirvientes, además de esposa e hijos. Muchos de estos allegados desempeñaban funciones más o menos oficiales o informales en distintas esferas del poder local. Constituían una verdadera trama que comunicaba con las distintas esferas del poder local. Sin embargo, se fue constituyendo una secretaría cuyos nombramientos se hacían directamente en Madrid. Su condición social los hacía más dependientes del favor real que a los más brillantes de sus homólogos en Perú o México, cuyo rango les confería una verdadera autonomía social. Esto puede considerarse como un factor de centralización política. No obstante, la misma situación aumentaba la probabilidad de alianzas directas con familias notables en distintos momentos de sus carreras, produciendo el efecto contrario. Así, cuatro virreyes —Olaguer Feliú, Joaquín del Pino, Rafael de Sobremonte y el caso excepcional de Liniers— se casaron con herederas de importantes familias locales.

Al poco tiempo de su creación, en 1781, el Virreinato del Río de la Plata fue teatro de una ambiciosa reforma que procuraba remodelar el funcionamiento de las estructuras administrativas tradicionales en el sentido de una mayor racionalización y centralización: la aplicación del llamado sistema de intendentes, nacido de la tradición administrativa francesa. Se trataba de una suerte de jueces comisionados, quienes al frente de su jurisdicción recibían amplios poderes para orientar el funcionamiento de la Justicia, el gobierno, las finanzas y la guerra. Si bien eran, al igual que los gobernadores, jueces de primera o segunda instancia, buscaban crear una mayor centralización en el ámbito de las finanzas y de los recursos destinados a la defensa. La ordenanza que dio nacimiento al sistema dividió al Virreinato del Río de la Plata en ocho intendencias. Cuatro en el Alto Perú, dos en el Tucumán —Salta y Córdoba—, la de Paraguay o Asunción, y la de Buenos Aires. Se consideraba a las siete primeras como intendencias provinciales, en cambio la de Buenos Aires recibió el título de Intendencia General de Ejército y de Provincia, lo cual nos da también una idea de los objetivos de la reforma y ya va configurando el papel político que la región se autoasignaría. Los intendentes residían evidentemente en la capital de las provincias así creadas, mientras que en las otras ciudades encontramos a los subdelegados de intendencia. Éstos ejecutaban las órdenes del intendente en los departamentos de Hacienda, Administración General y Guerra, pero no en Justicia. De modo que el subdelegado se convirtió en un jefe local con mando sobre las milicias y autoridad sobre las finanzas, y quedó —a diferencia del sistema de teniente de gobernador— como único juez de primera instancia el titular del cabildo.

El cargo de intendente se implantó en América por primera vez en Cuba en 1765, como parte de las reformas implementadas en reacción a la ocupación inglesa. Pero su ámbito estaba circunscrito esencialmente a la hacienda y a los aspectos financieros de la guerra y la defensa. En el proceso que siguió hasta su aplicación al Río de la Plata, nunca perdió este acento puesto en la centralización de las cuentas fiscales y la racionalización de su utilización para fines militares. Dentro del ámbito platense la reorganización tuvo efectos distintos en las diferentes regiones. El Alto Perú constituye un caso especial, que queda fuera de los límites de este capítulo, pues su aplicación se efectuó inmediatamente después de los levantamientos indígenas que tuvieron lugar entre finales de la década de 1770 y principios de la de 1780. Aun si las consultas para poner en práctica las intendencias comenzaron antes, la rebelión indígena atacó directamente al antiguo sistema de corregidores, tantas veces criticado. De modo que la reforma no pudo dejar de ser también una respuesta a esa situación.

Dentro de la gran gobernación del Tucumán las intendencias provinciales supusieron una profunda reorganización administrativa. Las ciudades de Jujuy, Santiago del Estero, San Miguel del Tucumán y Catamarca dependían de Salta; mientras que La Rioja, San Juan y Mendoza lo hacían de Córdoba. Más difícil es hacer afirmaciones sobre los cambios que supuso el ejercicio de la nueva magistratura del gobernador intendente, aparte del hecho de que las nuevas capitales expresaban mejor la importancia relativa de las ciudades. Quizá la principal diferencia estuviera en las competencias y en el perfil de los titulares. La magistratura también pierde algo del carácter de jefatura carismática en lo militar y judicial de una vasta región de frontera, que comunicaba directamente con el rey. Hombres como Sobremonte expresaban un nuevo clima de ideas acerca de cómo conducir los asuntos públicos. Sin embargo, hubo también una continuidad en el personal que no pudo renovarse inmediatamente, tanto por el ritmo de aplicación previsto en la proclama de 1783, como por las propias limitaciones de dicho personal. Pero sobre todo la administración cotidiana de justicia cambió poco con el nuevo sistema.

En la Banda Oriental, Montevideo permaneció como gobernación militar integrada al virreinato pero con algo de la autonomía que tenían las anteriores gobernaciones. El mismo estatuto mantuvieron las demás circunscripciones fronterizas: la mayoría de los pueblos de las misiones y las provincias de Mojos y Chiquitos. En cambio, Buenos Aires fue escenario de un conflicto entre las máximas autoridades que allí residían, el virrey y el superintendente. Este último, como titular de la intendencia de Buenos Aires, recibió bajo su jurisdicción las cuentas de todo el virreinato. De modo que el departamento de hacienda quedaba en sus manos y separado del ejercicio de la jefatura política y militar a cargo del virrey. En consecuencia, entre sus prerrogativas se encontraba también la de entender como juez en todas las causas que concernían a los derechos de Su Majestad, entre ellas las relativas al contrabando. Lo cual constituyó una fuente permanente de conflictos de jurisdicciones entre ambas autoridades, relativos tanto a la utilización de fondos públicos como a la política por seguir en la autorización del comercio no español en el Río de la Plata. Finalmente en 1788 el virrey recibió las funciones de superintendente y en el 1803 se creó una simple intendencia para Buenos Aires, con funciones aun más disminuidas en la ciudad misma.

Sin duda la creación del virreinato constituyó un verdadero esfuerzo de construcción institucional, del cual la implantación del sistema de intendentes fue un aspecto importante pero no el único. Desde 1778 comenzó a funcionar la aduana y la Audiencia de Buenos Aires se instaló en 1785. Su jurisdicción comprendía las antiguas gobernaciones del Tucumán, Paraguay y Río de la Plata. Las reformas modificaron considerablemente la posición de la

Audiencia de Charcas, no sólo porque su jurisdicción se redujo de esa forma, sino también porque en lo sucesivo debía compartir y disputar el poder sobre el territorio de la actual Bolivia con tres nuevos intendentes, mientras que su presidente se convertía en intendente presidente de la provincia de La Plata. La imagen que nos podamos hacer de esta formación estatal sería incompleta si no mencionáramos siquiera antiguas instituciones como la Casa de Moneda de Potosí o las universidades de Chuquisaca y de Córdoba. Tampoco debemos olvidar otras de creación reciente como el Real Banco de San Carlos, destinado a apoyar la producción de plata en la región minera de Potosí, o el Consulado de Buenos Aires, que actuaba como tribunal de comercio y agencia de promoción económica. Instalado este último en 1799 en Buenos Aires, probablemente haya sido más importante como caja de resonancia de enfrentamientos entre facciones de los grupos dominantes y de debate doctrinario que por su acción propia. Igualmente importante es recordar que el personal administrativo apenas representaba una pequeña minoría al lado del eclesiástico, y ambos estaban profundamente entrelazados, entre otras cosas, en virtud del Real patronato, es decir, el ejercicio de la potestad regalista de que disfrutaba la corona de Castilla. Finalmente a este cuadro lo completan la creación, por un lado, de nuevas guarniciones tanto en la frontera indígena como en los recientes límites con el Brasil y, por el otro, de monopolios como la renta de tabaco y la de azogues.

Dentro de ese conjunto, la importancia del sistema de intendencias radicaba en que aportaba elementos efectivamente nuevos que los acercaban, aunque de manera parcial, a la noción de funcionario propiamente dicho. En los debates sobre su implementación y en el mismo diseño de sus funciones aparecía, de manera confusa pero efectiva, la idea de un ámbito específico de la administración, separada de la administración de justicia y del servicio personal al rey. En teoría esto suponía que el funcionario dependía directamente de un poder, al cual estaba subordinado por una cadena de funciones. Así, al superintendente se lo consideraba subdelegado del secretario de Hacienda en Madrid. Lo cual lo distinguía del magistrado tradicional, encarnación jerárquicamente subalterna de ese poder, pero autónoma en el ejercicio de sus funciones. En respuesta a sus inquietudes sobre sus relaciones con el superintendente, el secretario de Indias respondía a Vértiz que el virrey "representa al rey en su distrito *y es su imagen en aquellos dominios*". Pero el cambio apenas si se esbozó. El Virreinato del Río de la Plata era entonces, en todos los sentidos del término, una formación estatal de Antiguo Régimen. La Secretaría del Virreinato representa un buen ejemplo de esta aparente ambivalencia. Creada en 1778, constituyó una verdadera agencia administrativa. Pero hasta 1790 sus titulares fueron parientes y allegados, miembros de la casa de los distintos virreyes. En esa fecha se unificó con la de la superintendencia y debía recibir un titular directamente nombrado por el rey. El primero de ellos, Manuel Gallego, asumió en 1795, pero, por un lado se siguió recurriendo a los secretarios privados y, por el otro, Gallego fue el pivote de una importante red social que influía sobre la acción de la institución. Lo cual no representaba una anomalía, sino que era, una vez más, expresión de los mecanismos que aseguraban la articulación del poder. La creación del virreinato no constituyó entonces una revolución en el gobierno. Mantuvo los equilibrios sociales existentes y funcionó gracias a sus múltiples lazos con una sociedad de órdenes y Estados.

Redes sociales, negocios y consenso colonial

Dichos vínculos sociales nos devuelven a algunos de los mecanismos que se han examinado más arriba. Encontramos en ellos, por un lado, miembros de los grupos dominantes que se esmeran en servir al rey y, por el otro, agentes de la monarquía consagrados a toda suerte de actividades empresariales. Mientras, la tenue brecha entre unos y otros se cerraba por una multiplicidad de vínculos primarios de consanguinidad, alianza y amistad. Esta lógica social permanece opaca si, siguiendo la tradición durkheimiana, se adopta una imagen de las instituciones y de los grupos sociales como segmentos o conjuntos claramente delimitados, con normas, funciones y estructuras que se imponen a los individuos desde fuera. Éstos y sus relaciones recíprocas son elementos insustituibles de las configuraciones sociales que construye la acción colectiva, así como de las restricciones y referencias que en cada secuencia también organiza ella.

El ejemplo de la familia Altolaguirre muestra el significado concreto de esas afirmaciones, ilustrándonos nuevamente sobre la manera en que los lazos sociales articulaban administración imperial y grupos sociales. Nacido en 1708 en España (Albistur), Don Martín Altolaguirre comenzó su carrera en la región como capitán de forasteros, a sus expensas, en el Paraguay y acabó en el cargo de factor de las cajas reales que ocupó desde 1752. En realidad había comprado ese cargo para su hijo Martín José, a quien se lo transferiría en 1767. Entre tanto también se había desempeñado como comisario de Guerra en la expedición de demarcación de límites del gobernador Andonaegui. De su matrimonio en 1730 con María Josefa Pando y Patiño, una porteña hija de militares, nacieron 8 hijos, 7 varones y una mujer. Varios estudiaron en España y cinco de ellos hicieron brillantes carreras en la administración imperial. Bernardino (1731-1798), el mayor, fue nombrado corregidor en el Perú en 1763, contador de la Casa de la Moneda en Chile en 1772, y más tarde juez superintendente de la misma. Pedro Mariano, el quinto, obtuvo en 1778 el cargo de contador y luego de tesorero de la Casa de la Moneda en Potosí. El menor, León (1752-1823), comenzó como teniente de infantería en el Paraguay, al igual que su padre, y culminó como comandante de resguardo de Montevideo. No fue el único en efectuar una carrera militar en la región. Finalmente, Martín José, el segundo de los hijos, en 1767 ocupó el cargo de factor de las cajas de Real Hacienda, que su padre había comprado y en la cual se había desempeñado interinamente hasta entonces. Destacada familia del Buenos Aires de la segunda mitad del siglo XVIII, el clan Altolaguirre estaba vinculado por distintos lazos de alianza, afinidad y negocios con otras familias igualmente prominentes.

Don Martín padre se dedicó paralelamente a los negocios habituales de los grandes comerciantes porteños. Incluso en la década de 1760 aparece vinculado a casos de contrabando junto al mencionado Medrano. Entre sus más próximos asociados se encon-

Manuel Belgrano, *miniatura de autor anónimo, 1753.*

traba Martín Sarratea, quien se casó con la hija del primero en 1767. Éste habría de convertirse en uno de los más destacados mercaderes locales. Se lo eligió en 1790 representante del comercio a fin de gestionar en Madrid la creación del Consulado, cuya junta luego integró; hacia la misma época fue también representante de la Real Compañía de Filipinas. Otros aspectos de su carrera estaban más próximos a los de su suegro. Ambos "Martines" se conocieron durante la campaña de Andonaegui. A principios de 1750 Sarratea había sido nombrado por dicho gobernador tesorero real de las fuerzas militares que operaban bajo su mando. En 1762, Cevallos lo nombró teniente de una de las compañías que organizó para tomar Colonia. Más tarde el adversario de aquél, Bucareli, firmó su separación del "servicio a Su Majestad". A partir de entonces concentró su actividad en la corporación municipal, integrando regularmente el cabildo durante los años en que éste se enfrentaba con Bucareli y hasta 1777.

En la facción opuesta de apoyo a Bucareli encontramos configuraciones similares. Su secretario, Juan Andrés de Arroyo, futuro contador mayor del Tribunal de Cuentas, contrajo matrimonio con Ana Pinedo, descendiente de un grupo de familias emparentadas de administradores, comerciantes y contrabandistas, los Sorarte, Arce y Arcos y Pinedo mismo. Una de las hijas del mencionado Medrano se casó con uno de los hijos de Tomás Antonio Romero, otro destacado comerciante. Éste, a su vez, estaba vinculado al secretario Gallego, quien estaba secretamente casado con una descendiente del gobernador Andonaegui, hija de comerciantes.

Ejemplos como los precedentes, de imbricación entre los negocios y la estructura formal de la autoridad política, son interminables. Trayectorias como las de Sarratea no tenían nada de excepcional. Sería inútil repetir nombres; la mayoría de los más de 120 individuos que hacia 1780-1790 podían considerarse los principales negociantes de Buenos Aires había ejercido algún oficio o magistratura en las milicias, el cabildo y la administración de finanzas o justicia. Pero no era éste el único modo de relación con el Estado. Entre los numerosos afines de la familia Altolaguirre se encontraban los Belgrano. Don Domingo Belgrano Pérez realizó varias operaciones con Martín Altolaguirre hijo y padre. Algunos de sus hijos eran amigos, como Domingo Belgrano hijo y Pedro Altolaguirre. Belgrano padre había socorrido a Don Pedro con la fianza necesaria para su cargo de tesorero de la Casa de Moneda.

A su vez, éste había intervenido para que un representante comercial de Belgrano en Salta obtuviera el cargo de titular de la Real Renta de Tabaco. Similar intercambio de favores efectuaba Belgrano con el coronel Molina, su padrino de bodas, destacado en la Banda Oriental, a quien le enviaba recomendados con alguna frecuencia. De hecho, Belgrano padre facilitó la fianza u otorgó préstamos a unos 15 altos dignatarios del Estado. Cabe entonces preguntarse por la razón que movía a agentes como Sarratea a persistir en el servicio al Estado, y a otros como Belgrano a invertir esfuerzos en hacer favores vinculados al Estado. La respuesta que podemos arriesgar se encuentra tanto en la estructura de los negocios como en la relación entre la administración y la economía.

Las distintas esferas del Estado de Antiguo Régimen intervenían en la economía generando una peculiar articulación institucional de las reglas de juego. Pero no podemos decir que intervenían en el sentido que lo hacen los Estados contemporáneos. Simplificando, demasiado podemos decir que el principio de sus regulaciones consistía en que toda prohibición era fuente de rentas para la corona en la medida en que ésta podía vender las dispensas o privilegios para soslayarlas. Asientos, monopolios y privilegios eran en España los instrumentos más habituales. En el Río de la Plata desempeñaban el mismo papel toda suerte de autorizaciones, desde formas más o menos abiertas de tolerancia al contrabando o autorizaciones de comerciar con extranjeros, hasta licencias para importar esclavos. Se trataba de mercedes cuyos beneficiarios obtenían una renta de situación o de monopolio. Dentro de la misma lógica de la merced entraban las asignaciones de trabajo forzado en la minería, los repartimientos de mercancías, y asimismo operaciones como las observadas con la utilización del situado en el siglo XVII. El mismo Belgrano participó en operaciones de ese tipo, en particular una por la cual se encargó del pago con productos de los salarios de la milicia de Corrientes, recibiendo luego el importe en metálico directamente de los fondos de la aduana. Como se ha afirmado, la escasez de circulante y la situación de poder favorecían manipulaciones en los precios y en el valor de la moneda que multiplicaban los beneficios, en los cuales también participaban los oficiales.

Si las decisiones políticas podían enriquecer a un individuo en pocos años, obviamente se competía por esos favores y las rentas que esas decisiones permitían obtener. Pero es igualmente obvio que esa competencia no era la de un mercado. Los favores circulaban en el interior de una trama de mediaciones sociales y de relaciones de poder. Obtenía favores quien podía hacerlos y podía hacerlos aquel a quien se le debían. Un buen ejemplo de esto lo constituye el uso de los fondos disponibles en las cajas reales para financiar actividades empresariales de toda clase. Ya se ha hecho mención de ello para el siglo XVII. Hacia 1767 se acusó a Medrano de las mismas prácticas y dos años antes Domingo Belgrano había recibido de la misma fuente a través de Altolaguirre importantes sumas para financiar operaciones comerciales con Chile. El administrador de la aduana Ximénes de Mesa, un amigo de Belgrano a quien éste había pagado la fianza de su puesto, aparece implicado en 1788 en un importante escándalo. Entre las acusaciones que se le hacía estaba la de utilizar los fondos de la agencia para financiar exportaciones de cueros y harina, importaciones de bienes europeos, operaciones comerciales con Paraguay, Uruguay, Potosí, Córdoba, La Plata, La Paz, y otros lugares, además de préstamos directos un poco por todas partes. Importa poco el hecho mismo de la utilización de fondos públicos cuya prohibición en sí estaba poco clara. Lo central era que el acceso a estos recursos de crédito no guardaba ninguna relación con el de un mercado de capitales, sino que estaba regulado por los mecanismos de asignación de favores propios de una configuración de relaciones de clientela y poder. Sin duda el ejemplo de la aduana constituye un caso de corrupción. Pero, una vez más, éstas no eran desviaciones anómalas en relación con la lógica misma de funcionamiento del Estado. Aparte del hecho de que dichos escándalos estallaban siempre en el contexto de enfrentamientos entre facciones o camarillas, los mecanismos clientelares puestos de manifiesto en éste como en otros ejemplos de contrabando constituyen configuraciones extremas de los lazos sociales que el Estado construía sobre la lógica del servicio y la merced.

Sin embargo, esto no explica por qué tanto comerciante persistía en servir en alguna compañía militar a sus expensas o hacerse nombrar oficial o regidor. De hecho los comerciantes solían resistirse a estos servicios y hubo un importante expediente para suprimir el servicio de los grandes comerciantes en las milicias. En realidad habría que invertir los términos de la pregunta inicial e interrogarse sobre cuáles eran las condiciones que favorecían el acceso a la cúspide del negocio. Y la respuesta no es difícil, la notabilidad social, una de cuyas fuentes era el servicio en empleos honrosos, cualesquiera fueran las razones por las cuales se efectuaran. En esa economía era caro informarse y difícil asegurarse del cumplimiento de los contratos; la división del trabajo no permitía la existencia de instituciones especializadas en el crédito ni, claro, un mercado de capitales. En una economía con esas características, los contratos propios a la actividad empresarial se establecían en el interior de una red de vínculos primarios que al mismo tiempo aseguraba el cumplimiento de los contratos. Esto significaba que las relaciones estrictamente comerciales se integraban en una compleja cadena de mediaciones, intercambios y relaciones de poder entre individuos unidos por una multiplicidad de lazos como los de Belgrano padre con su agente en Salta. No es entonces que se sirviera al rey porque se anticipara racionalmente que eso favorecía los negocios, sino que la progresiva construcción de la notabilidad social aumentaba la probabilidad de movilidad ascendente y de éxito en esos negocios.

Finalmente, estos mecanismos generaban una forma de consenso colonial. Aquellas redes de vínculos primarios constituían para los miembros de los grupos dominantes la organización misma de sus empresas; o, dicho de otro modo, el recurso con el cual organizaban el control local y espacial de sus negocios. Al mismo tiempo, las distintas formas de participación o de integración en las estructuras locales de poder imperial eran fuente de autoridad y prestigio que ampliaba la capacidad por construir y movilizar redes y parentelas. Ya hemos visto también que la cooptación de esas mismas redes efectivamente conectadas constituía un instrumento con el cual los representantes de la corona organizaban cadenas de mando político y militar, indispensables para el funcionamiento de las instituciones imperiales. Los tejidos sociales del negocio y la política se confundían así en una única trama de relaciones personales. Aunque fragmentada en facciones y camarillas que se enfrentaban o competían, su acción colectiva mantenía la dinámica del consenso colonial.

El funcionamiento de dichos mecanismos de consenso colonial muestra que el poder político no es una sustancia, ni una cualidad y menos aún un objeto, una práctica o un discurso. Se trata de una relación social. En la formación estatal cuya evolución hemos seguido, su configuración política e institucional ha sido el resultado de los conflictos, las negociaciones, las cooperaciones, la potencia y las resistencias que recíprocamente establecían quienes se encontraban vinculados con dichas relaciones de poder. Con estas ideas se intenta subrayar la dinámica del conjunto político del cual los Estados independientes habrían de surgir.

BIBLIOGRAFÍA

Amaral, Samuel, "Public Expediture Financing in the Colonial Treasury: An Analysis of the Real Caja de Buenos Aires Accounts, 1789-1791", *Hispanic American Historical Review*, vol. 64, N° 2, 1984.

Barba, Enrique, *Don Pedro de Cevallos*, 2ª ed. corregida y aumentada, Rioplatense, Buenos Aires, 1978.

Barriera, Darío, "Juicios y conflictos en Santa Fe", en Areces, Nidia (comp.), *Poder y sociedad: Santa Fe, 1573-1660*, Manuel Suárez & Prohistoria, Rosario 1999.

Céspedes del Castillo, Guillermo, *Lima y Buenos Aires. Repercusiones económicas y políticas de la creación del Virreinato del Plata*, Anuario de Estudios Americanos, Sevilla, 1947.

Dedieu, Jean Pierre, y Castellano, Juan Luis (dir.), *Réseaux, familles et pouvoirs dans le monde ibérique à la fin de l'Ancien Régime*, Ed. du CNRS, París, 1998.

Dedieu, Jean Pierre, y Moutoukias, Zacarías, "L'approche de la théorie des réseaux sociaux", introducción al libro de Dedieu y Castellano, 1998.

Galmarini, Hugo Raúl, "Comercio y burocracia colonial: a propósito de Tomás Antonio Romero", *Investigaciones y ensayos*, números 28 y 29, Academia Nacional de la Historia, Buenos Aires, 1980.

Garavaglia, Juan Carlos, "La guerra en el Tucumán colonial. Sociedad y economía en un área de frontera", *HISLA*, IV, Lima, 1984.

Gelman, Jorge, "Cabildo y elite local. El caso de Buenos Aires en el siglo XVII", *HISLA*, N° 6, Lima, 1985.

——— *De mercachifle a gran comerciante: los caminos del ascenso en el Río de la Plata colonial*, Universidad Internacional de Andalucía, La Rábida, 1996.

Gil Munilla, Octavio, *El Río de la Plata en la política internacional*, Escuela de Estudios Hispanoamericanos, Sevilla, 1947.

Halperin Donghi, Tulio, *Guerra y finanzas en los orígenes del Estado argentino (1791-1850)*, Belgrano, Buenos Aires, 1982.

Herzog, Tamar, *La administración como un fenómeno social: la justicia penal de la ciudad de Quito (1650-1750)*, Centro de Estudios Constitucionales, Madrid, 1995.

Hespanha, Antonio Manuel, *Vísperas del Leviatán. Instituciones y poder político en Portugal (siglo XVII)*, Taurus, Madrid, 1989.

Klein, Herbert, "Structure and Profitability of Royal Finance in the Viceroyalty of the Río de la Plata", *Hispanic American Historical Review*, vol. 53, N° 3, agosto 1973.

Levillier, Roberto, *Nueva crónica de la conquista del Tucumán*, 3 tomos, Buenos Aires y Varsovia, 1926-1928.

Lynch, John, *Administración colonial española, 1782-1810. El sistema de intendencias en el Virreynato del Río de la Plata*, EUDEBA, Buenos Aires, 1962 (1ª ed. en inglés, Atlone, Londres, 1958).

Moutoukias, Zacarías, "Negocios y redes sociales: modelo interpretativo a partir de un caso rioplatense (siglo XVIII)", en *Caravelle*, N° 67, Toulouse, 1997.

——— "Power, Corruption, and Commerce: the Making of the Local Administrative Structure in 17th Century Buenos Aires", *Hispanic American Historical Review*, vol. 68, N° 4, 1988.

——— "Réseaux personnels et autorité coloniale: les négociants de Buenos Aires au XVIIIe siècle", en *Annales. E.S.C*, N° 4-5, París, 1992.

Piana de Cuesta, Josefina, *Los indígenas de Córdoba bajo el sistema colonial. 1570-1620*, UNC, Córdoba, 1992.

Romano, Ruggiero, y Ganci, Massimo (eds.), *Gobernare il mondo. L'impero spagnolo dal XV al XIX sécolo*, Società Siciliana per la Storia Patria, Palermo, 1991.

Socolow, Susan, *The Burocrats of Buenos Aires, 1769-1810: Amor al Real Servicio*, Duke University Press, Durham, 1983.

Tandeter, Enrique, "El eje Potosí-Buenos Aires en el imperio español", en Romano y Ganci, 1991.

Zorraquín Becú, Ricardo, *La organización política argentina en el período hispánico*, Emecé, Buenos Aires, 1959.

X

Cultura y política en una sociedad de Antiguo Régimen

por BEATRIZ C. RUIBAL

Procesión de Corpus en Buenos Aires, 1750.

En el orden intelectual dos fenómenos vinculados marcaron la época moderna. Por un lado, la entrada de Occidente en la era de la relatividad, consecuencia lógica de los descubrimientos geográficos y de la creación de los grandes imperios coloniales de ultramar. El descubrimiento del Nuevo Mundo colocó a los europeos frente a la existencia de seres humanos y sociedades diferentes con creencias, valores y costumbres distintas que originaron nuevas preguntas al discurso cristiano fundacional, acrecentadas luego por el efecto de la duda metódica cartesiana y el pensamiento de las Luces.

Por el otro lado, la idea y la práctica del Estado, a partir de las cuales se creó un espacio político nuevo, concebido como algo distinto del dominio espiritual. El Estado monárquico que surgió de las crisis de fines del Medioevo y de la revolución protestante que desgarra el mito de la Cristiandad, se consolidó por la concentración de poderes, así como por la eliminación progresiva de contrapoderes tales como las Cortes en España o el Parlamento en Gran Bretaña. La presión del Estado sobre sus instituciones representativas produjo, a su vez, crisis políticas en todas las monarquías europeas que se resolvieron de distinta forma según las características específicas de cada lugar. Si Francia era el caso extremo del triunfo del rey y el inverso Inglaterra, donde el Parlamento logró limitar el poder absoluto, el mundo hispánico se definió como "un empate provisional y precario entre ambos, ya que ni el rey ni las Cortes consiguen imponerse".

Este largo proceso de secularización europeo se extiende a partir del siglo XVI, se profundiza en el siglo XVII y culmina a fines del siglo XVIII, con el progresivo surgimiento de la Modernidad. Proceso que implicó el paso, desde el punto de vista de Michel de Certeau, "del sistema religioso a la ética de las luces", y durante el cual la política ocupó el lugar de la religión como el principio organizador y el marco de referencia de la sociedad.

La ruptura de la *res publica christiana* como espacio de unificación derivó en su reemplazo por "la República de las letras", el ámbito europeo de la cultura y la comunicación intelectual. Estos cambios suponían también la participación de nuevos actores sociales y políticos que se relacionaban voluntariamente a partir de criterios nuevos y diferentes de aquellos que caracterizaban las relaciones de Antiguo Régimen: el nacimiento y el parentesco.

El nuevo tipo de relaciones determinó las distintas formas de sociabilidad, salones, tertulias, sociedades científicas, sociedades de lectura, sociedades de amigos del país, que se multiplicaron en Europa a lo largo del siglo XVIII. Asociaciones que difundieron el imaginario de la Ilustración, fundado en la laicización de los valores y el triunfo del individualismo, así como también el apoyo de la prensa escrita y de los múltiples vínculos informales, mantenidos a través de la correspondencia y de los viajes.

El proceso secular de liberación de la razón crítica y de rechazo de la tradición originó nuevos modos de pensar la política y la moral y, conjuntamente, en relación con los nuevos valores, se puso en práctica un nuevo enfoque de la colonización. Proceso que no es homogéneo, por supuesto, sino que estará en función de la experiencia histórica y cultural específica de cada país. En el mundo hispánico, España y las Indias, este proceso concluyó finalmente en el siglo XIX con la desintegración de la monarquía de Antiguo Régimen y la formación de un conjunto de Estados independientes, uno de los cuales será la Argentina actual, período que está fuera de nuestro marco cronológico.

En este capítulo nos acercaremos a la forma particular en que el nuevo discurso se manifestó en el Río de la Plata, a fines de la etapa colonial, como parte integrante de la monarquía católica hispánica.

LA MONARQUÍA CATÓLICA HISPÁNICA

Hacia fines del siglo XVI, la monarquía hispánica estaba integrada por un conjunto de reinos diferentes unidos en la persona del rey. Los reinos conservaban la mayoría de sus instituciones políticas y leyes específicas, a las que se agregaban algunas instituciones comunes. Desde el punto de vista jurídico, las Indias constituían los reinos ultramarinos de la corona y estaban gobernados por una institución especializada, el Consejo de Indias, a través de una legislación y jurisprudencia específicas.

La teoría de la "monarquía católica" surgió con el renacimiento del tomismo durante el siglo XVI en las concepciones teórico-jurídicas de Francisco de Vitoria y Francisco Suárez, a partir de dos tradiciones. Por un lado, las nociones elaboradas en la Antigüedad clásica para interpretar los cambios que se dan en Roma en el paso de la República al Imperio, y por el otro, la propia tradición electiva de la monarquía medieval de origen germánico. En esta última, el origen y la legitimidad del po-

Francisco de Vitoria, obispo del Tucumán.

der político nacían de un pacto entre el gobernante y los gobernados, por medio del cual los súbditos se sometían al monarca y le fijaban atribuciones y límites. Este pacto se formalizaba en el acto de jura del rey, en el que éste se comprometía a guardar los fueros y libertades de los reinos. No obstante, el pacto que originaba el poder del Estado no surgía de un acuerdo libre de voluntades, sino que había sido determinado previamente por la ley natural. La autoridad que recibía el gobernante provenía de Dios, de ahí que el gobierno ilegítimo no era considerado propiamente gobierno, pues una autoridad que se apartaba de sus fines dejaba de ser autoridad y frente a ella el súbdito tenía el derecho de rebelarse. El juramento del rey encontraba su réplica en las Indias, en el juramento que todo virrey hacía cuando visitaba por primera vez una ciudad, de guardar sus privilegios, jerarquías y Ordenanzas. En este sentido, los criollos, cuando se consideren perjudicados por la política de la corona, requerirán privilegios y prerrogativas como descendientes de los fundadores de estos reinos.

En el discurso político, el ámbito político o profano y el ámbito religioso convergían en la figura del monarca, que era el instrumento de la ley divina. Concepto de fusión de la religión y la política que guió la obra de la conquista de América y se tradujo en el sentido de misión y búsqueda de poder que asume la empresa.

El siglo XVII acentuó los elementos profanos del discurso político. Juan de Solórzano y Pereira, jurista de la Universidad de Salamanca y oidor de la Real Audiencia de Lima (1610-1626), elaboró la concepción de la monarquía barroca española a partir de la imagen del cuerpo político, según la cual el rey y los súbditos eran parte del mismo cuerpo, el reino. Construyó, así, una imagen organicista del reino como un cuerpo viviente, un organismo comparable al cuerpo humano con todas sus partes diferentes, cada una de las cuales suponía el funcionamiento conjunto de todas las otras. El rey era, por supuesto, la cabeza del cuerpo político, era quien lo constituía como tal, en tanto lo orientaba y lo dirigía hacia fines comunes. Si en la tradición neoescolástica del Siglo de Oro el rey y los súbditos cumplían deberes de un orden trascendente y, por lo tanto, el rey ponía en ejecución una ley superior; en Solórzano el rey era el creador humano y profano del orden jurídico. Se construyó así una imagen orgánica que identificaba al soberano con el orden jurídico y sacralizaba su figura en una imagen pesimista y autoritaria de la política, síntesis cultural de la Contrarreforma, que surgía en una época de contradicciones, no sólo para España sino para Europa en general. En este contexto, autores que procedían de perspectivas religiosas y culturales diferentes, como pueden ser Hobbes, Bodino o Solórzano y Pereira, fundamentaban el poder absoluto del monarca en todos los campos de la sociedad y lo justificaban en la necesidad de mantener una sociedad estable y firme que impidiese el desorden. En todas estas concepciones del absolutismo aparecían nuevos elementos en la constitución de la sociedad y la naturaleza de la autoridad. En Hobbes, como en Bossuet, ya no se partía de la concepción aristotélica del hombre como un ser naturalmente social, sino del estado presocial del hombre en el que reinaba la lucha de todos contra todos, razón por la cual los hombres delegaban todos sus derechos en el poder político que se constituía como la fuente absoluta de toda ley. La versión católica del absolutismo monárquico de Bossuet también partía del estado anterior a la sociedad, aunque aquí este estado no era originario del hombre sino consecuencia del pecado original. De todos modos, la conclusión era la misma, el soberano adquiría una autoridad absoluta para mantener la cohesión de la sociedad. En este sentido, puede decirse que la monarquía absoluta barroca anticipaba a la monarquía ilustrada.

Si la fórmula política del XVIII, el "despotismo ilustrado" que adoptaron los Borbones, era una continuación del absolutismo del siglo XVII, de todos modos, se deben señalar algunas diferencias sustantivas. El utilitarismo negativo del barroco correspondiente con su imagen pesimista de la realidad se desplazó hacia un utilitarismo positivo y optimista, de acuerdo con las metas ilustradas de promover el bienestar y el progreso técnico y económico. A diferencia de la política barroca, donde el monarca ejercía el poder absoluto para garantizar la paz y el orden, en la política ilustrada el soberano era el autor de una obra de reformas cuyo objetivo principal era hacer más agradable la vida en la tierra. El rey aparecía, de este modo, tanto al servicio del Estado como del bien público. Las reformas estaban destinadas a buscar la prosperidad económica y social de los reinos, porque la felicidad de los vasallos era el fundamento y la justificación misma del poder del monarca. Por un lado, se mejorarían las condiciones de vida de los súbditos;

por el otro, al mismo tiempo, se fortalecerían las regalías de la corona.

LOS BORBONES. ABSOLUTISMO Y MODERNIDAD

El reinado de Carlos III y sus ministros reformistas marcó el punto de convergencia mayor entre los monarcas y los ilustrados en la construcción del Estado moderno. La propuesta de reformas incluía el concepto de la soberanía real de la monarquía de origen francés, como una potestad absoluta y suprema que dominaba la sociedad, que se oponía al pactismo tradicional de la monarquía hispánica. Por lo tanto, los privilegios y las libertades de los cuerpos o individuos ya no eran considerados como una de las partes de la relación bilateral entre el rey y sus vasallos, sino como derechos que el monarca había otorgado y ahora debía recuperar. En defensa de las regalías de la corona, entonces, el monarca procuró el sometimiento de la Iglesia y de los distintos privilegios que conservaban los diferentes estamentos que componían la sociedad y rechazó también cualquier recurso que limitase su poder, como el derecho a la revuelta y al tiranicidio de origen tomista. El referente de la política de los nuevos monarcas era el modelo francés, lo que suponía no sólo la introducción de la centralización y la racionalización administrativa, sino también las nuevas ideas. Cabe señalar, no obstante, que se trataba de la difusión de las nuevas ideas desde el poder en un país católico y contrarreformista, donde la fe y los dogmas no serán cuestionados. De todos modos, las sociedades de amigos del país, en tanto formas de sociabilidad características de la ilustración hispana, se convirtieron en centros de difusión de las ideas económicas y experiencias científicas y técnicas, y en el principal medio de divulgación de la Modernidad, a través de la publicación de memorias y periódicos, la creación de instituciones educativas de distinto tipo y bibliotecas, así como por las prácticas sociales involucradas.

La producción escrita de los reformadores se centró en la discusión de las condiciones que habían originado la decadencia del reino y en las reformas que era necesario implementar para solucionarla. La preocupación por el progreso del país por un lado, y la confianza en la educación como fundamento de la felicidad pública por el otro, condujeron a un concepto de cultura entendida como saber práctico y opuesto a la enseñanza teórica tradicional, que aumentaría los recursos y las técnicas, contribuyendo así a la prosperidad social.

La cultura debía difundir, entonces, conocimientos prácticos que tuviesen en cuenta la utilidad pública y el progreso del país. En este sentido, era considerada no sólo como una prerrogativa, sino también como un deber del soberano, quien debía orientar y ajustar las nuevas ideas a la realidad española. También se suponía que la difusión de la cultura, al originar la felicidad del pueblo, en último término eliminaba el fantasma siempre presente de las revueltas populares. Como decía Jovellanos, "una nación que se ilustra puede hacer grandes reformas sin sangre".

"Lo útil" y "la utilidad pública" eran, entonces, los rasgos esenciales que caracterizaron la España ilustrada. Pragmatismo utilitario que se manifestaba en el menor interés por las ciencias puras o las especulaciones teóricas, y el mayor interés en las aplicaciones prácticas para la resolución de los problemas sociales. Estos rasgos, producto de la coyuntura histórica, a los que se suman la tradición cultural española, dieron un matiz propio y peculiar a la "Ilustración española", que ha sido definida como limitada comparada con otros movimientos de las luces. En este sentido, se debe señalar la religiosidad de los reformistas. Tanto Campomanes como Jovellanos eran "católicos ilustrados" sinceros que buscaban una reforma más racional de la religiosidad barroca, a partir de un modelo de Iglesia más humilde y pobre, alejada del poder temporal y de una religiosidad volcada hacia el interior, que distinguiese entre exteriorizaciones y el verdadero culto a Dios. En esta línea se desarrollan las críticas a la religiosidad popular y a las costumbres procedentes del Barroco.

Los reformistas formados en la tradición del humanismo cristiano de Erasmo y en el redescubrimiento de los tratadistas espirituales del XVI —Fray Luis de Granada y Fray Luis de León— aceptaban las innovaciones intelectuales que no fueran contrarias a la revelación y a los dogmas católicos. De todos modos, si bien la fe y los dogmas no son cuestionados, ciertas prácticas comenzaron a ser objeto de crítica al plantearse la doctrina de un cristianismo interior como exigencia de la perfección, que devolviese al creyente el sentido de su dignidad de ser racional. En este sentido pueden enmarcarse las críticas de los jansenistas a

Iglesia de la Compañía de Jesús en Córdoba, dibujo de Juan Kronfuss.

los jesuitas, tanto cuando atacaban su excesiva preocupación por los bienes terrenales, su "laxismo", es decir, su moral indulgente y fácil; así como también su independencia respecto del rey, cuestión que antes era reservada para la teología.

La búsqueda de una "religión de lo esencial", que llevaba al perfeccionamiento individual, y la denuncia de las supersticiones implicaban críticas a los fines mágicos y populares del Barroco porque podían tergiversar el culto al verdadero Dios. La crítica también contenía un deseo de racionalidad, que en última instancia terminará afectando el contenido de la fe. A su vez, la adopción de la enseñanza científica censuraba —aunque indirectamente— a la escolástica, porque ocuparse de "la felicidad temporal del hombre" significaba dar prioridad a la felicidad de los hombres en este mundo en detrimento de la salvación eterna. Así, de alguna manera, se atacaba el fundamento religioso de la vida moral que subordinaba la vida eterna a la salvación religiosa y suponía la "rehabilitación" de la naturaleza humana.

De modo que, si bien en el terreno religioso los españoles distinguieron siempre entre la fe y la Iglesia, entre la religión y sus ministros y, como observa Sarrailh, el derecho a pensar libremente y sacar conclusiones de la razón se detiene siempre en el reino de la fe. Sin embargo, si nos colocamos en el movimiento más amplio que va "desde el sistema religioso a la ética de las luces", que concluyó con el deslizamiento sociocultural desde una organización religiosa del mundo hacia una ética política o económica, por más limitados que sean los alcances de los reformistas españoles, éstos compartían los valores del movimiento ilustrado, apropiados en función de la matriz cultural y de los problemas específicos de la realidad española, que le darán características propias.

En este sentido, cabe mencionar los fuertes lazos políticos y culturales con la Italia católica que se manifestaron en la amplia difusión e influencia de los neomercantilistas italianos, Filangieri, Genovesi y Galiani, en los reformadores españoles y a través de su mediación en los economistas rioplatenses.

LAS NUEVAS IDEAS SOBRE LA RELACIÓN IMPERIAL

La restauración de la monarquía implicaba, también, la recuperación del control imperial. El Imperio español había sido concebido a modo de una misión. Por un lado, el descubrimiento del Nuevo Mundo planteaba la oportunidad de cumplir las aspiraciones de la Iglesia de expandir la Cristiandad a todo el mundo; por el otro lado, los españoles, vencedores de la Reconquista de su territorio de los moros y "campeones de la Contrarreforma", concibieron los descubrimientos y la conquista como los indicios de una empresa providencial, según la cual el fin último era la salvación del género humano bajo el dominio del cristianismo y de la monarquía católica. En completa fusión de lo espiritual y lo político, la misión de la Iglesia —la propagación de la fe— se confundió de ese modo con los fines políticos del Estado español. Esta concepción del imperio, que impregna todas las crónicas de la conquista, se mantuvo hasta mediados del siglo XVIII, cuando se transforma en una empresa principalmente económica, a semejanza del colonialismo de las otras potencias europeas, y en concordancia con los nuevos lenguajes de la filosofía moral y la economía política.

La búsqueda de una relación de correspondencia más igualitaria entre las naciones y la necesidad de transformar los imperios europeos en naciones más productivas y participantes llevaron a los teóricos del siglo XVIII a la discusión sobre el papel que el colonialismo había tenido para las naciones imperiales. Desde la visión del siglo XVIII en general, como lo había planteado el economista Adam Smith o el filósofo David Hume, el mecanismo transformador era el comercio. El vínculo comercial reemplazaría a la avidez de conquista y a la guerra, y la prosperidad de una nación tendría inevitablemente como consecuencia la prosperidad de todas. Para el optimismo ilustrado el comercio, "el nuevo brazo del mundo moral" como lo definiera Diderot, regiría el nuevo orden mundial basado en la reciprocidad y la Ilustración; a su vez, sustituiría a la conquista física y espiritual.

En el siglo XVIII las aspiraciones universalistas de la monarquía hispánica recibieron un duro golpe con la pérdida de sus posesiones europeas al finalizar la Guerra de Sucesión. La necesidad de reformar el imperio originó, entonces, las propuestas reformistas de los ministros ilustrados de Carlos III para solucionar los problemas de la monarquía hispánica. El diagnóstico de los reformistas concordó en señalar, en sintonía con sus críticos británicos, el papel que la prosperidad y las fuerzas económicas debían tener en el orden internacional. Como observaba Campomanes, "todas las naciones creen que la riqueza por medio del comercio, navegación e industria es el único manantial de la felicidad humana". España, en cambio, había basado su grandeza en función de la religión y del espíritu de conquista. Para Campomanes, el problema de España era una crisis de mentalidad que tenía sus raíces en el reinado de los Austria y en la herencia de los conquistadores. El gobierno ilustrado, en cambio, promovería la prosperidad nacional y el progreso de la instrucción llevaría en el futuro a la formación de una "confederación de naciones y sociedades que cubren la tierra", donde la guerra no tendría cabida en un marco de paz y unión mundial. En cuanto a las causas de la decadencia española, señalaba que la dependencia de la producción de los metales preciosos había originado el estancamiento de la economía tanto en la metrópoli como en las colonias, y que el debilitamiento de las industrias manufactureras había derivado en la dependencia de los productos y las exportaciones del extranjero. El proyecto de regeneración económica proponía, entonces, juntamente con una política de reestructuración educativa que transformase a todo español en un hombre económico, adoptar una política de libertad de comercio entre las distintas regiones del imperio. El plan contenía, también, una redefinición del vínculo imperial. Los "reinos de Indias" se convirtieron en las "provincias de ultramar", colonias organizadas como una periferia para servir a los intereses comerciales de la metrópoli. Finalmente, el libre comercio entre las diversas regiones del imperio reemplazaría el antiguo orden de dominación. Esta nueva lectura de la historia imperial llevaba a reconocer que el gobierno ya no tenía su fundamento en la fuerza. Como escribía el conde de Aranda al rey Carlos III, "el teatro del mundo ya no era el mismo", para sobrevivir había que corregir el sistema, si no era probable la ruina financiera y política de la metrópoli. Una federación liberal de tres reinos independientes que correspondiesen a los tres virreinatos, creía Aranda que aportaría al tesoro español más riqueza del comercio que la que obtenía por medio de impuestos. El proyecto, por supuesto, no tuvo aplicación. De todos modos, es indudable que los españoles estaban haciendo serios esfuerzos para modernizar su viejo imperio, basado en la riqueza de los metales preciosos, la gloria militar y la evangelización, en función de un enfoque más racional de la colonización apoyado en la búsqueda de la riqueza a través del comercio y el cultivo de la tierra. En el nuevo enfoque, los intercambios entre servidumbre personal por beneficios de la religión cristiana quedaban fuera de la fundamentación. Como señala Pagden, el cálculo racional no descartaba cierto humanismo de los beneficios, porque todas las partes que integraban el imperio, tanto metrópoli como colonias, debían obtener beneficios, por lo menos en teoría.

EL ESCENARIO RIOPLATENSE EN UN CONTEXTO DE REFORMA

La nueva política económica y el nuevo papel asignado a los territorios de ultramar tuvieron repercusiones en el funcionamiento del gobierno colonial. El gobierno de los Austria en América basaba su dominio en el equilibrio de los diversos grupos de interés,

Virrey Avilés.

la administración, la Iglesia y las elites locales. En este "estado de consenso", la burocracia colonial cumplía un papel mediador entre la corona y los súbditos. De acuerdo con las leyes de Castilla y la legislación del Concilio de Trento, Solórzano sostenía que en el nombramiento de cargos eclesiásticos o seculares debía favorecerse a los nativos de cada reino. Esta política había permitido la creciente participación de los criollos en la burocracia colonial. La venta de cargos, por su parte, aceleró el proceso y permitió, según John Lynch, los años del Estado criollo, 1650-1750. Durante este período, los americanos accedieron a la burocracia, negociaron impuestos y discutieron la política real como socios del pacto colonial.

A partir de 1750 el nuevo proyecto colonial, que abarcaba todos los aspectos de las relaciones políticas, económicas y militares entre España y las Indias, priorizaba la reducción de la participación de los criollos en el gobierno de América. Para recuperar el control de la administración se suprimió la venta de cargos y se determinó que éstos serían ocupados por burócratas de carrera, formados en España. Las formas de implementación y los efectos de estas reformas, por supuesto, variaron en función de las características específicas de cada región. Sin embargo, la nueva política perturbó el equilibrio de intereses sobre el que descansaba el gobierno colonial, el antiguo consenso dejó de funcionar y los criollos debieron compartir las ventajas comerciales con los peninsulares.

En esta coyuntura, el Virreinato del Río de la Plata surgió como parte de las medidas político-administrativas de la monarquía ilustrada para lograr un control más efectivo sobre colonias más productivas que, a su vez, acrecentaran los beneficios de la metrópoli. La creación del nuevo virreinato modificó la organización tradicional de la región y reorganizó el espacio en función de Buenos Aires, la nueva capital.

La transformación de la ciudad se consolidó con la llegada de un cuerpo de funcionarios de origen peninsular, una audiencia, un consulado de comercio y la presencia efectiva de un virrey y una corte virreinal. De este modo, Buenos Aires logró por primera vez contar con los símbolos de la administración y el gobierno que habían caracterizado a las otras capitales virreinales.

Hacia el siglo XVIII, el estilo plebeyo y pobre, indudablemente mestizo de su origen, cedió paso a una sociedad más jerarquizada que comenzó a dar mayor importancia a las informaciones de limpieza de sangre e hidalguía. Se originó así un proceso que, como señala José Luis Moreno, tendió a la cristalización de los grupos sociales y a la implementación, en consecuencia, de medidas de cierre y de diferenciación social. Las reformas aceleraron el ascenso comercial de Buenos Aires y la hegemonía del grupo de comerciantes representantes de la economía metropolitana, enriquecidos por su posición privilegiada en los circuitos de comercialización.

Por otra parte, el crecimiento económico, demográfico y especialmente el desarrollo ganadero originaron una importante concentración urbana, que al nivel de los sectores populares se tradujo en la imagen de una plebe típicamente barroca, "andrajosa, despreocupada y alegre", formada por una muchedumbre de vendedores ambulantes, vagos y mal entretenidos, que preocupó a funcionarios y reformadores.

Fachada de la iglesia de la Compañía de Jesús, Córdoba, dibujo de Juan Kronfuss.

Buenos Aires adquirió, así, al igual que otras ciudades coloniales, el estilo de vida y los valores culturales del Barroco hispánico. Como en toda sociedad de Antiguo Régimen, en la que los límites entre el poder político y religioso no estaban definidos con precisión, el ceremonial expresaba las relaciones de poder, y las fiestas y procesiones marcaban el ritmo de la vida política acompañadas por un intenso ritual religioso. El tiempo religioso seguía pautando el ritmo de la vida urbana. Las campanas de las iglesias y conventos de la ciudad repicaban día y noche tanto para llamar a las misas como para marcar las horas canónicas o bien anunciar la agonía y la muerte de los fieles.

La puesta en escena de los diferentes cuerpos que intervenían en las fiestas reflejaba el orden de lugares vigente en la sociedad y el cumplimiento preciso del ritual cumplía una función ideológica tendiente a reproducir, aceptar y asimilar la jerarquía de los poderes civiles y eclesiásticos. De modo tal que cualquier desplazamiento de los rangos tenía necesariamente su expresión en la etiqueta. Precisamente, por la importancia que esta sociedad otorgaba a la correcta representación de lugares e identidades, es que se suscitaban múltiples conflictos de preeminencias entre diversas autoridades. La ubicación en procesiones y ceremonias, la distribución de asientos en la iglesia, el derecho a usar determinada vestimenta, el acceso a privilegios y formas de tratamiento diferenciadas (si correspondía arrodillarse o sólo inclinarse en determinada situación, o si debían ser recibidos por tal o cual funcionario) eran cuestiones cotidianas de conflicto entre las distintas autoridades civiles y eclesiásticas, en tanto eran manifestaciones de la estructura de poder y la cohesión de la sociedad.

Las ceremonias oficiales se complicaron cuando los nuevos funcionarios del despotismo ilustrado comenzaron a participar del ceremonial público y privado. A las ceremonias oficiales anteriores, motivadas por la muerte del monarca, la jura del nuevo rey o la entrada del nuevo gobernador, se sumaba ahora la llegada del virrey, que complejizó aun más el ceremonial y aumentó las disputas entre los distintos funcionarios políticos y religiosos sobre las cuestiones de etiqueta. La creación de instituciones tales como el Protomedicato, el Colegio de Reales Estudios y el Convictorio Carolino o el establecimiento de los conventos de las Capuchinas y de Santa

Primitiva Catedral de Buenos Aires, 1750.

Catalina fueron también ocasiones para las celebraciones y fiestas barrocas.

Las fiestas se construían a partir de una serie de representaciones minuciosamente normadas que incluían en todos los casos el Te Deum (es decir, el reconocimiento de la voluntad divina), procesiones y salvas y, según la celebración, se añadían fuegos de artificio, corridas de toros, representaciones teatrales, danzas y construcciones efímeras diversas. Fiestas que daban lugar a manifestaciones cortesanas de *status* y poder sin tener en cuenta la adecuación entre gastos e ingresos sino ser dispensiosos y generosos buscando el prestigio y la clientela. Ejemplo de estas costosas fiestas del Barroco son las celebraciones realizadas en 1789 con ocasión de la proclamación y jura de Carlos IV. Según consta en las actas capitulares, el cabildo certificó y aprobó los suntuosos gastos realizados por el alférez real durante los tres días de festejos dirigidos a rendir honores al nuevo rey.

> "... con toda aquella pompa y magnificencia (...) para cuio fin impendio generosamente de su peculio quantos gastos se ofresieron para el adorno de la Sala de Acuerdos y su entrada; Iluminó con igual hermosura y generosidad las casas de su morrada los tres dias que duró la función; adornó de Colgaduras vistosas, y lusidas los balcones de dhas Casas donde se havía de colocar el Pendon real; fabricó de Terciopelo galonando de Oro el Dozel donde se expusieron al publico los reales bustos de SS.MM; el Tablado que se construyó y erigió en la Plaza pral de la Ciudd y le adornó vistosamente (...) gratificó con abundancia a los músicos que compusieron la Orquesta en los tres citados días (...) arrojó abundante y generosamente al público monedas de plata en los tres actos de la proclamación; distribuyó del mismo modo a los Gefes, tribunales, Cavildos y principales de la ciudad las monedas de Oro y plata que hizo acuñar con permiso, y con el Real Busto de S.M. socorrió con abundante limosna de pan a los pobres encarcelados por el discurso de cinco días continuos; gratificó y dio la comida a toda la guardia que custodiaba el Real Pendón; y en fin dio un explendido refresco en su casa al numeroso concurso en la tarde y noche de la Proclamson (...)"

La celebración incluyó, como era de rigor, la proclamación en el cabildo, en los atrios de los conventos y en las iglesias de Santo Domingo y de la Merced y finalmente la Misa Pontifical y la entonación del Te Deum en la catedral. La procesión con su representación de rangos marchó por las calles adornadas magníficamente para la ocasión, uniendo los distintos lugares donde se desarrollaron los festejos. Esta sociabilidad, regulada por la magnificencia y la ostentación propias de las ciudades barrocas, comenzó una lenta transformación hacia comienzos del siglo XIX. De todos modos, la persistencia de elementos tradicionales indica la necesidad de problematizar la relación unívoca de sucesión temporal entre lo tradicional y las novedades. Ambos, lo tradicional y las innovaciones, se dieron conjuntamente.

Entre los indicadores de cambio, se deben señalar algunas alteraciones en el ceremonial y en los conflictos entre las distintas autoridades en las que entran en juego nuevos actores políticos, como los militares, cuyo prestigio creció considerablemente con la militarización que originan las invasiones inglesas. Así, en la primera década del siglo XIX aumentaron los conflictos de etiqueta entre los oficiales de la milicia local y los miembros del cabildo. Por otra parte, algunos de estos conflictos no suceden ya en los ámbitos tradicionales de las grandes ceremonias públicas, sino en lugares donde se desarrollaban nuevas formas de sociabilidad, como los cafés. En este contexto, es interesante señalar, también, que Manuel Belgrano proponía para la lectura de la memoria de 1796 en el Consulado, que los asistentes evitasen el orden corporativo de la etiqueta y se sentasen indistintamente en cualquier lugar, como sucedía en las Sociedades Económicas. Sin duda, el acontecimiento más significativo en este proceso tiene lugar en el cabildo del 14 de agosto de 1806, día siguiente de la Reconquista. Allí, si bien el cabildo había redactado una lista de invitados jerarquizada por cuerpos, ésta no fue respetada por los asistentes que se sentaron indistintamente sin atender las preferencias y ocuparon masivamente los pasillos y la plaza, expresando así una representación igualitaria de individuos.

LA IGLESIA, LA ENSEÑANZA Y LOS INTENTOS DE RENOVACIÓN

Desde el siglo XVI, la corona ejercía el patronato de la Iglesia en América a partir de una serie de concesiones pontificias. Este regalismo se reforzó con el galicanismo de los Borbones al convertirse en un patrimonio inalienable de la soberanía, consecuencia del derecho divino de los reyes. Los jesuitas, representantes de la ortodoxia impuesta por el Concilio de Trento, defendían el poder papal frente a los avances del Estado monárquico; por lo tanto, Carlos III decretó la expulsión de los jesuitas de todos sus dominios y prohibió la enseñanza y la defensa de su doctrina. Por su parte, el papa Benedicto XIV terminó reconociendo, en alguna medida, la preeminencia del Estado moderno a través de diversos concordatos. Por el concordato de 1753 el Papa aceptaba la fiscalidad estatal sobre los bienes eclesiásticos y abandonaba sus privilegios en materia de patronato de los beneficios, inclinándose así por una reforma religiosa dirigida bajo la tutela del Estado. El Estado asumió entonces la supervisión de los seminarios de clérigos, el fomento de las escuelas y las universidades a través de la ampliación de los conocimientos. El plan de renovación de la enseñanza incluyó el apoyo y la difusión de autores favorables al regalismo, partidarios del galicanismo o el jansenismo, o autores ilustrados, de acuerdo con las tendencias reformistas de la monarquía borbónica.

Esta renovación se puede seguir en el Río de la Plata, a través de la política implementada en la Universidad de Córdoba y en el Colegio de San Carlos de Buenos Aires.

Portada de un texto del Colegio Monserrat de Córdoba.

La Universidad de Córdoba, fundada por los jesuitas en 1613 como colegio mayor, obtuvo el rango de universidad por real cédula de 1662. Los estatutos que la regían fueron emitidos en 1664 y estuvieron inspirados en los de la Universidad de Charcas, sobre la base de la Universidad de Salamanca. Sin dejar de reconocer el predominio legal del poder civil —la autoridad virreinal residente en Lima—, en este caso se reflejaba, más directamente, el sistema ortodoxo de la Contrarreforma que concedía prioridad al ámbito religioso como vehículo de salvación. En este sentido, el Provincial de la compañía elegía al rector, los catedráticos y el cancelario o director de estudios. El plan de estudios, según la concepción medieval del conocimiento, jerarquizaba las disciplinas académicas hacia la cumbre del saber, la teología; distinguía entre filosofía práctica y filosofía teórica, quedando siempre subordinado el conocimiento práctico al teórico.

Después de la expulsión de los jesuitas, la Universidad de Córdoba fue administrada por los franciscanos hasta 1808, cuando pasó a manos del clero secular y fue convertida en universidad mayor, real y pontificia. Los Borbones se pronunciaron contra el monopolio de la educación ejercido por los jesuitas y procuraron reforzar los fundamentos y prerrogativas de la autoridad real. El virrey, en ejercicio del vicepatronato, nombraba ahora al rector y a los catedráticos. Del mismo modo, el juramento que hacían los graduados de obediencia a la Iglesia Católica, al Papa y a la "Inmaculada Concepción" fue reemplazado por el juramento de lealtad a la corona, la condena del tiranicidio y la promesa de defensa de las regalías del monarca. Las tesis de los graduados, a su vez, fueron sujetas a los censores reales. En todos los planos, pues, la autoridad religiosa era reemplazada por la autoridad política como marco de referencia. Su funcionamiento fue regido por las constituciones propuestas en 1784 por el arzobispo de Córdoba, Antonio de San Alberto, que desarrolló las doctrinas del origen divino del derecho real y la potestad absoluta del monarca, de acuerdo con el modelo de Bossuet.

Los jesuitas habían introducido algunos principios cartesianos en el campo de la física experimental. Sin debilitar la adhesión a la ortodoxia, los trabajos de Gassendi, Descartes y Newton circulaban en las aulas de la institución y se introdujeron en la enseñanza aquellos principios que no atentaban contra el dogma, tendencia que continuó durante la administración franciscana.

Así, el franciscano Francisco Elías del Carmen, en su curso de física dictado en 1784, incluía algunas innovaciones en el terreno de la física sin adoptar necesariamente todos los principios de Descartes o de Newton y sin abandonar la escolástica. Según el rector fray José Sullivan, la ausencia de la física experimental en el currículo obstaculizaba la introducción de innovaciones en el campo de la filosofía y la teología, ya que impedía "sustituir en lugar del silogismo la demostración de la verdad, que es el método mandado seguir tan justamente por el soberano, aboliendo la filosofía antigua; cuyo fruto de los que se educan en ella es llenarse la cabeza de términos nada significantes, acostumbrarse a contradecir todo". Puede concluirse, entonces, que se continuaron utilizando elementos escolásticos y modernos al mismo tiempo.

En el campo de los estudios jurídicos, las reformas incluyeron la creación de una cátedra de Jurisprudencia Civil (1793) y la cátedra de Instituta (1795), sobre cuyas bases la Universidad pasó a otorgar títulos en derecho. Las materias legales se sumaron a los estudios tradicionales, ya que los aspirantes debían cursar derecho canónico y las otras materias de teología. La orientación ideológica de las nuevas cátedras contribuyó, también, a reforzar la interpretación del origen divino de la autoridad real, como puede percibirse en las tesis defendidas para la graduación. Así, Jerónimo de Salguero y Cabrera, en su "Defensa de las declaraciones del clero gaditano", reafirmaba a Dios como fundamento de la potestad real y sostenía la obligación de los reyes de defender la espiritualidad: "De la misma manera que el derecho y el ejercicio de la espada espiritual corresponden al Pontífice de la Iglesia Romana el derecho y el ejercicio de la espada material corresponden únicamente a los príncipes seculares, quienes pueden y deben blandir esta espada no sólo para la conservación de la República, sino también para la defensa de la religión."

Los Reales Estudios se iniciaron en Buenos Aires con los fondos de los jesuitas expulsados. Desde 1773 existían estudios públicos superiores para alumnos externos que se completaron en 1783 con la creación del Real Convictorio de San Carlos. La Junta de Temporalidades, integrada por representantes de la corona y de la diócesis, contrataba a docentes y directivos, pero la administración dependía directamente del gobernador en ejercicio del vicepatronato real y desde 1776 del virrey.

La figura más significativa en la introducción y difusión de las ideas renovadoras fue el presbítero Juan Baltazar Maziel, cancelario y director de estudios del Colegio. Las ideas de Maziel sobre la orientación de los estudios de filosofía en el Colegio Real quedaron expuestas en 1785, con motivo del edicto de la Junta de Temporalidades que limitaba la introducción de las nuevas ideas sólo en el ámbito de la física y en aquellos casos que no contradijesen el dogma. En carta al virrey, Maziel planteaba la necesidad de extender "el sistema de los modernos" desde el ámbito de las ciencias naturales al ámbito de la lógica y la metafísica. La enseñanza debía apoyarse en el eclecticismo, pues sostenía que no existían contradicciones entre las innovaciones científicas y los dogmas de la religión cristiana, manifestando así la especificidad hispánica dentro de la heterogeneidad que constituye la renovación ideológica del siglo XVIII.

En este contexto de apertura a las "novedades" filosóficas y a las corrientes reformistas en materia religiosa, los Reales Estudios formaron sacerdotes especializados en las ciencias naturales, como Dámaso Larrañaga, Saturnino Segurola, Feliciano Pueyrredón o Bartolomé Muñoz. Se sostuvieron, asimismo, tesis limitativas de la autoridad pontificia de raíces tanto episcopalistas como jansenistas y regalistas, tendencias que eran favorecidas por la corona en su lucha por asentar su independencia de Roma e imponer su propio concepto de autoridad. Regalismo típico de la época de Carlos III, según el cual el monarca era "muro de la Iglesia, paz de los eclesiásticos, salud del pueblo, vida de los vasallos, cabeza de los súbditos, tutor de la república y defensor de la religión".

Esta imagen ideal de la monarquía ilustrada tuvo su expresión más acabada en la oración fúnebre a Carlos III pronunciada en 1790 por el deán Funes en la iglesia mercedaria de Córdoba; oración que él mismo considera en sus "Apuntamientos" como el "comienzo de su carrera de honores cívicos y literarios". La oración era una exaltación de las virtudes de Carlos III de acuerdo con el ideal del buen monarca de la monarquía ilustrada; por un lado, "la imagen paterna del príncipe" que reparte felicidad y abundancia entre sus súbditos; por el otro, la imagen del príncipe como defensor de la fe. Según el ideal de la monarquía ilustrada, la primera función de gobierno del príncipe era llevar "la abundancia y la prosperidad" a la nación, o como decía Funes, "defender al Estado con la fuerza de las armas y gobernarlo con la fuerza de la razón". De acuerdo con ello, enumeró minuciosamente la obra administrativa del monarca, procurando señalar siempre los beneficios que reportaba al bien público. Pero el príncipe era también, dice Funes, recordando la imagen ideal del monarca como defensor de la fe, "como una roca en forma de tejado por servirme del sublime emblema de Isaías donde el vasallo está a cubierto de las tempestades y huracanes; es la voz viva, el alma pública que anima y dirige a la multitud". Porque, según Funes, de Europa, junto con ideas dignas de imitar, llegaba también "el veneno de la incredulidad", que "se esconde entre las flores de una política refinada: se adorna en todos los encantos de la ciencia del siglo". Funes, sin duda hombre de la renovación ilustrada, no excluía totalmente el mensaje cristiano dando cuenta así del pluralismo de la Ilustración, en la que coexistían posiciones diferentes de las relaciones con lo religioso y lo profano.

OTROS CANALES DE DIFUSIÓN DE LAS NUEVAS IDEAS

La vida intelectual rioplatense comenzó a modificarse a partir del nuevo clima de ideas originado por la monarquía ilustrada. En este contexto son fenómenos significativos: la actuación de una generación de intelectuales renovadores, tanto criollos como Manuel Belgrano y Juan Hipólito Vieytes, como peninsulares progresistas como Pedro A. Cerviño o Félix de Azara, que participaron en la creación de instituciones educacionales utilitarias o en la elaboración de documentos económicos; el surgimiento del periodismo local y la constitución de nuevos espa-

Félix de Azara, *de Francisco Goya.*

cios de sociabilidad donde se comunicaron y se discutieron acontecimientos e ideas.

El *Telégrafo Mercantil* del 3 de junio de 1801 anunciaba la inauguración del establecimiento de Pedro José de Marco:

> "Mañana Jueves se abre con Superior permiso una Casa Café en la Esquina frente del Colegio con mesa de Villar, Confitería, y Botillería. Tiene hermoso Salón para tertulia, y Sótano para mantener fresca el agua en la estación de Berano. Para 1º de Julio estará concluido un Coche de 4 asientos para alquilar, y se reciben Huéspedes en diferentes Aposentos. A. las 8 de la Noche hara la apertura un famoso concierto de obligados instrumentos."

Éste, más conocido como café de Marcos, junto con el de los "Catalanes", tendrá notoria participación política en la segunda década del siglo XIX.

La difusión de las nuevas formas de pensar se manifestó a través de múltiples canales. La llegada de los funcionarios de la corona; la realización de viajes de estudio como los emprendidos por Belgrano, Lavardén o Funes; y el acceso a literatura o publicaciones periódicas recibidas de España o por contrabando, o las suscripciones a la *Gaceta* de Madrid, al *Mercurio* de España y al *Mercurio* peruano, permitieron establecer puentes de contacto con las novedades políticas y culturales de la intelectualidad europea.

Otras formas de difusión de las novedades fueron las tertulias, siendo la más importante la que presidía el presbítero Maziel, que contaba con una biblioteca que reunía más de mil volúmenes e incluía obras perseguidas como las de Voltaire y Bayle. En este sentido, la correspondencia de los hermanos Funes constituye un buen ejemplo del grado de información con que se contaba y de las reflexiones políticas que generaba. Al margen de las prohibiciones que pesaban sobre las obras contrarias a las regalías de la corona, éstas se difundían a través de canales informales como las mencionadas tertulias, los viajes de estudio y la correspondencia entre amigos. Como reflejo de este interés creciente por la lectura y del surgimiento de un nuevo público lector, es importante mencionar que en el último tercio del siglo XVIII ya había referencias de personas que se dedicaban en forma exclusiva a la venta de libros. Así, el padrón de 1778 mencionaba como libreros a Ramón de la Casa y al portugués José de Silva y Aguiar.

El grupo intelectual más renovador era el que se nucleó en torno al primer periódico rioplatense, creado en 1801 por Francisco Antonio de Cabello y Mesa, extremeño y abogado real de la Audiencia de Lima. *El Telégrafo Mercantil, Rural, Político e Historiográfico del Río de la Plata* surgió con el propósito de actuar como divulgador de ideas y sugerir soluciones para los problemas económicos locales.

El periódico reemplazó la imagen pesimista de la pobreza del territorio de los primeros cronistas y conquistadores, por una imagen optimista e ilustrada que hacía hincapié en las posibilidades del desarrollo agrícola-ganadero de la región. Los objetivos de la nueva generación de intelectuales se explicaban claramente en el artículo inicial:

> "Salga el Telégrafo y en breve establézcase la Sociedad Patriótica Literaria y Económica que ha de adelantar las ciencias, las artes y aquel espíritu filosófico que analiza al hombre, lo inflama y saca de su soportación, que lo hace diligente y útil. Fúndense aquí nuevas escuelas, donde para siempre cesen aquellas voces bárbaras del escolasticismo, que aunque expresivas en los conceptos, ofuscaban y muy poco o nada transmitían las ideas del verdadero filósofo. Empiece ya a arreglarse la agricultura y el noble labrador a extender sus conocimientos sobre ese tramo importante. Empiece a sentirse ya en las provincias argentinas aquella gran metamorfosis que a las de México y Perú elevó a la par de las más cultas, ricas e industriosas de la iluminada Europa."

Estas ideas renovadoras tenían también su manifestación formal en la nueva estética de la época de la Ilustración, cuya expresión más representativa era la *Oda al Paraná* de Lavardén. En este sentido, se criticaba al teatro barroco por desconocer las unidades de tiempo, lugar y acción del neoclasicismo.

El periódico también publicó trabajos del naturalista Haenke, las primeras observaciones meteorológicas de Buenos Aires, descripciones de algunas ciudades y provincias, e informaciones sobre prácticas comerciales y precios de artículos de consumo. Otras referencias de los nuevos planteos se reflejaban claramente en las críticas a la Real Pragmática de Matrimonios de 1778, que reforzaba la autoridad paterna en las decisiones matrimoniales; así como también en las realizadas al ritual barroco del catolicismo romano y la preferencia por la "religión del corazón".

El nuevo pensamiento se continuó con la aparición del *Semanario de Agricultura, Industria y Comercio*, publicado por Hipólito Vieytes (1802), y el *Correo de Comercio* de Belgrano (1810).

Para los economistas ilustrados rioplatenses, como para los ilustrados españoles en general, las palabras clave eran la agricultura y el comercio. En este sentido, Manuel Belgrano contó en sus funciones como secretario del Consulado con la oportunidad de exponer, en sus *Memorias* anuales, su decisiva intervención a favor del comercio libre: "Cuanto más se acerca un Estado a la absoluta libertad, tanto en su comercio interno como exterior, tanto más se aproxima a un constante bienestar; apenas surgen trabas, su progreso hacia el bienestar se torna lento e indeciso".

A partir de las nuevas ideas, tanto Manuel Belgrano como Hipólito Vieytes buscaron explicar la situación particular de Buenos Aires y las innovaciones necesarias para orientar el proceso de modernización que superaría el atraso y lograría la prosperidad y la felicidad rioplatense en el marco de los intereses metropolitanos. Los artículos de Vieytes en el *Semanario de Agricultura*, los de Belgrano en el *Correo de Comercio* y sus *Memorias*, fueron elaborando una imagen sobre el espacio y una política de fomento agrario que incluye la población del territorio por medio de la distribución de tierras baldías y la enseñanza y aplicación de las nuevas técnicas agrícolas.

Ambos criticaban el atraso de la agricultura frente al desarrollo más rápido de la ganadería y planteaban la necesidad de evitar la monoproducción ganadera. El desarrollo agrícola se lograría con la elevación del nivel material, técnico y cultural del pueblo. La educación, al igual que para Jovellanos, debía encarar el aprendizaje de nociones modernas y útiles que sustituyeran los prejuicios tradicionales y permitiesen la mejora moral y material del pueblo por "la acción regeneradora del trabajo". Como señalaba Vieytes desde el *Semanario de Agricultura y Comercio*, la educación así entendida debía educar al labrador proporcionándole la enseñanza técnica adecuada que le permitiese mejorar las técnicas de cultivo y el uso de instrumentos modernos. En este sentido, el *Semanario* trataba desde el intento de constituir una Sociedad de Agricultura que actuase como campo de experimentación agrícola hasta la publicación de "Lecciones elementales de agricultura para los jóvenes de esta campaña", o la difusión de las "Cartas de Vieytes a su hermano Anselmo", cura de la campaña de Buenos Aires. Cartas que ponían de manifiesto el papel social que los economistas rioplatenses asignaban al cura rural en el programa de reformas.

En estas cartas aparecía claramente la figura del "buen párroco", común en el siglo XVIII, desde los autores religiosos hasta los filósofos. El buen sacerdote era, ahora, un educador y un civilizador; era el que ilustraba a los labradores de su parroquia, difundía las nuevas técnicas de producción, combatía la ociosidad y dirigía a sus feligreses hacia la felicidad. Como señala Dominique Julia, el buen párroco se convierte en una especie de funcionario de moral, que participaba de una administración de las prácticas cuya lógica no era ya religiosa, sino que estaba regulada por el criterio de utilidad social, que respondía a la lógica de la sociedad civil y política. En la misma tónica, Belgrano afirmaba en el *Correo de Comercio*: "No se crea que es ajeno del ministerio eclesiástico el instruir y comunicar luces sobre el cultivo de las tierras, artes, comercio (...), pues el mejor medio de socorrer la mendicidad y miseria es prevenirla y atenderla en su origen". Y agregaba, ampliando aun más las funciones requeridas al sacerdote: "Prediquen los párrocos acerca del deber de la enseñanza a los hijos; estimulen a los padres para que les den tan arreglada dirección, valiéndose de los medios que proporcionan su influencia en los espíritus; franqueen sus iglesias para los exámenes públicos, en particular de la doctrina cristiana, y de las obligaciones del ciudadano".

Por otro lado, junto con la elevación del nivel técnico del campesino, los economistas rioplatenses encararon, también, el problema del régimen de propiedad de la tierra. Belgrano sostenía que "la falta de propiedad trae consigo el abandono, trae la aversión hacía el trabajo; porque el que no puede llamar suyo lo que posee (...) no trata de adelantar un paso, nada de mejoras porque teme que el propietario se quede con ellas; por el contrario más bien tira a destruir y aniquilar cuanto encuentra".

Para solucionar el problema de la falta de propiedad de la tierra,

Belgrano proponía la entrega de tierras en enfiteusis a los labradores y la obligación para los propietarios de vender las tierras que no cultivaban. Aunque luego, frente al problema de la falta de peones en la campaña, recapacitaba alarmado que la propiedad no era la única solución para aquellos que se negaban a trabajar. Proponía, entonces, "empadronar toda la campaña para estorbar muchos desórdenes, ejecutándolo los jueces con toda prolijidad, cada familia de por sí, y los que se hallan empleados en los servicios de campaña, que así teniendo los alcaldes sus padrones, sabrán cuáles son vagos, o se tendrán por tales a los que se hayan ocultado al padrón, descubriéndose asimismo el que no tiene modo de mantener a su familia, sino del robo. Cuando se organicen de tal modo las campañas, entonces será que para florecer la labranza no necesita por único principio el tener tierras propias, ni como propiedad, así podrán comprar terrenos cuando logren sus frutos por el buen orden".

El amor al trabajo y a la instrucción utilitaria originó, por otra parte, la polémica alrededor de los oficios mecánicos. Así, frente al prejuicio de la mentalidad hidalga hacia la labor del artesano, Vieytes enaltecía el trabajo manual y lo contraponía a los estudios escolásticos, que según su opinión frustraban a los jóvenes: "¿Qué recurso podría quedarle a un joven de 20 años, que se ha poblado de barba en las escuelas, y que ha pasado los mejores días de su vida en estudiar el modo de confundir el entendimiento con las sutilezas escolásticas?" Según su opinión, un plan de estudios racionales previo a la elección del oficio que cada uno tomase debía contener la religión, la gramática nacional, "el dibujo necesario para la industria" y "la encantadora geometría".

Todos estos planes de reformas reflejaban las propuestas de las Sociedades Económicas de Amigos del País que se difundieron en la España de Carlos III y la tónica de los funcionarios ilustrados como Félix de Azara y su plan para poblar la campaña o las prédicas educativas de Pedro Antonio Cerviño.

ALGUNAS CONSIDERACIONES ACERCA DE LA IMAGEN REAL

Las innovaciones intelectuales, pues, se dieron en un contexto político que combina elementos tradicionales y modernos, en el marco de la monarquía ilustrada. En el Río de la Plata como en Europa, para que se desmoronen las creencias en que se basaba el Antiguo Régimen, deberá producirse el "desencanto simbólico" que separaba al rey de lo divino.

La imagen tradicional de la figura del rey, paternal y protector, entró en crisis recién con el derrumbe de la monarquía hispánica, como efecto de la coyuntura internacional. Las guerras revolucionarias y napoleónicas desarticularon el comercio atlántico y quebraron las rutas internacionales, en un período en el que Buenos Aires crecía como centro comercial, situación que llevó a separar los intereses de los reformistas rioplatenses y los intereses de la corona.

En un medio de renovaciones ilustradas la fe política en la monarquía tuvo su representación en la imagen del príncipe protector y justiciero que protegía a sus súbditos, como se puede seguir en la Oración de Funes de 1790. Ésta no era ya la imagen que encontramos en el cabildo abierto de 1806, cuando un grupo de notables que apoyaban al virrey Sobremonte, presididos por el fiscal Gorvea Badillo, intenta realizar una procesión de desagravio al rey. La ceremonia que portaba el retrato de Carlos IV fue interrumpida por los gritos, burlas y chistes de la multitud contra las infidelidades de la reina y Godoy. Evidentemente, el rey ya no era el de la tradición, el rey ya no era la figura respetada que velaba por la felicidad de sus súbditos. De ahí que la ceremonia pierda la solemnidad del ritual y pueda convertirse en una farsa, iniciándose así el proceso de desencanto simbólico, que permitirá separar al rey de lo divino.

La toma de conciencia de la crisis de la monarquía y de su incapacidad para enfrentar la coyuntura internacional planteó, también, según Halperin, un nuevo momento en el pensamiento de los ilustrados rioplatenses, que se corresponderá con un mayor acercamiento al liberalismo como se manifestó en la Representación de los hacendados de Mariano Moreno.

Documento de doctrina que exponía los principios de la economía clásica y la total creencia en las fórmulas del liberalismo económico. Así, se pronunciaba contra los privilegios otorgados a los comerciantes matriculados, contra los derechos de circulación, por la libre extracción de plata, y por "dejar obrar libremente al interés y al cálculo que sabían reglar la circulación mejor que todos los establecimientos". Pero también era un documento político, donde la imagen de los hacendados seguros de sus derechos y de su poder era también la imagen opuesta del monarca justo que repartía felicidad a sus súbditos.

BIBLIOGRAFÍA

Chartier, Roger, *Espacio público, crítica y desacralización en el siglo XVIII*, Gedisa, Barcelona, 1995, 263 págs.

Chiaramonte, José Carlos, *La crítica ilustrada de la realidad*, CEAL, Buenos Aires, 1982, 1178 págs.

———— *Pensamiento de la Ilustración*, Biblioteca Ayacucho, Caracas, 1979, 449 págs.

———— *Ciudades, provincias, Estado: Orígenes de la Nación Argentina (1800-1846)*, Ariel, Buenos Aires, 1997, 645 págs.

De Certeau, Michel, *La escritura de la historia*, Universidad Iberoamericana, México, 1993, 334 págs.

Di Stéfano, Roberto, "Abundancia de clérigos, escasez de párrocos: las contradicciones del reclutamiento del clero secular en el Río de la Plata, 1770-1840", *Boletín del Instituto de Historia Argentina y Americana "Dr. Emilio Ravignani"*, N° 16-17, Buenos Aires, 1999, págs. 33-59.

Garavaglia, Juan Carlos, "El teatro del poder: ceremonias, tensiones y conflictos en el Estado colonial", *Boletín del Instituto de Historia Argentina y Americana "Dr. Emilio Ravignani"*, N° 14, Buenos Aires, 1996, págs. 7-30.

Guerra, François, *Modernidad e independencias*, Mapfre, Madrid, 1992, 3381 págs.

Gutiérrez, Juan María, *Noticias históricas sobre el origen y desarrollo de la enseñanza pública superior en Buenos Aires.1868*, Universidad Nacional de Quilmes, Buenos Aires, 1998, 627 págs.

Halperin Donghi, Tulio, *Tradición política española e ideología revolucionaria de mayo*, CEAL, Buenos Aires, 1985, 120 págs.

Lafuente Machain, Ricardo, *Buenos Aires en el siglo XVIII*, Colección Ciudad de Buenos Aires, Buenos Aires, 1956, 282 págs.

Levene, Ricardo (dir.), *Historia de la Nación Argentina*, Academia Nacional de la Historia, Buenos Aires, 1941, tomo IV.

Maravall, José Antonio, *La cultura del Barroco*, Ariel, Barcelona, 1996, 542 págs.

Pagden, Anthony, *Señores de todo el mundo*, Península, Barcelona, 1995, 311 págs.

Romero, José Luis, *Latinoamérica: las ciudades y las ideas*, Siglo XXI, Buenos Aires, 1976, 396 págs.

Romero, José Luis, y Romero, Luis Alberto (comp.), *Buenos Aires, historia de cuatro siglos*, Abril, Buenos Aires, 1983.

Sarrailh, Jean, *La España ilustrada de la segunda mitad del siglo XVIII*, FCE, Madrid, 1974, 782 págs.

Siebzehner, Batia B., *La universidad americana y la Ilustración*, Mapfre, Madrid, 1994, 268 págs.

Vedia y Mitre, Mariano de, *El Deán Funes*, Kraft, Buenos Aires, 1954, 671 págs.

Vieytes, Juan Hipólito, *Antecedentes económicos de la Revolución de Mayo*, Raigal, Buenos Aires, 1956, 410 págs.

Villari, Rosario *et al*, *El hombre barroco*, Alianza, Madrid, 1991, 399 págs.

Vovelle, Michel *et al*, *El hombre de la Ilustración*, Alianza, Madrid, 1992, 428 págs.

Esta edición de 5.000 ejemplares
se terminó de imprimir el mes
de abril de 2000 en
A&M Gràfic, S. L.
Santa Perpètua de Mogoda (Barcelona)